來陽伯文集

【明】來 復 著

丁俊麗 李輝 點校

吳敏霞 審校

陝西新華出版傳媒集團

三秦出版社

圖書在版編目（CIP）數據

來陽伯文集/（明）來復著；丁俊麗，李輝點校.
— 西安：三秦出版社，2018.5（2024.5重印）
ISBN 978-7-5518-1812-4

Ⅰ.①來… Ⅱ.①來… ②丁… ③李… Ⅲ.①中國歷
史—明代—文集Ⅳ.①K248.07-53

中國版本圖書館數據核字（2018）第073845號

來陽伯文集

【明】來復 著　　　丁俊麗 李輝 點校
　　　　　　　　　　吳敏霞 審校

出版發行	陝西新華出版傳媒集團 三秦出版社
社　　址	西安市北大街147號
電　　話	（029）87205121
郵政編碼	710003
印　　刷	三河市嵩川印刷有限公司
開　　本	889mm×1194mm　1/32
印　　張	12.5
字　　數	288千字
版　　次	2018年5月第1版
	2024年5月第2次印刷
標準書號	ISBN 978-7-5518-1812-4
定　　價	68.00圓
網　　址	http://www.sqcbs.cn

點 校 説 明

　　來復（1574—？），字陽伯，號星海，又號耦園主人，陝西三原（今陝西省三原縣）人。明萬曆四十四年（1616）進士，官布政使，備兵揚州。天啓六年（1626）調任淮海道兵備副使。來復正直剛介，不阿諛權貴。時魏忠賢專擅朝政，士大夫爭相依附之。來復與任揚州府推官的涇陽人王徵則不與其同流，被時人稱爲“關中二勁”。來復天資通慧，文韜武略并具。其詩、文、書、畫皆精工，懂醫術，善騎射，琴、棋、劍器百工技藝無不精曉。錢謙益《列朝詩集小傳》曰：“爲詩文，敏捷如風。爲人重氣好客，泛交道廣，有聲薦紳間。起家戶部郎，歷官布政使，備兵揚州。歸田病卒。陽伯性通慧，詩文書畫之外，琴棋劍器百工伎藝，無不通曉。惟未習女紅刺繡。至吳門，學之旬日，吳中女紅皆歎賞焉。同時華州郭宗昌，字胤伯，博聞多能，與陽伯略相似，皆三秦之異人。吳、越間多秀才，未有其比。余於胤伯之奇，知其什五，恨未見陽伯也。陽伯有詩集十餘卷，能詩而不能工，亦多能累之。”（《列朝詩集小傳·丁集下》）清徐沁《明畫錄》亦曰：“來復，字陽伯，三原人。萬曆間由進士官揚州觀察，性通慧，詩文之外，書法琴弈，百工技藝，以及女紅刺繡，無弗通。畫山水窮探諸家微妙，格力俱勝。時有華州郭胤伯宗昌并擅多能，爲三秦異人云。”（《明畫錄》卷四）來復驍勇善戰，有傑出的軍事指揮才能。《三原縣志》曰：“曾參藩大梁，遷山西右布政使，治兵雲中，北虜數萬騎突至城下，來復着戎裝登城指揮，戰守七日夜，

虜回退惓。偕鍢修城，司農告匱，憂憤成疾，卒於官。"

來復著述頗豐，有《來陽伯詩集》二十卷、《來陽伯文集》二十卷、《耦園圖咏》（不分卷）、《李何今體詩選本》七卷，並整理了《奇效良方辨》等數十部醫籍。來復倡導作詩作文應師古不泥古，并且爲文要經世致用，反對空洞無物之八股文，認爲"爲文須極力闡發，方議通融"。其詩文"文辭沈古"，頗具先秦、兩漢之風。

《來陽伯文集》二十卷，包括序、墓志銘、狀、碑、傳、記、牘、祭文、啓、跋、雜著等，題材廣泛，內容豐富，如關中文學風貌、治理水利、維護邊防、節孝義行、醫書醫術等，皆有概述。來復重實學，關心民生疾苦，其文中較多治理地方、義邊之策略以及造福百姓之政事。來復交友廣泛，且多當時名流，在其文集中亦可見一斑。《來復文集》具有重要的文獻價值和史料價值，從中可考察明代陝西地方政治、經濟、文化、思想、文學等情況。尤其是研究明代關中地區的人文風俗、社會風貌、文人際遇，《來復文集》是不可多得的珍貴資料。

清道光二十三年（1843），三原藏書家李錫齡校刊《來復文集》，有宏道書院藏版，現藏於三原縣圖書館、陝西師範大學圖書館、清華大學圖書館等。《來復文集》僅見此一種版本流傳於世，本次點校整理即以宏道書院藏版爲底本。此次整理無通校本，亦無可資參考的校本，對明顯的異文訛字，作簡單本校和理校。爲保持底本原貌，本次整理不重新編次，凡遇異體字即改爲通行規範字，俗體、簡體字則不予改動，漶漫不清之字即以方框（□）代替，不妄加推測。但原本總目無詳細篇名，不便讀者查閱正文，故本次校勘重新編輯目錄篇名置於卷首，以便讀者檢索正文，原有總目仍予保留。本次整理由甘肅省圖書館館員李輝負責後十卷點校工作。

來陽伯文集總目録

來陽伯文集

—總目録—

目　録

來
陽
伯
文
集

|目錄|

來陽伯文集

—目録—

來陽伯文集卷之五 ‥‥‥‥‥‥ 113

碑　文 ‥‥‥‥‥‥ 113

來陽伯文集卷之六 ‥‥‥‥‥‥ 122

狀 ‥‥‥‥‥‥ 122

來
陽
伯
文
集

目
録

來陽伯文集

|目録|

來陽伯文集卷之一

明三原　來復陽伯　著　　　　　邑後學　李錫齡 校刊

序

送邑侯停一張公入覲序 代家君

歲乙未，不佞視政司馬門。是時相與拱揖司馬門計若而人，而所私相友善則有思城熊公、爲溪李公、停一張公二三君子其人者。我國家限制選人，各分隸南北以治。熊、李籍屬南，例不得之北。而公實晉人，距秦不三百里，且以次當令。會不佞奉上命轉餉西塞，當便道過里。而吾原以缺聞，因戲謂公：聖天子不棄荒裔，允太宰請一時宜於格度，亡踰公。某，今者公舅弟也，他日公子民也。儻遂得控竹馬，偶兒童迎公，幸甚。抵家，語里中人，則人人喜曰：“唯唯僻邑，恐不足辱公。”亡何，啓視除目，果予吾原。原中士庶聞之，相與大噱。而不佞之喜可知也。公之下車也，除去一切迂緩，晡宿邑署中，旦已坐廳事受事。諸點民目眵公少年耳，而咸心懾公。公摘其一二首惡抵罪，諸點民則人

人惴恐，頭搶地請死。未浹旬而聲譽隆隆起，咸稱神明。公顧听然而笑曰："吾非能搏擊梏拱神明邑中也。且以鬼蜮術涸吾赤子，吾不忍爲旦夕坐廳事受事如故。"而邑中稱健訟善誣人者，漸相引匿，遁不敢窺。官府扶吏民數不過十，而階下悉凜。治垂二載，案無累牘，民不飭奸，獄鮮滯俘，農有餘耕。公直用十二于官，以其八縱獵古文辭，每燕坐，輒手一編不釋。遇所訴合，食寢都忘，若不自知其受三尺爲吏者矣。夫仕與學殊，事毋論，業易隳於榮膴。有司毛舉諸務以次辦，而諸使者以委調。公移日迫其間一左右顧，不牢騷失措即已，胡得以其餘畢之哉！古稱文學飭吏治，公其嘿用文學之精以竅解之者耶！秦風粗猛，邑士視旁都邑即少振飭，然其文大都不能爾雅恬適，澤於冲澹。公力爲闡明，因諸士所至劑量之，諸士則靡不人人厭意去閑。時諸士出所夙構政，公至，溢於簿領，人方苦公。公據梧徐取校閱，意殊懌，不爲苦也。今以例入計，與海內墨綬課績，天子倘臨軒策諸吏殿最。不佞誠不識海內稱最者有幾，然漢治二千石以下敏給綜覈者不乏人，至史臣傳循良而所稱以文學飭治，獨一釋之。京兆今試進諸吏治行與公上下，固未有政弗苛而民咸畏，用十二於官而績爛然媲古如公者。他日漢使有奉玉帛璽書旌高第令知，必公無疑。不佞辱公雁行，且公子民也，拭目俟之矣。

又 代家君

　　我國家憲典：諸外服臣，上至左轄以及二千石邑令而下，咸得以三歲會同京師。蓋實倣古三年五年之制而少裁抑云。諸外服臣各以其職述縣官，以備黜陟。而銓部稽牒，按狀臧否，數千里外，諸臣若指諸掌。昭代制外之典嚴矣。顧外臣久或兩經考績，

近至任不數月，夫治狀踰一載，梗概見矣。中丞臺直指諸使，則有牘移銓部，故得與久任。臣同詣闕下課殿最，彼數月任者則胡當也。乃余伏覿明興二百餘年，聖天子跨御海宇，玉帛車書達于夷貢，即在牂牁、越裳諸邦，咸被禮樂。士生其間，且幸得北偕計吏以竊窺聖治。矧畿輔犬牙之地，身圭爵而臣者哉。若爾，則國家三年之典，義亦取狀漢官朝朔威儀，而安得遍徇諸外臣焉！張公以乙未成進士，即以其歲授余三原令，已二載於茲。今且以例當覲，公之僚丞鄭君倅、趙君先期請余言贈公，不佞自惟於公既辱同籍兄弟，而余復後公得僻邑，以去束於限制不獲。近隨公於上都，然而於公之爲令與公令之所以異於他令，則余知之矣。夫令，易行意即易見德。諸使者廉覈令最詳，其所扃鑰令甚嚴。然其後先上銓部諸牘，固未見掩其賢而被之以不肖名。何也？令非自弛於資，必不穩心。以此爲稅駕所譬之築基，期固則易承耳。故余見銓部淪棄十七，皆限於資格之人，非甲第令之獨蒙私宥也。外束於部使所廉覈扃鑰，而內不以此自畢。據見德之勢而欲固後日之基，此銓部所以多善狀耳。故令視二千石以上卑而其政最易達，則其地然也。公愿樸肫，誠不求諛上。宦途捷徑具非公有，而二載以還，薦書在銓部，視他令獨優，國家即以用他令意用公，亦當無右公者矣。借令內外諸臣人人愿樸肫，誠以風勵仕進，何患世不師濟？區區取威儀，具文藻潤太平，視之末矣。公行，聊以此言爲叙。至公治行，不可殫述其概，則具余應諸學士叙中。

贈大邑侯蘊所沈公廥封命序

侯，吳江望族也。先世皆以高第至尊官。乙未，侯復與其弟懋所先生同舉進士。海內有目之人亡不視爲祥麟威鳳者。侯初除

淄川令，期年而民大治，幾有刑措風。尋以太孺人憂去。服闋，補高陵令。踰月，又劇移吾三原令，其劇移蓋以淄川故原去高陵一舍地。侯之來原也，邑中大喜過望。乃高陵民則自怨薄祜，失賢使君，不得蒙謐休。淄川若三原，何爲者以一舍地不勞而奪人慈父？必如憲制四載乃遷，將積使君爲淄者三以施之原，幸何如乎！侯故與先君子稱同籍兄弟，不佞復得以子姪禮謁堂下。侯不鄙夷，數與語曰：夫淳駁異誼靜躁殊俗者，非民能爲之，上之人爲之也。夫城峻則崩，崖疏則阤，余知之矣。使余而鷹擊毛摯，以與民從事三尺，故甚具也。毋亦雍雍于德讓間，相暴以心，妢苟紲僞，貽民無事之樂之爲得乎哉！吏治如寧成周陽由董煩繞極矣。獵名者藉而鼓聲，然事益多，民巧法，古人非之。嗚呼！巧法生規避，規避生刑罰，捶楚之下，何求而不得？其奈何以民命易吾名也！是故工爲民者，權民利；工爲己者，權己利。以民生多僞，陶以淳猶將駁，鎮以靜猶將躁，乃巧法貽之乎。賊善禍良弗敢爲矣。或者以淄僻而事簡，原繁而民譎，政未可以概論。侯聞之，听然笑曰："嗟，斯言也。此又爲徒法能自行而君子必易民而後治也。且吾安忍不以待淄者待原也乎！"於是著誠以明信，廣惠以宣仁，沖退以符禮，晈詳以審智，藹和以近情，勤迪以貞教，廉静以堅節，而發奸以揭義，耻爲一切鉤棘鮞筲術。然則一曲一直已銖別而寸較之矣，即亦無侯語次尋繹及他陰伏相參考。然則某也心君子，某也心小人，某也常爲某不法事，咸當實不爽如照肺腑矣。蓋侯無所不諳練，無所不博綜。然不欲侈然見長，所爲政極周密，任勞苦，然外無一鋪張，迹不與鄰封賢僚爭功名。推其志也，豈不闇然食舊守貞君子哉！部使者顧最侯，撮侯兩地績奏之天子，爰有嘉錫以旌循吏，亦既彰彰上達矣。此所謂無意

近名名自隨之者也。來復曰：余讀尹子心傳，竊甚鄙其《誡子書》仕務巧宦鉏剗以立威名，意爲赫奕震攝，可聳聽遠播矣。世乃又多飭政，以地易之説以爲權宜，政奈何以地易？惟地乃以人易耳。侯之在原也，猶其在淄也。今日之政，亦何原之不淄也。彼揭揭者科條雖陳，以語仁賢清净簡易之化，奚啻愧色已哉！

郝節婦遺稿序

節婦，蓋吾鄉光禄卿谿田馬先生女也。谿田先生家居，常親授子弟學。節婦未十歲，已從户内聽之成誦。先生甚憐愛，遂教以古内則、女史及博士家經書。節婦能一一習會，將解章句爲文矣。往歸爲郝氏婦，郝氏故有家，節婦即善爲家。郝氏故有舅姑，節婦即善侍舅姑，井臼之暇不閑誦讀已。郝氏夫夭，節婦最善，哭其夫，又能推古禮制自範衛，其瘁身内政，期無隳婦績也。師古敬姜，矙然矢志之死靡他也。比古陶嬰，保其一子，終身得不墜郝氏之緒。老又好涉獵歷代史書，不肯釋卷。猶追謂人曰：“吾固恨爲郝氏婦早，不能多聆光禄公訓耳。遲一載字，余可以肆然觚翰間矣。”節婦蓋自傷所遭不偶，多以匆雜悲楚廢學也。卒後遺近體詩若小辭曲僅十餘首。大抵節婦身既煢孤，又少莊谿田先生貞懿之教，故於吟花嘲月、流連光景之詩不忍形之楮墨，而獨存一二弔亡愴別之音以自見。篇中非歎夫則憶子，牢騷鬱憤，若終身無以解憂，亦可以想見其性情哀怨之正矣。即未能離粉黛習氣真涉其際，庶幾所謂婦人之言不踰閾者乎。悲夫！《蝃蝀》風靡，《茉莒》化漸。佟傛之家，琴心緘素；縉紳之口，膾炙瞾淫。其爲節婦，罪人可勝道哉！不佞故論著之，知節婦所重不以此也，然使觀者亦益知節婦之所以節也。

贈大邑侯蘊所沈公入覲序

我國家酌古功令，三載會同：四方諸侯脩筐篚，蠻夷長獻方物，岳牧諸臣率大小僚庶，各以其職，貢之天子。而諸省會先後所選士數千人，咸待對公車，曰偕計吏，蓋窮足迹所及風教所被之地，咸輯志忱心，輻輳闕下。於是宗伯秩序，典客掌儀，銓司論黜陟，揚媺摘類，迄無遺典。若親指百工之素而使亡敢遁，洵公且嚴已。維上之三十一年，郡國復當大計。先是，儲宮冊禮新成，疏慶伊始，闕下諸臣，歡忻有加。時吾原沈侯當行，邑中人曰：今天下夷虜剿絕，大本建寧，四海翕然望更新。倘聖天子臨軒課績，以臺省諸司待外服鞅掌之吏，侯之行，其將永貽我去思也，奈何？或曰："襲名者大張聲，巧進者先取捷。故君子之守，反拙於馳逐之子。以他人獵譽侯自晦，他人競嗜侯自恬，吾恐鼎臠公餗爲彼宵窺伺物也。"乃不佞則謂不然，事有處其極重而必返者，今日是也。今日之方域所稱虛耗困罷，舉天地渾凝之氣潰散無餘者。今日之民所稱駭目震耳，動罹網罟，如失真父母而懍懍莫之者。夫猛摯以立威，戕民以博名，何異以人命爲土苴？鬼蜮之使疑畏，愚幻之使瞀眩，何異以聽讞爲射覆？且以秦西鄙地，十年以來織室未停，礦權之使橫起。群猘憑城社率以原爲泉會，紛然奪邑民刀布食貨之利。烈焰在前，關械在後，民始懍懍重足立矣。使侯居此，不爲計畫圖永安，更快心于三尺以加瘖痍之赤子。嗟斯民也，斃於豺虎與斃於虐政，亦何異焉？故不佞謂今日之民論今日之治。倘當事譜大體，通移易之規，其不以苛察先渾厚搏擊先撫摩也明矣。

陝西武舉鄉試録序 代

萬曆癸卯十月，又當武試期，有司合諸道之士以進。至期，不佞餝諸共事列校分職三試如已。事先以二日試騎射而十得五已，閉闈試方略而十得一。蓋諸士之踴躍振奮於武，而卒自縮匿於文者常八九也。夫國家既以武名取士，武試之足矣。顧乃不任武而任文，豈決拾命中之技有不勝收而當事者之所獨重意有在耶！不佞故以文學發迹，覘國家所重則請極析古昔制兵審將之微明，諸士之真效用於朝廷者以豫異日將相之略，使天下不以武武諸士可乎爾？諸士日服韜鈐無最於尚父，至今考《六守》之略，且自仁義忠信而次勇於五，乃《文啓》《文伐》謀專静謐，未嘗以果勢攻擊之事爲善計。善乎昔人之言曰：兵，危道也，然有禮焉。諸士，秦人也。爾之先臣五殺大夫、蹇叔嘗用之矣。當晋之背穆河外城而殺不鄭，秦怨深矣，無乘晋饑，反施乞糴，曰救災恤鄰道也。乃杞子潛師之請，兩人堅不可而竟以逆知其殽之敗。兩人者之所以爲武，可知已。降此則爾之先臣李藥師靖常用之矣。其言曰：兵家先正後奇，先仁義後權譎。高麗之役，兵少地遥，欲操正勝以比武侯之縱擒，此又藥師所以建勳貞觀以佐龍興之概也。諸士生長西地，偏得天地勁氣，史稱安定、北地、上郡、西河諸處迫近戎狄，修習戰備，高上氣力，以射獵爲先。始知論士於秦不患無武患無文，又不患無文，患其有文而剿襲章句，無裨於當事之所重。不佞聞仁義無挫師，公忠無餒氣，以正爲率無叛卒。結於心而達於事，貞於始而篤於終。無實功上者廟堂樽俎制勝以神，其次亦伐原示信，蒐盧示禮，無契威嚴，以附古强國興霸之遺。此所謂立於不傾操其不可勝上將之偉業，而爾之先臣之所從事者

也。今天下不稱無事，在廷諸臣亦未嘗諱言武。乃武吏日齪齪束文法，世亦漸薄其名稱巧行規避益濟，不肖儻蔑頑訑，恬不爲恥，直倖一決之勇以爲過人。猥云武不必行，其民間輕俠、良家豪[一]、材官蹶張之輩目不知書，冒没輕儳，偶以功中率，且朝在人下中而暮陳，擁衛習聞見者心安之久矣。不佞獨惓惓以方册閑人望諸士，誠爲諸士，今日始進變易之機正在此也。夫士亦何常言武，而武則武矣。合文武而修之用之，則文武一矣。倘諸士心迂，不佞言自憚途遠無正就，謂觚飯不及壺飧乎。恐畫戟雕戈等在握也，强弧利矢等在攜也。建戱秉抱，挾經揩鐸，非乏於陣也。藺石渠答，坑塹木樵，非弛於防也。數者皆古若而古名將之效於國者不少。概見諸士試思古人，豈有異手足哉！故曰：一人善射，千夫決拾。言變易之易也。今日之謂矣，諸士自力。

【校記】

〔一〕"豪"下，據本句前後語意應脫一字。

贈邑侯沈仲玉先生膺封命序 代

謂國家賜秩旌功之典，以爲足異乎哉，然而非也。以爲非異，然而王言也。夫王猶天也，其言陽和雨露也。天無不覆，無不陽和雨露，污邪沃壤被之，即日益滋息軋苗者，乃确礉荒蕪之地同被造化潤澤。顧卒無益於确礉荒蕪，何也？則以天無私，人所受天者，其質異耳。考憲制，諸外服臣爲治三載，臺使部使常一列薦書，與夫錢穀獄訟諸務稍無恙，即得以秩領璽命。事雖仿古報最意，然制滋濫矣。今歲春首，三原令仲玉沈公以滿績獲封，原父老學士咸侈其事，願得一言壽公。夫以公之才品治行，謂宜蒙古褰帷食邑之賞以旌卓異，乃僅僅隨例共天下墨綬吏徼一命以竸。

公獨守墨，而後乃知經術文章間自有吏治矣。此亦一治也，彼亦一治也。變四載小戎之俗，登之樽俎，揖讓且不難，洋洋江漢汝墳之化不幾以人興乎哉？原巨族諸梁率多文學禮讓君子，其服習公治化深矣。傺公之事益甚，若旦夕不可舍公者。夫滿績環召之先也，借寇無幾永思奈何？竊恐原人服習公如諸梁，不少相與臥轊交衢期近矣。

定園集序 代

《定園集》者，大中丞劉公之所著也。公品望風猷，媲美古人，不獨爲三晉冠冕。少篤古，於書無所不窺。隨耳之所聞，目之所觸，以迄中庸之所感發，無不筆之於詩皆文。從釋兵湟中歸，閑居十餘載，益肆志學問，父子自相師友。茲集固長君閑居時彙輯命梓者，詩文凡若干卷，諸體犁然備矣，洋洋乎巨觀矣。不佞某卒業擊節歎曰：自功業之軌遠，而圭爵之士身可通庸斁繡，斯愧甚。且文武異宜煩簡殊適，即功業中能否判矣。自文章之途廣，而操觚之子議論則合實用，斯昧甚。且月露不登於廟堂，韶夏不坿乎淫哇，即文章中能否判矣。嗟嗟，難言哉！然使才士之摩挲必妨事務，臺閣之體裁必出鼎臣。是文章果屬鑿悅功業，亦屬贅疣，得此必妨彼，兼攻斯兩傷。山林廊廟，絕迹背馳，相笑而不相爲，無已時矣。古顧有勒燕然，磨盾墨，傳異域而泣鬼神者又何篤也。當公之怡惶也，爛然勳勳，遍溢青海。聖天子特簡授脈榆塞填撫之略，永垂久遠。不佞某猥奉屬車以來，覩其部署清寧，內外乂安，桀虜解辮，甌脫無虞，規劃所著毋論功業之士竭蹷而不能辨，即置之古社稷臣中如唐李郭、宋韓寇諸公，亦不多讓。乃其發爲詩文，夷雅淹博，華實並瞻，語不剩意，意不侵法。撫辰命賞，

則金石戛其音節，烟雲吐其點畫。籌時謀國，則摇筆即光重河山，矢吻即貽休經濟。允矣，辭林之高標，學士之邃致也。夫隙駟易徂，道術各詣，意不並鋭，事不兩隆，兼而有之，不綦難與。公以其所得酬之功業，功業著酬之文章。文章顯而要之，二者猶不足以究。公藏此誦讀，莫覘阿衡。梁甫未概，卧龍風人難狀。夫方叔而兼長叵測於郤縠也。古人不云乎“德彌盛者文彌縟，中彌理者文彌章”。是以君子聞識博而辭不争，智慮微達而能不愚，故曰：“言之不文，行之不遠。”蓋言文與行之非二也。《詩》曰：“左之左之，君子宜之。右之右之，君子有之。”其謂公乎。公聲名被區夏，朝廷方倚重如山岳，行當晋位公孤，潤色皇猷，持此以往，裕如矣。聊弁數語簡端，愧闡揚之無能。然毋敢貢諛，辱海内具目也。

陝西同年序齒録序 萬曆庚子科代作

不佞猥臨關中，既以所比士若而人應大試。使者循已事録，六十五人名獻公車矣。諸士自惟萃涣合異，於一日間驩然同姓洽與，於是循循敦讓明齒以昭永好。舉世代里第姓字昆季以及孥息無不筆之於書，書成而以序請不佞。夫諸士業以淳厚雅誼，聯一時遇，毋止藉不佞語，束爾盟矢，俾不替耳。顧前人所斤斤申兹事者，不啻衆矣。旨譎宇獨赴者意反同爲異，旨和光卑疵者又以同爲同，同之義紛紛各出而未有竟。余不暇與諸士逖引宏喻以飭不根，惟諸士既以同升故洽交，以洽交故修禮，則同不可無言。乃均一同而大同，和同亦同，雷同亦同，同又不可無辨。夫樹藩分町，褊見隘圖，薄夫之陋行耳。戈盾生室，纖腰成妬，婦寺之穢德耳。有激者至，等其心太行孟門而避卻之，冀諸士必不有此。

顧諸士之所謂同，毋亦異日奮庸天路，寅亮匡維期共效，微彰柔剛期共調，六正六術期共剖，緇布棧軨期共風，鞭弭靡鹽期共驅，邱壑朝市期共趣，而詎其直沿非襲舛。背公害義，硜硜執小亮以效市兒結納之歡。夫百人操觿不可以言固結，千人謗言不可以言直聲，萬人比非不可以言顯士。士至以比非為同，而同之害事滋甚。善乎，昔人之言曰：“上交者不失禄，下交者不離患。”諸士莫逆，伊始於今。不佞固將謂以善樹人可功成而即，不傾而必不願諸士徇同之名以陰戾其介，而令人目為患根。今國家眷眷多事，士君子日欲以和衷弭釁。伺而聲附影從者，至援黨熾私標旗鼓以抗衡。公論遂令太同和同之風邈不可覯，然則同正和衷分馳之理也。諸士將奚從焉。倘其公衆為翊異日者，一如馬蚈之足之輔而不以其衆市。此其同蓋天下可友，千古可偕矣。即又何論六十五人哉。諸士慎旃。

公餘考訂 引

博士家之有傳注，猶匠之須斤，工之須墨，不可廢也。紫陽根本六經，嫻然正始。昭代胡、楊數家，益廣葺群説，篇牒繁富。今其書領之學宮，無論起雅還淳，紫陽嫡裔即議有互存，旨取旁證，要亦不失紫陽之忠臣已耳。近世如莫如吳如蘇如陸，更數十氏不過本胡、楊所輯，損益參訂而止。故操觚之士遵為功令，毋敢顯悖棄之矣。俗士沾沾新説，語必戾注為奇，逞一察闇大較耳食者是之踵偏襲訛，醜途百出，居然大雅罪人。嗟夫！持此道以為制舉之文，無異操鈍芒以斷膕胜，離繩墨而為方圓。蓋嚮者婁埏諸人，環顧而笑其拙者也。永城君以明經起家上第。暇日進永城，士課之，遂出帳中，秘與諸士訂紕繆，命曰《公餘考訂》。其言簡意該，

不恢語、不剿説者曰有胡、楊數家在，毋取反射而剽虜之。不逐
句帖括、不隨章藻繢者曰莫、吳諸家之談，今學究輩業能口誦之也。
是故片辭據要著獨創也，約思研幾括文詣也。斯帙出，蓋傳注之
體又一變矣。昔劉孝標注《世説》，不區區分解而意自會，有不
言之妙，高似孫稱爲詁訓之法。近時元朗、敬美諸公極好其書，
謂古今差比肩者惟裴松之《三國志注》耳。永城君其亦有當於中，
故以之用於經義間耶，抑其體裁陰有合耶！觀者以此帙之簡，參
之諸家之繁而互證焉，當不但專士家筌蹏已。

重刊杜工部全集序 代

工部詩流傳海内者數十百家，世本訓醳，麗雜訛謬，愈衍愈失。
宋夢弼取唐宋諸本參校彙集，編次歲年，仍嘉興魯氏之舊。黃仲
實氏稱其詳實，良是弘正間邵文莊注《全法》、紫陽注《毛詩》，
顧品摘數析不便披閱，且附排於古，非體。郭郡吳孟白詩紀出，
亦既別體矣。其中又間有遺誤，亦其欲博收全唐諸人，故不暇兼
録訓注。且説分數本第取成帙，故題贈游宴諸類叢收於各體中，
而舊本編年之意亡矣。余惟工部詩淵然爲風雅宗匠，蓋自當時微
之、昌黎之評出，而千古以爲定論，何俟余言？乃工部既産於杜
陵，天寶之際，獻賦待制，親受主知，長安貴人比之揚、馬。遭
值禍亂，困躓窮謫。今考秦州諸什，想像窘宴之苦，至其觸目感慨、
發之聲歌，傷板蕩而厭仳離。如《新安》《石壕》諸篇，不獨詩
法精深，夔州以後所不能得，而慨然憂君愛民、惓戀京國之懷，
若不能旦夕少置。即晚年流寓荊蜀，此念不倦，史稱其情不忘君，
人憐其忠。是則公之神情寤寐，終身糾結於長安者殆非他地比已。
不佞觀風茲土，覽終南白閣之勝，訪赤谷隴首之墟，以求工部遺

迹。緬然追慕其人，感時撫事，間託篇咏。因格合唐，因唐合杜，亡不一一爲此公心折。念工部群集轉相鋟播於他處，獨此地亡有梓以傳者，貞魂有知，亦竟何以副地下眷戀之懷也。因出篋中舊本，參以諸家本，逐體銓次，正其豕亥，剖其疑似，互存者標之，逸散者補之。要於分體中不失編年遺法，使讀之者由各體以詳按軌則之變，亦即由各體以究稽歷履之實，衡驗諸本。此其近便或者工部志也。夫浣花草堂，先生旅泊所耳。好事者至重構舊址，勒其遺詩於壁，以視來往。蓋思其人則低回其地，弔古懷賢，意有若此。矧先生蹤迹游寓於秦，又何如哉？明興，以詩雄關中，如北地華州、武功諸公，咸律準於杜。而北地猶稱善摹，是故氣格情景，即杜亦不能有外於唐，而北地總能不失其爲杜。嘉隆諸君子起，欲攘臂而據其上，而北地之氣格情景，今海内卒不敢廢。夫廢北地之氣格情景是廢杜也，廢杜是廢唐也。山川如舊，斯脈孔延，秦之學士不乏，寧無興於後先聲氣之感者乎。是編之輯不知有當與否，爲捐俸受梓，貽三原令吳江沈畸、臨晋李棲鳳勔工告成事。

奉贈邑侯吳江沈仲玉先生内擢序

不佞讀范史至宋叔庠，慨然歎其人長者。建武永平之際，吏治刻深，公獨崇尚寬和。其言曰：吏能弘厚，雖貪污放縱猶無所害。至於苛察之人，身或廉法，而巧黠刻削，毒加百姓，災害流亡所由而作，信斯言也。此豈以廉吏爲不必爲也？抑果貪墨敗檢驕居民上者，真無害也。毋亦厭巧法文致之苦，而輕重以權其害耳。且即公守九江時，胡肫肫下記，務退奸貪至急於猛虎哉。乃孔姑臧爲政得民，自甘菜茹；朱桐鄉居官不苟，餽絶束修史，豔然重之。

是則渾厚廉平，殆循吏之懿範焉已。原邑夙稱易治，邇時習漸浮虛，群猾緣爲奸利，議者稍稍欲以嚴繩之。仲玉先生來撫余邑，獨不謂然。先生學本世承，識諳體要，語溫而辨，法簡而明，事貞而有禮。他人憤激，先生恬愉；他人督責，先生解弛。是故我不迫而糾紛者自調，我不擾而喧者自定。貌以衷著，恩以誠施，而點儈滿讕之夫有不忍逛我。以保善剪惡，以永賴任怨，而閭閻小民皆知其受利我。弔喪問祭，賑窮恤孤，而淳厚之風培我。隆尚賢之交，拔幽韻之士。紱冕有不拘，公禮有不格，而靡讓篤爾之化崇我。絕贖鍰賤，寵賂戔戔之節皎然儒素。而里閈綺靡浮薄之漸，抑優之柔之，煦之摩之，埏之埴之，理遣之，情恕之。桁楊夏楚，總屬祥刑，離舍鄉亭，一皆棠憩。甚者簿書檄牒，公委日繁，短札長箋，代及共事。腹笥百獵，書郵四馳。任勞殫思，酬給餘暇。夫且意忍色安，纖芥不露人迹。先生臥閣成治，不知先生實少高枕時也。是故原民始而易，繼而信，既而愛且敬，藹然若赤子之於慈母。嗔喜！惟意而不能已其戀慕崇事之懷。甫一載，治化遂大行。昔隨會爲政，盜自奔秦。虞芮入境，讓心自生。以先生推之，事固不誣。故子貢非臧孫之猛法，美鄭僑之善政。要以準約常經，籌符古訓，不以拯弊，遂長戕殘，彼豈不知鈷鑽峻酷之可以暫自快也。先生於此稔計之矣。先生在原五載，己巳初夏，拜禮部，命屬方仕途淹壅，省臺久鰥，今秩酬上考也。得報後，聖天子偶發溫旨。長吏徵諸公車者察其上考，以次補省臺。嗚呼！先生遇矣。即邇者，天子每抑言事之臣，省臺之除，猶然叵測。先生當從容蘭省間，敦典敷教，右文秩儀，所以隅德則民本化，邑之仁禮而無不合。嗚呼！志伸矣。先生瀕行，衣無增帛，篋無留俸，郤及一錢潔喻留犢，甫脫錢穀之司，即虞間局之泊矚白已甚，棄及圖書。

向所愛敬先生者，至是而愁而泣，而繪圖而紀德，而攀遮於數百里外，舉前此令原者，均不能邁焉。此所云"清掩朱孔而譽茂循良"者也。以蕞爾之邑，數十年得弘厚君子，播寬仁之化，以轉移其粗戾武猛之氣，斯已幸矣。乃更廉介守節，貽民無窮。古稱儉不偪下，貞不絕俗，淑人君子斯人有焉。不佞謬篤古幾載，公門陪侍教議，慶茲躬覯忻慕樂道之嗣，且搦野管述實以求太史採錄，豈敢阿私爲溢美辭也！

贈邑侯冲寰李公以初政膺上考序 代

蓋漢中壼氏之言曰："吏稱其職則事治，事治則利生。"夫事上之務也，利下之獲也。詎非精勤所以懋績，恬安得於無擾與？故善吏者不營事營職，不便己便民，持其靖不可搖以煩，鑒其蠹不可蔽以惑。故耳目不亂，而官府肅諸役辨日業，不爰牘理。黠吏猾卒竄避，威法而我，拱手而子，方域之氓，此之謂稱，此之謂治，利孰大焉？原民半賈游，亦聚四方雜賈俗，稍稍靡其有家者絕不敢公扦三尺。而市中一二游閑子，不無陰覘上操縱，以行其頑奸，見繩束急，相引解散，否則逞遂令近日當事者謂原民悍，實非也。李侯以三晉英僑掇上第，來撫余原。顧不悍原民，下車受事，無弛無激，摘發嘗法者數人，群奸股慄，餘斯按綱以緒目，因頓以築成。鋒穎銛劍，不爲橫割；察悉隱伏，不捐長厚，非薄虛說，謝斥謁問。對兩造，兩造審；值公委；公委副；督積逋，積逋完，省簿領，簿領清；穢包匭，包匭絕；以時啓事，以事脩職。不從職外求事，不從事外求治。推誠御下，持簡鎮囂。不數月，邑中大治。士安其學，工安其業，農安於野，商安於市。即宿碩慎重之士，勞瘁經營，不能卒覯其效，侯以憪然坐鎮，無不畢舉矣。

邑中風氣開霽，多士蒸蒸，篤於文事。侯政間則數進多士，屢試之，獎拔激勸，悉中程品。蓋吏治文章，不獨窺梗概於初政而已。部使者行郡邑，署侯上考，以不及薦期，遂首下勞書衰侯。夫最課顯擢，自侯他日應爾。此何足重侯然？亦足見循良隨地隨時無不遇也。邑多士儕輩推得遇於侯，以幸侯得遇於上。思侈其事共厠，三博士來徵言於余。余惟今日之事，既不足重侯，矧余言令侯重。雖然，始事也，善播者碩其始，思厥終；愛其人者爲始榮，爲終慶。然則多士侈侯遇也，正以最課顯擢，自今日馴致故耳。夫令之職，職近民者也。業使原民得其爲原民，即以立治經可矣。古人稱四民均則王道興，而百姓寧獨可施之百里而已。余其何以益侯哉！余其何以益侯哉！

養生主論序

世之醫皆知有袞痰圓，而實不能製袞痰圓。即能製袞痰圓，而不能用袞痰圓。夫痰之爲病，百端不可窮，而粗工至十診而不得其一。乃耳食者聞知痰病之有百端也，舉一切非痰之症，妄謂之曰痰。遂投以千緡控涎，及不依法製之袞痰圓，致令病者危殆。又有誤認外感爲痰，亂投前藥，其悖彌甚，其禍人猶速。余所親見往往而是，常不惜齒牙娓娓，曉諭無如，病者與治病者俱懵昧，何也？元王隱君《養生主論》專論痰，其證治方法纖悉明備，而要以袞痰圓爲主藥，中間豁痰、敗毒、斗門、龍腦諸劑，皆袞痰圓佐助藥也。其說簡，其所括富，其辨在痰，其所分析亦在非痰，淺深虛實、先後次第之間有數存焉，未易言也。俗醫讀其書而不能通，任意採綴數條，列之類書，訛謬遺脫政自可笑。金陵春沂徐公，取隱君原本，手爲刪定，更逐節訓醳參補，不厭繁猥。舉

世之所不敢用者，而教之使用，而不得妄用之意宛然可味於字櫛句比之中，其悲憫庸愚，亦篤且切矣。不佞復自承教後，此圓歲製二十斤，雖活人不能如隱君之多，而厥費亦得隱君之半。尋常痰藥臻效，無論曾活禁口痢，二腿糜爛一，皆隱君之秘法，而徐公所面授之者也。近頗與此道瞭然，不但能諳方藥，亦且漸窺造化。恨爲制舉義纏束，未獲十年。究我夙志，又與公睽離日久，疑惑蓄積質證無從。今歲冬初，辱公遠念，寄我一册，即命不佞弁序。其首公，昭代劉張也，名在海內，不佞且託之以傳矣。來子曰：嘗稽往籍所紀述聖明御寓，每加惠黎元如所云，遣使者巡行致醫藥，與夫藥監藥局之設昭昭可考。當時學士大夫多攻其術，如唐之狄梁公、宋之文潞公、林蘇二學士輩，皆深契軒岐妙旨。故神良之工一時輩出，俗方傎師率不得售。倡和感應之理，薰染雅化之功，烏可誣也！國朝設法建規，非不嚴重，而上醫視前代最弱，循名責實，堪登方技，傳如徐公者，蓋亦寡矣。即如江東新安，亦良史筆也。其所褒稱尚有可言，他如僞書災木布滿天下，砥針礪石，駄囊持匕之子。至於目不識丁，足迹所及，不挾刃而殺人，長沙所云“冤魂塞道路，死尸盈曠野”之語，可慨也。推其故，則縉紳先生不談醫，居平以小道視之。一旦有疾不解，推擇委身以聽庸愚，迄死而卒不悟。此郭涪翁所以不效於富貴之人，張戴人所以譏笑於推原補法篇中也。以余所聞，近日縉紳中能醫者，寧陵呂叔簡先生、臨潼武叔卿先生、金陵焦弱侯、朱元介兩先生，其他不知者尚多。金陵，公里也。交接之餘，上下論議當不難嗣美狄文諸名公，或者此道弱極而勝之一會乎。余不佞即椎鈍，敢不欣然起奮然願追隨也。

贈大邑侯李翀玄先生榮膺恩命序

不佞伏覩昭代督束外臣之功令，抑何嚴且密也！縣令非尤異，及奉法無過，即不得列薦剡尤異矣。奉法無過矣，孚於下不獲於上，不得列薦剡，上下交得，聲譽隆隆起矣。不踰期不完催科，猶需後時也。期踰催科完，揆之例合矣。諸臺使後先報命，脫與令涖官日不相值，或諸臺使有他故不得報命，即其薦亦廢閣不行，凡此銓部輒叢瘄，當實俟考績，條上某某當予封，某某不當予封，以嚴重鉅典云。説者曰：朝廷恩賚用以旌賢，且以作仕進之氣，俾愈砥礪樹後效也。吏斤斤奉法無過，求售上官，輒得循次拜封。乃一二卓軼吏布奇政偉績，若雷轟電曳之不可遏。上之人敬憚之，下之人稱頌之，徒以臺使報命，稽延紒歲月不得酬最績，銓部亦無敢格外議。聖天子急褒卓軼吏，毋論待尤異之典，混其於丈夫仕進之氣不少鬱乎！邑侯翀玄先生英年甲第，撫土授政，迨五載所數月，人稱神君。期年而境內大治，宵小中傷，不能間上官之信；將調劇邑，不能奪小民之請。偶臺使以憂去，廢舉刺，更一載始以例膺璽命進秩，並兩尊人內君被華袞焉。邑之士民隨先生嵩呼已，則亡喜其至，又怨其遲也。曰：若侯者，其與同事諸吏等乎哉！且豈少斤斤無過者得蒙循次之遇先我侯也哉！侯，尤異者也。謂公道何？不佞聞之，曰：否否。慶遇者無後先，得君者無遲速。故借聲而實不副，不可以據；務華而根已虧，不可以基。有基斯植，可據斯久。持此以孚上下，達明廷，乃景爍之業，不仆之理，爾何遲速焉。先生履實固基，不沾沾於可喜，不屑屑於詭遇。初政如是，政成如是。至於邑民不能旦夕舍，鄰封賢令不敢媲美，而先生曾不見有惰政弛務露勤怠之一釁，此其心固五載

勞瘁如一日視之矣。不佞復侍先生有日，覘其於廣漢之結箇，延壽之伺察。寧郅輩之橫立威名，俱無所有。而刑簡盜息，民愛士附，蕞爾疆域若豐歲之得天，煖燠之煦檐。又若游華胥極樂之邦，姝姝煦煦人人自怡也者？何以得此哉？蓋先生以實心運大才，所謂卓軼偉政咸從無心立異致之。故上下曉達，一時從政皆瞠乎不可及耳。上計伊邇臨軒課績諸先，先生列薦剡者，不無色赧而退銓宰，且虛臺省左席以旌，尤異人徒知璽命。及先生之遲，不知徵書召先生之速也。不佞方從士民後預抱去後之思矣。先生其能割五載赤子之愛，遂漠然奉徵書而去乎哉！

贈司理濬宇王公考績榮膺封命序 代

我國家憲制重臺使之職，至稱曰代巡，言代朝廷巡狩也。臺使體尊，與諸屬吏隔，而其視民也遠。所共臺使，上下諮議，以陰施於政事。下逮諸吏民，則司理也。司理與臺使無所不趨承至，其署官獨稱曰理刑。是臺使所恧慎者治獄之條，而司理所專主者決讞之務。毋論民命攸關，即諸屬吏曷敢有侵且撓者乎？關以西幅員寥闊，計西安所隸將半。彼七郡，余所覯濬宇王公數載，驅馳方域，蓋席不暇暖焉。中間匡建劑畫，焦心殫力，以與臺使爭可否者，不知幾何事。其洗冤釋滯多所平反，以造福犴陛之囚者，不知幾何人。積效紀績，銓宰用臺使薦最之天子，有今命焉。然余則唯司理等職耳。人非甚頑，箟寡廉隅，遇事百將不一爭，可否乎？且好生惡殺人情也。桁楊夏楚之間，寧不一愀然動念，而獨唯唯據成案，不思所以平反之謂盡人哉。故爲司理者，於文法無害，其得以成制縉章服被綸綍之光者非少也。顧以之論王公則否。公用積學高第來蒞茲秩，悉本樸素純誠之心以壹初終，舉人

世之綺靡，風波之鼓蕩，皆不足以亂其素定，故皭白之操卓然如立萬仞，而非沽名；牘牒參錯，解棼披纛，招不來，麾不去，而非固執；值所矜原，立脫桎拱，禁絕一切毛擊鑽鑿之令，而非倚喜；巨憝逃法，大猾匿奸，雷霆所壓亡不立折，迹其擿發主名，沮遏強禦，若又一法令也，而非倚怒。竭蹷於靡鹽不言勞，樹德於郡邑不言功。耻陰陽伺瞰爲鬼蜮，姍鬻權市重爲妾婦。由屬吏小民以達於臺使，由臺使以達於銓宰於天子，皆以誠素之心爲之無有二也。故與臺使爭可否，與獄囚致平反，或與人同至其可否。平反之時，一念無所爲而爲之，心則未可以易《易》言矣。《易》稱議獄之中孚，《書》稱時叙之盡遜，公其有焉。兩世寵賚必受命如公者，方無愧於職，以無愧於心，而更無愧於璽書所褒予之言。余不佞承乏西土，謬忝公同官之長，聊持年來竊窺公之衷曲者，綴辭爲公慶，非飾説也。即以之示諸屬吏小民無不孚耳。

朱元峻制義序

常謬謂古文之中無童孺，時藝之中無老宿，蓋古文之質幹墨守猶可。若夫以歲月成見用之時藝，士之所以多皓首而卒窮也。兩榜雋士非無由久困而伸者，然其人必不自謂老宿，而多善下英年巧捷之侶，實陰受切劘之益焉。若自恃其老宿，而牢執老宿之文以試日蹙之道也。余自束髮習制舉，言幾三十年，目覩文體變易，如棋陣之無定局。曩猶更科而變，近且科科變矣。毋論窠臼濫觴之語不敢出，即蒼莽奇肆之言，亦不得逞。國家功令主司風教，世運休明，人文極盛，畢效於此時矣。顧本朝制義體裁政與唐八句律似，嘉賓先生之言先得我心。觀其取王孟爲應制之準，而又左祖襄陽布衣，其時藝之好尚可知，以此風士不可爲不端也。

余常味先生之言而私議之。夫士苟欲赴功名，必且擇已售之技而習之矣。如以售則沈宋之學之遇，千古孰能過之者？輞川徹倅鬱輪，襄陽放歸以老，當時遇合已自極艱，矧光焰萬丈之大家，皆不由科第致身耶！奈何以此繩士趨使無惑焉？今之言詩者必曰盛唐，盛唐作者其精神色澤視初唐數公稍薄矣。迨至貞元大曆而降，詩人愈多，其最著者首稱錢劉，然以視盛唐諸人又何如也？余極愛近時之合作，而未嘗不深惜近時之氣格，恐亦浸浸流爲中晚之音也！所關豈獨文哉！文自丁未以後一大創革，海內人士翕然服膺。先生之指示恨不即脱聲聞緣，習之累之爲快。先生毋乃知江河不可復返，故順而導之耶！嗚呼！時藝非垂世之物也，而杞憂如是，來生迂矣。元峻王孫之英年者也而好學。聖天子雖弛禁開科，尚沮格未行，而元峻搦管爲制義日甚。日延名師就正，童而習之，長而彌篤。余雖不敢言老宿，然已向伯魚受學矣。天朝本支有才如此，忍不刊布四方，其反覆以詩喻者。而翁伯聞詩人也，亹亹談詩必法沈宋，余叙其集已詳論著之。誠能以而翁之上法爲文，即悖時好，吾必附之正始矣。

刻瘡瘍神方序

近世醫苦無神良者，而外科爲甚。時醫多不解文，醫瘡者並不解字。《内經》云：“膏梁之變，足生大丁。”又云：“諸痛癢瘡瘍皆屬心火。”是瘡毒所困，多富貴驕逸過勞內熱之人也。乃委身於不解字之醫，不可悲哉。不佞常欲上溯軒岐，中述長沙，闡明醫派，以闢此道之邪説。但功用浩博，檢醒爲難。惟瘡瘍一門差簡捷，歷覽諸家所著，多龐雜無倫。河間戴人稍揮霍之，以合古汗下之法，然尚滯於方之內也。十餘年前，數晤太學修庵，

尚公與其館甥王孝廉良甫，爲余言廣陵人有善神燈照者，療渠發背，神良已得其禁方矣。余頷之。歲己酉，余客廣陵，偶胕腫於股，招所爲善療者照之，不膿而愈。客歲館友胡含素發背，大如覆盂，神懵懵憒矣。忽憶此方業傳關中，但尚公即世已久，或冀良甫能記之，不意良甫以刻本見示也。是時延瘡醫束手，待肉腐糜，方徐以膏長肌耳。問其術，曰："止此。"問其候，曰："百日果。"如其說，含素之半背烏有，背何地哉！恐背此背者亦烏有矣。急同館中弟友輩按法治之，一日痛止，二日神清，如脫桎梏，釋重負。不月餘，膿日盡，爽然起矣。肉腫如盂者，日縮而小，並未嘗腐糜也。奇哉！不表而汗，不針而潰，不灸而陷舉，不補而實，不下而毒盡。至理歸於易簡，大道本在目前，所謂不可思議者也。古今道術入妙者，皆此類也。《內經》所謂知其解者，一言可了是矣。及詢刻本所由，即良甫貽一醫付王都闇刊布者。良甫，仁人哉！但原本繕刻未精，友人咎和之文雅博通，慨然欲命剞劂，遂索余叙其緣起。叙成，念友人尚文伯才而工書，爲求一書拙叙。文伯，太學尚公子也。

恭贈邑侯楊荊岫先生入覲序

曩取道獲嘉從邑士，後謁余師高可愚公於家，問荊岫先生治行，咸亟稱之。公笑謂曰："而知而父母之賢也，亦悉其尊人參藩翁卓犖之績乎。而既覩而父母能官之效也，至其家世作善爲德之概，不可不聞也。"語縷縷甚具，不能枚舉。大都參藩翁守戶曹郎二十年而橐不加饒。天子與公卿亦皆知其操，數以冊封大事，取辦倉卒。睥睨中貴人如孤雛腐鼠，而中貴人憚且服。超拜顯秩，翻然投老，屢起不應。近於龍德之不可測，而介弟以布衣也而賢，

諸子侄孝廉文學也而俱賢。楊氏之族侈誦於鄉里者，不但以科第貴盛而已。不佞復聆其言，每秣馬覃懷，低回通德之門，不忍遽去。益知我侯荆岫先生種種善政，得之指訓，成之家修者然也。原風尚素浮，多五方賈，土著民鮮之，率冒設游閑去家，逐什一之末，謂猗陶之業可立致。自榷稅法行，浸牟四出，江淮困於醵，嘉湖、蜀漢諸處困於刀布絲枲。邑之商於外，與外之商於邑者十貧其九，百堞之内，蕭然殘弊極矣。先生鎮以寧謐，與之休息。賈豎無輸公之累，市門絕胥役之擾。自高賫輕俠與屠沽菜傭，皆願以其直日俟官家一索，而終歲竟不及也。流寓者樂歸，稍稍始務農畝，連不得歲，而先生則需其穫餘緩征之。民驟貧計絀，互相齮齕。爲平其盈縮，喻以止足怨家，不至疊傾，井閭壟畝之間，遂爲迪夫安居矣。他如讞訊之明允，編審之均速，贖鍰之蠲釋，點猾之懲汰，河渠之濬治，退食之清閟，無不左右咸宜，如明習素諳自無阻於驅馳也者。至夫興士右文，不但採搜爲勤，晋接聲容，皆具禮樂。故濟濟巍科，總屬賞驗，闈中收拔，無忝知名。凡數年内，使澤鴻有託，崔苻不驚，善良安枕，多士奮袂，咸仁侯渾厚中條理，安静中作爲，有以貽之。原之士民，若一日不可無使君矣。屬者最績已上入計，届期部使疏其卓異考功，紀其勞勩。是行也，逆知朝廷，虛台省左席留先生。原人且愁，以一日不可無者，而將爲永思可奈何？余不佞，則言此彈丸也，原不足久淹名賢也。以先生世德隆而方熾，盛位處而不矜享受，宜遠大一令之建樹，其鼎鉉堅固上翿之基耳。惟是商民群聚州處，無忘省事息争，以體先生保護拊循之意，至後進之被化者兢兢望前軌而是趨，則先生恩澤時時在也。辟之泮水既定，勿復摇之斯澄，積帛褶成，勿更裂之斯完。若猶然以詐虞而釁，以困竄而噬，以久伏而逞，

以教遠而惰，則殘弊之後不堪再弊。即士風之陋弱隨之，吾恐原他日思先生者非一端矣。先生安能舍廟堂之宏鉅而顧我！

薊鎮邊政書序

漁陽星土屬天漢津，自漢唐迄勝國用武必爭之區，史稱其俗悍而喜鬪。則介胄橐鞬之士爲國家熊羆以捍衛疆域者，性使然也。余常數經其域，覩形勢環拱，屹奠金湯，黃崖鐵嶺，龍池梐河，隱隱在望。已而踰石門，登盤山，萃崒紆衍，如翼如屏，慨然歎夷夏天險之防也。神皋東闢，臂京陵而控關隘，定鼎無虞，中主不墜，必此地也。承平既久，邊備盡疏，干戈慘至，虜患剝膚，羽書滿塗，烽火照夜。大臣銜命紛出，整六師，申九伐，悉海内兵欲撲滅奴焰，不可得，而士馬之骨成山，遼人已椎結矣。當是時也，薊門精銳半空，自山海以西三協之山川要害，處處議守，處處難守。酋種乘閒，挾之侮之，抄遮之甚，則嚮導而綴之。全薊之憂，甫益深耳。監司大參邵公素以天下事爲己任，宰邑榷關，皆著異績。初蒞茲邦，輒繕城砌橋，一切藺渠苔布，矛鋋凱仗之具不移，而廉念重地危鎮，非慎覈不官，非勑法不邊，毅然本真誠悃愊，排德怨之口，孤行己意。單車巡訪於羊腸鳥道、歐脱塹砦之間，悉其利病，汰其猥冗，臚列款晰，筆之成峽，皆殫精磨勘，宛如走章亥隸首於掌上，胥吏拱手受成而已。余得披閱之，服公用世良才，而更擊節加意，錢穀一條爲得籌邊之肯綮，軍志先餉而後兵。餉絀則兵虧，餉濫則兵匿。懲濫斯額，額何有絀？鏡匿斯核，核何有虧？以之戰守，營伍盡驍敢，而轉挽無虛靡，是以餉撮也，即以餉勸也。倘諸邊不憑尺籍，而憑口算，慳於弁嚙，而豐於功實，即司農何必仰屋，而窮荒何必積屛乎？余餉吏愧眊瞶，無以綜詭冒，空念漏卮，貽

主計長慮將奉此鑿然之式，以入告矣。

贈密賢侯瑞陽田公榮遷銓部序

丙辰，南宮捷同籍兄弟中，與瑞陽公更同觀政司農署，束角趨班，聯榻清話，殆踰半載。彼時覘公器局坦遠凝莊，片言不輕，一介不苟之操已露其概。憶爲余言讀書恒忘溫飽，居家不避勞辱。每服膺自怍不及，且知公必以循良發硎究，必以天下己任。去之三年，不佞復叨理計儲與公共事，相見失喜，而公固安，並此地卓異之績，偉然爛然矣。密，京陵腰脇地也。邇年東西虞訌，徵繕供應，十道倍出。自制撫以至巡方諸臺，各以功令成憲督促。胥吏抱牘如山，求頃刻峻，非核即殷，非敏即隳。公以次治辦，舉賢智，張皇而不足者坐廳移晷而決矣。若剔蠹宿蠹，驅斥黠豪，本源清而抯濁自潔，害馬去而踶齧不奸。責逋惟寬，租入蠲羨，不惟蠲羨，且能持搏汰盈縮，所留抵來年歲課數千金。里閭既免新餉加派之苦，益人人受額內輕斂之賜矣。檀城萬山之中，虎狼逼處之域，兵荒交集之日，嗟茲孑遺尚訴訴。耕者、市者、操作者、絃誦者，得偷享太平煦濡之樂，咸公一身顯貽默轉之也。邑土沙確力開水利，污邪穰穫，教士力學，勤導婉誘，文風翕變。以余目觀公，汪茹以收郤，縷晰以出任。萬物取酌，而資不竭，而神不傷，當路薦書，首褒可以車載。期滿，銓曹命下，邑學士暨父老挽留，無計則群走。不佞階下丐言，冀闡公治行，其纏纏指數，筆不勝書。咸又以愛戴無已之意，而爲公過計，曰："邑侯長者，今日之銓難言哉。"余進之曰："諸士聽旆，工倕不以方圓滯其巧，后夔不以琴竽亂其音爾，疑職守判輒作用殊耶。"今夫銓部職知人者也，古稱知人之法，有八觀六驗四隱，術綦審矣。而要之約己，

約己之道無過，節嗜去智，歸樸守一，如是者靜而神可應變矣。乃能舉錯以數，取與遵理，讒人困窮，賢者遂興，故曰中情潔白不可量也之數者，不越爲令而已。裕異日重臣事業照映史乘，蓋自恒忘溫飽，不避勞辱，時規模定耳。公介弟雙南先生，以名直指晉陝，顯卿子侄孝廉文學，蔚起辭林宇宙之共酌。公家者靡際，余竟奚以測其宏深哉。

密田侯政績序

昔遷史傳黃潁川云：以禮義條教喻告化之。犯法者，風曉令自教[一]。化行，至道不拾遺。余讀而有味其旨。夫教喻風曉令也，有令之先者也。其始以至誠不苟，荵下而不敢虐民，一念貫於永久，衆感孚之，愧恥甚於刑誅，則禮義之用神耳。密僻在萬山窟中，軍民雜處，五方聚貿，說者率謂宜先毛擊以待奸宄。而田侯獨坦平寧靜，撫摩恤矜，惇惇愷悌，德意直登，赤子於袵席而疾苦之。二載之間，惠治風揉，封內愛畏如真父母，不忍欺，不忍離矣。侯對余言曰：令無他術，只持此大小無敢慢之心，居家居官以之允哉！此侯之所以治成也。夫不敢慢禮義也，禮義由衷出誠也。以誠令實，令以不令矣。意當時潁川化民，權興於此，史稱宣帝下詔褒徵，由京兆尹至丞相，率以禮義爲治。則霸之禮義不改，非飾而出之者，其感人，故應爾。不謂千載同符，乃有田侯。侯素善，下避聲譽。邑士紳蹟實績數款，若積金肆千餘，代民歲賦及他約，省金錢不下累千。若開水田，清圖圄，若息爭訟，募丁壯，若革胥猾辨誣盜，皆侯清操確守，著爲愛民善政之見於外者。而其精神感化不可言喻之境，直上追古循良，下掩一時卓異之吏。醇厚所貽甚遠，慨世者亹亹樂談之也。侯名實上逮已內召去，不

惟功業不可量，即覷茲密人尸祝已百世傳矣。

【校記】

制臺文受寰先生宦迹引

先生以少年甲第起家，計部主餉天津，儲糈裕給，拜濟南守。清操如冰，擒猾鏟奸，豪强遁迹。備兵潼關，屹立嶽峻，輯驅深目，逆種數千，不敢犯境。移寧前道，值憨酋糾衆二十萬搶挾。時大將偶病臥，中丞檄至，領兵拒堵。先生擐甲持矛，傳飱馬上者七日夜，竟以數千疲卒，遏其狂鋒，至面黧齦漏，尪然壯歲而老人矣。徵撫雲中時，卜素驕悍，屢以諜慢，且欺其城孤軍少，數肆憑陵。先生秣馬厲士，宣布朝廷恩威，酋凜凜懷畏。不數月，結七年講賞之局，至今免血刃之慘，詳見《撫雲疏刻》。其調停謀畫，周晰詳備，竟耻陳勞勣，未紀賞典。然聲名赫奕，朝宁借重。督撫下車，肅清紀法，汰革濫冗。薊遼東西烽火，日駭月警。調募防禦，百端補罅。挽車支厦，莫喻其難。拯溺救焚，未比其急。拮据鞅掌，三年於茲。乃款滿明諸酋，不費多鏹，而阻其無厭。鎮山海彈丸，嚴禁逋逃，而優其道殣。數十萬將士，數千萬芻糧，皆從一人心手經過，即百身難分其任。先生不動聲色而已，下令於流水之源矣。快逢兩朝覃恩增秩，廪嗣差酬功績於百一，先生猶謙讓不自居其有也。洵稱夙夜匪懈，鞠躬盡瘁之社稷臣己。某等叨厠屬員，目覩盛美，爲地方萬姓侈揚奇遇，謹撫剔歷之概，冀昭代大宗匠採擇命篇，傳播千秋云。

來陽伯文集卷一終

來陽伯文集卷之二

明三原　來復陽伯 著　　　　　邑後學　李錫齡 校刊

序

贈郡丞閑寰杜公以考績報最榮膺薦書序

　　先時上御化之四十一年，宛州閑寰杜公以保定別駕視餉懷隆。比及三年政成，考最，臺使列其狀，上聞天子，爲褒嘉特詔，封其父母暨配如其官。未幾，主爵者以公久借邊疆，遷兩淮運副。軍民無慮，數千人咸卧轍呼號，撫院會疏保留，則又以新銜受事者二年。越戊午，直指周公奉命巡行宣大。事竣，公復列薦章，假令漢元狩、神爵之間，凡良二千石以久任報最，至賜爵通侯，則杜公之于今日也，秩綦重矣。惟時幕史李如桂等濡斯沫斯，如饑而受哺，渴而飲醇也者。快公政成，咸思謳吟歌咏之。余不得卻其請，乃歎曰："嘻！難哉！夫士非筮仕難，始終一節難，亦非矯然飭節難，秉心純白爲難。好名之士失聲于破釜，自畫之夫隳心于止簣。"公自莅官守職以來，飭廉隅，勤幹理，信於士伍，

浹於當道，纍纍薦牘，遠播朝宁。自非羔羊冰蘗之操，久而不渝，則先後激揚之典，恐難以獵得。然而余之多公尤有進於此者。不佞承乏司農，曩歲奉命督餉永平道，經燕趙諸邊，嘗廉其一二主餉吏簿書登耗之煩，非一州一邑比。蓋一州一邑之司止於州邑而已，若餉吏則自監司而下不過一二人而止耳。朝視篆於此，夕移檄於彼。有守令之親而無其專，分丞倅之勞而叢其責。此固龔太守賈內史之所不能辦，而君以樸茂醇謹之資，獨任之而有餘。其卓犖才器，詎易能哉！方今宇內多事，夷虜交橫，使三輔絕徵盡如公輩，直之行間爲主計，運秘籌而布飛挽，必緩急得肯，輕重無輡，所在倚爲長城矣。昔漢武帝晚年輪臺自悔，知海內四盡三空，於是特拜搜粟都尉，巡行民間，以講殷阜之實，炎祚迄促而復延。今邊庭無衛、霍諸人，而海內虛耗過之決，裂之慘，不知其底。內外諸臣嘖嘖之議，多在於餉。餉即辨理，餉者須審其人。而諸胥始無侵牟之虞，甄檢已試之品，將物色及杜公矣。如桂等聞而驚詫，曰：「子大夫奈何欲奪吾儕庚桑子也！」

贈郡侯寰津李公以考績報最榮膺薦書序

蓋衛幕李子娓娓爲余言，余邑寰津，公善政也。治保安久，業陟郡丞矣。父老走控當道挽留，不聽，去遂疏如級，而治保安如故。更二載，爲今戊午，直指周公，更列公薦書高第。於是循良之譽益騰，而邑博士暨諸士民踴躍甚，介李幕徵余言。夫不佞嘗里居，覯公家食之操，已知必辦此矣。邑之難務，雖不一而足，顧其鉅者無過於訟於賦。訟求鈎箝毛鷙之吏託焉，賦嚴催科乾没之吏匿焉。公念郡俗以貧，澆兩造間衷法，於情多釋而不鍰，久之獄訟衰減。公庭閴寂，類以官隱者。田瘠稅易逋，其逋則以丁

糧淆雜，故公一一釐析之，於是詭灑巧避之弊杜。訟既清矣，爲平盜賊，賦既均矣，爲興水利；人事盡矣，爲祈年稔。喬山漯水之區汗邪備提閼，而谿麓寧雞犬，天不爲災，地獲嘉穎，熙熙咸賴賢刺史之貺。其績效所臻，即以方古循吏，何愧色焉？古稱孔子對哀公取人法，曰："毋取拑者，毋取健者，毋取口銳者。拑者大給利，不可盡用。健者必欲兼人，不可爲法。口銳者多誕而寡信，後恐不驗也。"公以真誠端重之品，三者不處其一，乃試之壤土之事而坐，即於理整其幅員而不煩，更造寬挺文法而奸偷消。此豈鋪飾於爲官之日耶！抑其素具嫻耶！故曰：徒華者根枯，啖名者實漓。培根崇實以固厥基。漢劉向亦云："德厚者士趨之，有禮者民畏之。"言忠信之可行也。慎斯術以往，豈但勝方州之寄已耶！不佞明桑梓，知厚其立快，覬故人之宦通也。掇鄙辭，以當灑洒之慶。

顧朗哉先生遺稿序

余辛丑會先生長安，先生春秋高矣，猶豪於詩，豪於酒，豪於意氣。齊梁綺麗，燕趙悲歌。時時於座上，筆端橫發，令人且暄且避。是時先司馬甫內遷，愚兄弟俱伏草間，一見詫爲異人，遂稱莫逆。尋訪先司馬榆關，值大故，痛惜視含斂焉。別之年餘，聞先生遭螫破家，走潞河已。攜家留都，皆有書詩問訊。愚兄弟之幽憂，先生之厄苦，兩地脈脈關心，更兩相弔也。今先生殞，且踰紀矣。物外道義之交，斯文臭味之合，未有如余數人一時者。蓋先生閱人最多，其交余最後，而其推許契結也似獨深。今余髮且禿，媿悠悠末世於古人，三立無一有也。権役清源遇先生孫文學君，出其手録先生稿數卷，謂從散佚中搜得者。讀之體正辭爽，

愷愷離離，類其爲人。然晚年爲不佞父子倡和詩，並曾示近著詩，多遺漏不收。則辛丑以前年力強盛，時計帙中寥寥篇目，不過存什一於千百耳。嗟夫！先生老而厄，不能存其家，並不能存其文，甚哉厄者之毒也，讎及翰墨矣。幸文學君善自豎，使海內交而祖者，喜豪傑後嗣不替也。

李生共詩刻引

余初晤生共燕市，數過清宴，與之譚知君能詩。別去數年，聞君遨游吳越，躡三山，渡江遍訪虎邱、西湖諸名勝，意君必不可無詩。今歲権役住清，去君里十舍，而近未見其人，先見其詩，則《南游紀行》篇也。各體具存，率清真取韻，而一種躍躍快往之氣，露於言辭之表，意其胸中凝結刻畫已久。一旦目覿奇觀，怳然入區異境，故應接不疲，精神勃發。性靈抒寫，盡與山光水色偶會無隔。遂盡洗癡濃牽累之語，獨悠然就事敷真，隨境模態，杖底雲烟，杯前花鳥，冉冉的的，悉佐歌吟。有言盡而趣不盡者，可謂暢域外之遐覽，契四始之微諦矣。余向意生共此游必詩，不意能得佳詩如此。謂君料詩而游，胡能肖所在之景。謂君詩因景成，胡能琢鍊如一。想君積久快往之神，即翩翩無聲之詩耶。詩不可無情，強索實然。余贈君過訪詩有云："東土勞相訊，南游出好詩。"亦實然。

夢游五嶽詩序

欲脫離人世之拘累，無過於游。游不嶽不大，不五嶽不能暢游之情也。顧有游興，有游具，有游侶，有游資。俗侶紛紛競事攀躋，有具有資，興不存焉。山靈厭絕，似封其奇勝而驅之疾下。

惟文人韻士吐欬雲烟，追探恢詭。神在屣先，詩隨想就，巖洞佐
其結撰，草木供其菁華。嶽與人兩得，而每苦於糇糧不充，重趼
難達。故文人韻士宜游而不能游者，苦於資也。嗟夫！尚方金錢
檀越布施，貂璫財虜之擲揮，市羽妖虐之乾没，阿堵如山，捐於
溝壑者何限，而山靈招隱之流獨艱。尺寸之裏，無代足之車，終
老不識名山面目，嶽神亦大懊悶矣。詩人方胥成先生，固宜游而
不能游者也。不能游而託之夢，夢而闡之詩。每嶽三律，揭秘肖
形，奔逸雄傲以寄。其攬控八荒，騰凌千仞之志，巍巍大觀哉，
與五嶽爭高矣！余交先生子仲舉，詩類其父。持是詩示余，讀之，
山在眼，凉在袂，我神已由詩飛上諸峰絶頂。想先生當日拈筆時，
其披霧躡雲，不可一世之豪思何如。先生果夢耶，非夢耶！夢遍
游耶，游假夢耶？總之數首詩成，謂不夢而夢可，夢境即真境。
可試以問曾游者，五嶽竟何物，能説出先生詩中景否？

凝神解小序

　　訓詁誤人，政在循行數墨，泛濫龐雜而不知要裁。其矯之者，
又好爲超脱玄渺之談，學人耳目無主，群然趨之，墮於塹谷而不
可出其誤，視訓詁腐相一也。了凡先生素善授受爲舉子業，所議
過於所就，亦由淹習淬礪，視此道如飲食起居之不離，自有一番
真嗜獨悟，可自怡而不可與人言者。海内制舉士尊之爲導師，其
心折當不止一二㬵綮語致然也。寶坻季太學君，乃先生高足弟子，
篤學，工文辭，埋首下帷，屢躓愈奮。訪余清淵，出《四書凝神解》
一部示我，曰：“余師所珍爲家秘，而不肯輕貽人者。其中多講
席間授受語。静抽則緒不棼，見定則旨彌約，衷理闡精，删繁撮會，
不但爲士子闢通徑之榛蕪，直可爲千古聖賢重朗中天之日月矣。”

余唯唯略啓帙讀之，視邇時醳解諸家迥異，非從神凝後，即了凡先生安能鹵莽有此？遂謂太學曰："君當刊部海內，使制舉士益知尊慕先生。"余猶憶先生自孝廉以迄通籍，所著譚藝諸書甚多，後起縉紳私淑以取青紫亦不乏矣，況心口祇承者乎。吾又卜君特此終必售也。

張敦夫詩集序

余交敦夫在清淵，一見其人，豪爽直諒。凡與游者，無不稱爲益友已。出其詩盈帙，讀之，冲雅和平。人之所有，我不必無，絕不爲近時險澀語。愈信此君胸中坦易，城府町畦，嗒然俱化，故能作詩和平，作人直諒。夫舍和平，烏能直諒乎？不和必不能直，不平必不能諒。乖生枉，跛生闇，理也。衷甲藏劍之人，試之聲而噍殺甚矣。詩可以觀，其謂此與聞敦夫泊居蘭，若突有時不黔。顧酒德詩情，對景勃發，引滿無算，篇隨屢成。人不惟不妬敦夫才，並不厭敦夫醉。此時覺茂秦謗友，次梗罵坐，關在檢押，不堪傍觀。即太初放浪，伯虎輕夸，亦添出一種怪象矣。敦夫年正茂，騁其詣習，追風人之玄致，當靡弗屆。不佞持論卑卑，胡能爲茲刻軒輊也。

賀楚襄郡司理學海洪公奏最序

余同年友洪公，以麟經擢上第，出爲襄陽司理。今及瓜當報政，兩臺使者念公勞苦功高，因署上考而奏之朝，盛典焜煌褒衮，徵書旦夕在道。比當檄下，公屬衛幕。某某等加額相慶，曰："吾儕之獲安職業，不虞束濕，則以大賢在宥也。何敢忘報乎？"亟介使乞余言爲壽，余惟理法官也。乃世儒論治，猥云："任德不

任刑。"然治莫盛於唐虞，固宜純任德已。迨舜命皋陶作士，不啻三令五申，至若命稷命契命夷夔，胡亟亟也。即大禹逢世，尸功平成，溯其推轂皋陶，津津不置，而有虞風動，獨以從欲多皋陶，繇斯以譚刑措之風，詎易言耶！上倦於勅法，倘所稱平明之治。民協於中，馬齒雁行，孰與洪公上駟？夫《春秋》，刑書也。公引經治獄，惡惡短而善善長，如其情諸小辟，遞從末減，其在大辟無赦，猶若閔焉。故不督九淵，吞舟不漏；不程九鼎，關說不行。甚者劘藿尾跋狼胡，勿恤也。於是所部率倚之聽直，即楚旁郡邑，亦就質成焉。余凤習公之期許，動以鄉之先達王端毅、王康僖、溫宮保諸君爲法，固知勤思表竪，已非一日。即襄爲楚劇郡，方域中譚形勝者則曰：跨荊蜀，控南北，扼關洛，接宛許，地且綦重。記風習者則曰：江漢好游，慓悍屬猾，踏歌信鬼，俗且綦囂，不易爲理。自公莅事三年，而士歌於庠，民狎於野，墨吏望風解綬，城社斂迹匿形，舉豪右亡害之流，皆凜凜神明重足，恐千文罔三年如一日。全楚咸謳歌之，咸謂公之言行剛直，髣髴狄梁；公之廉察，髣髴白香山；公之恬澹，髣髴彭漳州；公之勤事不倦，髣髴韓忠獻；公之決斷精敏，髣髴蘇文忠；公之雪冤肺石，髣髴錢宣靖；而宰相才，髣髴呂文穆。之數子者，鴻烈炳烺，豔絕來茲，然皆發軔司理。公實伯仲，抑何卓犖至此哉！邇時三韓軵儹，九徼騷然，主上方寤寐真才。公最書報可，主上且慰勞公。而俾立交戟之下，佩囊簪筆，封駁糾繩，則寧獨瑣闥臺綱，跂足以俟。浸假而九列，浸假而三事，直拾級耳。若夫疏榮奕世，即盛典尚不足言公前茅哉。

梁君旭集序

文章大業，有創有因，有創絕而創，實創中之因，有以因爲因，宜即因爲創。西京往代無論已，如明朝獻吉創也，華下、武功、祋裪諸君子因矣。然獻吉志挽元宋積習，而上法漢唐，謂創中之因，非乎。若夫有其因者，顧徒繩趨尺步囅笑，幾難自主，則帝梏之縛矣。故曰即因爲創，善因也。秦自嘉隆後，詩道墜矣。先司馬墨識潛修，獨嚮往北地信陽，詩必摹，摹必肖。時語愚兄弟兼以諸弟子論説，其功在因創之間。吾友梁君旭，則講席白眉也，工制義，尚未售分其强半識力。爲詩若文，渾樸質莊，殆嘔心鏤肝，繼日夜不寐而得。每談詩意，不由弘正而溯唐不止，曰司馬先生遺教也。不佞常戲謂曰：不有唐以上諸家乎？曰：姑求肖獻吉而可矣。何獻吉非初盛衣鉢耶！且弇州氏有言獻吉擬古體，魏以下有絕似者，然不如自運滔滔漭漭也。斯可以得獻吉已。是先司馬因北地，君旭因師，以因北地更賈其勇，不妨創卓然，善學古人，擅一家名言矣。君旭業不可量，不佞託至契，姑評今日所就云爾。

社中三子同登序

邑文社無衆且久，于吾社者其衆則漸益之，必雋才始入也。自甲午迄今，起家者七人，人是以奮久而約不解也。今年乙卯，同舉又三子焉。敬甫梁子是余社二十餘年祭酒，科名少淹矣。從敬郝子遂掇元年，視余輩雁行。與恕溫子社中最少者，亦裹然舉從敬之才，而冠敬甫宿學也。而售與恕英妙也，而售其事奇矣。豈但同藝兄弟快之哉！先是壬子寥寥無興者，懼其以衰齩也。得三友連袂而接青雲之上，方將挽壇壝中之崦嵫，而迴照中天。吾黨有引年隤者，

恃年惕者，久抑荒者，暫蹶憒者，見三子異閱而同遇，咸灑然釋駑駭然振矣。錦旋日，同黨致賀，謬推不佞復一言。夫肝膽之交既久，以心與矣，何須言。然吾黨業以言屬余也，何敢不言？姑以言余心所欲言可乎。余少嘗過有所感，妄謂"天道無親，常與善人"之說不驗已，歷歷覩作惡之人與乖迕失睦之家，又率不旋踵而獲禍，心蓋疑之。年踰四十，行不出里閈，所見里閈士大夫者覻多矣，求其真心為善者，何罕覯也。人之君子，天之小人，浮譽可邀，冥宰可欺乎！邑有溫少保先生者，大臣而為德于鄉者也。其功不可悉數，總之所為在名外矣。不佞素師事之，領披衷之談甚信。又有郝文學棠溪、梁藩甥渭溪兩翁。郝翁則冲素，課子不逐榮利。梁翁則簡靜，循禮一介必嚴，皆以高年世德，推重月旦。而梁翁春秋尚無恙，不佞奉長者杖屨有年矣。意此三君子皆無詐善之心，方可謂之善人，天之所必錄也。敬甫、從敬、與恕適為之嗣，故福善之說至此而驗與。或謂梁、郝二氏之興，如檀璞初啓，美穀方茂，其蘊蓄固已久已。若夫少保先生宏闡其祥，取精造化奢矣。而厥後輝映不俟木拱，何天道若有私屬乎？來子曰：亦各自食其善耳。善積誠多，囊有贏金，用之難盡。應氏七葉，杜家五世，亦何延也？與恕可自堅矣。味嬰母之言，雖云知足，然崛起者何必皆公族？敬甫、從敬可自堅矣。總之，天人可憑，止有一善。吾黨素約行檢相規，不入敗類之種，亦俱可以自堅矣。倘翹然自有其善，又援先世之媺，以責報于不可知。毋論非余旨其有愧於邑中三君子，不既深乎。闊略文藝，刻畫蒼茫，不自量其迂。

壽晉封翁序

自余髫歲，則晉先生伯仲名鵲起。兩先生齒倍余，余不得交。

顧常從家大人後得侍兩先生顏色已。取兩先生所製博士家言讀之，未嘗不捫心下也。久乃知兩先生尊人咨翁行。翁愿樸任質，博學強記，少年爲博士弟子。有聲，屢以數奇不偶，人無不爲公憐。公漠然少不爲動，獨好著書，有詩賦及近體、樂府數卷行于世以見志。所居閴寂，遠囂闠，葛帽野服。偶野人談農桑，日靡旆不倦，類有道者至。督兩先生學，不殊嚴師，曰：而父竟齎志，老矣，所不盡，畀而小子。小子幸終成而父志。今長公褎然領上第，稱名執法，浸浸貴顯。仲公計偕公車，靡知稅駕。翁亦以長公貴徵，例如長公官蓋齮齕扼腕于布素，垂五十年，始以子故列名宦籍，可謂艱且苦矣。乃余覷翁逍遙林莽，恬然不殊。向時寒素若不知有今日者。此直足以窺公藏哉。攝生善道，無以踰此也。夫以翁式穀厥子，得壽理；頫仰夷猶；境泰情適，得壽藉；靜居寡營，葆和頤真，得壽實。此三者，翁所以不緇貴盛偶增之根，亦所以常裕貴盛不盈之享。寧惟能不朽，亦自不得朽。顧實可自得，理與藉不可力預。翁安能牽戀于不可預，而易吾得且而誠自得。其何？知不可力預之，可以貴我贍我，而役役爲此牽戀。爲則翁壽固自有道，而不必有泰適之境之在前，則其不得于兩先生可知。顧翁壽即不得于兩先生，有兩先生足大。翁壽以若較彼修短不敵，形夫修而益修，其修如接，修而實無修，即修速已。則翁于今日，不斤斤以年重矣乎。

傷寒捷徑序

　　醫以功敵相實，惟陰陽氣運委諸躬，而以調燮幹旋法，參合掌股間。古重論之，乃近世攻其業愈衆，而取效愈艱。毋論世士苴視之，即自顧不勝踘踖一扣，其藏率不啻胡越人對語其上者，

株守成法，膠彼從我，以倖一試，試不值陰錯別法，嘗之病已，則引以自功。其數窘于劑脈不相類，而耗精爍氣，授人以斤不少已。余蓋三紀以前，得南野公于家大人口已。獲其人，覩所爲箴砭諸難易，證與所論古今離合通變，診攝瀉補之宜詳哉！快人齒頰也。踰十年而公自老，謝一切應酬。而子名益藉甚，青囊所至，人業伺，以延寸晷之暇，日所診人婁十。其道不取繩意，以便立取父傳而恢之，而衷所獨信。時出偏至奇勝之術，倏忽變化，若精銳之師，直搗深壘，令人莫敢睥視。評者共起青冰譽，乃復元謝不居曰。余不佞諸所法，法豪舉耳。先子深遠若谷，不佞分其淺眇以出，故耽耽效目前捷也。蓋人有所露其長者，有所窮于短者也。遂出南野公所著《傷寒捷徑》一卷并附以己餘議，示余。余得卒業，則目舉款，列引援，刪潤要，取易曉。至餘議發明，未罄鑿可傳，蓋亦上繼長沙奉議派者也。復元則更謂先子以《捷徑》言曰：梗概爾。至若盡變，則非也。雖然，亦足見一斑矣。昔人有言：得兔忘蹄，得魚忘筌。筌、蹄，器也。非筌、蹄，無魚、兔。即沿是編，以瘳人霜露之憂，成效立見。豈與近代諸標竊僞書，如入門指掌回春醫按之類同哉？夫傷寒即不足該病，而其暴烈危急，呼吸屢遷，毒無踰此。公獨惓惓發揮于是證也。又足硯公父子救援之仁矣。敢謀之殺青，以共同好。

秀巖閣詩序

　　藩伯王蓮洲先生先有《長春圃詩》，長仲二文學君刊而行世。其幼子文學又搜其逸并已刊者，彙爲卷，名《秀巖閣詩》。詩不滿百而兩稱名，紀先生吟地不敢忘也。先生負奇才，早得科第，又返服最久，少接其族大父允寧先生之派，而復與其介弟蓮塘太

史日相賡和，所著當不止此。諸子則曰：從逸中得也。若先生不屑屑徒以詩知名云爾。夫詩不在多，要於可傳。伯玉必簡，開三唐之户牖，而篇帙寥寥。後之名家不敢睨視，彼豈不能務爲繁夛如今人哉！覽先生諸體詩，沖和質樸，不軼格，不傷氣，士大夫之詩也，亦詩人之詩也，即此已可傳矣。余不佞聞之先輩云：關中自北地倡始，一時崛起如華下、武功、袀禰，皆以文章成一家言。當其聲氣投合，互相揚扢，竿牘郵筒，訂質大業，相距比鄰之邇，託志千古之上。西京風雅，庶幾丕振，嗣武繼響，不無人焉。海内爭豔慕之。華下，即允寧先生也。今學士大夫流風餘韻稍稍衰矣。先生歿，令人益起典刑之歎，太史遺稿久播人間。先生少弟信卿孝廉，才名夙著，諸子侄咸篤雅能文，毋論科第。君家故物，即風雅一事，累世不絶。關中仕族罕儷《長春》《秀巖》，實聆訓步趨所焉。諸子弟不敢忘名者，詎獨以吟。先生一身承先啓後，厥功偉矣。

南陽活人書序 代

自朱紫陽訓醫爲小道，儒者率卑瑣，置之而不談。不談則不習，習醫而獲名稱者，皆業儒不成者也。然一旦疾病，則延素所卑瑣者，不惜捐厚貲託生命以尊禮之。夫術至于託生命，則醫非小道矣。惟夫緩急卒不可倚，于是舉世惑厭。謂我命自天，而藥餌真屬可有可無之物，即取而用之不過，曰：謂其能療疾苦耳。若然，則以爲小道，亦宜不知命，蓋難言矣。使吾命當生，非藥所能生也，則吞毒藥亦可以不死耳。舉世賢智之儒不深究詰，委身庸愚，亂投金石草木，或輕信而自戕，或勢過而咎尤，徒知一定之難挽，不思人事之有缺。試以吾宣聖準之，其所諄諄言曰：有命，命矣。

夫之類似乎夭壽修短不可強者。顧何以必慎疾也。不輕嘗藥也，誅許止以弒也。孟子興氏，亦以立巖牆下爲不知命，實後先同旨。若使人生此息徒懸之蒼茫而毫不能移，則疾不必慎，而藥可漫嘗矣。許止孝而巖牆下可立矣。由是則軒岐誕矣，神農怪矣，伊尹箕仲鑿矣。箴砭刀圭，湯液醪醴之事，一切可廢矣，何以古今相沿必設也？若夫但取療疾苦之言，亦不經見天地間六淫七情之所發動，輕則疾苦，重則危殆。能得治法，與治之，先時危殆，化而爲疾苦。不得其治法，與治之，後時疾苦，轉而爲危殆。豈有二哉！不佞素不敢薄爲才技。近與吾鄉來陽伯氏接譚，聆其論議，先得我心之同然。及覩評校諸醫籍合數十部，而此書其一。其言曰：世間真醫難，能校鑒籍者等難，正言業儒者多不諳醫也。陽伯所推許千百載醫不數人。總之，不詭于内，難者爲是。南陽之仲景闡内難者也，有宋之奉議闡南陽者也。内難之體具俟南陽而用彰，南陽之辨精，得奉議而理暢。倘是書不出，即成聊攝之明理，與夫河間戴人諸書俱無所因襲矣。矧近代種種剽竊之僞書乎。然則南陽軒岐之曾孟奉議，南陽之功臣。學者循此真派，以見古人面目。而篇中一二少悖之微疵，自可變而通之矣。陽伯今通籍宦途，頗厭離此道。余懼其久而佚之也，謀於鄉紳慨然同好，遂醵資付梓以廣其傳。乃陽伯則自有遠且大者，無俟此爲名高也。

自知篇序

　　蓋余從弱冠解文時，便自《自知》名篇也。當其狂騁自喜，或傅調於古，或結譔於獨。多者不肯薙，亢者不肯抑，疑者不肯通，即文柄諸鉅公遏止之，不少變易。數厄於場屋，始蹙然覺業制義而不循其繩，何異之燕南轅？稍稍降心帖括，亦擷拾坊刻一二語，

自潤飾，視庚子、癸卯之間體局一變矣。丙午，濫籍鄉書會闈，遂豪故態露焉，而淪落如故。中間奔馳流寓，支吾挺捅，歎負荷而傷式微，本業幾半蕪。然或奮激清夜，或紬繹規言，或檢要領於繁帙，或悟淡旨於卮辭，或從熱場退決，或揮阿堵不顧，食口共覷頷，相尋生事，與流光日頹。而一意嚮學邁任之懷，獨與夢寐食息俱切。中間責零境於寸毫，勒箴戒於偶得，醒眯眯於紛說，計從庚戌園居，廢定省蒸嘗之禮，捐妻孥骨肉之愛，六載于茲矣。而所就斤斤止此，未嘗不恚賦性之拙，而詫才技之末之難成也。嗟哉！來伯生當其縱橫染翰，睥睨曹偶，謂大物且在掌握，常驅策風雅，吞吐綺繡，筆端昌披有無窮之思。迨顛躓踵至，好與時乖，雄鷙宕佚之氣，閼塞而不敢發。于是庋閣名籍，禁絕嗜癖，訪勝寂寞之墟，求益後進之彥，似覺肺腸盡滌，獨繭之絲漸抽其緒也者。據刻行之文可與否，俱不可知。顧非自知病根，力化宿習。舍已萎之榮華，尚共趨之纂組。竊恐十年前文章，面目不可示人審矣。夫向也屬辭琢句，自知其學之所近而聽於才。已而虛己察變，自知才之難憑而聽於時。今則粗了制舉淹苦，自知遠遜南宮諸名家，而聽都人士之評騭，且不欲違初意，命曰《自知篇》云爾。若曰人或有不知自能知之，則吾豈敢！

震潛雷公制義序

不佞性椎鈍，尤于制舉文，筆禿思窘，若有物障之者。久誦先輩言，文要尖圓透脫，每覺此四字最難摹。戊丑失利，屏居理業，以此法求之坊藝，百不得一然。其人率已收其文，乃選刻者也。不圖今科，讀震潛公制義爽然，快吾十餘年之搜括。雖未能詣也，猶及見之公爲文，似不用古而絕不綿弱，似不用辭而絕不枯澀，

似淺似近，似斤斤於格法而其趣無窮，其境轉邃，變幻位置之巧，即之而莫可捉摸。人借藻繢飾觀，公獨以本色露。質人屢言之難，硨公一矢口，即中細玩之。是此題應有此文，發覆剖藏，俟公搦管而義理揭然矣。基之射，僚之丸，若見爲無所事力也。忽不知其何以至此，試效而作之，不免稽天轉石耳。因歎見道之人隨地賞心，雖斷山涓流，於真性有會。好奇者厭以爲目前不顧，乃驅車訪勝于重淵牝谷之中，不覺墮於坑塹而難出也。辟之拙工制器，舍自然式度而恣情添設。學書畫者，舍羲獻而尊旭素，舍人物而圖鬼魅。總之皆迂癖想耳，何當焉？海內人文彬彬稱盛，密傳玄習，各襲其珍。顧必如公文始可言尖圓透脫。而尖圓透脫之解，余于公文始悟。曰：不待遠索。翻得題中妙旨，撮出題面要字庶幾近之。若夫四字之義不盡于余言，公之文又不盡於此四字，則余不佞自椎也，鈍也，障如故也。知止此矣，請以俟深于此道者之評騭。

題朱元峻詩草序

今誰制舉家與習詩家鮮不更相笑也。令甲以經義取士，士持排比爲羔雁，非其規不入穀。士有能于制舉業，有深心則功名之途盡是矣，聲律幾無所用之。若夫幽人韻客，感遭值而撫時運，酬倫物而寫衷懷，以言寄詩，以詩寄興，追嗜之切，至忘寢食然。有思殫推敲，而悟乖名理，故于月露則長，帖括斯短。良以軌轡既分，驅騖各異，聞見偏詣，兼領實難，亦勢之所就使然耳！嗟夫！必若此兩家之趨也。舉業非真舉業，詩亦非真詩矣。夫以言事理則均事理也，以言性情則均性情也。豪傑具千古邁往之氣，意所振奮，方將鎔鑄經史，弋獵百氏。方圓準度，虛實轉生。文章之內，具金石之鏗鏘；比賦之中，豎道義之坊表。爲文而文，爲詩而詩。

寧復作差殊觀乎！吾友朱元峻宗尉也，顧好攻制舉之文。其文自
髫年穎師究變搜微，不忝與名士對壘已，則合文詩兼攻之，先後
付梨棗盈帙。余得卒業，怪其時未脫厄也，而氣則和。身處世禄
也，而趣則澹。埋首經學也，而悟獨超。蓋優然抱兼長者。此其
才固可深惜，而其毅然上法嚴銅鋼。而不可移之志，在昔豪傑之
士，猶難之矣。嗚乎！方域之廣，誦習之衆，如元峻者，豈更無
人哉！然元峻豈直以名高而爲之耶！總之人不可以無士，趨士矣，
不可以不學，學矣，不可以無成。寧越不云乎"人將休吾將不休，
人將臥吾不敢臥"，故學十三歲而周威公師之。元峻之所可爲者
如此。若夫禁網雖弛，偏隸其鬱，心軼曹伍，遇阻興期。材擬梁
棟，不逢郢氏之斤。志託青雲，難望無類之教。以目前論之均之，
藩派在中州已貢之秩宗，而長安尚擯于芹泮，即均之關中。在平
涼多彙征之吉士，而會省有無罪之楚囚。此自操文柄者責耳，元
峻何容心焉！余姑語元峻，亦爲制舉業如故，爲詩如故而已。

奉賀大中丞楊楚璞先生考績序

　　最陝之邊鎮，無重于朔方者。朔方負險襟河，擅魚鹽之利名，
視他鎮饒，而地鄰强虜，飆迅難禦。每歲套酋入犯，即旌旗刀斗，
相望於郊壘。延平固靖之間，騷然爲敵衝矣。非賴節鉞，臣彈轡
而籌度之斤斤。勒部曲率將士以弭瑕補釁，慮無不挫且頓者，其
地又數反覆。自拓跋繼遷、元昊諸梟雄相沿成俗，以逮哱劉之亂，
瘡痍甫戢。窺伺未消，縣官餉賚給予不時，士馬彫疲，憂不能一
飽。河雖粳田，而幅員有限。赤鹵視沃壤較多決渠之利薄穫。近旬，
至鳴沙、寧安一帶暴漲，瞬至堤淤立潰。每值山黑雨來，居民相
對愁歎。當事者外怵于制勝之難料，內迫於嗅咻之難周，欲紓朝

廷西顧之憂，奈何其易言之也。楚璞先生以冏卿重望，簡撫茲土，下車則乘障賀蘭，以截虜出沒之路已，擊楫洪流，以遏虜革罌飛渡之勢。遂巡視墩堡，相其版築鍤畚之勞逸，與夫藺石渠答之便利，乃進文武將史，語之曰："以蕞爾西夏，方閫三邊而委近寇，吾不能襲弊承陋妮妮焉，莫保其朝夕。其與若輩約：靡可强也，替可振也，儲可預也，方略可講也，兵氣可勵也。"于是善疏鑿，及時蓄泄，而灌溉之利倍于昔矣。絕不虛事瘠磽，廣拓隴川，但使墾者不湮爲疲兵，愛養筋力，而行伍之懽聲如沸矣。豐其芻饟，詢其疾苦，整飭其甲仗械具，而在所營陣森然改色矣。首倡素絲之節，無念不殫竭公家，而材官蹶張，亦躍然奮矣。蓋以其不可撓者絜之爲憲格，而以其不可測者調之爲威惠。行之期月，諸酋長震懾，咸咋舌遠遁。戰士得安枕臥，牛羊布野，望之迴一樂土矣。自先生撫西夏，曾兩張怒伐，碩畫秘略，所當立破殺戮，首功以千百計，稱近代罕覯。然皆任其鳥獸聚散，曾未嘗偵羅前鈇，輕挑變端，叛則拒絕，款不弛防而已。今且慕義解辮稽首塞下者，幾遍夷落。嗚呼休哉！即古李郭之在唐，韓范之于宋，何以過焉。會值報政期，銓宰疏其累勳以上，天子嘉之，爲進秩，廕子如制。一時由朝紳以及西人外夷，無不揚詡其盛，咸知先生崇勳偉伐，載在竹帛。匪久且還朝，秉樞大造海宇矣。乃人從西塞來者，則私謂朔方安可一日無先生也。雖然朔方一隅地耳，今朝廷之上安可無先生也。自不佞復束髮習世事，覩中外中丞臺鎮撫要地，率雍容委蛇，坐銷浸沊于聲色之表，彼時鈴鐸無警，甌脫晏然，間閭享安靜之福。而今何時也？窘於黔，羸於遼，薊卒瘃於宣代，即內地郡邑摽掠。公行諸臺使，至瑣科條勤督責猶不能禁。嗟乎危已！此其決裂隱禍，寧必在窮邊諸路耶！往不佞度河抵張掖，

來陽伯文集

—卷二—

見列鎮介胄尚桓桓有敢戰之氣，謂中國巨患，斷不在松山古狼之區。頃乙卯，虜衆數萬，蹂延綏，薄西夏，大將軍率部將擊走之，斬首過當，即先生神武之所卻也。此其功效明著，行且以其小用于朔方者，更斡旋于喉舌之地，用以憲萬邦作霖雨，使天下外不苦强虜，而內不苦大盜，祖宗社稷實式憑之矣。諸公卿蒿目時艱，咸虛席以待。故曰朝廷讓齋可無先生也。鎮守蕭大將軍，戮力公家，爲一時虎臣，慶先生寵錫之榮，彌感同舟提挈之誼，徵不佞復一言爲幕府壽。復後進，下吏也，安敢橫頰言天下事？獨以耳目所悉西塞近事，謬託于知先生，而藉以揄揚其概。乃先生所挾經濟之大，所謂由一隅以運于天下者，復何足以知之！

題趙乾所吏部五色雲見記序

雲恒在天，變而成彩。人且異之，況乎五色。五色即書史所稱慶雲也。慶雲在望，異之異也。若居然覆城雉，冒門廬，輪囷霏微，凝而不散，菴藹留停，昭示耳目。嘉此玄覙，豈無專屬而然哉？按圖記其下乾所趙公宅也。公宰滕異政，不可枚舉。方之古循良，尚猶過之。晉陟銓曹，孤行己意，刻勵廉隅，無何？以與世枘鑿，拂衣歸里，事太夫人，至孝居喪，哀毀踰情。卓然制行，素孚于人，豈有不素孚于天？祥顯真寧，偏傍德里，在彼蒼有不言之示，在卿雲非無心之來，斷乎可知。即公遜謝不自任，而通邑老穉，鄰封士紳得于聞見者，咸已歡走而傳之繪之，紀之歌咏之矣。公抱大經濟，方試而斂，遺佚田畯，自甘瓠落，其所蘊光華不可磨滅者，幻爲瑞應，如烟如蓋，盤礴于太虛之表，更以其餘靈鼓舞人士，使之傳之繪之，紀之歌之而不倦。此其際夫豈能掩之？豈能强之耶？總之有天在焉，司用人之柄者，尚思有以會

天意哉！

杜大將軍征鎮疏報稿序

余不佞內交韜武杜公，自其爲冠軍時，韜武豪于著述，傳播海內，體遍帙繁，彙輯歲益，橫出古人所不有，而力騁思塗所必赴。身僻處西北之絶徼，海內操觚士想韜武爲人，爭願摹寫其胸中之奇，懼無能似且盡。公即在文壇，固已桓桓萬人敵矣。幼以世家將種用，戰功奮起，佩印登壇。年甫三十，國家視各鎮緩急，借公控禦。西夏延綏之間，倚爲長城。臨陣馳縱，爲士卒先。好披白獸，鎧跨白騾。衝突虜營，疑鳥疑神，虜目爲白彪。將軍相戒遁避，前後經百餘戰，遇敵敢深入，未常挫衄，常截擊套虜，困其長吉能，鹹滿都什，賴所殺掠過，當首功累二千餘級。有猛克什力者，吉能部中鷙驁酋也，久爲邊患。自公鎮榆，數寇皆失利。又數按兵挾重賞，竟不爲動。酋愧懼，率其衆悉降。疏中所縷陳臚列，密偵諜而備征繕，破惑撓而圖方略，奇績不一，此功其最著者也。當酋之議降也，朝論防其忸怩黠譎。恐卒反覆難馴，謂聽暫時羈縻，須償積賞不貲。竟仗公威信，款局苴盟，省金錢三十餘萬，而悍酋帖然內附。願比靨張之役，兵不傳刃。單于解辮稱臣，餘以貢市罷兵者至三千餘部，不亦偉烈與哉！昔徒料韜武緩帶雅歌，昭代文將不知其文，則元凱，武斯穰苴也。且吾聞活萬人者，當封款成夷漢所全。何可勝數？史稱飛將不侯，武安齒劍，皆由殺降。即軍志亦忌之審爾，行望韜武茅土而爵矣。公春秋正富，聞欲解謝重權，託志塵表，詎以西陲宴然，遂可事五嶽游耶！目前東釁慘裂，駭不可測。嗟夫！匈奴未滅，何以家爲？雪恥除凶，是在人傑。宵旰孜孜，左輔知旋，當以急借矣。

胡含素詩序

含素，余不佞直友也，于文于行俱然。少年便好讀古人書，好丹青篆籀，妙得其解。身厠博士籍中，席門陋巷多長者車轍。虎顱偉幹，口吶吶不善款曲，遇事直折其非，恥媕阿忕穩，介然孤行己意。居常屏處草間，摩挲鉛槧，布衣蔬食泊如也。當世鉅公一見，知其非長貧賤者。而余每許其有高士之風，相與朝夕講論評騭，若丹堊傅彩不可離焉。傍人則止知其爲密友而已。獨怪含素制舉之大，與其人相肖而搦管，爲詩卻純雅平和，取格正而造意澹。中間流寓入蜀，蹢躅游燕，其忉離悽楚之情一寄之詩。詩境駸駸遂進，非窮不去。含素固有資于窮矣。余池陽文社，名能詩者合有數人，含素齒先，而稱詩亦最久。不佞自束髮耽聲律之學，幾與制舉分功，愛我者皆有旁騖之憂。皓首奮迅，倖獲桑榆。尚有兩弟馭仲、常叔，若梁君旭、君士，若含素，淹諸生行，其以期語堅之木天石渠之侶，豈由他途選乎？而謂其不素間也。

李何近體詩選序

明詩勝于弘正，猶唐由初之盛也。語曰："至音不叫，大匠不斲，大豆不具。"弘正諸公有之，而李、何稱最。夫鬻物金玉貴其渾璞色，則貴之貴，貴其自出也。若夫盡變纖巧以復渾璞者，獻吉、仲默倡之變，而嘉隆不敢知矣，矧今之時稱詩者乎！學者學詩，定須先律。李七律純，杜五律則雜用初盛唐音矣。何律調多中，顧七律擬杜者繁有篇也，因氣少弱，故輸李一籌。選李微多，何比擬亡或參錯，豈何不足果以年耶！篇須一篇無疵始收，佳聯者割求全瑜也。吾以巧拙論思今巧也，揆其大與巧而鑿，毋寧質而真思。

固不可詖，與餘體俱不選，謂近難古易。非古易，妄綴者騁塗易。非近難，虛夸者尋雅難。二公敵體以近，若夫諸古並文，何更遜氣矣。李文亦遜詩千秋，拾遺、供奉重案也。

三原縣學尊經閣藏書引 代

西京，文獻地。乃文獻，則諸郡邑無右原者。先是溫宮保先生念學宮傾圮，慨然捐貲議修葺，更移書中丞臺直指使者。中丞臺直指使者各捐貲，下記敕縣部調官庸，不得費民間一鍤。不數月，由儀門而廡而堂，咸更新焉。堂則隆棟崇楹，屹然中奠，視昔不啻麗已。最後鼎創鉅閣，閣闊可八武，高十餘尋，嵌以雕鏤，施以丹堊。重檐疊砌，巖巖堂堂。綺陛飛甍，如拱如翼。工成，顏其額曰"尊經"。先生遂發篋中名籍若干卷，更屬意順天巡撫曹公、陝左藩王公各發書若干卷，並邑先達涇波雒公，先貯學宮書，悉庋置其中，曰："此余建閣意也。"夫不書胡閣，不閣胡尊，不經胡書，若是者即危樓千尺，止侈觀耳。縹緗萬帙，止覆瓿耳。先生之意雅，欲藉此扶教化、作人文，故望閣則目聖真，檢書則惕聖言者，此夫深于尊者也。因外以觸內，因所見聞以及未見聞者，此夫能習經者也。是故先之經傳所以崇正，次之頒賜諸書所以遵制，次之諸子史百家所以大蓄，備列簿領所以示守，封題印識所以昭虔。先生嘉惠來學，功寧一世而已。顧經牒既已散淆，二酉要取充棟，增厥未備，庶幾閟藏然則善通。先生之意奈何？曰："嗣起者人益其編，不至濫以戾正書可矣。"書益矣然則善酬。先生之意奈何？曰："人人修明經術，以期經世，使天下謂此鄉文獻。"先生建旗鼓，而學者卷甲從之，直以上復西京之業，則孰謂博士弟子中之不有當此閣而興者哉！宮保先生業上景鐘，文垂竹帛。

不佞椎不能述，顧此一斑，亦足見其他矣。

藏珠編引

藏珠編者，鎮國元配張恭人之挽章也。恭人子長房甫弱冠，
即于諸王孫中稱能文。是時，不佞初交吾社季常伯聞，而長房與
焉。長房體不勝衣，然好附古節義，動稱引昭代規制。每切齒世
禄之氣勢陵替不振。及見其儕輩，或穩伈自卑，首下尻高，向人
前囁嚅者，不啻芒刺在背，鄙爲無謂，恨不戟手其面而誶之。先
司馬之變，長房弔慰殷勤，不在賓客之後，來子感焉。無何，長
房以罹法被執。其罹法也，儕輩無賴者磔人至死，怨家列長房名
上，不得辨，故忍而就獄。悲哉！當夫數千人攘臂過市，千夫輿瓢，
無不立破，是爲難首禍始。君子所避，乃竟以口舌招殃，至不密
以失身。吾惜其素屛弱者，抱美才者，挺然負俠氣者，能不爲世
禄闒茸氣習所染著者，究與諸無賴同敗也。嗟嗟！郭解之客殺人，
解不知，而竟以解坐，千古冤之矣。使長房能見幾遠禍，折節爲善，
益雍容于《詩》《書》六藝之圃，固吾黨中之捷足也。長房罹法
踰年，恭人卒。長房奔至家，躃踊柩前，旋受犯禁之笞而不辭，
甘秋荼如飴，亦可悲憐其志已。長房即罪繫，不能没其一念之孝，
又何能没恭人之賢！然以長房之才，而陷身幽窨。以恭人之賢，
而壽耇未臻。母子間均不得于天，讀諸公篇中語，令人酸鼻矣。

朗月篇引

客歲，沈相如比部舟過清源，投贈瑤華，知爲才士解維。後
會米仲詔先生，始悉世德家學，劭年擅譽，兼長衆妙，扣之無窮。
蓋先世青霞，先生父子以忠孝掩文章，至相如乃能以文章發忠孝。

余自愧訪戴于千里，而失友於交臂也。相如著作合數十種，久刻布以傳。是編乃屬和留都諸公贈別之什也。依體依韻，不詘於數；覘蓄之富，不軼於規；覘思之馴，不縛於押。字覘境之通，雖一斑哉。實會眾有而騁，獨詣洵其難矣。夫留都衣冠文物之隩藪也，相如狎與之游，諸工文之士，爭託之聲詩以明相知。余顧曾失之交臂，咏慚琨諶，興遜嵇呂，來子陋矣。

叢笙齋集序

學詩如學道，然道虛無恍惚，非有非無，名相不著。苟能食息夢想，凝念熏修，則陰陽瀜合，玄默通矣。詩理與道妙頗似，世不乏綴文之士，而一搦管爲風雲月露語，便覺頭面易向，才情頓盡。謂道不在形內不可，而認形即誤；謂詩不與文通不可，而傍文即非。解人惺慧，括遠研微。豈惟山峙水流，鳥嘰花落，皆供吟咏。時之結撰，即俚俗諧隱，拈成風雅，枯槁沈荒，立被澡繢。若抽文中妙景于脣舌間，而不知者自不知也。試起曹、劉、沈、宋、李、杜諸君子一詰其胸臆，當千古同悟。而平時運思鑄意，取精用物，九垓八紘，几席眉睫，無慮寢食所必游焉。追琢參求之久，而後宇宙之大，無不可攝之筆端，以爲我用。單辭聯偶，快賞迭呈，豈易言哉？仲弟馭仲自十五歲諸生，後輒學爲詩。無何，從先司馬官衙宦途，益喜爲詩已。客淮揚，客燕薊，著作日多，屢科厄抑，置乙榜者三。諸名公咸賞識而憐苦之。鄉黨後進騁衒概先躍不得其故，而馭仲能以一切鬱悶佗傺之懷，寫之于詩。日梿關捫梧，發秘笥，逐古人所作，位置讎訂，時哦歎，時雋咀，要欲古人開我，我傳古人，必法必正，必工必響，神情酣溺，如食跖千而猶若有跖，非往軌不由，非心信不出。近習之新聲，側調長短，頡牾而無度者，

不足以變亂所守也。樂府五七言，古近體諸什，由漢魏以迄開元以上，俱摹若賦其所寸晷成者。余不佞與弟少年侍先司馬，聽說詩戒不作宋人話頭，曰：先輩有言，寧為大雅罪人，毋為楚冠而胡服也。故集中無降跌語，恪遵正始之塗已耳。余謬謂仲功名所自有，遲速不必論。若詩似與生俱來，而為詩已有欲罷不能之機。馭仲之年強盛，寢食此中而不倦，悟境正無窮。異日進乎其技，寧知詩非即道也。

壽丁太翁七表序 代

邑侯丁公，東海巨胄也。曩余守濟時，侯以童子試，褎然高列。余詫其年劭穎軼，因詢所從受讀，知嗣徽家學，得之太翁庭訓者素也。翁少負雋才，知名當時。顧數奇不遇，僅以明經選。羈縶一氈，乃翁不謂其卑而鰥，厥官日進，多士程之，先質行，後文藝，士斌斌以賢良文學著者甚眾。居恒所不得志，責之後人董率督課無虛晷，侯遂以弱冠連掇甲第。余固始號汝南劇邑，襟淮控楚，頗據水陸都會，事繁俗靡，治者難焉。侯下車煥然更新，有姑臧萊蕪之廉而非矯，有士元巨先之敏而不夸，有蕭景周紆之明決而恥鉤棘，奸猾屏匿，善良顯遂，肶睃樂業，圜土空虛。退食，則入子舍，跽請曰：曩大人教兒若若，今見之行若若。一秉太翁之指訓，罔敢隕越焉。休哉！嚮惜翁不獲大用，今悉以用之子，是太翁已用矣！邑福矣！翁今年春秋七十，蒼鬟頳顏，故曄曄王也。邑薦紳父老感侯之德，因感侯之德之自，冀有以報太翁。于翁攬揆晨走薊門，徵不佞言為壽。余言何能闡翁致壽之由耶！妄意壽有境適，有情適，有假方術修，有不假方術修。如以境則世不無潨瀣滿前，綺縠盈筐，醹醴頤和，絲竹陶寫者矣，與壽無當。

如假方術，世不無寂守岩竇，絕嗜淡營，高談珍攝，巢俗蝯躩者矣，與壽無當。姑試譬之，今有人于此膚膴仕，御厚享，備極人世懿鑠矣。回視膝下一經無傳，門閭削色，縱背鮐齒齯，其志必抑鬱不快，鬱則神槁。神槁者，夭閼之理也。太翁學可經世而齎志，試用鞠子爲循良，而其志無不試，生平結轖暢矣。暢則神恬，神恬則氣守。以鬱對暢，以槁對恬，翁之壽思過半已。且身觀子之品，與古名賢侶，即已精游千載之上。身觀子躋位通顯，益發攄其經濟，即已大酬真儒之抱。其綿延不朽，詎直年哉？攟綴數語以大翁壽，或者尤進于九如之祝也。

易衣吟引

具區施成之儒行賈游，年正劭，置身欲在隱見之間。客歲，余在清淵，諸辭客爭賦耦園八景詩。成之盡五七言，體俱和，語語清妙，有詩才，余器重之。一日，示余《易衣吟》編，則成之共其弟侄倡和作也。二子余未晤，然其情思婉美類成之。而成之則自吳調中伯兄也。以視其侄，則亦我詩當作汝詩之父矣。囊編客笥已踰歲，時一日悶坐，檀城烽火之際，家口盡遣文侶，又稀檢是編批點。一過恍然，如在汶水舟中，黿磯衙內，與之周旋也。自歎邊吏孤苦，何如山林吟咏之樂。曩者清淵以仕兼隱，而不知享用，踰分暴殄哉！具區三吳奧宅，七十二峰，飄緲舟前，經秋水漲，橙橘薦香，令人應接不暇。其中巨族名家，逸人韻士，管領烟霞，超脫名利者往往卜居，猶踰于桃源避秦故事。今兵甲滿天地，征調遍閭閻。洞庭一片水，果追呼，征發之擾，所不到乎！來子將攜八口終老焉。成之肯爲我聲氣依倚之鄰否？青蓮之素心人，少陵之朱老月，夕花期共咏名勝，筆墨知益，躍然豪矣。

刻太華山詩小引

　　太華生于關門孔道，每爲輪蹄之塵所苦。猶幸僻在西土，游覽者少。即游覽而解題咏，不辱山靈者亦少。然漢唐建都時，名賢輩出登眺，不知其幾，而篇什亦僅僅，何也？豈嶽形崔巍，勝迹紛錯，神思不能囿，筆底不能殫，故一覿目而易，頹然沮抑耶。古人賦江賦海，挂漏貽譏。然臨巨境而敢中腕命篇，亦伯昏無人登高履危之膽矣。聖簡馮郡伯治聲卓犖，擅一時循良之譽。政暇攀躋，直至絶頂，連章疊韻，屢賡互答，有睥睨三峰之雄概。郡中諸文學爭慕好之，鑴梨以傳，殆將與古名賢題咏同不朽，郡伯其不負西土宦游矣夫。

關帝祠募緣引

　　平谷縣東二十里，大沙嶺梵刹内有關帝祠。余入而瞻禮之，見其屋隘像陋，雜處於僧寮香積之間，心悚然不安。念神之靈亘古不磨，隨在顯異。雖香火遍華夏，不區區于窮荒深宵之域然。此路曲盤峻絶，甃石鋪成，當風雨飄摇，冰雪凝凍之時，亦薊北一蜀道孟門也。況盤山首路，關户干。茲直北障邊，屹然天塹。明興二百餘年，居者委積，行者絡繹，微神默爲保翊不及。此山中僧眾合數十，馱汲火耕雲樵，夜唄闃寂恬憺之際，卻能拓基，事農施飲。濟喝頑慧，各殫其功。能冬夏不輟其願力，此必有卓錫老宿關常住法門，永垂耆婆善行者也。遂進僧議之，僉謂寺門三楹，可建祠祀帝。巍然顏貌，南面如赤日行天，人人快覩。計工量費，不過數十金可就。余小子三世奉神，感錫奇夢不啻再三，愧墮落不能興起。雌伏薄宦，置身在隱見間，每追夢寐接遇景象，

覺英爽鬚眉猶動於目前也。敢倡捐貲義舉，以告共事一方，君子知，同此敬承之忱焉耳。

清源近稿小序

余不能著書而謬嗜古。自束髮親鉛槧，興遇所觸，非詩即文。顧爲制舉，屢困兩闈九科。無端帖括，妨我專詣者不啻半矣。生命厄窮，故寸情難暢。酬應紛沓，故性靈終淆。雕蟲已慚，矧夫厄剩言不合道雖多，奚爲敝簏未詮之業，不敢姝姝一家言播也。于役清淵，歲值奇沴，閉門兀坐，隨意成篇。相知間索謄寫，頗苦漫付剞人，特爲拙遲書記省腕力耳。嗟夫！釋屬居官，絕無適志，感聲啾發，局於蓬廬，鄰夫小人之怨矣。然憫時思挽，末趨值難，尚圖興事，履素安常，滯而能導，微吟清咏，樂寓於貧，亦庶乎不失性情之正者也。他一切舊稿，與年來無韻之文，篇類繁蕪，未遑審訂。非避世入山，胡克勉畢技習，就正有道與。

來陽伯文集卷之二終

來陽伯文集卷之三

明三原　來復陽伯　著　　　　　　邑後學　李錫齡　校刊

序

壽三峰張公六十序 代家君

　　歲乙酉，不佞蓋與雪松張公同薦於鄉云。先是，公之兄三峰公以貲雄淮揚間，海內稱巨賈，敵素封指一二屈。不佞稔聞之，而更稔聞其人，迫古所稱渾樸沈毅，富而附仁義者已。交雪松公，歲彌渝，情彌敦，即其人孫而節質而嫻於禮。不佞於二三兄弟中最捫心下焉。遂益習三峰公之素愈。曩所聞未戌之饑，穀三歲不生，關輔民半無黔突，半連竄死。千金之家，縱薄有居積，相率鼠匿，猶虞不得安坐食。有司皇惑計無之期，以粥饘活民已，持券而貸，有家者之財遍闤闠，卒亡有應也。公慨然出粟二百粥民，曰："庶幾緩吾民。"一旦命乎，輒又慨然以千金應有司之券，曰："吾與積而以益，吾囊中有，毋寧損吾一人，餘以周百千人之匱。且人以貧貸，我復冀異日者之償與！此貧人手，是卒以貧與耳。"

更願謝貸名，蓋有司高公義侈，譚其事傳之古人，至以爵爵公，持觴觴公，而公不色喜坦如也。凡公之身日所賴以舉火屢百人，歲所分給人可屢百金。至他捐金佐橋，手創家祀，祀先一規之制，諸細行未易更僕數。此不佞既獲交雪松公，所熟得之耳聞而好為稱說者也。今搢紳學士家澤躬道德，不欲儗衛賜，下母亦曰此猶市心也。迹其為，迺陽避名，而陰嚮利大者利藪千乘。而其末至漁，尺寸以自溫，有猗計諸，人所羞稱。饑饉薦臻，公家告急，微公樂施，即割數鐺，公家者鮮矣。公縱不獲回夭厲而陽春，夫寧少食公惠而延以有今日者，身聚而身散之，義以急難與，無所期若公者，固未易以儒賈間論也。公今年滿六袠，不聞有吐納引導術而神倍王，履倍矯，說者為好生一念，陰造之不可知。然第歷數公所全活與一隅所，且暮仰給公，則雖公常存可也。遲異日攬揆，晨持此說，往足為公壽，而公壽亦即在是矣。

壽王母逯碩人八十序

婦人之義不越閫，即短長無專有之。蓋專則子代之矣。其以長見者丁阨困而激成之也。常上下數千載所凜凜經史者，即代不乏人。然妃后宮嬪而外，其以母兼父儀，則自公父文伯之母見稱孔子，所寥寥繼起者孟嫗、柳媼數氏而已。夫婦人至以父道顯，固大不幸。然使身在父責時，而其子乃以失嚴，故隕聲墜業至不能立門戶，人亦有以窺其母而臧否出矣。故婦人嫠居以後，子得以代其專，而不得少代其臧否之聲處，此亦極難耳。余家居時則交史長君。君善揚人美，而復不能匿人瑕。常以月旦公評直中人臧否，而獨稱逯碩人與其子之賢。蓋碩人之喪其夫，子子某甫七齡，云：是時家不過擔石之儲，僅足供歲時粢盛。睥睨者方陰利其蓄，

等之不然之燼，曰：寧渠以盛年抱呱呱之嬰，躬親諸務，取辦內
外而能存者，此橫裂可啖物也。然十王氏不足委人涎，少濫出無辦，
家可旋壁立矣。碩人星作星入，以其身婦而夫，母而父。凡四十
餘年，而其子拓基倍篋其父，置其身于仕籍，課其子爲名諸生，
王氏浸浸著矣。入而捧一觴，慰母曰："兒少煩，母以煦濡。長煩，
母以督迪。而有今日，母既盡貽之矣，可少寬諸已。"碩人拒不受，
曰："不可，夫勤事之集也，敬勤之勖也。"勤成而怠享之中蹶
之理也。吾不忍銖寸于始，而末弛溪壑之防，小子亦知汝之所以
今日矣。余即常如少年時勞苦不益可乎。于是戚黨聞之，咸曰：
善王氏如綫之緒，碩人延之也。則庭庀之瓊玉蘭蓀，碩人開之也。
則衍悠固柢，昭守藏規，以長有其有，亦碩人成之耳。余夙聆史
君語，而更質之戚黨所稱説盡合，方心禮碩人躋古賢婦，而益服
信史君臧否人當實不誣。今歲，碩人春秋八十，戚黨咸欲祝碩人
百歲，以文徵余，夫此固不必別有言也。疇昔所聞，足壽碩人矣。
勤與敬，引年之術也。文伯母處世祿之族，老而不忘其業。孟之機，
柳之丸，抑何勤諄不倦也！推其事終身以之矣，皆不聞短折也。
何疑碩人哉？

恭贈大邑侯停一張公榮膺封命序 代家君

侯蓋蒞余邑三載，政成，諸部使攝侯諸最績上之考功。考功
爲廉覈其期，期盈錢穀國課之額，額充勞書薦書之數。凡累十而
悉冠諸令，咸於制亡害，遂疏以聞，上可其奏，下詔褒美，錫侯
今命云。侯兩尊人太翁太母俱在養，而太翁故常別駕蜀郡，未迄
奏績而返初服。今始與太母用侯封如制，冠綬綸綍，焜映一時。
蓋析擔之盛，遇章縫之極樂也。邑中人無大小，由縉紳先生以及

興臺畎竪，亡不幸公治獲上逮可旋致銓省，而諸學士衿韋之徒漸被鳴絃，淑滌樸械。人思效祝頌謳吟之私，張侈其盛而未有當，乃摭攎侯三年之迹，介以三學博書徵言於千里外，豈以余言可鄭重公耶？余卒業政迹，既自退屈，且陰有以自悲也。迨自未歲附驥，後與侯後先同綰令符，窮陬拙吏無善狀可聞，亦徼聖天子浩蕩，得同侯拜寵命。顧余邑櫛賈鱗販，夾水而堞處以千炊，可十敵細陽。而旅餉轉輸之供，望塵負弩之勞，可五敵細陽。乃訊讞稽勘，侯以片言，余以百覆。簿領案牘，侯以簡敏，余以繁拙。侯精力方銳，距執經爲諸生以追釋褐，不一載而懋伐殊勳，掩鄰封疾，足首列上官之剡以需不次。而余齒半踰侯，凡四上公車，括其耳目所得以試之政，厭厭寄人廡下無一奇，自暴以稍露囊錐之穎，此亦安足等公行。且太翁太母垂白堂上，頤志鼎烹，方身被章紱之榮。而不肖兩尊人除地松楸已拱，觸目風木，即欲咏靡鹽不可得，安望輧輿偷迎娛樂膝下如侯者耶！由前則余遜侯才人之嗇也，由後則余囍侯遇天之嗇也。人嗇尚可筴勵，天嗇則蹶趨有不待。此不肖所旦夕灑淚，重豔侯之今日也。諸學士不必更有祝頌謳吟也。知余黯然於今日，即侯槃舞捧卮以慶今日。可知唯侯帝賚西賣清滸之間，颺手瑤函，而後衆浮白進，曰：孰埴爾基樹侯之望？孰眷私恩齊侯之慶？暘谷之烏，距濛汜而遥，磐礴中天爲樂未央。今而後侯將割大官之膳，以漸致庭階，盡吾輩莫與京，而後侯之喜且大進於今日已。倘聖天子念外服褻掌之臣，太史採民風而上之若語，固真詩之逸也。侯之治行不益彰彰著哉！

贈邑侯象蒙郭公奏最榮膺恩命序 代

關中人蓋有以理學著名薦紳間者爲蒙泉先生。公，先生子也，

少有駿聲，弱冠列鄉書高第，歲乙未成進士。兒輩幸甚得執鞭弭，其後已借重鄙邑，積三載爲今庚子。蓋報政天子，得膺綸命如制云。某曰：余蓋目稽公治行，而知古循良之概也。時異勢殊，各難沿合，即往志所紀撮其歸耳。學者溺於隅見而闇大較猥，稱之曰：其寧疏闊以予百姓敦大耳，而不知德於何懷，威於何畏，寬於何成，則弛張失用，而一念愛民之心，亦因以壅格而不行。夫守定於畫一志便於遠法，吾噬腊以戕奸，仁恕以宥過。時忍其一以遂吾不忍之百，如是者真循良也。公爲人温和坦易，望之者樂就，口呐呐不爲厲聲激語。其政則主之以寬，而嚴行之泊乎。韋布之素，庶幾伯起再起關西，以無忝家學。故日與邑之人接夷如也，日與簿領錢穀相對慊如也。里中某某故黠猾^[一]，善侵虐善良，以蔑三尺；諸役中某某故工爲伺瞷，以猷厥法。公廉其狀，亟加搒掠，各得其辜。期月間，遠近之人悉加手誦神明矣。邑僻而罷悍，號不易理上之人，計培植則難於梏拱擊鍛之威，計整肅則妨於和煦覆育之心。明以澄心，廉以申威，簡以鎮囂，公以符仁，夫然後行也。以公用梏拱擊鍛於黠猾伺瞷者，則悍折蕩和煦覆育之心；於邑之善良，則罷起。悍折可以還淳，罷起可以成庶，寧直易理一邑焉。夫培植，心之幅也；整肅，體之製也。完體以施心，卒以逢吾仁允哉！循良何以踰此？不佞罷歸田里久矣，親覿龔黄卓魯之規，無異身游文景之世。少選更覿漢使者捧玉帛玄纁，迎高第令而加之顯擢，又從子民中爲公轅下人矣。

【校記】

[一] 黠，原作"黯"，據下文"於黠猾伺瞷者"改。

贈邑侯停一張公喬擢比部序 代家君

維上之二十九年，郡國數上三原令善狀，爲關以西最當得顯擢。乃先是主上沈斷，宸思叵測，省臺重寄，不欲輕以予人。郡邑吏其最淹者，滿九載始得内召召矣。銓司籍其功次，若若臺，若若省，咸疏以聞。旦夕候明詔疏，屢上屢廢者三載矣。今臺省諸員視舊制十之二三止耳。國家憲典，此其一變。當事者惜外服奔走之臣，又念其中嗛嗛自守泊然素行，或不無人計有以償其勞苦，乃伏見主上邇時所置應臺省吏，深懼以若償得錮。錮即守素者視外服時愈困，於是諸郡邑吏積數載治行無害，咸得以次遷用諸曹，遇北即北，北員又壅，即亦可以暫南，當事者蓋憐其苦而欲亟予之逸耳。以故吾原停一張公，亦得南，比部云：公治原五載，覲天子者二，考績者一，先後使者數十薦書，必以公冠績效彰彰人耳目。是行也，邑人不色愉，咸謂朝廷待公薄矣。余曰：不然。夫事寧措之難，掣肘之難，政寧剗冗之難，不得於心而強赴於同之難。故措掣肘之事者，是猶馭絶靷脱輈之輿也，無如推而棄之。赴不得於心之政者，是猶倔幽士脂韋市肆中也，無如避而卻之。朝廷以三尺倚刑官，憲紀凛赫，鞫訊愻慎，義甚嚴重矣。顧公議在下，獨制在上，勢莫可幹，振法持典之衷有不得行；同必可據，反覆推詳之見曠不能試。脱其知方指圓，坐溷正邪，追效故局，取傅成議，寸心匭匭，顧將奈何？竊見國家飛霜覆盆之冤，或不盡無剖心碎首之誠。時出難料，忠義之士有扼腕頓足，憤結於職業未得以得去爲快者，即浮沉於散冗可也。且南不有南之職耶。讞獄之理與宰邑之理無二，故語慎刑，則曰：明克允，乃庭無宿俘之哲已當之。語持平末減，則曰：創義引經，乃澤枯振朽之仁

已當之。語肅公，則又曰：無覆翼大慈，無趨嫌寵匭，乃棧車緇布之操已當之。務簡而勢無阻，獄詳而意可申，所云掣肘之事，不得於心之政南，蓋寡也。知公心安之已。至其取次顯擢，待公繁劇之司，即當事者推今日逸公之心，衡材而簡畀之，爲國家授能之，公則然。公寧覬心也哉！不佞忝公同籍，知公最深，敢銓次爲叙若此。

春松篇贈鴻臚鶴亭梁公

　　蓋世稱草木繁殖，晻薆呬茀，以吐芳光，則言雲夢。其稱豫章摩日被蔭，萬丘玉柯，纚屬纖葉，離靡葰懋，葍蓡之狀，則言鄧林。當夫陰醫儵池千秀競，時宇宙之氣浩灝醺煦，以暢彙物物之生意，蓋亦可挹也。於是刉者思憇，睇者凝眸。冶游娛賞之子惜其濃菁，卜鄰築室之人倚其蔽廡，而珍禽異獸亦時時出没吟嘯其中焉。然無幾何，而羽獵樵蘇之事舉矣。惟磧歷嶔嵾之巖，豁閟幽宧之谷，長松生焉。枝拂寒霜，根漱流水。振鱗哮攦乎風雨，老螭毒龍畏其碢磃。糾曲紆盤而靜峙，木客魑魅望而奔潰。含黛上參則千揭太常，團蓋下週則百駐廣輿，永貫四時。貞毅孤挺之槪，蒼鬱翁葱之氣，未之少易而比春時也。華榮澤卉，勃而益著。下瞰雲夢之繁殖，見其卑泄蒻蔄，靡靡於案衍壇曼之處而已。俯矚鄧林之陰醫，見其雜輯庇庶，爭勝於荒蕘叢棘之間而已。試使獲夷之徒鑱刃在操，風斤思效，方且計絶於捫躋之無因，心灰於獡狄之難至。是則非松獨以冬異，物稱異物，正以春也。物之時難保攝，即方春無能自主，是松則獨能於春自怡以全天也。夫《子虛》《上林》之説，意取誃張已爾，不足深信。乃世傳夸父事，抑何謬妄也？地不乏材，長松千尋往往有之，要以交衢廣陌，平原闊

澤之地，處勢不足以衛生，故不免與凡木同畏。惟乎居高而絕摧拉之患，斯四時之質，臘於春專萃焉，地使然也。吾觀鶴亭梁公，身襲豐溫，弗屑少縈鶩逐，凝然澹慮和衷，以飴天和，盛世含道茹醇君子矣。非層巖宵谷之松，與長君裔裔如玉偉乎。用世才，公車非久淹所也。仲季執經，不侫習其才力。季也已追風伯氏逸足，乃仲氏啾噲，志決超乘，可俟識者以河東三子目之。公值其時，倘佯以游儲與扈冶之境，一切戕伐無得加施，所稱華榮澤卉，勃而益著者非乎！懸弧日，時寓維揚，其仲氏松亭、梅亭兩君問言，不侫援筆數語爲贈。屬意不文，聊以寄欣豔之思云爾。

壽節婦伯祖母李太夫人六十序

蓋小子復束髮至今三十，習太夫人內行久且詳也。往余伯大父憲副先生與太父郡守先生頡頏，一時來氏浸浸稱盛已。憲副先生卒，貽子無厚產。太夫人年二十，即主家秉也。叔氏少知學，爲延師教之，叔氏又不肯竟學，爲親摘章句挟而督之。憲副先生子三，余一伯氏兩叔氏。太夫人所出一，瓜分其田不過百畝。歲時給家衆十餘人饗餕，且恃以佐不時之需，洵窘以急也。太夫人身率衆耕穡，鉏夷斤欘，靡不關心。兀然野茆三楹，棲遲其下，以殫場事。面垢不浣，衣敝不易，脫粟鮭菜，引而安之，期振我憲副先生門閥于蕭然羅雀之後。俾叔氏以纖儉自裕，揖讓學士大夫之林，蓋朝夕念之矣。至今農圃耕斂之事，叔氏有不知者。權制出入蒸嘗宴飫之禮，未嘗不舉，叔氏有不問者。癸卯仲春，太夫人屬且六十，其勞瘁于家，政不少弛。叔氏感太夫人功德，顧謂余小子推母氏，之與不肖孤三十餘年矣。孤于今日宜何以報耶？母備純節于憲制允合，倘得徵國家之旌錄，公勸也；得徵士論之

揚詡，義舉也，與不肖孤何故？惟是國家之旌節者禮，節之所示者言，禮以著行，言以發微，母氏其不泯乎？子盍圖之。小子既受命，曰：嘻哉！概觀今之節婦，得聞于當道者，何寥寥也！即聞之當道，乃慨然見之施行者，又何寥寥也！當憲制甫定，時朝廷倦倦節義，是重歲發採風使者，摭拾民間事實。上聞天子，不吝金錢綸綍之錫，且藉以稽風俗淳澆焉。時變日趨，閭閻貧賤之家有堅守從一，白首無涅司世教者，數視爲細事寢閣者多矣。婦必節，始旌節矣，又必得年始旌，旌何易易也？節而不能待旌者，天靳之，其節能待旌而不得上聞，人又靳之，爲節婦人者不亦難乎？以太夫人節于年，小子得從諸生後舉之當道，必有以處太夫人。僅掇復聞見聖善侍賓客，暨余叔氏稱觴言壽，且爲異日上請之的據云爾。

賀儀昭張子舉婚序 代

　　吾鄉蓋有湛川張公者，其人力學純行。少年居于鄉，爲名儒。已而宰邑佐郡爲良吏，材能既裕出，以研苦肆篤古之餘力，旁及于方伎圖讖諸外家之說。人稱其分刌度數，窮極幼渺。一時諸文士不敢偶旅媟黷，傲以所不知，而里中語孝友純備，真足不忝古人，必首歸公。論士于今，此所謂學行全者也。仕晉概多異勛，嘉譽燁然，當事者亟欲大用。偶感疾，浩然西歸。歸坐籃輿中見客，見必人爲寒暄語。于是戶外屨常滿，而尊中之酒亦復不空。蓋公居官二十餘年，不能謀三楹之室以妥八口，歸而聊傡屋居，而獨能倒囊賒醥酒，以供賓客座上之費。有弟子又能逆意承志，解作倒屣，主人亦既豪矣。維某日將婚其子儀昭，座上客喜有令子行將繼公爲名儒，又喜子之婚行將衍仁人深厚之澤，共來徵不

佞一言益之。不佞亦何以益子哉！古人不云乎："富貴在身，而列士不譽，是有狐白之裘而反衣之也。"是故以賢難得之故，因曰"事不待賢"；以食難得之故，而曰"飽不待食"，惑之甚者。由此思之，蓋古人自束髮來未嘗不與人，即又未嘗不慎所與矣。子婚後禮當在成人列。不佞聞成人者，援正以押躬，擇人以廣益，虛受以涵德。是故臨事思義，飲食思禮，在宴思樂，在樂思善。夫樂不忘善，食不忘禮，則其相與宴樂飲食之人所爲砥礪，規勉戒惕縱而遠孔壬意可知已。且子抑何佞？不佞諓諓此說，爲其亦以子之父湛川公之客，客以湛川公之資。客以爲學之學，學即座上往來，常如今日可耳。至夫肇基刑于克端，內則自有義方之訓，在知子習聞之矣。

贈興平侯任公母太夫人壽序 代

興平自昔彈丸地，邇時用絀民困，冗散彫羸，視昔倍焉。瞻槐里之冷落，覽茂陵之蕭條，所以歌鴻雁咏雲漢者，憾然人耳目。乃橫煩之役在所辜較，而以彈丸地委輸，方他劇邑詭責之苦，甚於鈔遮民，于是企足愷悌之人日益切爾。任侯以河汾望姓起家上第，甫下車，瞭然咨嗟四境，遂即振飭頹敝，計畫乂安，本之誠厚，出之溫寬。于是乎不爲齰箭鈎致以立威名，而邑大治，四境之內謐如也。即而視其羸瘁勃如也。時太母就養邸舍，侯退食之頃，跽而告所爲爲民之事。太母色怡已，敕家人進修黿。侯以孝子之色熙然，太母匕箸間未嘗旦夕離側。凡邑之縉紳學士以及閭巷小民，皆知侯之所以事太母矣。太母攬揆晨，侯稱觴階下。邑中子民各奉卮酒爲壽。余不佞從學士後載拜致祝，退而自唯曰："有是哉。侯之能政于余邑也。"蓋古人有誦《詩》至《汝墳》之十章，

慨然棄韋帶而仕，夫非其欲以時致養于親也耶！善養親者，于人不暴，在物無忤，静以從意，動以思志。故不疑好生崔寔善績，古人稱之。彼固以立身之義不虧所生，遂曲體親欲，及之民物，乃爲孝也。寧直以口體而已。夫誠者致養之根也，内者基外之符也。身親之間本非矯飾，厚薄相懸，理難悖施。故孝也者，德愛仁惠之所從出矣。有是哉，侯之能政于余邑也。邑當重困之日，室家不保，望賢使君而稍稍更甦，其所全活何止京兆平反？且興平，漢之右輔，如弱翁子慧之輩爛然簡冊。顧未有數月得民如今日者，即史稱子真之政體吏才，又何論焉？偉哉！侯之政也，其能孝也。侯之孝也，其能政也。如此則邑人祝太母無疆者，其與侯之著績于余邑共永久可也。

壽石太孺人六十序

世率稱婦人德不踰閾，無非無儀。故譚家政於里黨，咸略内範而侈口，丈夫不知。丈夫從四方觀廖廓氣象岸然，乃所爲嚙嚙纖芥，没身守慮，即粉黛輩且嗤笑之。而其上者又多陽予陰取，動希顯名厚利。至夫巧計之所營獲，勢焰之所依附，亦妾婦之道耳。以余所聞見如石太孺人者，蓋天性行義婦人而丈夫者也。太孺人初歸夫子，夫子家不踰中人產。既身理内政，家漸饒貲，比部君稱雄里中矣，竟不忍妄費一粒一帛。夫婦間相戒飲食衣服不求豐羨，獨時時爲姑上甘毳，而又時時佐夫子赴人之急。夫子故常輸金，常解友厄，常恤親故，貧而周之粟。又常憐貸者貧，盡裂其券。諸戴夫子德者同戴太孺人，知太孺人素行義，里中著聞也。及夫子見背，益毁容，不事鉛粉，縞衣素裳，親事瀚濯，爲家人先。家計愈振，太孺人不少驕奢。每進諸子，課之曰："爾母不願多

財貨，爾輩苟能砥志修行。"附青雲之士，垂不朽之業，以恢先人遺緒者，乃令子也。石氏兄弟三人，長君慕卜鄭之行，入貲縣官爲郎。積有善政，別駕巴蜀。朝廷推恩，尊人太孺人已身食其報，翠翹霞裙，亦既貴矣。次、季二君爲名諸生，摩天擘海，瞬息間事。人皆羨石氏有子，即莫不詑石氏令子成于婦人之手。蓋太孺人目覩詩書，而行合矩度，知顯名厚利不必他求，而夷然揚粃課實于濟濟子姓之間。此其天性慷慨，舉事詳重不偉丈夫之行哉。攬揆之辰，別駕君從蜀致錯綺爲壽，而階下諸賓客半皆向者，戴德之人畢集稱觴，與仲季周旋。咸謀曰：吾儕與壽太孺人以儀，毋寧壽太孺人以言，或者博堂上一顧之歡乎？仲季色喜，太孺人亦色喜。余鄉鄰張子來言其事。來子曰：賢哉！向所傳石母子相課勉事，信夫！此亦附青雲垂不朽之一端也，遂次其語畀之。

壽耆隱望庵師公序

　　往余弟仲馭、友人梁君旭後先從維揚來，爲余屢道望庵公有令子。而里中諸豪少年與余接杯酒，指數南中可與飲者，則必引希夏，曰：若人不但飲而已，即飲無渝德。余聞而慕之，知其人即君旭、仲馭爲余稱説者也。望庵公家居，課仲子儒，已爲諸生。希夏則承先志，不墮基業，而益拓大之，但儈心計十餘年無失步。嘗觀貨吳越，吳越饒族，服其善賈。今年望庵公初度，能先期請陸無從先生暨友人君旭文，爲親重已。又以君旭徵言于余，余謝不敏，然益知若人不但飲而已。來子曰：學者概知諱言封殖事云，迂談仁義，于世則堅瓠，比身則寒蟬。困泣牛衣，逮將終身使婦無褌恬，不知愧斯其事可驕語之耶。乃食粖猛鷙，厚營窟宅。不知多財乃近禍樞，其尤縱者鑄山煮海，連騎鼎食，關通游俠，結

納權貴。身之不戢，以武犯禁之數者，其于仁義又缺如也。原邑彈丸地耳，薄有家者輒廣屋綺服，崇侈靡相高至，與吳越、淮揚諸處同習尚。望庵公身履諸處，卻厭彼風氣澆薄，恂恂雅飭，慎絕儻莽。身無巇行，手無妄援。敞廡豁堂，取容饗享。四時葛裘，不忘素約，里黨歸其篤厚。則希夏挺然超流輩見稱學士之口，其有以貽之與，乃人則又言希夏濟人緩急，著信義久矣。其拓家也，能出奇；其承志也，能先意。以禮行富，父子間相與勉成之語曰：庶人將昌，天與令子若此者，殖富亦殖德耳，亦何惡於多財貨也？無從先生推公壽行，君旭侈公壽遇。余不佞從二君子後表公慎約爲壽理，賢公子爲壽之無窮。諸豪少年屆期稱觴，其以余言足闡師氏父子乎。

何母太孺人姚氏壽序

何太孺人者，友人何籽孝母也。籽孝長余十餘歲。壬辰之夏，結社長安公署，籽孝從眾中見余文，便引爲忘年友已。與籽孝俱落莫，各讀書山中，歲不一晤，晤則必商確所就，及橫論古今人物之變已。即謀數斗醉，醉或擊缶狂歌不竟日，極夜不休。兩人意氣不與年遇，同落莫也。越十五年爲丙午，籽孝始與余同舉於鄉。今年丁未，余下第，籽孝連掇甲科。聞其以太孺人壽期在初秋，乃不俟館試，請告歸里爲壽。其姻婭楊孝廉來乞余言，曰：必子言可藉以觴太孺人，此何公意也，亦子十餘年知友誼也。來子曰：余故以籽孝故知太孺人內行，云是可慶，是壽且無疆。君試先數之孝廉，曰：古稀之親，簪紱之子，兩相歡值，慶在斯乎？曰否。此人世所矜豔徽時者所可得遇令籽孝竟坎坷不脫韋布，將思以怡母者必有在，豈等夫諓諓之儒，行不出千里，閒無術以彰親令聞

也哉！曰：人情志拂，則鬱意得斯，暢前約後，侈頤養道，備壽在斯乎？曰否。全于天者不資於人，宅於澹者不逸於靡。籽孝未第之前，太孺人何以壽有今日？可卜益算延齡無關於貧富之數也。當太孺人佐幕君爲政，以及籽孝爲名諸生時，家計侵盛。迨幕君亡，籽孝塌翅且久，耳目頓改，人情中變。於是戚者以疏，親者以遠。蛛絲在門，蝸蟲在階，是時能挺然振起於學者，蓋亦鮮矣。而籽孝無隳志，無戚容，每對余言曰：不佞得以憂生之餘，安然讀書山中者，有老母訓誡，且爲不佞力任其勞也。籽孝博綜大雅，諳練世務，未第已爲名儒已，第且爲名吏，經綸學術，兼而有之，收是士者詫爲得人，識其面者咸譽隆名。非科第能重籽孝，籽孝重科第耳。故有籽孝子也者，則人當爲母慶，而母之壽更躋於人世期頤之外壽，以籽孝之人也，非但以有科第之籽孝也。倘非然者，世之衣紫垂組，奉盤匜羅拜，以祝白髮者豈少哉？昔陶侃之母湛氏居約，能委曲爲其子款客，千古樂傳其事，謂迹此一事，則當時朝夕補綴，令侃之得爲侃者，可思也。斯與何氏母子若相似然，乃籽孝他日猶當不讓陶公。遲籽孝歸，余且執子侄禮拜堂下，其亦以是言致祝爾。

贈虛庵袁公六十壽序

客歲戊申之秋，來子蓋南游廣陵，云廣陵住挹江門梁君宿別館。是時君宿已北上，期作公車棼舟之戰，朝夕相晤則友人君肇。君肇家隔河止十餘武，而是沿河一樓高峙。與余寓舍相對，則袁元瑞居也。袁故與余世姻，元瑞又君肇姊夫。卜夜呼盧追游，取醉三人者情有加焉。元瑞每談説，未嘗不念其尊人虛庵公，即未嘗不念其尊人虛庵公年漸高也。虛庵公不嘗困博士弟子行中乎，

當其解醳經義，期效盛明，視人世富貴不難力致。一旦時過志淹，歷境耗折，驊駵不可捕鼠，珠玉不可救歉，衡泌雖閒，亡補排迻，於是歎息歧途致羨稊稗者，概如是已。元瑞乃能感激身遇，嗟指自盟，飄然渺見。在家資而爲廣陵久計，迄十餘年，獲以鹽筴自豪。於是疏廔者服其守，謹愿者多其識。江淮間諸老賈皆推其才而悲憐其志。來子曰：“儒賈理一而已。”要之期成，其所就無墮百年之緒爾。虛庵公斤斤此志，不獲用之於儒，而其子能用之於賈，且袁氏巨賈族也。父子間正值中落，而竟奮激成立，克振先烈，煇耀里閒。庶幾免不克負荷之誚，亦可謂善通儒之窮者矣。語云：若跣不視地，厥足用傷。公家父子其知免夫。來子住廣陵，歷冬涉春，目覩諸賈困踣狀，至於兔窟者鳩拙，狼貪者獸散。元瑞獨巋然不爲閧競撓見，而坎窞墮謀于于然。廣陵市中闤闠童子皆能指其名，而號曰智賈。則虛庵公泄泄之樂可知已。聞季子能賈，類其兄長子，諸生有名，皆足慰公目前。茲以往即躋期頤之上，以是爲致壽之本可也。公攬揆在邇，來子從南地掇拾聞見，妄推壽理如此，卑邇臆談自附通人，或亦憤世者參驗之衷言乎。要之人間父子榮瘁相關，不獨一家一時已也。公儒中耆宿，諳習世故，尚不鄙夷余言否？

鍾龍源先生集序 代

自道本裂，人率岐文行二視之。鼙帨之士動稱引古人，推其才志，不欲居漢以後人品。至質所爲行，自相齮謬，沾沾冀一效而未能，豈文虛而行實耶？乃古稱言以聲心，又云文章與治通，則似未分虛實，矧岐視之善乎！漢儒之言曰：“其實中其聲者謂之端，實不中其聲者謂之窾。”是吾儒一生事業發攄，要以求中

此聲耳。最一切夸誕連儳，詭喬譸詇之談，鈤之無聲，迹之多礙，可以詫愚學，可以溷有道乎。嘗觀古之立言者，其持論平，其託根澹，夷然有不屑雕琢而靳乎，有不敢自炫逞之意。及其遇大故，創大謨，據典引經，觸物比類。辭嫺義凜，淵源莫測。言即以起事，而事即以證言。此古人之不可及者也。余於吾師龍源先生之治行，而合所爲詩文，益歎服先生文行一致，而有以窺其真也。當先生以制科高第令滑也，其風概條令偉絕人耳目，銖兩之奸亡不發，杅櫨之材亡不收。是時不佞某甫束髮爲儒業，蒙賞拔由，今思講席，按勞勣巍巍如也。擢居諫垣，揚歷顯地，言廷言邊，悉釐苛懋，物始事後，炯晰其萌，不特知無不言，言無不盡而已。至于公舉訓儲一疏，罰止寅寮，自陳同敗，偉哉！能爲國受垢，忠藎之高誼也。難毋苟免俊杰之烈志也。夫詎不權拯溺，即濡佐鬥，斯傷與哉。乃其吐辭置議不駮于識，不囂于氣。集中境遇之所論述，時變之所感興，以至田塍之吟寫，尋常之酬酢，率爾雅綿和，通而不窕，怨而不懫。抑何？持正則如矢，御直則如繩，行則侃峻，而言則婉適也。蓋先生志定自無薾行，行一自無飭言。行值宜是如是止，言值宜是如是止，純臣之言未始非文人之言。是謂古人實中其聲之端言耳。辟之水然，當其浩浩東注，波淖浪息，窘而洮激，風而鼓盪，人如震駭其行險而不敢迫視。不知洮激鼓盪之水，即此波淖浪息之水，其與出泉之性非二也。集凡若干卷具在，大抵古詩似魏以下，近體根本于杜。其文則兩京之業也，不雕琢而工，不鈎棘而奇，有目者當共賞之。蓋先生行身在無滌垤之地，言以言其所寡過且也。志不幽則思不遠，身不約則智不廣。造化以先生閑居巧貽，以不朽維言維行，將師在百年，寧值余儕後進服膺已哉。

贈馬母李太夫人壽序

余初交震麓時，常拜太夫人。見其龐厚豐下，雖春秋高，然鬢髮尚黝然黑也，退而羨焉。雲麓先余舉，余兄事之，兩人困蹐公車，各抱志未伸。然雲麓草澤之日，日充以閒。余草澤之日，日索以拙。每相對，未嘗不稱說爲不能及。當雲麓之始舉也，屋數廡田數區而已。念不能供太夫人歡，則呼其弟，命之曰：若見里中稱孝廉者敝褻之狀乎？甚者出不能具牛車，遠不能辨糗糒，將無用詘于食衆，計窘于坐耗耶。若爲我任勞，汝兄爲若佐籌川湖之間，饒鹽絲之利。若其圖之，仲許諾一一受策。會有天幸，數年利恒軼儕輩。每歸，奉白鏹母前，母爲色愉，而後兄弟之喜可知也。家坐是隆起堂宇巋然，丘畝彌望，視昔什倍。太夫人操家秉親課，屋添幾楹，園廣幾武，畝獲幾何鍾，日異而歲不同。倚閭策杖，覩穧稲齊登，奴子飯犢肥澤，則偃息華居，含飴弄孫。不自知四時之遞更，而憂與樂嗒然均無所繫。斯其景象，何如也？余嘗謂暮年人如草木在秋令，本易衰颯。苟膏雨和日，不愆常候，則摧折可免。故每見垂老憂生，式穀難似，縱服續命之膏，廣求長生之術，恐無裨于壽算。故談壽者多言得之于天，吾則謂多得之于子。允哉，馬母之鬢髮所以黝然黑也！昔捧檄就辟率爲親屈，懷才小用，古人恨之。太夫人朝夕修毳，與祿養何異？進而慰堂上之心，期大尊人之壽，則有褎然一第。迎母館于瓊室玉宇之間，上太官之食，以佐匕箸一娛。然後兄弟之喜更加，此雲麓才志所優爲者也。毋謂屢困失利，余不佞既辱同志，行且具枹鼓爲友人作氣，屆期一觴告母，諒然余言。

同華造士錄序 代

　　居恒謂方域興替，當覘人文之亨屯，顧問有風運，運司轉風司化，是運乘夫風以行者也。風之化漸其入，人每在不可思議之境，故其造夫物也。鱸錘埏埴有所不事，而其功常立于鱸錘埏埴之先。今夫士之文章非首被乎風，而最難轉移者乎。然士有三蠹二厄：野無青草寠鬟是虞，一蠹；綠林白馬剽掠駴心，二蠹；冠虎橫征疊恥興嗟，三蠹。材異而不能薦，薦而不能行，一厄；品士不能設優異之規，似龍蒙荄燕石在檟，二厄。凡此者，士所公患也。而秦士為甚直指畢具茨。先生以海內大儒來按關輔，諸偉勣莫可殫述。下車後祭則受福，旱魃屏而歲穰矣。羌夷負山以逞，分部逐捕，賊黨散而境內稍稍謐矣。狂洍濫征一切議蠲，而民樂業矣。且在所課士量才設條，幽賞奇拔，不拘拘獨在經義近古所僅見也。念秦士風氣日土，疏請增額，朝廷報可，遂為異數特恩，海內所不敢望之事。于是秦士被其風化者，咸灑濯奮起，爭自淬礪，如身融洪鈞之陶冶而不知轉移之。自無何，比試期邇，方承大閱，命攬轡西塞，獨同華數地諸士尚牽後我之望，不知先生業預計此矣。屬不佞西會于高平，遂語之曰："此非爰書牘書可緩及也，寧俟蒐攎于羅網之餘哉！"蓋不佞受命倍道馳至，試其文以呈，見其卓然淬礪，不後于諸處。而先生獎拔士裒然高舉者，亦不減于諸處。嗚呼！此豈偶然之合，旦夕之效耶。同之隸邑僻在河濱，屢饑而藪盜，華隸稍饒，然近亦以欹困，俱不堪墥征久矣。然士之抱才以求上知者不少也。世有身游樂野，無父兄妻子之憂，目覿教化丁斯道興隆之運而不爭，自灑濯迪志于筆硯間哉。先生善用其機，于聲色行迹之表加入漸而滲入神。其興士者以文也，所

以興士者非獨文也。異時採秦風者視兼葭之伊人，無殊于藹藹之吉士，知德風所造甚宏，不獨文章氣運受其亨燧已爾。

壽待封者隱對城張翁七十序

余少服儒家言，嘗以孔氏論善人者而求之里閈，往往難其人。非無豪杰自許，高談奇行，動引附詩書，甚則欲卓越抗縉紳先生之上，曰：吾豈尋常科第士哉！及覈其家庭實行，有疚心負義爲童孺所羞稱者，即求古人所云"人皆詐惡，我獨詐善"者亦不可得。及讀《漢》史載取士法，後文藝而先質行。有司物色孝弟力田者上之縣官，至比入覲之廷，實且防其僞而躁也。限之以年，非四十以上不得與選。始悟古人陰重善人之雅意。顧力田不過農師，即孝弟，亦胡有異行，而朝廷之上獨亹亹好之。乃知平常日用之間，宇宙大學問，大事業，無不根本于斯，謂"孝弟力田"四字爲孔訓，善人之注疏可耳。夫孝弟事難純，力田事最苦，意彼承歡盡養，致讓聚和，一裘一索，祈暑不易。即禎祥可感，偷俗可化，上之人樂賞其節，而彼竟無求于富貴，故四十而不變則不變矣。漢代彬彬稱得人也。固崇實黜僞之效與。嗟夫！使人盡孝弟力田人也，天下患不治哉。吾邑故有溫少保先生者，蓋大儒。而名臣云先生居官居里，每有意進愊悃之士，其所與咸真率樸野如古老更者，而後接之稱白首布衣之交。里中有對城張翁者，隱于農賈之間，先生引而友之最善，更教其子爲名孝廉。翁修髯偉幹，赤顴豐頷，由少至老，口無擇言，入市不二價，邑人信其長者。走吳越，吳越人信其長者。少曾追還誤留金五十金。母好齋修，則步奉禮太和山者二十年。母没，哀毁廬墓。他如捐棺還僕，施舍己責，煮粥救凶，買宅棲族，德不一二而足。溫先生嘗論著之

矣。以余親聞，見翁救災勸鄰，無義不倡，更造畫謀，動任推擇。時而韋藩木楗，訓竪賈以度。時而襋襪粗穰，盡土地之利。制節守正，人無閑言。饑渴嗜仁，老而彌倦。古所稱醇衷質行，生而爲善者，翁無忝焉。故一時諺曰：南城耆老張，北城儀賓梁，去喫鄉飲略相當。蓋謂兩翁皆不用儒致身，而舉事暗合《詩》《書》。詎惟世俗軒冕輩所難及而已。以是邑大夫並公論，推重之。余怪憲制收士之典太隘，與洙泗四教稍悖。先朝胡端敏公亦慨然建議，謂用人宜立賢無方，若專泥料條，則賢才抑塞。余深佩其言。漢興數百年，取士之法不易。當時崛起田間不數載，致位卿相者多。考其收效，不在明經文學之下。今天下縱不敢望復里選故事，然何至窘人八股排比，求聖賢于殘炙腐膏之中，至驅有用人品使散處町畯井牧，迄槁項而不悔也。余目覩張翁，重有慨焉。翁壽古稀，神以樸真。愈王，其子用我被服翁訓，不愧孝廉之名。取汙邪晦鐘所獲，作滫脆爲匕箸勸，家廷徽美，傳之邑里。咸誦善人有後，知翁不俱行歌而樂也。余甚敬慕之，聊爲闡述。溫先生不可作，胡從質余言。

二郎廟募修娛神樓小引

廟奠北城之坤隅，厥鎮五父之衝。歲時有祝，祝輒得豐皁。于是降康受釐，咸歸神祚。至于水旱雩禜，俍子巫覡，設壇禱誠，以緩山神河伯、市賈農夫之憂。咸廟是萃，視群望有加焉。而廟之左右里閈多產名公貴卿，德人韻士往往香火奉事，若神人相因，精爽默通云者。百餘年來，神之用物取精，既弘且多，所馮抑又厚矣。善乎！《左氏》之言曰：夫神不遠徙遷焉。故帝丘之遷衛成，夢康叔，曰：相奪予享。楚子玉夢河神，以孟諸之麋索瓊弁玉纓，

弗致，至敗。設神可玩忽爲無，彼駿奔間凜凜可畏者，屬何物也？夫《祈年望儷圖》載具存，遺宮隳址，過者興愴。矧紫館丹室，頓忍圮于人境；水璧雲紈，坐視蝕于風雨者乎！舊傳廟殿前有樓，伏臘奏樂，娛享神祇。今其基尚存，枌榆諸耆宿憪焉。約庀材陶甓，恢復舊觀。又按形家議，謂廟制須樓，始符五行，得全全昌，神人攸利。追驗今昔興替之由，諒有然者。替誰弛之興？誰翊之事？緣時起一氣轉觸，即知吾黨駸駸隆盛，神其寄鼓舞變化于人心中也。凡我闤闠土著之人，願猛發善念，隨力施助。余從鄉長者後欣覯厥成，行將聽坎坎之鼓，屢舞雜進，永祝嘉澍乂安之應。

游杏灣詩引

杏花灣隸涇陽，然距余邑十里，距涇陽四十里。地本名方南魯橘，無今名，今名余與友人同游所命也。土人種杏，多至數千株，春初花開，遠近爛漫如張錦幄。邑清河經其右，稍上，則潴堰灌田，渠決五流，周回樹下，散輒復合。沿流皆杏，過他木半蔽虧深，窅目不能直覩，故言灣也。此地相傳久不知經，幾劫豪富，復廢爲荒野，如劉希夷"黃昏鳥飛"之歎。自余輩游賞城中，人漸一二，繼其盛，歲益輿馬之迹，肴觴之費，土人始詫笑。近亦多取醉花跗水涯矣。居常言雖妝點花神，不能無雕琢渾樸。然仲長之禽魚，謹選之裪，子猷之竹，少陵之花溪，襄陽之霸陵，王裴之輞川，韓孟之西郊，觀其寓意，託興似不直在耽宴樂恣吟眺間，濫觴爲之去之益遠。曾覩貴客導絳帽人張，蓋穿游若俗子酌鬥橫折。余輩亦歲成故事，應接忽雜，囊草多虛，俱爲花辱。又賞者喜華，土人利實，樹大實稀，合抱之林，率成樵爨，邇來景物已減什五矣。至夫同游之人，間厠非侶，酬和諸賢，概多散處。每倒尊結伴，

伐本聽罵之想頓起，花時一大恨耳。庚戌，從燕抵家，見王氏昆季詩，知從華下迂道訪游。遂同社友含素、舍弟馭仲即席成吟，意興品識，不卓然軼疇衆而遐追耶。二君蓮洲先生嗣，與太史先生嗣爾釐、爾伸，皆佳公子也。其季父信卿，關輔聞士，與余善，恨未來一游，異時亦訂約焉。君家叔侄欲收我灣頭春色乎！其以所有十丈蓮易之。

郝從敬解墨引

前輩論文有元脈、元氣、元局諸語，持此以準士子科第，亦撲其常耳。乃余則謂士欲元，須先完自己之神。完神之法不出質、專二字，質以渾之，專以收之。太樸存神，固于素泊用志一神，遇于象罔。己之神，文之神，二而一者也。世未有雕偽龐駁，而文以精純應者。吾社發迹十人，而從敬遂襄然得元。當庚子省試，從敬業以麟義奇偉見憚于知名士，己酉首本房矣，而又不偶。從敬則冲然抑然，朝下第，夕理卷矣。非有大應酬，足不出書屋，食貧居約，恥慕豪豔。爲人授經勤于其弟子，腹笥可坊刻數束，而漸益其新操觚。時綺麗綷錯，環伺筆端，多裁而不用，殆如海之斟酌不竭然。余每見從敬若呐若思，若初從面壁出外，幾如顓愚，而扣其中井然辨意。從敬之于博士家言，殆飲食夢想以之矣。使從敬以數蹶而中餒也，外奪也。如歷風濤而失柁，如檻猿之不堪久馴。己之神，已耗渙而無餘矣。此豈復有文哉？聞闈中賞拔從敬卷，政以厚養。故從敬蓋以二十餘年之全神，鼓主司之神于不可知之境乎。故苟得其神，則脈、氣、局不問而知其俱得矣。海內士君子披覽此義，可以想從敬之神。若夫質、專之說，則余不佞于從敬之神中挈其大法，以與社中諸友共勖，而自愧其難能者。

題温與恕墨卷小引

憶！辛丑冬，不佞侍少保師燕邸，與恕方七齡，出共客揖讓，劭慧不可當，矢口誦六館諸公詞賦，聲韻朗切類老儒。少保師且喜且栽之，曰："兒差解讀，顧好嬉弄似陽伯少時。"不佞愧謝。踰今十五年，與恕甫弱冠而已，褎然高列賢書。來生老禿，將與共公車之役。當與恕歸里，入余輩文社，才命俱靈。余覘其文，覘其祿命，已合之少保師貽後之福德，決其必昌，且近在卯語猶在耳，竟相契符，即不佞不敢為言中然。概觀古今奇絕之產，昭載于神經怪牒。其變化非復人間摸索，辟之觀《相馬圖》《馬政》難識矣。而眼底神駿有幾設有之骨相，自與駑蹇迥殊。故見華山之騄駬，而知能行遠，亦不必俟伯樂九方歅而後賞之也。矧夫大宛渥洼之種，西極汗血之駒，其受氣尤自異乎。不佞之笑，與恕用此法耳。余掩關荒隴，行同野衲，所最厭者才名，而不能已於欣慕者。早年科第，自唯半生淪落，深慚少保師許可之言，而猶知與師之佳兒引為畏友。庶幾薄望桑榆之收獲，若夫已之少年不能追而囂然自命，云能知少年之捷足，其于遺珠寶櫝、埋鑑索照何異？與恕卷行篇中無輕佻一語，局量遠矣。咄咄之子，其蓋整六翮，橫絕四海，成君家得全全昌之驗。彼時來生又鼓頰而談盛姺矣。

賀松亭梁翁七十壽序

常服膺叔夜言導養得理，以盡性命，上獲千餘歲，下可數百年。由今考其理，不知其解。諒必於性命和而不乖，而後其神適，其志肆。世法所不得拘者，道法且相合乎。觀其著《養生論》有

云：修性以全神，安心以養身，是心安則神寧，神寧則身康，而性得其旨最近。人人能行，人人不能行耳。自功名富貴之念中，於人心士子甫解章句，輒以紆青拖紫，策良刺肥爲得意。士彌知學，彌急仕進，形神痯瘵，悉化爲得失。徵逐之俗情還而扣其心，能一日安乎？心無幾何，怵之引之，蠱之蝕之，毒之鬱之，所求者未必得，得之未必享，而君形者已槁矣。邑有松亭翁者，宿學名士也。少負大志，讀書日記萬言，儕輩引避之。屢試冠郡庠，督學某公奇其才，以明經首選入辟雍。與四方學者游，友多名儒豪士，談藝操觚，每不相下。當是時，翁方壯年，偉幹修髯，任誕不拘，浮白長嘯，傍若無人。蓋稷下之辨，六逸之適，謝鯤之放，阮籍之疏，曼倩之詼諧，庶幾兼而有之。池陽梁仲子之名浸浸騰公卿間。不數載，其子君旭與諸子君星、君參、君厚、君晋、君士俱振起爲名諸生，衣冠整肅，燦然蒸變。翁視之，笑曰："已矣，吾安能與兒曹露索魚貫，以争一日之利鈍乎！"遂築屋鑿池，蒔花竹，益縱飲自娛，從此絶仕進念矣。鄉薦紳某當路素敬禮翁，以書招之：女從吾游，上者郡丞，次不失縣令。翁不應然。子弟每試，目輒能誦其坊藝，如此者積十餘年不忘。醉後猶能評騭雌黄，人謂翁老尚堪一第，翁視之若敝屣而已。夫尋常諸老生鼇鼇青衿，皓首不忍捨。翁乃身在仕籍，以非其志而厭薄之，超然于士習躁競之外，豈不類有道君子耶？所謂安心以養身者非耶。余憶翁昆季盛時長典客，公季兩文學公皆彬彬馴謹。翁獨不羈，頗煩若小節，有逸少陶寫絲竹之致。今昆季俱謝世，而翁巋然益强健善噉，則稽生導養得理之説，亦可思過半矣。翁年古稀，似與一切嗜好俱澹，而寄意恒在酒。昔人教作官法云：每食數升，勿飲酒而已。而种明逸僦家者流顧好釀，至云空山清，寂聊以養和，是仕隱之于酒，

來陽伯文集

卷二

一仇一藥也。使翁竟就秩而仕，法當斷飲，恐不屑以所好易耳。余，酒人也，與君旭兄弟稱莫逆，辱翁忘年，而喜與之傾杯，醉後耳熱，抵掌和歌，歸而形骸都暢。因憶坡公云：「酒客斷酒，百病俱生。」頗悟養生之旨，遂策翁之必壽。嵇阮皆嗜酒，古稱阮爲酒隱。嵇生「目接飛鴻，手揮五絃」，神氣亦何適也。道書稱嵇僊去，顧性不能忘鍛，亦宿習結染未除。翁于人世至豔慕者，若少年所積習者，釋郤殆盡，獨全其真于醪液，與軒岐持滿御神之説并行不悖，更軼駕嵇生區區導養之上矣。君旭家慶，余不佞從賀，客後薦觴，尚從杯酌中扣翁久視之訣。

賀王伯子生孫序

余與肖宇交在二十年前。肖宇年少，余每杯酒晤對，藹然兄弟歡也。肖宇尊人少府先生與先司馬善，其立心制行樸厚率相類。余見而北面禮之，故于肖宇又稱通家雁行。客冬會，肖宇寒溫之，遂釀飲酒，樓觴再舉。友人溫兆昌進曰：「子與肖宇年埒，子之嗣續尚缺，而肖宇新得孫，作人大父矣。子知之乎。夫年不四十而有孫，且少府先生神逾王，禄位日盛。而肖宇之學又足立致青雲，一門福澤萃於此時，真可慶也。子其宜一言。」余聞之喜甚。竊益驗天道之不爽，而厚德之必獲報也。天地間止此氣流行感通耳。猥者蝕，戾者背，鑽鑿者削，夳橫者費，若者用之家則立索，用之身則浸竭。氣雖無形，爲所傷敗多矣。故春囮無枯莢，冰崖無茂草，至易明也。肖宇世有令德，家又饒豐，而毫無淫泆浮薄之習，冲然淡素自居。父子共守渾樸，家庭以內熙如也，族黨閭井之間緝如也，煦如也。數十年溫養渾是太和，惟恐有旁引而泄之者。夫無所蝕則質完，無所背則制存，無所削則器增，無所費則體培。

其醞釀深遠，自有吉祥善事應之，故舉世所極難得者，而坐致有餘。余直以厚之一字括之矣。厚者，君家之世懿也。奉之勿失，即昌後之善物也。計肖宇燕貽之謀，當不出此。夫式穀之似，惟其有也，不有而何似焉？觀肖宇所以有今日之故，余不重內愧也哉！兆昌曰："善，王氏一門厚矣！厚懼其薄也，其思以敦之矣。子豔王氏厚矣，即不欲自薄也，其思以修之矣。用此道也，豈佃延綿肇百世之傳耶！古七葉九世之貴顯，必由之已。"雖平常恒言，實世交規勉語，可持以佐賓客之觴。

贈石九鼎社兄舉子序

嗣育之理，闡厥化醇，脈胤所係，載關繼承。故觸木履武，事出難信之情；手文蘭夢，預呈誕前之驗。言掇《芣苢》宜男之婦，誰俾之坼疈不逢？式咏《螽斯》衍慶之家，方快其殰殈無患。詎非司命所造，長養者自入不燼之爐；生緣宿定，享厚者靡斲裁培之種耶！若夫應嫗神光之燭，鬥穀虎乳之祥，羊氏玉環之異，于公容駟之兆，莫不由微徵顯，在廢知興。凡庶倏躍爲公族，寒畯致數乎偉閥，于是珍之斯珠玉，昭其異產愛之，則蘭桂比其寧馨矣。吾友九鼎石子，孕質苞鱗，秉器瑚璉。世擅煮海，陋斗君之祿入；利取梓漆，同上善之不貪。乃能遺割穢垢，安守清真。書卷香鑪，揖古人而邃往。竹几茗碗，邀良侶以藏修。年劭志壯，質美文嫻。雖等淹乎逢掖，業望高夫名位。褚季在賤，朝士共習嘉聞。王符未通，顯貴雅消其驕倨，比之吾黨洵矣。後來之彥列之文會，允爲社壇之光。九鼎重念早孤，眷言慈慶，欲仰體夫貽燕圖廣孝于含飴。堂構縈懷，弓裘思託。析薪負荷，先後期得。其人美播，克獲式穀，惟求其似諧爾。伉儷臻此，和調懂焉。設帨忻，覿懸

弧，升西加命名之制，月辰有循首之禮。接筵累款，客不慚夫誤麞。相骨視啼，兒自類夫墮虎。夫龍蛇必生山澤，松柏不樹培塿。物茂流長，豈無發祥之自？蜚聲拓業，必有啓佑之先。是兒之生，占其必貴。寧同陶杜之子，徒覓棗梨而塗《詩》《書》。鄭卜之後，但講畜牧而明周髀哉。昔鄧禹多子，技止工乎一藝。陸生暮齡，食徒資于千金。揆夫世德，尚其遠軼。至其萬石淵源，苞崇繼盛。父取同物，子邁出藍。君家崛起之隆，吾于人事是卜。爲叙見聞，以當酬對。

希驥鳴引

友人許君信，名播海內。海內讀君信詩文，推服以爲古人。不知君信淹蹇薄宦，浮沉長安陌上也。一日感會，公賦驥詩若干，援筆酬和，題曰《希驥鳴》。總之，感運命，歎厄窮，借櫪皂衡軛之遭，以寄其牢騷不平之意。且不自驥而附之，曰："希其有而不居，與夫用而不盡。用之隱憾宛然，形于篇什，于義則賦之屬，于旨則怨之流也。"讀之令人扼腕。余則以驥之異於凡馬者，非以遇也，政在體骨間辯耳。如以遇則玉勒錦韉，何獨無駑駘？倘繪之圖像，鑄之紫闥，贊御圉長，皆笑之矣。惟夫服鹽駕鼓，而一段躡風逐電之逸氣不能掩没。于是方歂輩始取而剪拂，調輯之脣吻跩踦神變俱呈，即不玉勒錦韉，獨不千里乎！故具在，即千里在矣。故凡馬不能希驥，希驥者亦驥也。貢之天閑，試之康衢，與郤之使糞、驥之遭時不同，其所以驥有二乎哉！君信即位不配才，而薦紳亡無推轂重之者，其亦在天閑、康衢間矣。惟日閑走阪歷塊之具，以傾都人士之觀，益知吾黨無中駟耳。

賀劉太母百歲壽序

雷太夫人，余同年劉爾聲王母也。余與爾聲盈盈隔一帶水，凤聞渭上有劉君，文學品望卓然軼流輩，竊嚮慕之。辰歲，得附驥尾，列世講籍，厚幸爾聲除大行承命，便道抵里稱觴，爲王母壽，澂名公巨卿及同籍兄弟諸文，闡揚聖善意惓惓。謂所重有在，而謬以文屬余。豈以余知爾聲，遂以知其王母哉！竊念人壽百年，瑞矣，奇矣！然田畂中間一值之百歲人童顏鶴髮，能訓子孫以學廣才，以志成名！抑更奇矣。然古賢媛率能之，惟是廖氏以餌沙瀋，過百，壽永而不知其德；應嫗陶姥育後最著，有德而不知其年。太夫人兼之，洵足慶矣。當太夫人爲婦時，輒安心縞素，性不喜濃郁。佐夫子，勤施予，急患難，婚喪未舉者助之，饑寒待火者給之。垂白就孫舍，起居裙褕匕箸，皆爾聲夫婦朝夕之。比時豈覬爾聲今日哉！安爾聲之孝，即菽水皆鼎烹也。或者謂爾聲簪紱，榮旋張錦，筵集賓客，親串叙進，珠履滿階，烹包炙燔，登俎陳鼎，以娱其口，獨飫然嚼乎？余曰：“否。”玉管朱絃，寶瑟豔舞，歌南山，擊西缶，以娱其耳，獨煐然聽乎？余曰：“否。”離裾垂髻，蹦躃蹁躚，麗陽阿，巧絳樹，以娱其目，獨凝然盼乎？余曰：“否。”翠翹霞褕，烟綃霧縠，間以火齊木難，飾以車渠瑎瑁，以娱其體，獨欣然御乎？余曰：“否。”太夫人貽厥孫謀，以燕翼其子，訓誠嚴而督課勤，惟恐以驕侈隳子孫之志。豈屑庸心於口體耳目間耶？夫全于天者不資于人，宅于澹者不逸于靡，獨是爾聲好學篤行，恂恂善下。其譽赫然，其心沖然，與太夫人質素之風曾無少渝，特此足以壽太夫人矣。堂上耆顏，不啻喜矣。人但知以區區娱樂之事爲壽，具不知流鴻樹駿無形之壽爲壽。更

大謂壽以爾聲之人可也，非但有以科第之爾聲也。不然世之衣紫垂組，羅珍饌玉，洗雽以祝白髮者豈少哉？古稱能養王母素密靈詡最著，此其傳在爲素靈之王母者乎！抑在能使王母傳者乎！爾聲其持來子言示里人，將無曰余所勖望者，即其致慶者也。

壽宋愼吾太翁初度序

不佞與一衷兄交在十年前，是時一衷劭年，已爲名諸生。其下帷攻苦，訪師就學，役裯諸士無踰之者。無何，舉于鄉，一再上春官，遂登高第，是爲今歲丙辰。不佞濫與焉，相對喜慰，不但同籍兄弟之好而已。每爲一衷言，士固有好學而難希大物者，未有不學而攫得大物者。乃一衷則云：吾非能自知學也，夫有所受之也。不肖有親實以文而兼師，自吾佩父訓而寢興無失時，而經義無留難，而朋比無淫溺，而課藝無疏曠。蓋吾父所不能以其身得之科名者，而盡欲責效于子。由今而憶其偶旅結腳之用，其所合制應時不大軼于矩矱者，父之教也。非獨不肖郡多士，即侁侁無不稱爲宋愼吾先生云。余聞之喟然。微一衷無以竟翁志，微翁無以成一衷學。士患不學，即學而患不力耳。有宿學如翁，能以學。學子如翁輒有能發明，承其學之子如翁，而不旋踵而食其報者。翁今年纔周花甲，以歲例入成均，海內且共知桑榆之收，不徒以身而以子。又詫覿翁春秋尚健，里選召對不愧公孫、鄭康諸人，真所稱鴻漸之羽困于泥淖也者。益信儒習之有益，而篤學之必償。庶幾播穫響答，理自不爽，而尋常尤人諉命之謬說可立破矣。一衷除南樂令，休假抵里，備甘毳上壽，邀翁一顧之歡，而諄諄以言屬不佞。復意謂故交世講莫余若，而翁之歡實不在備

物侈遇而已。余笑語一衷：兄當以循良大業赫燁宇宙，尊所知，行所聞，以顯其學。彤史採錄，貤恩襃揚，旦夕間事，何俟鄙言重耶？顧不佞頑愚人也，不知學而向學稡翁父子勤毖之學，志其榮何如先闡其苦！諺曰：不跣足，何韡肉？歸視余言，翁必色愉，曰：「吾今而知吾學之大暢也！」其已奮者學難誣也，其未奮者學可俟也。一編所貽遠矣。」輾然引滿進堂上觴，蓋一衷之弟與子俱偉器知學！

充閭慶言引

考自蘭熊徵夢，《芣苢》播咏。升房循首，禮重其儀。毓鳳胎珠，世珍厥類。矧韋平世族，不墜箕裘之胤；于應陰福，必獲簪紱之賢者哉！邑侯震潛雷公，以畿内名家。領南宮上第，撫茲池陽。秦民齊歌來暮，崇右文教多士，倚爲導師。香閨肇祥，仲男嗣舉。月值小春，光發滿室。不坼不嗢，卜此兒之必貴；視啼視手，覘異兆之非凡。宰茲土者，既多赤子懷保之恩。慶此事者，遂體父母愛子之意。繪圖賡韻，詳闡遠期。欲繁繩振之脈，取義比于椒聊；更祈負荷之能，克肖望夫式穀。彌月獻頌，巾履充閭。尊酒盈觴，瓊玉入望。展閲斐亹諸什，益習忼躍群情矣。

蟠桃記小引

傳奇無論北南，總之要有關于風化。風化之轉移，可使導鬱消鄙屏淫，思動烈腸，嘻笑悲啼之間感人最速，而不知所以至其轉移之大者，尤無過於使人興孝。士君子日取愚民，諄諄訓之曰汝如何孝親。民未必從。倘彼目覩孝子孺慕真愛舞斑上食之狀，未有不愧悔易慮，歸而依戀其親者也。肖白王長公抱跱弛之才，

弱冠甲第里居，日久致孝于尊甫衷白先生者，無所不至。欲值初度家慶，歌咏佐歡，遂有此記。中間博搜邊引，證事于玄渺之鄉，訪迹于六合之表。乍閱之，似言大境恢矣。細味其旨，即鮎背兒齒，瓊宮貝闕，鱗脯鳳髓，金液玉漿，猶未足以馨。孝子祈祝薦獻之心壓場，聚觀之衆試聆音審由，絜情比類，悚然動無窮之思，必退而修有限之養。頃刻轉移，裨益世教多矣。善觀此劇者，可視爲隨地岡陵，尋常日月，杖底蓬壺，亦可視爲闔闔廣孝歌耳。推此即肖白之于倫于鄉可味也。

贈少伯馮君擢密鎮憲副序 代

遼、薊、密諸邊，以次聯布如輔車，而密更逼近京陵，相距纔數舍地，其捍拒諸要害。若虜匹騎闌入，即於《司馬法》自遼酉瘦逞，密始汹汹，慮不靖。縣官念左臂勢重，遂議征兵益餉，部署健兒伙飛於内地，多設斥堠警備烽燧，以破彼族類陰結之詭謀。蓋喜峰古北間凛凛，有嚮導之憂矣。馮君由吾農部督餉於遼，期滿，當事者嘉其勞，顯擢今秩。夫以餉視兵所需固殷，以遼視密地似少緩。然余以君之在遼，而覘其才諝器識，不惟隨往攸宜，尋當別建殊猷也。當撫順、清河諸處屠没，將士精銳幾盡。居者遠逋，行者卻步。其去似脱，其來如曳，畏途亡地不保。斯須此時不有履萬仞如平地，目白龍如蝘蜓之膽力，其不傾且靡者罕矣。嗟乎！士而至傾且靡也，尚何所不至哉！君能身膺孤塞，綜覈絜量，穆如坦如，不躁不激。處之三年，無改其度，此其才諝器識顧可測耶！夫見大形而不爲大者，其中有大於大者在。據危域而不知危者，其中有至安者在。故精奪色變，每生之弱衷也。神閑氣定，德人之決志也。持此可以固圉禦侮，可以運籌折衝，可以

來陽伯文集

卷三

一順逆得失之境，可以鎮嚻呶疑撼之勢，治餉治兵併而出之矣。馮君勉旃。昔條侯得劇孟如得敵國，今國家拔一良邊臣，即舉社稷生靈畀之以爲籬蔽。異日戮封豕，復侵疆，功成飲至，取叛酋血釁鼓。人共羨寧靜致遠者，從余農部興也。余亦分榮已哉！

題張鉅卿詩草引

來陽伯曰：近時稱詩者衆，廊廟山林各騁其鬱，極其念不創出新句，抗爲新聲，即非近時詩人之詩。試揆之古法，其溫然之光，悠然之韻，十不得一二肖也。彼固以爲不必肖，肖即窠臼，然而求肖之政難矣！肖古人詩，詎徒在字句間比擬耶？離字句間比擬，即可謂好詩耶甚矣。眼前稱詩者之誤欲不可一世，而不知陰爲末世風氣所囿，不自知也。夫晚唐人豈自知其流爲衰世之音哉！嗟嗟！吾不忍終言之矣。吾友廣陵張鉅卿耽詩，先後刻詩數種，變化日新，進益彌量。顧其色澤聲氣，則步趨古人，而不敢爲近時詩人之詩者。夫必頫首下古人，而後可議超越古人。必實知古人詩不可及處何在，而後能堅意不從。今人試蒐古人詩紬繹焉，恣其所好而師之。履危爲高、臨淵爲深之病，吾知免矣。與鉅卿共訂趣向。

奉賀九如徐君榮擢東協副戎序

徐爲檀望族，文武著聲者繩繼不絶，而於隆萬之際尤盛。自余儲鎮延，見諸薦紳士大夫，問窮邊疾苦。而恕藏徐公以醦使暫沐里中，里中稱文獻并恢恢具經緯才品者必歸焉。一再晤語豐年玉，荒年穀，併儲互出，幾不可測。迨談及遼事，輒慼額抵掌，籌水陸之運如列眉，歟戰守失，策有預算。蓋自恕藏公以奉差便道省

觀，遼瀋變遂起。當事者益思大用，以竟其量數趣之東。公雖徘徊子，舍不能辭也。九如君即其猶子，少承家學，攻書史爲名諸生，迫於承襲，易柔翰而兜鍪，遂唾手曰：“大丈夫武則武耳。”雀印龍旂大纛高翚，豈異人任哉！矢志清敏，積有勞勳。由千夫長而守而游而參，凡數擢，薦書屢數十，大司馬以下皆習其超卓絕倫。念雲中缺副戎，署君往制撫。念薊門羽急，既爲遼左後勁。又滿明諸酋乘虛要挾，不可旦夕乏熊羆之將，即疏留薊之東協，領副戎秩如故。命下之日，要地屹然樹一長城矣。君既慷慨殉封疆，威名漸著於邊圉，舍通津以置之大同，毋亦曰：“擇封疆之急且重者，試其剸割耳。”無何，而選擇于喜峰白羊之間，其地則京陵之阨嗌。其材官蹶張，烽燧馬步之卒，蜂擁麻沸。其上承憲檄，則賜劍賜履，控九邊加九錫之元勳。其顧褆厥職，則十乘擁衛，諸路秉成之貳師，君之遇合奇矣，眷注渥矣，責任鉅矣！然余料九如必能辦此，詎惟辦此，將進而殲巨兇，還侵地，封狼居胥，以大築京觀，三辰復轉，鐘簴無虞，恒有望焉。何以知之？亦遡其陲手，欲殉封疆，并聞居通津時建竪知之耳。通繁郵之最區邇，不但疲，且仆矣。輪蹄馱運於遼者，追呼催勒盡倚之衛所。其總責獨專屬，君聞其轔轔滾滾者，無蹄於途也。此非具圓融應變之才，烏能勝任。以迄今日，乃余覿君形貌益渾然莊，凝然質，沖然善下。按之密以辦弛張自如，雍容符禮，古樂武、叔向之流也。一時當路推敲摸索，畀萬鈞之重，權其軒輊而使之，荷其見灼矣。君已受命視事，通之舊屬守備，茅國英等感恩慶遇丐，不佞一言爲贈。余，鉛槧士也。何知鈐韜？抑撮其語曰：“人處世一切樹立由此志始，君有其志矣。左之右之，何適不可？試質之君家大阮，其首肯斯言否？”

太宰王三渠先生集序

先生在武廟世廟時稱館閣名臣，其纂修典訓與立朝大節，如不阿分宜申救，李尚書默、楊忠愍繼盛，並居鄉，端醇撝謙之德，鄉先達楊晴川、王薇田兩公《志》《狀》中筆之詳矣。諸臺使前後薦揚疏，語甚具矣。日久論定，易名褒幽，是在當事鉅公，非不佞復所敢論。獨憒論先生之文。當先生蜚聲詞苑，受知聖明，其鴻章寶録既藏之金匱不可覩，即一切對揚應制諸作，合充篋笥，今率不復多存。茲刻若干卷，則先生嫡孫光禄君紹貞從四十餘年後，搜獲其什一者。復讀之，喟然歎曰：“偉哉！從先生之著作，可仰窺先生之氣量，益知命世元老筆底自有本然色澤溢于渾質中也。”夫繁音靡曲不可奏之郊廟，金碧綺錯不可位之清秘。故端冕而媟嬻其言，威儀喪矣。雅席而傾詖其態，觀聽厭矣。先生振起蕭皇文盛之世，作者方浸浸雕樸刓方，泛爛旁肆，乃獨穆然。莊守先軌，屏黜豪戹。爲詩諸體清真爽亮，歸本三唐；爲文諸體發揚持重，模述韓歐。大都根柢于六經，而斥絶非聖之書。範騁于通莊，而杜塞衺僻之徑。不屑炫飾，自不枯澀，不必比擬，自吻規度。蓋仁義道德之人，出仁義道德之言。性生習慣，表裏同符，其可見者流之爲聲，而其不可見者，則與星辰河嶽共懸于色相之表，非語言文字能罄竭也。先儒有云：君子德行成而容不知，聞識博而辭不爭，知慮微達而能不愚昧。此或者可仿佛先生之形似乎。先生，關中著姓，自江涯翁，并先生父子甲第，子孫親族簪紱蟬聯，振振未艾，議者謂先生耆碩鼎望，卓爍詞林，沮于權嵩宜相，而未相爲不究厥用。今光禄君好修慕義醇，謹悃誠上遡祖武無斁善貽，更服先生垂教，嚴明德遠矣。

南玭社六子詩序

　　華下有三巨族，曰王，曰東，曰郭，代有通人勳庸，文彩輝映。關輔六子者，皆其子若孫也。余每過其地，諸友朋必設琴尊以待，沿泉尋竹，登閣看山，塵顔不浣而净。六子在焉，時已劭年雅尚，馳譽儒林，翩翩九苞之羽，歷塊之蹄矣。相別五年，歸得重晤，則諸君才名益振，爲詩甚力。感時傷往，春晝寒宵，輒筆之詩。其城南一帶奇巒幽壑，陳迹遺事，訪焉標焉，託好閒而得趣。遠似山川，與人互相啓發，諸君於此道不窮境，躋巔如攀鐵絙，眺明星諸峰不止也。海内結詩社者衆矣，聚散參差情僞，更貿覺感激態新，久要誼寡。諸君同里世交，業能于尋常巨族，後傳其編素之貽，倘更于編素中推其契合之。自壇盟常在砥礪罔渝，即詩人性命之正旨寓是矣。余昔讀《中興間氣》《河嶽英靈》《唐詩正音》諸選，雖出一家意見，然服古人去取之嚴，要欲力黜蹈襲，不乖風雅，遂悟詩不在多，亦深於造徑，精於研思，斯善耳，綴之，與吾黨共勉。

　　　　　　　　　　　　　　　來陽伯文集卷三終

來陽伯文集卷之四

明三原　來復陽伯 著　　　　　邑後學　李錫齡 校刊

志　銘

明贈奉政大夫陝西西安府同知伍翁暨配龔宜人余孺人合葬墓志銘

　　自余數年前悉郡丞伍公賢，丁巳轉餉里居，公穆然造焉。廣額豐下，談秦地利病，無不中解已。愀然曰：“憶！母氏先余父棄孤也，地下之文有待也。今父歿且逾紀矣，壙石一片缺如也。敢以請吾子。”則出兩最褒贈之綸，與閩泉司理之紀珉縉紳者以示，來子歎曰：“有是哉，公之能官也，優于泉胡秦之艱已。”則出其手狀尊人封翁之實行，視之，來子益歎曰：“有是哉，公之閩秦皆宜也。”其真誠廉敏，受之有自爾。翁誠長者，復雖不文，其敢過辭不圖託長者以不朽乎！《狀》稱：伍故舊族，原籍江西安福，元有調長沙萬戶者，遂居楚之龍陽。洪武二十二年，諱德興者以征南功，實授總旗，留守黔安莊衛，因家焉。至翁大

父銓舉明經，爲州佐。翁父麊爲諸生，伍始易武而文。翁生輒聰穎，十六補博士弟子，與伯兄孝廉齊名，屢試失利，不堪其掩抑，遂託興遠游，搜奇歷境，以舒憤滿牢騷之氣。又善治生，歲給困窋之數漆，梓梗楠從遠而至，必辨豫。痛母早殁，養其父與繼母余，朝夕上食，潹灡日增。父嘗戒之曰："汝以儒而備物孝也，如不節之嗟何？"翁跪泣曰："大人第安之，兒願以其吾母。"不待者畢致之，兩尊人無憾也。繼母余大悅，視如已生。翁既足迹遍疆域，意所欲市，不憚走連嶁列垟之區。念兩尊人老，則挺身跋夷箐貨美杉二具，具可金百，里中豪有力者欲之求倍直易一，竟不可得。曰："吾留以函繼母余如吾母也。"余無出，撫其姊女眤，及卒遺匲，悉以貽女葬余。卜兆祖阡，阡地多石，常苦鑿。翁籲天請使吾母厝石上，子心奚忍乎？祈以錐試，果三尺許皆土，即壤盡土，始敢從卜。試之傍皆石，惟錐處獨黃壤一隙，僅可容椁，類天成然。守者夜見虎躍隙，衆咸詑孝祥云。翁孝既天性，而居鄉更多義舉。每周恤貧乏，償則讓息，負則焚券。友人某好學而無家，爲置舍處之，終身不責報。衛遞久以夷累，翁不平，出貲佐控，即事中沮，怏怏未已也。里中事有屈者疑者輒向翁求決其點，而扞罔者力譙呵之，人皆憚服。大抵翁性質直而果，故生平不能款曲，遇義即行，事親致孝，居家則作有益有用之事，此抱懿性之概也。若夫率其配龔宜人，備孝于繼慈，爲德于里閈。安莊夫婦，古人儷焉，則質直而充之以學者矣。今郡丞公秉翁成訓，所在媺績流郡國，播朝廷，王言顯揚，兩賁幽壤，即翁掩抑未竟之志，託之遠游，低回而思一遇者，亦可少酬矣。翁諱某字某，生于嘉靖癸巳，卒于萬曆丙午，享年七十有四。宜人生于嘉靖丁酉，卒于萬曆庚寅，享年五十有四，以郡丞公貴贈。今秩子三：長維岳，

增廣生，例授鴻臚，娶吳氏，繼陳氏；次維新，即郡丞公，娶某氏，龔宜人出；三維禎，庠生，娶陳氏，繼劉氏，盧氏出。女二：一適田之敦，一適庠生朱家翰，俱龔宜人出。孫男一：瑞，庠生，娶朱氏，繼程氏。女孫二：一適庠生葉天培，一適庠生詹天常，俱維新出。某年月日合葬城西重陽港高坡祖塋之次。銘曰：

吁嗟！岡宸之野式維黔。狹黔事遠追向禽，青山白水達人心。治生課嗣內行淳，少府振起名駸駸。黻黼章服帝命臨，勒石光阡傳士林。

誥贈奉直大夫四川嘉定州知州雨峰李公元配太宜人羅氏合葬墓志銘

往余未弱冠，課業省會，便習咸寧二李。是時伯奕奕負才名，仲更恬默有深沈之思。已而舉，已而高第，守方城，佐劇郡，尋擢爲司農大夫，是爲余社長維文。維文既先余第，數年余亦振起草間，接袵長安，愉以快也。後先使歸里，維文值內艱，余往弔唁，又愴以悲也，曰：“不穀將啓先子竁與余母合焉。地下之石缺踰一世，猥辱子交歷久，敦密閫媺，以遠俾故而新宜莫如子，子盍圖之。”爲《狀》甚悉。來子卒業，歎曰：“有是哉，李氏之祥在維文也！視其鍾維文者。”《狀》稱：李世爲陝之咸寧縣人，上世祖義，義生允中，允中生郁，郁生深，深生能，能生鼐，配田碩人，生子二，其次公。公諱邦雲，字運高，別號雨峰。少聰穎，受學輒能領略，孝弟寬仁，尤其至性。父賈，朝夕荷重幣趨市，手皸足繭，不言瘁家，遂駸充。母田寢疾，憂形于色，痰噲虞梗，口吸而出之。事後母如母，曲承志意。是時公已善賈，則多獻橐中裝爲壽歡母，以歡其父。尊人大喜，後母視如離裏矣。敬伯撫弟，

推誠導和，友愛兼盡。常代兄償責，讓産手足，即庾叔褒之扶嬴，王子威之讓弟，方之無愧。素好周人急，絶耻面謾。同賈侣有貿物，給其直者追而予平。貨布精價而粗售，鬻者去，訝曰："誤也。"趣易之撮二端，固長者事也。訓子森嚴，法軌甚設，尤先之身教，話言章服，去辟而衷。每云人生無百年，光陰郤有千年是非，諸子受而師之，尺寸無敢實墜。秦士語文行合者，二李有焉。公所撕之成也，此豈奇嬴之流能辨乎？太宜人歸李時，舅姑、伯姒咸集，食指紛如。然不惜躬操作以備滫瀡，自任厥勞貽姒姊，逸閫以内融融如也，一人則搰搰如也。性不喜晏起，不常御華服，飭米鹽扉，褚無輕殄，兼僮婢務任之，迄老猶爾。若處里閭，族戚愔嫕周至。夫子之行德厚倫，爲善不改其度，咸宜家之助也。耆艾屬纊，三黨皇走盡憯。嗚呼！公晚以好義推予困，顧太宜人蹙頞伯季之家，能權子母蓄積。獨吾子皆儒析箸後知，且益索奈何？太宜人撫慰款曲，君無憂窮，但以有家責子不知所得孰多。天果以善報，錫之綸衮貤恩，赫爗顯被。昔之環堵隆然，閈閎深種厚穫，歷霜露不萎。孝弟仁讓之事，果可爲乎？不可爲乎？公生於嘉靖九年庚寅八月二十三日辰時，卒於萬曆十四年丙戌七月二十二日丑時，享年五十有七。太宜人生於嘉靖十七年戊戌十一月二十九日子時，卒於萬曆四十五年丁巳七月十七日亥時，享年八十，以子貴贈封如制。子三：長香，咸寧縣庠生，娶孫氏，繼王氏，繼何氏，卒。次采，即維文，第黄士俊榜，任户部湖廣司員外郎，所在著政聲，娶何氏，誥封宜人。次季，咸寧縣庠生，娶韓氏，繼張氏，又繼張氏。女三：長適何自勉，卒。次適王廷槐。次殤。孫男子十一人：廷標，府庠生，娶王氏，繼曹氏。建標，娶朱氏。直標、正標，香出。樾庥，娶盧氏，繼張氏。棠庥，娶龐氏。櫰庥，聘朱氏。枏庥，采出。樅庥、橚庥，丁孫，季出。孫女子三人：閏姐，香出；

一適儒士周鼎；一平姐，未字，采出。曾孫男子一人：迎祥，建標出。曾孫女子五人：王女、服姐，廷標出。黑女，建標出。一川姐、惠姐，樾床出。卜萬曆四十六年某月日合葬於杜城之新阡。銘曰：

孰云韋藩？儒行斯存。笄黛匪掩，爰振駰門。版曹崛興，濯濯言言。仙李根永，綿延子孫。

明儒官梅亭梁公暨配碩人王氏合葬墓志銘

論士不在顯、晦、豐、約，其定品則四者中各分其賢不肖。若四者之難處，晦與豐似甚。晦以有所挾而不達，豐以無所審而或蕩，兩者皆易頗之勢也。持頗而端，端斯度，可言士行矣。數十年間，見鄉前輩梅亭梁公。公生於富厚家，豐也，而篤學，可掇科第，然久爲諸生試，輒高等竟不利于闈中。豈非不宜晦而晦者？與夫席累世之貲，輕肥哇淫，濡足少年場自快裂，棄檢柙。既居豐者之常，更加之抱負未伸，佗傺慨憤，聊託豪恣，以舒其悒憂，閔免遁樂，厥流靡究。晦豐雙攖之士，大抵得罪於禮法中智以下，何可勝繩之也？公自幼莊整，擇地而蹈，遠絕敗類，恒默坐一室咿唔。出則邀友刺經醳疑，多所發覆。教子弟嚴而規，每引新息，訓子義爲言。衣必數浣，食無饌味。當家業全盛時，兩兄子聯魁關中。公昆季五人，子侄十餘人，冠履奕舄，盡由儒興，《詩》《書》《禮》《樂》之籍充滿箱棟。伏臘燕享，鼎列鐘懸，侏儒羅綺，笙竽歌舞，諸樂嘈啾雜進，冀公引觴回眄，座客方滔佚不禁。公漠然不動，竟其身終席畢輪之歡，未嘗混御，自謂生平可對衾影。公雖行居，又次而什七身家，秉事尊人，備孝養曲致所欲由，姊姒下逮僕圉，無後言。邑有大賙施，佐公赴義，必首舉梁氏。其慨然捐助，不謀父兄，率公任之也。更好行德，賑

戚急友，折券掩骼，不可枚舉。食指屢百，修葺創造，婚喪租糶，細至鹽酪齏菹之務，必親必辦，如是者二十餘年，所省約可萬計。人妄疑公，若謹幅襒不爲揮霍，必善藏者，顧徐覘公橐如洗也。絕不貽子以產，美產推讓諸昆季。惟諄諄課三子讀，三子遂皆稱名士。父徵仕，翁伯鴻臚公，鹽筴居揚，屢書招公經紀，不獲已。赴至，則督約諸客，益勵儉素，屏絕聲伎，海壖江舶，身先旅苦，洞晰奇贏，孳息屢倍。無何，丁母喪，馳歸，持籌心腹，客以擁重，而縱有儳儳胅篋之事矣。世積巨萬不保鎡緇，五支皆中落。公坐是鬱鬱不得意，然已春秋高矣。少嗜汲冢、拾遺、雜俎、靈怪諸奇書，老而不倦，益好課兒子讀，曰："孺子必償。若翁志屬纊，無他語，但云郭外尚有田頃畝，足給饘粥，使女等帶經而鋤，可以慰矣。"嗚呼！含章以晦，晦且彌光，不僭於豐，不豐何病？公真順命履坦，堅忍寡營之君子耶！夫富者，没人之崇物也，不惟損志而已。故大任甘餓，至聖曲肱。主父激於暮年，孫弘久困泥淖。豪傑崛起尺土，不因下澤紈襲，止可誇羨里門婦孺而已。士窮何害？窮始能自見耳。此自公旨三子，余不佞社友抱才必售無疑。行究公所未暢，余常以此意振之矣。碩人王氏，名家女，結褵後即以孝稱。鷄鳴櫛縰，輒趨省侍。笥饒鈿綺，每郤不御，常著縞素。先僕婢操作燈下，猶刺繡佐讀夫子，既勤苦，益誡之曰："士多以裕惰，惰必洮敗，道也。"雖早殁，而產毓象賢昌祚啓矣。公生於嘉靖丁未九月二十四日亥時，卒於萬曆庚戌九月二十一日巳時，壽六十四歲。碩人生於某年月日，卒於某年月日，生子應培、希淵、應圻，皆廩生。繼張氏，生子應堯。應培娶員氏，希淵娶秦氏，應圻娶孔氏，繼李氏。女三，一適耀州楊孝廉州傑，一適高陵諸生劉某，一幼未聘。孫男子二，鑣，應培出。鑛，應圻出。孫女二，應圻出。應培兄弟合葬公夫婦城北新阡。銘曰：

峨麓綰迤啓佳城，茁茁膏華祥兆生。枕乾趾巽蜿龍精，宅隩據旺抉地靈。三嗣鼎雄餱歲盈，駕螭搴幟雷鍧聲。剖公所藏間闔鳴，胡以質貴才器成。

義官栢亭楊翁暨配張氏墓志銘

原一邑顧賈倍旁邑，賈又多通吳越，諸會日久漸劇，率濫觴于浮淫脆薄。少年輕俠樂其儻蕩易，自便習而安焉。曰："是安能以樸陋俚僿而貽笑耳目間也！"蓋錦襦綺衫漸出街衢，絲履偏諸下及僮孺，然而心術化矣。古聖王成憲齊民，韋藩木楗以儀諸賈，即其人極豐資，曰："如之何？其回於富也。"夫富不據分義詐善狙名，雖連騎鼎食游間自援，古人謂其盜賊而居民間者爾。吾常深厭夫迹樂施心驕倨者，于是樂爲栢亭翁志墓。翁諱其善，字本性，老而鄉人服其德，共稱爲栢亭翁。翁先世陝之咸寧人，國初始徙三原。父復與季父徵，皆業儒。翁遂亦儒已，能儒矣。又以家貧去而爲賈。少年爲下賈處儔侶財輒公，人聞而異之，爭予母錢。常貸有力者，母錢得息千金，不私一緡。有力者死，視其子如有力者。處鄉則爲諸鄉黨居間事，作客則爲諸賈居間事。遇所齟齬，婉語溫顏。不動聲色已解矣。季父老博士，數困于財，翁能迎其意慰之，四弟析箸後，咸與娶婦與資，使爲家。資盡，無以爲家，又與之。蓋數割半橐以贍骨肉，非特分其餘而已。祲歲，縣大夫施粥，翁爲給粥，即亦自捐粟。邑中傳舍官亭仙院佛刹，問其首事修葺，必翁也。未嘗見輕詈一人，低頭入市肆，遇惡人即遠，退讓間觸之，亦不動色，終身不復知有公門西夏之變。溫臺長先生倡義修城，推里中公而才者數人，程工首及翁。已議創石梁，石梁工力艱鉅，難卒。集人爭避匿不敢任，翁毅然曰："此

義舉也，我後更誰前者？”朝夕赴約，束量儲計役老無毫，至當路高其義，旌之冠服。石梁竣矣，將樹欄置表，而翁臥疾。疾革，屬其子終事其母，以予一人責，而令予不得逭于九原也。小子，翁之忠厚敏慎，勇于爲善有若此。翁生于嘉靖丙戌正月初五日，卒于萬曆壬寅閏二月二十日，得壽七十有七。翁配張氏貞淑，有婦德，始佐翁貧，已佐翁饒，以至白首，生于嘉靖丁酉五月初二日，卒于萬曆庚子四月十八日，得壽六十有四。子一：方升，司掾，娶雒氏，卒，繼王氏。女二：一適朱璽，一適姚廷鳳，俱先卒。孫女四：尚幼。翁卒之次年十一月二十日，其子合葬翁夫婦城北新塋祖位。悲夫！方升之謁余也，曰：“其使後世知楊氏之有先君也。楊氏上世皆積善，世無顯者，至翁而善著，又能自居善居，斯蓄，蓄斯泄，翁之後其昌矣乎！”銘之以俟其子孫。銘曰：

抱質而始，抱質而終。耽耽嗜義，近公忠辟。咎遠惡近，有容解紛。拯厄泯俠，名驅石架。墾輿梁成，問誰勸爾。温先生孤，墳背皁龍。勢蟠中有，夫婦名鹿。門以貽嗣，世淵源惇。

孔母胡碩人墓志銘

余蓋少以長沙守晴山先生，知壽山胡公。壽山公者，晴山先生弟也。公愛其女，思得令婿。是時戚黨有壽岡孔公者，虎顙豐背，面澤晢，望之若玉，更善屬文。壽山公見之，喜親定姻，好事不再議。于是碩人歸孔云。碩人既出望族，而性更貞恬。孔氏姑老遲婦至，則叢委内政爲孔虞者，咸曰：婦居驕襲，温出無辨也。持柔而張，不可理也。政其賈乎！碩人與政後，勤苦勞瘁躬儉約，率下以星作以星息，即臧獲便衣，悉倂手紉，姑忻然安之。而昔所爲爲孔虞者，轉相慶賢婦矣。會翁疾，喝中夜數十飲，碩人數十供。壽

岡公有兄弟二，一早世，碩人使子祀。一留滯滇南萬里外，兒女婚嫁悉倚壽岡公，碩人陰厚其匭，溥于己出。壽岡公爲博士弟子有聲，食縣官餼，旦夕扃户，綴茸本業，則碩人勸勉之也。産不中人，而經蠹緒舉不至乏絶，則碩人外預之也。諸兒斤斤毋敢軼間，則碩人代督之也。嗣是壽岡公聲譽隆起，傲睨一時，期功名即致，竟厄于數奇，積歲月始僅以歲例充國學生。思少報碩人，乃未之官，卒。碩人尋亦卒，蓋先後不踰半紀也。悲哉！余傷碩人少佚，胡而能勞苦。孔頭白而漸佚，而弗獲一日安也。是竟以勞苦終也！天靳之矣！天靳之矣！碩人生于嘉靖辛卯十月二十日，卒于萬曆戊子五月二十二日，得壽五十有八。丈夫子四：宗魯，生員，殤。東魯，巡檢。生魯、肖魯即出祀者。女二：一適仇學易，一適生員王牧。孫男五，敏教，東魯出。懋愿、慎悠，生魯出。東魯兄弟將以某月日葬碩人新阡，與壽岡公合。銘曰：

磽确之墾，需逢年也。載殫其疲，彼美矯矯。振爾纓綦，胡窺大乎。尾虎而身貍，爲曾霄翮鍛。終罹其蠚，數傳而降。夫其鬱靈朽枯，以俟勃發。

明師母党碩人墓志銘 代家君

往耆隱南庄公卒，及葬，總憲温公爲《志》，余不佞爲《表》，一納幽宫，一竪墓道，竣矣。越三年，南庄公配党碩人卒。又三年，碩人二子鳴鳳、鳴鵬謀葬碩人與南庄公合，而以碩人季孫諸生舜《狀》來丐余《志》，匍匐請曰：“先君子既以徼惠先生，以一言貽不朽，忍獨没吾慈君耶！嚮者，先生所褒稱先君子家居者誰佐之，種種義施誰成之，而不肖顧敢有忘，使先生無抉微之文。”蓋余《表》南庄公篇中故有“老而家居，積息猶巨萬，博施不恡

于捐金輸粟"諸語，津津丈夫之，乃今而知其爲碩人内相力也。是既已知碩人矣，曷可辭？按《狀》，碩人原邑處士進舟女，母王氏，以正德某年月日生。碩人性勤共慈慧，善女紅，然絶不喜濃豔。南庄公從下賈起，少時貸人微貲，往來吳越間，家不能儲擔石。碩人循循師氏婦，澣洗紉織竭餘力，朝夕爨不給，則脱簪珥繼之，無怨言。姑某病痼，諸婦率以久懈，碩人日侍湯藥惟謹。既姑氏聚其家衆與訣，獨目眴碩人，婦當有陰報，其近在爾身及爾子孫乎？嗣是碩人身家秉，南庄公積亦漸饒，方縱觀貨情以收三倍，不遑爲内顧。而碩人慰之曰："其以盡埤遺我，毋以累夫子千里外。"二子修業，期益恢拓父志。南庄公南則與俱南，或授公指畫驅馳，積歲一歸。而碩人慰之曰："其毋苦離索我，而以我累父千里外，中間理繁應卒，以一身當夫，即一人當父。"碩人蓋兩優之矣。既南庄公罷賈，偉然巨富。碩人郤綺縠潝灂，身布素粗糲，爲諸子婦先。時復短衣橐饘，冀無忘少時茹苦。蓋六十餘年而志無少渝也。固知碩人非止僅僅堅忍于窮窶時，亦其厭薄濃艷，性之所植有由然已。碩人以萬曆戊戌九月初六日卒，得壽八十有三，厥後繁衍已以先載不具。來子曰：人言恬澹乃以尊生，且盈犯忌抑胎福。以碩人觀，理信有之，亦姑氏臨訣之言至此而驗也。銘曰：

嗟哉！碩人瘁其身而身永，約其身而身豐。相厥夫子，以迄令終。皓首暫暝，而即偕游乎冥濛如此，復奚恫。

段處士暨配王碩人合葬墓志銘

段處士者，涇陽縣東里人也。國初有諱文賓者生佑，佑生本，本生封君、惟玘。惟玘生纖，即處士父。君生無兄弟，父最憐愛。

乃弱冠即善病，病即不能讀書操筆，父患之。無何，失血卒，遺二女，無子。卒將十年，而其配王碩人謀以從兄之子可信爲後，又十餘年而王碩人亦卒。卒二十一年，而可信啓君夫婦輤合葬焉。按可信之生後君卒日九年，始王碩人哭君過毀，意欲殉君地下矣。人勸以有翁姑、二女，又遺孕，烏可死。是時，垂白之養，弱息之撫育，段氏如綫之緒，碩人一身係之。已就産，竟亦女。翁姑後先去養。碩人則自念即死義易耳，後吾兩人櫬誰收者，遂堅志，撫可信成，中間委曲督課，不爲婦人姑息。竟賴是子夫婦得就安土，識局遠矣。《狀》稱：碩人静莊而慧，寡居，謝鉛華，不履户外，理家井然。入有稽，出有辨，或者少得之處士之指畫耶。可信與余友善，肫肫儒雅，自青雲器，常追歎曰："吾以今日思吾母，以吾母思吾父。"而自君夫婦卒後迄今，可信從兄弟用儒發迹者兩人，行將以可信而三也。段氏之旅日著，君夫婦其瞑矣。夫君生于嘉靖甲辰二月十二日，卒于嘉靖甲子九月二十一日，得年二十一歲。碩人生于嘉靖乙巳十一月十七日，卒于萬曆丁亥五月二十五日，得年四十三歲。子一：即可信，諸生，娶姜氏。女三：一適諸生魏恩光，一適全復初，一適國學生都思第。葬期爲萬曆丁未十月二十五日。來子曰：余常歷歷聞見有子孫滿前，没而戮屍淺土，數十年不克舉者，亦有數十年始舉而不能成禮者。處士不識子《狀》何似？而卒乃獲食式穀之報。貞婦同穴，孝嗣撫柩。弱冠而死，胡不可哉！銘曰：

奚憾其折，奠祀匪絶。胡悼不揚，有子則良。祖塋之傍，永綏永藏。逝者如斯，陸椺湖桑。更數世後，誰壽誰殤？

處士張公夫婦合葬墓志銘

先司馬不輕推親故，獨重其季舅賢，謂公也。公卒，先司馬哭，而《志》之詳矣。迄今幾二十年，其配王溫卒，子肇啟公墓合葬焉，乞余銘。來子曰："余觀先司馬文，與親見公夫婦起家終始，而知樸素之貽者遠也。"余鄉多賈，賈多任狡，公獨任誠。狡者率鮮衣甘食，負子錢，家相與俱敗。公終身約嗇不敢少侈，踰涯分而竟隆居積，遺子以安。他賈之婦好服飾相矜，至累其夫，負人母錢以敗，眼中皆是也。公配由窘而豐，豐如窘也。白首敝裙蒿簪，與不如己者立，不恥也。手袵穿作，糜量口算，不使粒餘，旦夕揭揭然。其子念饒裕，母當安坐。每從吳越市綺紈首飾，歲進金帛，恣母用，疊笥中不御，曰："吾夫婦今之視昔何如？且吾事樸夫數十年不如此者，非張季公妻也。"里婦聞而笑之，已而敬，已而媿，至不敢衣錦并立，毋論子婦若孫師其家風矣。余嘗覘人家內外政，而知其興廢。其興廢也，夫婦之心性作為若出于一。豈心性作為亦天配之者哉？家庭密邇，耳目習熟，故歲月化焉。以至立者若扶，仆者若傾，各處不返之勢，其初亦未必相判絕異狀也。故齊家貴慎始，而君子重刑。于余見公時，公耄矣，口無溢辭，不知虛詐為何物，不知世間有富而驕奢之事。太古直道之民也，直則真，真則動。公以成婦，婦以成其子婦若孫，家基衍拓，不培自固，豈無自與？故余于公夫婦而知樸素之貽者遠也。先司馬極稱公敦戚感恩，絕無私橐，期不負余王父之託，謂獨見公一人。是時與公比肩，受事者尚多也。十餘年間，鼠竄獸奔，淪喪略盡。來氏三世之祚竇墜于今，使不侫身丁其變，人猶其人，末路倏異。先司馬覩此感愴，可知即益當敬禮公耳。公世系生卒詳前《志》，

媪生于嘉靖己丑正月初四日，卒于萬曆庚戌十一月十三日，得壽八十二歲。子一：即鞏，藩司掾，娶潘氏，繼李氏、潘氏。女一：適壽官侯之翰，卒。孫二：桂芳、桂芬。孫女一：孝姐，幼。葬期爲辛亥十一月二十五日。銘曰：

冀耦耕鹿門窮。梁孟播遷而賃舂。萊婦言善，亦以困終。何如身隱，得贍餘年。雖云贍年，不殄于天。以制戒淫，以止防忽。無競于豪，無踵其悔。素質之外，以還真宰。嗣也恪如，共命不改。欣欣老魂，世祀靡餒。西阡土封，入望磊巍。數武蒽芋，司馬域在。

明處士豐泉王公暨配碩人張氏墓志銘

豐泉公暨配張碩人者，不肖復外祖父母也。先安人棄世時，復甫四歲，弟臨未彌月，乃張碩人已先先安人五歲卒。公既傷先安人早卒，每來撫余，輒又及張碩人，泣下。復亦往來外家倚公無異，視先大父碧澗先生也。先司馬家居時，又喪。余繼慈張不欲通婚他姓，納禮公季女。公慨然應之曰：“吾以吾兩外孫故。”是時復漸長，臨亦未幾受室矣。已而又喪，是爲余三繼慈，先司馬痛甚，迄仕無再娶意。不肖內强，先司馬外强。公復納禮公少女，公始難之。既歎曰：“吾猶以吾兩外孫與兩孫婦。”故少女又歸先司馬，即余今繼慈，兩受覃恩封安人者也。公出自貴族，自曾祖端毅爲昭代名臣，赫耀國史。祖少參先生與其弟康僖先生同振起，一時纓綬纘承，門户顯盛，鄉人見王氏子孫莫不敬禮。公退然謙下若不自知，且里中諸貴家裔多輕薄，認詞驕恃，門第間則步作怒馬，喧闐過市，人望而知爲某士夫子弟也。公寂處一室，衣貌樸野，與人接口呐呐以默無事。但數入太師塋地，課堙除而已。塋中一切祀祭更造諸舅弟子姓，必首推公，任事爲公，誠且謹也。

少參先生無厚遺，太學君夫婦又棄公早。至伯兄騰霄而蕩析箸日，公不得什一已。又侵其所析貲中恬讓無競，屢安勞辱，同販臨財，處瘠集枯，垂老居約，亦罔攸怨。此皆不肖復二十餘年所覩記者也。乃舅氏《狀》則稱公族人有僦廡舍居者，夫婦暴死，子幼育于外，託二笥人無知者。公俟其子長，指其封識而還之。嗟嗟！此古隱德者之行乎。張碩人亦貴族女，歸公，不及事舅姑，而同公孝事其庶祖母郭。郭嘗謂人曰：“微此子若婦，余幾不能終老。”蓋傷其伯子蕩而安，碩人內養也。嗟哉！賢已賢已！公生於嘉靖丙申二月七日，卒于萬曆癸卯五月二十四日，得壽六十有八。碩人生于嘉靖乙未四月二十六日，卒于隆慶壬寅二月十二日，得年僅三十七。子三：廉，遼左千總，娶孔氏，繼潘氏。章，諸生，娶張氏，張出。奇，禮部儒士，娶李氏，繼潘氏，繼配武出。女五：長，先安人；次適諸生張伋，卒；張出；三四皆余繼慈；一未聘，武出。孫女子五人：三廉出，二奇出。長適邑人張問達，餘未聘。舅氏卜萬曆某年月日之晨良，葬公西郊新域，啓張碩人棺合焉。俾不肖復《銘》其壙。嗚呼！當公少撫余惓惓，至長逮侍公含斂，年滿三十，公之爲不肖復已盡。復之報公未效也。嗟！其頹矣，其又何能銘公矣！銘曰：

名碩肇基，穆穆邦憲。藩垣繼隆，風迹劭遠。影組乘荷，代產國璋。枝跗奕奕，百年以疆。運際式微，光澤中薄。流斬汨瀰，燎絕炎灼。亶惟賢裔，飢貧茹約。完樸不顯，在困靡怍。丑寅之晨，淒霜被野。既殞淑媛，兼奪司馬。公亦遘厄，不逢厥嘏。詎其祺咎，機彌相關。內外胤系，今無興賢。嗟夫！復始尚替，相宅未遷。維此荒埏，卜幽斯固。亦冀冥靈，還伊善祚。

明潛德壽堂張公暨配李碩人合葬墓志銘

余幼從里黨父老覿張公，見其舉止有禮，類儒者。既長，以葭莩數與公言，尋與公長子問美南北相倚，益習公恂謹出自性生。自率爾周旋以至通行飲食，靡不飾貌合情無忒度，且內行淳備婚喪之事，處之秩如也。來子常慨然歎曰：“孰謂張公非儒？實足以愧冒儒名者。”按《狀》，公諱鳳翔，字伯升，壽堂其號，上世郿人，國初有名恒者徙居三原。恒生志，志生舉，舉生樞，樞生佐，號原川公，乃公之父也。當公大父樞以德宿鄉飲賓，至原川公豪于財。歲時從邊鎮稛載如雲，列高居于五父之衢，張氏遂爲邑著姓。公之伯氏鳳翼，又爲名諸生。原川公覩鉛槧業迂苦而已，孑然風雨中不任勞，謂公慎密心計，數呼曰：“兒宜投筆從我，忍令而翁瘁不可支哉！”于是公學將成，廢去，往來于吳楚巴蜀間，爲圭撮輕重之術，事無遺算。少暇則展巾笥中書讀之，評騭古人成敗，儕輩處無少長，咸接以讓，不爲狹邪。沈湎之飲諸儈父，一切譴肆，見公咸嚴重不敢發。同舍有不平事，賴公一言即解。于是儕輩詫之，張公儒也，而胡賈爲常。北游長安，謁顧給事。給事才公，引爲布衣交，坐中從容調疏冤滯如老吏，顧益奇之，欲留。公且議入貲予官，竟不從，逡巡避去，居蜀巫峽。日值趙姓者沒水，貲貨立盡，其人欲自縊。公憫而厚賑之，不責報。後公經其邑，甫逐舟江滸，趙忽遇之，泣謝挽留甚固，艤舟不得渡。公方悵撫間，舟已覆矣。同舟之人無得出者，陰德報應不爽如是。一日旅館感節物，淒索心動，泫然泣下，曰：“小人有母，胡不歸乎？且什一笑，豈我初志則爾耶？”遂輕裝出蜀，抵家拜母，怡怡爲天倫之樂，口不言利，而讀書揖遜如故。居喪骨立，枕塊啜粥，諸儀則悉準。紫陽多延老儒商，可否

鄉黨稱孝焉。配李碩人莊敬塞淵，善事姑御下，閨內儉靜，能佐公
蕭穆，白首相莊，差可比冀缺龐德公夫婦。來子曰：夫禮亦安可已
也。人至戇，不與讓爭，故化競惟禮。諺云：拳不上笑面。善乎。
史遷之言曰：法禮足禮，謂之有方之士。不法禮者不足禮，謂之無
方之民。然則士與民亦何常哉？秦俗粗野，見公矜儀自束，頗非之。
然一遇尊俎獻酬，茫然失措，手足亂營矣。孰知公之恭敬辭讓，所
以養安也乎！嗟嗟！阮嗣宗，塵外士也，產于世族，又見知名主，
以青眼當人。禮法之士便疾之如讎，幾不免于禍。況下此而處末流
之世乎？夫禮安可已也。若公者以之居身處世可矣。公生嘉靖丙午
二月四日，卒萬曆壬子七月十八日，得年六十七歲。始配劉碩人，
繼配即李碩人，生嘉靖癸丑二月二十六日，卒萬曆癸丑五月十七日，
得年六十一歲。子二：長問美，娶庠生李琚女，亡，繼娶遼左千兵
王廉女。次問士，殤，娶雷鳳女。女三：一適段顯，一適儒官梁文
炳，一適庠生田逢時。孫女一：幼，問美出。問美將于某年月日葬
公夫婦，先期請余銘。余既知之素也，敢辭。銘曰：

　　謂而儒而湖海乎相羊，謂而賈而書禮乎扢揚。而卒歲以優游
乎，鄉之人其以而庚桑耶。雖然古人善喻，舌柔齒剛，賈而善競，
其視公藏。

明藩史通衢張公暨配碩人潘氏李氏合葬墓志銘

　　余王母氏張，實公之姑。余先大人弟視公，而公之父與諸父
諸昆季率淪喪無存者，獨公以其季也往來。余來稱故舊，故大人
弟視甚篤。不佞復父之弟視益更謹也。公父沒，大人志，母歿，
不佞志，今又志公夫婦矣。悲乎！曾不出二十年間，吾兩家西郊
之馬鬣纍纍相望也。余重悲先大人與公年何僅僅耶！公故世商也，

其稱藩史，則常援貲，係名未執役云。余目習公素實有可志者。公父既用纖勤起貽資屢千，患不能守，託公于先大人。是時大人尚爲孝廉，然公卻斤斤嗣服纘業，絕不追逐少年聲色之場。無何，稇載日增。無何，門客稟成。無何，廬舍傍拓。人詫此期，期者顧克肖乃爾，而翁有知無患矣。歲必一至吳會，權奇贏不爽，辛苦猛迅，甘下賈所難甘，居積，遂視父貽數倍。門客有負貲者，置之不責償。里族惡少屢欺單弱，要求百出，傍觀爲患，竟靦顏受辱。居恒鍵戶孤處，不畜僕馬，不御綺靡。人或嘲之，搖首不顧，曰：“有家訓在，吾以安吾分也。”來子曰：“余以公行，深感世間創守難全，初終不易一也。”矧闢創基以延緒，守初志無失步，終其身于于休休者哉！其視虛騖徒華，恣情敗轍，不辭貿名犯禁之事，而竟無所獲，反不如韋藩木楗之守舊如公者。豈但種中之稊稗，固已四民之正軌矣。余取其足以風鄉黨之游閑無成者，故志之。公二配皆名家女，能助理家政，先歿，子桂芬啓而與公合焉。公名罿，字爾揚，號通衢。父諱思賢，思賢父諱某，是爲余王母之父。聞張世有淳行，故門祚以漸隆起。余于先大人之稱王母與志公父，與親覯公之居里，狀信其然。公生于某年月日，卒于某年月日，距生得年五十三歲。潘氏生于某年月日，卒于某年月日。李氏生于某年月日，卒于某年月日。子一：即桂芬。孫女二：幼。桂芬能知學，余望其更以儒興以報公，賈之無殄。銘曰：

爾之謀家臧，爾之居德良。年雖不修，而免夭傷。墓近嵯峨之傍，沃衍豐厚，永藏無殃。

文林郎慶雲縣知縣易軒陳公墓志銘

嗟夫！余今顧志公耶。公于先司馬執友也。知公概闡揚公媺，

宜無不佞若忍辭公志耶。憶戊子春，先司馬先公舉四載矣，從主
試者覿公卷，歸語余，今歲邑士首薦，必陳其卷完粹入彀矣。而
是時溫少保先生里居，預策決科，弟子必先公。于是余髫年即習
公名，其年公果舉于鄉。先司馬重公文行，偕計同筆硯，欣然莫
逆。于是余更敬事公無久近一也。公《狀》出其甥石九鼎手，余
社友也。以余所聞，合之《狀》所稱述，當不愧名士而仕者矣。
按《狀》，公諱準，字維則，號易軒，先世慶陽環縣人，弘治初
徙原之西陽里。高祖諱仕銘，曾祖諱相，祖諱在，父諱思恭，母
馬氏。三世皆爲小吏不苟。公生具奇慧，長而軀幹昂藏剛毅之操，
見于顣顧居恒高。自視引名節，自閑志無流輩，與伯兄情俱有名
諸生間，時稱西陽二陳。自公舉于鄉，鄉人無不謂甲第可立獲。
公亦奮然不第不官乃爾，售而皆置乙，見母耄慟哭，曰："天乎
陳生功名止此耶！吾其以吾母屈乎！"遂就選博士玉田，嗒然守
一氈，與文士課藝，志尚不衰。捐俸，葺大成殿廡，賙王生數喪
之葬，贖趙大戶之鬻女。偉然豪舉，絕不爲廣文寒酸態。署篆立
擒殺人賊，解豁誣盜疑獄。當道異之，稍遷鹽山令，玉田士民眷
戀不忍舍。曰：胡不使陳先生即真鹽山，古渤海地，盜藪也，捕
兵又玩。公既善騎射，乃整卒伍，教以決拾擊刺之法。罰嚴賞信，
直搜窮島等綠林之徒于釜魚繁獸，地方靖謐。邑故積負費，敲朴
其積負也，多以摧長擾民與解戶浸牟。故歲解馬，馬圉又率巧販
科派。公備知其狀，一一蠚革，徵額充然完矣，簿書少暇輒進。
諸生問難，詢其科第久缺，爲按形家築補。己酉，公所賞識霍生
舉二載，政績已著，薦剡，竟以質直忤上官意，謫倅歸州。將行，
友人有勸公少貶逐爲巧宦地者，公艴然不悅："吾豈不知巧全直
折然？賦性已定，吾不欲挫吾諸生時志。夫千里馬寧可一蹶債轅，

決不可使之紆盤于碔磨之間。丈夫寧悖時好求，不愧衾影，豈可令面上鬚眉厭人乎？吾志決矣。"單車入楚，徘徊巫雲湘水之境。或乘興朗吟，或邀月共醉，不以遷客鬱我逸氣。無何，還，令慶雲。慶雲比壞鹽山，土俗不殊，士民更習前政，懂得名賢。經過舊治，童叟遮留，溢于道左，無異赤子之重遭父母。公益以實心守官睏民，窮悉民隱，育民子，還民妻，剪民蟊賊，與夫買田給種，興學崇教，頹無不復，精無不憚，政績又大著。福藩就邸，一切橫斂請於上立止，邑人頌德尸祝之。人咸望公成就遠大，益展凤所自負，竟暴殂慶雲官舍。悲乎！兩仕爲令，後之竟不敵前之蹟，即區區百里，尚非若人馳騁地，顧以此考終耶！公卒日，宦橐如洗，廣柳抵家，所識窮乏士皆來哭誄：陳公埴我何厚也！貽子孫何約也！噫！世有居官直且清，不能潤功名與後人，而克周給故交者哉！此氣浩然兩間，何愧矣！公生於某年月日，卒於某年月日，得年五十七歲。元配劉氏，先卒。今將祔兆繼配劉氏副室。劉氏生子二：長貞之，忠義衛鎮撫，有武技，娶孟津知縣周公南女。次孚之，早殤。女三：長適諸生段成錦。次適諸生石鼎玉，即九鼎。三字張自敏。孫女一：朝姐，未字。貞之以萬曆丁巳葬公祖居迤北新阡。銘曰：

士無洿涊履於正，官耻詭隨守彌勁。木直金堅厥賦性，崢崢挺立維公行。是曰儒修靡忝命，愜游九原慶雲令。

梁徵君暨配兩孺人墓志銘

梁故池陽著姓，從明初福讓瓚志廷漢一山，以迄選橡八世，而族滋大稱素封矣。其斌斌以文學雄，則梁仲公始基之也。仲公，選橡仲子，諱文焕，字有章，號松亭。少學于南土，入秦充諸生，即有盛名，屢冠郡士。當是時，自謂功名可叱咤，得乃久困不售，

久之應明經選廷試，與太學試俱高等，名益肆起。長安諸貴人謂
若士也，顧明經已哉，其年其才皆不可量。退居里中十餘載，鄉
之鉅卿握柄憐才而招之仕，竟不仕，故稱徵君云。公性能日記誦
千萬言，經目不忘，更善説義理。屈其儕輩好以酒佐，讀伯仁之
三雅，舜欽之滿引。時復過之電目虎顙，修髯偉幹，視阿堵如飄塵，
厭禮法如桎梏。不矜容，不修郤。失意無悶，匪譃而嘻，次公之狂，
固不可及，實則嗣宗之謹寓于酒德矣。生有佳兒，是爲吾友君旭，
醇行篤學，鄉黨稱孝，承公意旨，闢園築舍，種樹蓄魚，不遠室廬，
而具邱壑幽致。于是公之交，公子之交，亦爲公忘年交，率擇令
晨會飲，吟咏留連，逃俗雅集，庶幾市廛而有岡埌之曠，逍遥之
適矣。公故交先司馬若愚兄弟，則公子之交而謬進爲忘年者。不
佞復第最晚，第後歸沐，常厠公飲。君旭《狀》來，語皆實録。《狀》
又稱公配王清貞，繼配張藹和，值鼎盛而不夸辦，燕游而能節。
老萊不求官彭澤，免憂窮有相之者。來子曰："旨哉，君旭之述
公言也！"曰醇酪養性，人無嫉心。蓋古人身晦志亮，不欲穩仆
伍俗，每寄之杯酌，以消其胸中磊塊，亦無聊而自甘于癖焉耳。
漢梁竦尚薄州郡之職爲徒勞，矧下此卑卑者乎！其頮首而明經仕
也！寧玩世爲山林放也！求見賞于欒下，何如還之嶧陽廣莫之鄉？
嘶悲風于鼓車，何如遂其齕草翹足之性？故仲公雖處人群，而冥
與天游，此虛舟不怒之説也。陶然嗜酒，非始願然。徒目爲酒，
人亦非知公者。公生於嘉靖二十五年四月十七日卯時，歿於萬曆
四十六年十月廿四日亥時，得年七十三。元配王碩人，生於嘉靖
二十七年十二月十七日子時，歿於萬曆十二年正月初二日申時。
繼配張碩人，生於隆慶六年四月十一日巳時，歿於萬曆二十九年
正月十四日丑時。子二：爾升，即君旭，郡諸生，娶馬氏，繼馬氏，

王碩人出。爾壯，娶袁氏。女二：一適師其仁，夭，一適諸生馬天騏，俱張碩人出。孫二：鑾，聘薛氏，爾升出。鎏，爾壯出。孫女二：一歸秦子彥，一歸李可榮，爾升出。合祔祖塋西九十步。銘曰：

　　梁之幽宮，聿興素封。蓄久而散，始用儒興。薦鄉二彥，繼起彌雄。所不試者，以俟大通。

明待贈西臺安翁暨配晁氏梁氏合葬墓志銘

　　附郭西野，枕原環河，鄰錯壤沃，境綿而屋。比士漸先輩醇德，頗稱闤闠詩書。來子卜舍其鄉，款段交陌，炎寒無間，隴畔蹊傍，時與西臺安翁相值。余居既去翁村牛吼地，而翁子我參孝廉先余舉已。結社友善，紳繹揚扢。夷猶藝囿，弘襟皇路，勖價丹霄，歲月遒邁，壯志未替，則於翁暮年起居，纖悉具聞矣。翁單育我參，迨我參學就，翁夫婦耄矣。已失偶而鰥，振步強嗽，促其子公車不第，不完其望。萬曆己未，我參別翁北上。中途奔計，竟成永恨。噫嘻！知子者莫若父。誠有若此，孰意皋魚慟千古同情哉！翁少時從大父販金，又尋從父販醝。大父、父俱亡蜀間關，負骸歸葬，又走蜀。先後四十年，賈屢利鈍，竟用質直簡樸起拓槖千金，繕庀田廬以資其子誦讀。余每覩翁言貌，類黃綺輩人，經歲足不入廛市。耰鉏播耰率有法，厥獲恒倍。均冊之上，農踔特斷，輊弗能及也。若其孝友寬惠，于骨肉朋黨之眾允稱，無擇行，無慆心，蓋得之天性然已。少娶晁，早卒，繼配梁碩人，笄黛而丈夫，其家操作織紝之事，必勤必躬，雨中杵碓，月下流黃，伴其子伊吾不輟。何畫非荻，何苦非熊者由玄鬢而皓髮也。孝廉早選，姆訓居多。賢哉！世稱鹿門并隱貧貽子安，要亦子未可以文顯。若王霸憎子之愚，見友子車服而容慚，史傳嗤之。然揆之人情，山

林遽能等灰冷乎。翁有令子，遠過二賢。生前之遇，乃其樸厚豐偉，食報未竟，可卜我參不久厄也。翁諱國卿，字相之，别號西臺，原邑留坊里人，上世無考。曾祖諱繼臣，生三子：仲明，仲福，仲舉。仲福配王氏，生翁。翁生於嘉靖癸巳年某月某日，卒於萬曆戊午年某月某日，得壽若干歲。我參名三才，舉於庚子科，娶李氏，卒，繼娶茹氏。女二：一適高陵縣繕部郎中王國相，一適本里石泉令馬守元子生員天駿。孫一：居易，茹氏出。孫女一：副室張氏出。營度新阡，宅坎向離，我參所自啓兆云。銘曰：

天命靡戕，嬉游無害。既昌且長，斲圓刓方。世競鋭疾，我履周行。嗣也克彰，有耕必穫。取喻農桑，閟宫相羊。距居不禭，厭飫椒漿。

明敕贈文林郎河南汝州郟縣知縣遷渠張公暨配孺人王氏合葬墓志銘

張在勝國時爲邑著姓。人傳有首義功臣思明，宅峨山艮麓之丁留村，富有田園。其後至永興，始徙居。永興生慕順，慕順生顯，顯生克禮，克禮生繼原，繼原生廣，廣生志和，志和生緒，緒生明揚。明揚，諸生，有學行，生子六人，仲曰三畏，萬曆乙卯舉，無何，卒，公其季也。泰昌天啓之際，例有覃恩，公得貤封，稱郟令，實因其兄三德。子善治，後公而有今日者。善治治郟著循吏迹，遷京秩，與余友厚，持《狀》徵《銘》。余讀竟而益信興孝之應不爽也。當公兄孝廉甫振而萎，父母以哭子眊，家計益落矣。挾薄貲竭蹷荆襄，先絀于佐讀，已絀于粥饘。窘迮無聊，則握兄弟之手而號，期共以食力者食親炊扊，破産勉上，供具洸牏，伺好冀解鬱顔，卒使垂白安養，無虺無戕。此已不可求之，

閭閻間爲子者矣。迨親殁，哀毀躃踊，願以身殉。恨家祚未昌，養生未備也。遂矢斷葷終身。葬之日，負土成墳，架茆成廬，朝夕哭奠墓傍。三年之內，盡戚盡禮，始終不渝。嗟夫！匹夫而躬聖賢通儒之行允，可貫金石格鬼神矣。太守曹楚石先生聞而重之，旌門授餐，以表高風。是時公年已六十有二，即方蔡之感兔褒之回枯，無乃筋力有不逮乎。闋而返舍，制窮思長，所謂大孝孺慕必踐厥志者，與老始覩子鄉薦，喜知于色，諄諄教之。而大父阨於儒，而諸父阨於仕，攻苦續承恢瑣尾之族。上溯鼻祖以滋大，其在小子。居常則訓以守身居官之法，苟取妄扑是戒。郯縣君離奧渫而政，即刀游也，用公之言也。配王碩德內助，佐夫子純孝，處妯娌無忿，容愛嗣子如子，閨媛所難媲。來子曰："孝本性生，性通於天。百物所由以冥動，真宰所由以施祐。率先此道，公殫力庭闈，念所不足榮華憔悴之感衰耳。"墓木未拱，而公之子乃捧朝廷綸綍之光顯，貢於遍灑血淚之墓地。以孝報孝，如桴鼓然。死者有知，當大快重泉矣。公生於嘉靖辛卯六月十二日，卒於萬曆乙巳六月二十五日，得壽七十五歲。王孺人生於嘉靖丁酉十一月初九日，卒於萬曆丙午三月二十三日，得壽六十九歲。男一：即善治，中萬曆癸卯科。東城正兵馬指揮，娶郝汝源女。孫男三：台階娶庠生楊初泰女，紫階聘副使賈克忠女，蘭階尚幼。孫女五：一適孫嗣慶，一適賈允擢，一適秦甲祉，一適陳其仁，一幼未字。兆卜於西南新阡。銘曰：

　　家首和，和敦倫。致厥親，曰體仁。仁之括，祥薦臻。母言孝子貧，其視冠與紳，名史紀嫀千秋存。

來陽伯文集卷之五

明三原　來復陽伯　著　　　　　　邑後學　李錫齡　校刊

碑　文

明奉國中尉朱進父先生暨配馬安人神道碑

　　嗚呼！先生没且葬，而余題其墓道之石曰：有明詩人朱進父先生之墓。不稱爵稱詩人，先生志也。先生雅慕詩人，遂能以詩成名。素不能輕典制而志軼儔伍，常欲自見而不得聊試其長於無用之用，故獨重詩。而人之重先生品亦以是。自先生少好詩，詩中獨好少陵。先後與王京兆子皋、秦太僕仲受、周兵部子大、南太史子興、康明府子秀、張布衣致卿諸名公結社吟咏，關中風雅浸昌。無何，遂有余青藜社，諸王孫詩益著，實先生振起之也。先生季弟季量、從子子斗皆工詩，子仲宗亦工詩，兼工書，少子叔信季通皆能世其家學。而仲宗書法則受之先生。父子師友，其臨池摹仿多在晋唐間，間亦學趙吳興。于是海内咸知志川公之詩與書。志川者，先生別號也。余初晤先生于季量家，覩其集，心

慕好之已。交其諸子侄莫逆，十餘年來款段入省，輒承訪諮，清淡元賞，佐以壺觴，玉樹映坐，風氣邁上，長安轂蹄之塵，一入其廬，不滌自除。然先生雖善下士，卻慎論交。終日杜戶默坐，讀書繙帖，或孤尊獨酌，謹謝訊問。遠近名能文者，苟少恣不檢，亦不輕接也。每教子云："世禄之家患不知學，學矣患不善交，孤處則學不廣，比匪則學皆非。吾以萬卷貽汝富，兼免不學無術之譏。以寡交貽汝安，聊守刻鵠類鶩之誡。"諸子服其訓，率都雅謙退，庶幾萬石君家風。父樊川翁居積擅關右，先生嗣以禮，而家日治。性沈敏，遇事輒悉成敗。有宵人以腴田厚產進者，意在賤售而規爲利，通其長子，長子許諾。先生聞之，怵然頓足，曰："亟卻之！兒輩豈患貧哉？"子姓中有嗜古玩服飾者，進而誨之，偏嗜即癖，胡不癖書，癖書無損也。礦稅二璫磐牙忸伏，摧勒公卿，橫搜閭左，威同剽掠。陽浮慕盛名，詣廬求見先生。乘間通刺徑返，其自待嚴重不少貶。如此常謂所知富何足累人。惟是欲爲君子之富實難，樊重之折券止訟，靡卿之梓漆給人，吾願學而未能，既受庇祖宗，無效涓滴。願頌太平祝豐年，饘粥餬口，以卒歲而已。至夫感時聞警，忠義激發，長歌短咏，以寄才志，集中所載甚多。先生好學出自天性，而又孝行淳至。事兩尊人曲意迎歡，娛則絲竹，游則園囿，沒而戚易如禮。祖塋與五世祖塋圮廢，不保松楸。先生不謀族屬，捐貲葺堂廡，重新手爲記鐫石。老好浮屠家言，清齋梵誦，益希交接。手書禪經數種，付諸子摹勒，人争購求之。晚年賦詩有"看取百年誰是我，更于誰處問吾真"之句，疾革不亂，猶索稿指易數字。嗚呼異哉！馬安人貞静恭儉而不爲鄙悋，能佐夫子行德。先生燕享，中厨甚具。先生孝養，婉娩以從。先生祀祭，籩豆必飾。其督約諸子婦嚴過于慈。大抵主于忍辱味淡，兒輩踴

蹐，即被人訾嚽不敢告，尋常服食不敢侈也。安人本出素封家，簪佩不以相矜，其御臧獲婢媵仁恕，至手紉以贍下體。自乳育劬勞而外，曾六娶婦，一嫁女，一切匲匭器用，悉倚以辨，先生多不知也。尚能篝燈課子讀書，而親授諸婦女以《女誡》《内訓》，閨内感化姆儀雝雝穆穆如矣。毋論安人德，即覘其才，當與先生埒。安人與先生同歲，甲寅春，覺病卧床。已察先生病忽劇，匍匐驚視，及卒，大慟不食。無何，亦卒，相距止十餘日。卒日即其生日，事亦異。自余知向學從昭素、子興、思受三名公口聞知有進父先生已。共先生追游，不惟豪于詩，差豪于酒。近益冲虚，自秘所剖析奥義多在净土部中。夫婦壽即不甚高，顧其生死并命，遺榮若脱，似諳所重不在長年也者。然余何能測先生哉！抑知先生爲詩人而已。余則謂即以詩稱，亦非先生初志。先生窘于成憲，舍吟咏無以見長。邇國禁稍稍議弛矣，而先生不待試。按《集》中爲諷爲獻之語，公予之仁厚，子政之經濟露一班矣。惜哉！觀詩可以知才之所極，即以先生施于家政者，論其所建豎宜何若哉！不得已而託之于詩，志良苦，已然使千百載後採昭代人文者，列名風雅之林。何但王孫不論，雖功名亦可不論矣。遂不揣謭陋而爲之銘，銘曰：

神明闢基，金璽建秦。疏爵大宗，以拓以蕃。八葉遏昌，輔國克振。篤生文胤，虹彩奔奔。揚扢攬擷，蔚矣詞人。昔在彤伯，司宗佐功。遺澤罔斁，賢賢親親。於嗟偉器，散逸不辰。誰云散逸，譽望嶙峋。八法窮要，六義載陳。出備侯駕，野著隱巾。考鍾延客，譯唄尋真。化刑伉儷，文襲後昆。逍遥偕老，六十餘春。曲江兆啓，云樹葱蓁。詩魂憑弔，月朗花新。

明邑賢侯張停一先生去思碑

先生晋猗氏人也，猗距原止四百里。先生爲諸生，聲名播秦地。歲甲午乙未，原之老生預筴晋士入彀，必首舉先生。尋果以省元聯第，值令缺，即又筴新貴之適爲令者，咸望先生，以先生近便習吏民風俗也。尋果除原令。下車，士大夫百姓以名故争覩。先生方弱冠，驚曰："是顧任令乎？"是時，邑紀法少隳，猾掾末殺滿讕，善司候冀竊意旨，而署中諸隸與郭西豪惡通行飲食，一切夤緣爲奸。先生至，盡按捕其主名，内外諸不法以次受罪已。下令開示自新之路，俾黨與解散，不者且坐。于是群奸脅息，境内一時肅清矣。爲治數月，上官暨鄰封咸首推三原令。神君寮采有貪贖者，至不敢均茵馮。其赫然以才望著稱，見憚如此。邑百賈輻輳地，民習僞頗多，浮訟號冗劇難辨，先生以半晷剖判立已。以事謁見者起不鷄鳴不能及，無冬夏皆爾。迹其爲，雖宰十邑不能難。性簡樸，不喜華，靡食常一肉，夫人希繒采。邑中往來供餉，與繇役繕造悉從省，抑以節轄養物力。燕處輒讀古今名書。數延見篤學之士相論説。善識士品，能預言士功名，以文知之所拔優異，多列名薦紳者。戊戌，上計政最，中流言幾廢，事雪還職，邑人欽呼迎道左者千萬衆。明年遷比部，先後以父母喪歸里，民踰河弔慰者相繼，前此所亡有也。先生去既久，邑人歌思不絶。曳石子城通衢紀述功德，以識不忘。而以文事屬不佞復，余固先生所拔士也。即智止知汙，何敢阿私好。向侍先生覘所施行論議，咸當時可用于世。若夫傳訓藝文妙從性流，厥肖爲難。蓋年類子奇而敏練，似倍政如黄龔，而經術尤長，與古之以名吏稱者衆矣。巧法者事鈎棘，驕縱者扞禁罔。察攫肉于道旁，痊輿尸于桓東，

刻核已甚。他如延壽之傳總建幢，張敞之便面拊馬，威儀不法，胡以示下。先生於此俱無有而俗易民安坐，使觀者目快，而聞者神嚮。偉哉！寧靜致遠之規不可及也！嘗考西京之治，孝宣爲烈。史載其言曰：庶民所以安其田里，亡歡息愁恨之心者，政平訟理也。嗚虖！我無爲民自治，我清靜民自正，政平訟理，有殊術哉！原更數令，君無碑，碑先生則不以久格，人心可知矣。先生諱應徵，字元聘，別號停一云。

少府間寰杜公生祠碑

國家設宣大鎮衛京陵，由撫院司道下屬于郡佐。指臂聯絡，要以晰遒方肯綮，爲邊民權利害。懷隆，尤宣之雄區，稱三輔咽喉云。宛州間寰杜公領別駕，視餉保安，宵盱拮据已。幾閱歲業遷兩淮運副。士民立請借寇復以新銜，受事者二年矣。公既念士民依戀，又在地方久，習知風土沿革。每祁暑耕斂履藉封塗，慨然歎曰："此非古幽州地耶。其水桑乾，其山黍谷。寧與古昔少異，而古以則壤，今以沙磧，何也？吾聞大智貴因其可導大利，不襲其陋安。故山川者民用之資也，高低者起事之師也。使南皆必舟，而北皆必車，則洪河幾不可濟矣。使水墾遍南，旱穉獨北，則秔稻幾不入北人之腹矣。"于是殫心研慮，稽實度宜，截東逝之間波，理塍畦之瀆穰。蓄泄既備，原隰無淆，嘉與募丁。顧役輸胼胝之勞，覿決渠之利。曾不數月，保安新城之南開稻田萬餘畝。問其浸灌沃衍，則向之确磽也；問其鳧汎鷺翻，則向之燸鄉也；問其濟濟穗穗，則向之黍菽地也；問其場埒所登，庾廥所積，則玉粒白粲也。誰謂荒徼一片地，幾與水國甲賦之域同其滋産乎！厥功邁矣，邁矣！州鄉紳士民感德圖報，割城東數弓建祠三楹，世世尸祝杜使

君。落成，徵不佞記其事。余惟今天下財力不啻竭矣，以民養軍，以内地養邊徼，以東南養西北。戈弩之士延頸以仰飛挽，轉運之處繭足以苦供億。居者方恨露肘，輸者則謂填壑。憶成弘間，邱文莊、王文恪諸名公，每言京東及三邊地皆可耕種，當募民倣屯田法，歲省漕運數百萬。近日京東之議名雖行，而久不得其要領，實利罕臻焉。嗟嗟！吾以爲獨不得如杜使君其人者，按法規古條置擘畫，留百世之澤，創非常之原，俾造化不恨美利之未開，小民得畢手足之實用耳。夫荒地可墾，旱田可稻，如保安者諒不少矣。抑余更爲善始者誨令終，其語保民曰：歲歲繕築堤防，異日沃衍，不致夷爲榛莽，徒使爾邊民迫于佃種催科之擾，即杜公德政常寄于來茲矣。公諸善狀莫可罄述，余祇撮其沾民彰著者。公諱齊名，別號間寰，河南南召人，某年選士。

按察使胡充寰先生生祀碑

懷來，當京輔肩掖，實上谷要害地。充寰先生由樞曹奉命，備兵茲土。數年，威惠大行，加升按察使，駐懷來如故。先生產東南，以文章高第，著名海内，而更嫻習折衝禦侮之略。顏行軍實，蒐獮簡練，鑿鑿究明，傳以温煦，期窮塞沾，實利所部。郡邑仆者起，圮者完。窺伺之虜，伏不敢逞晉之疆鄙，毗先生如畏壘群望，爭建祠，祠功德。恐後而保安之民被澤尤奢，其感恩圖報彌甚。郡故宣鎮，瘠區也。賦逋丁絀，歲時匱絕。先生按其境，相土宜，覰水脈，曰："是可以稻。"於是力主讜議，抉壅濬淤，鍤畚雲興，遂開田萬有餘畝。沙澆之域，一旦化爲沃壤。余惟論地于北，百不一水。水寡難蓄，百不一稻。至論地于邊，且百不一禾。漢秦川以水田爲陸海，以畝獲一鍾賦上，上以屯田實邊爲良策，即未

有兼興秔秌之利者。昔渤海善政，止云易刀而犢，引涇興謠，但
取能長禾黍。故唐王建有云："遠徵海稻供邊食，豈如多種邊頭
地。"水田北土真稀有事矣。若夫赤穰白霜，芃芃莝莝，農祥在手，
燥濕無權汙邪。滿車快見荒徹，雖古邵翁卿勸耕，南陽溫太真置
田椽課畝，晉其功實，亦未有偉邁若此者也。是先生非常之功載
被億世，一祠烏足報曶。闔郡聚族子來顏貌尸祝，聊以寄伏臘祝
籲之忱焉耳。他如創修黌序，聿興人文，廣置學田，永贍貧士，
掩胔墾荒，均餉清伍，築城以固圉，積貯以備災，諸績效不可遍
舉。直爲一方之人，揭其興利之大者，俾識之貞珉。歲時芟柞登
塲，里父老薦新堂宇，且跪且歌曰：微使君厚澤，不及此。猗與！
先生蓋生而享千祀之奉無怍色矣。州守李君并李衛幕撮諸士民意，
遠徵不佞復言。先生，復父執也，樂爲闡述，即才窘胡敢過辭。
先生諱思伸，字某，別號充寰，由萬曆乙未進士。

明中大夫四川參政楊元夫先生墓表

嗚呼！此賢薦紳楊元夫先生之墓也。先生之才之功，海內共
推稱之，顧不欲自露。長居恒厭近代碑志之文率浮夸，無謂其人
若不國史、郡乘見，而徒借文士謦欬以飾地下者可恥也。綿愒日
屬其子，摭述生平不得溢辭，曰："兒輩能自不阿而翁，吾取其
近真。"蓋先生之爵里世系，與夫發迹司理之異政，榷關督餉之
勞勩，其《志》則詳之矣，不具論。論先生事關廟社名義之重，
其强不屈之守，恬退之概，凛凛有古人之風，故特表焉。國家制
戶部諸曹郎最廣東司，司主一切金寶珍奇以備上方典禮。今上之
戊戌辛丑間，遇兩宮成，則有輔宮安置之費爲巨萬者，數尋以冊
立皇儲，及分封諸王所責辦金珠約千百餘萬。詔下切責不可以日，

大司徒官屬俱相顧失色。是時先生職其事，則下其議于司。諸奸賈連中涓，貪緣宰較，官寺鬧如市。先生顧听然笑曰：度支歲所入幾何？額解邊餉幾何？而能應此！無何，索益橫。涓曰，十數輩來鑽且恩先生。先生堅不動，致上怒罰，力爭得漸寬。所供不過什二一，日傳旨立進金四千五百兩，鑄册寶。蓋明日封期，偶册缺。監璫與政府錯愕，不知所出，以二校遽挾先生入，云奉旨急宣。璫固欲先幽繫詣室，以聞求謝責也。先生入，抗言曰：屢年進金幾二萬，政備，今日不意舍所積而外求金，即求金當貨之商，必俟往例錙量鋌傾，恐時不可待也。趨見政府，言便宜。政府許諾，則召諸商，散其直使，括民間金釧珥俱得。至甫暮册寶就，次日大禮告成矣。當校傳呼時倉卒震慴，先生過其鄰友張某與訣有不測，幸餉我收我。事竣，先生夷然就列，大司徒及朝紳咸敬重之，謂楊郎膽氣識力皆不可及也。然竟用是忤內廷意，守官十餘年不遷。會九年考績故事，九年考例不引奏，復職，當還印俸，出部以聽。大司徒憐惜其才，急咨銓宰。銓宰以四川大參酬先生勞苦，疏上屢催，復久不報。于是乞轉餉，休沐歸里，撫然歎曰：丈夫懷銀垂組，浮沈長安二十年。適值其難，殫心力以贊襄大，本私宰可免瘝曠，然亦以是倦且耗。何乃娓娓圖顯貴無已時哉！上書乞骸骨自老，遂寄意梅竹水石間，若影掃迹，謝絶豪游賓客。間與故老徒步過市，不知其爲貴大夫也。家居三年，是爲庚戌，始得報遷。而先生長嗣之璋成進士，諸子爲孝廉諸生，皆知名。先生益絶仕進意，高卧不起。冢宰素知其賢，以書趣行，有今日。此舉，正見朝廷獎恬退美意。惟望俯回東山之志諸語，先生竟不肯起。又五年，以壽終。其斂具布衣幅巾在生所自製，子孫不敢違志，稱中大夫者用子三原令最績進封云。來子曰：余弱冠入都，

習先生名，心慕好之。久之知交先生二子，又過獲嘉聞之高思忠師，頗悉先生大節。邇竊禄同曹感激時事，見主計仰屋廢箸，太倉日匱乏而不可支，喟然太息。安得元夫先生復作，與當事縷縷佐籌筴哉！嗟夫！先生揮之甚廓，韜之彌約，任職既勁，返服何託？然當夫挺然無媿，泚時固知其能邱壑矣。怡真以委化自如，豈同世人徒競功名之虛薄耶！

來陽伯文集卷五終

來陽伯文集卷之六

明三原　來復陽伯 **著**　　　　邑後學　李錫齡 **校刊**

狀

先考承德郎兵部職方清吏司主事小澗先生行狀

　　嗚呼！先生以萬曆壬寅夏五月晦日卒於榆關司馬分署。先是，先生在太和滿五載，稍聞內召信。不肖兄弟偶辭歸就試里中，而先生病，病秘不與聞已。不肖復、臨至太和，先生病瘉。是時先生拜職方，命將半載，家人報期迫，亟傳詣長安。少罷，謂長安多醫，遂就醫，病益瘉。于是復仍歸里中，臨從先生榆關任居兩月。先生手書，視不肖汝父近便腹如故矣。無何，訃至。蓋病瘉，又有毒瘡當額發，竟潰敗也。痛哉！不肖驚犇號痛，備極艱辛萬里，靈櫬獲妥故土。賴諸達人賢士慰諭得不死，喟然太息曰：先生果真死哉！以先生德行治功，年顧止此哉已。念先生稟閑淑之氣，出爲末世範模。天靳治平，殄滅大德，人力且奈何？然先生雖死，而其懿嫩爛然，彰灼千古，天不得復如其年而阻抑之。此在當世

名公大人寵賜一言，華衮泉臺焉。謹《狀》：先生諱儼然，字望之，別號小澗，陝西三原人。先世有諱恭者，仕洪武中爲名中丞，然世系不可考。可考自諱得甫始，得甫子諱景賢，景賢子諱子春，子春子諱肅，肅子諱鏜。鏜二子，長諱時良，次諱時廉，封浙江道御史，先生大父也。御史公三子，其次諱聘，曰雲峰公。次諱賀，曰碧澗公者，同舉於鄉。雲峰公成進士，累官憲副。碧澗公獨厄于春官，去爲雲中郡丞，旋以莒州守罷歸。公與元配張宜人俱五十無子，取翟宜人，夢神旌其門署，曰五嶽鍾靈，遂生先生。既生，貌豐偉魁岸，性不喜嬉弄。碧澗公晚得子，無意督之學，先生自知學。碧澗公以《易》起家，先生遂問《易》。碧澗公旁通五經成誦，先生輒又問五經。十四爲諸生，好覽古今書籍，意所欲購，不惜市之吳越，至即遍閱。不問家人事，常屢旬不出戶。人微伺所爲，方拈筆摹古人詩文，訴訴忘倦也。詩法盛唐，文法西漢，于明則好弘正間人詩。每一篇出，學者群推許之。先生乃謙讓若無甫冠，安和好義，貞静簡恪。交必擇人，處必定所，不作矜莊，人自難犯。先後丁艱，哀毀骨立，幾至不起。諸祭儀葬具，豐約適宜。其世俗賣偶車馬，下里偶物，一切諱釦及浮屠家事，悉棄弗爲，邑俗丕然一變。是時先生一布衣，學已大就，人莫不識先生爲廊廟器矣。乙酉，先生舉於鄉，明年射策不中，念東南山水人物劭秀，遂乞例游南。太學大司成鄧文潔公試而奇之，日所講業，率海内名士。歸益貯奇書，拓地屋西築集古齋三楹，朝夕吟咏，不間寒暑。每静坐焚香鼓琴，澹然自適。踰十年始成進士。其年乙未，先生蓋四十一歲也。先生既蠖屈久博士業，不肯降調從時，儕輩屢勸諷之，不應，退謂不肖曰："必有知我者。"及中試，果出南充黄昭素先生門。昭素先生，絶代人也。于是儕

輩引服。無何，銜命督餉，便道展拜碧澗公、兩宜人墓下，悲不自勝。明年，除潁之太和。太和，畿輔支地，民貧善狡，禮制替湮。值大祲後，輿服器用不具。先生毅然自任，曰："此獨非古韓黃二公教化地耶！且治必治地，是因彼手披草莽乂蓬蒿者何人耶！"條例諸士大夫以次見，見各有儀。繩奸吏惰恣猜禍者，察黜卒以口嘗者。明日坐堂上，揭令甲十款語約而覈，是時訟者數百人羅階下。先生進邑中長老，爲陳和睦親愛，銷除讎怨之路，已威之以法令。欲訟者止，欲息者出。長老感泣，各諭里社民，趨出者半。太和歲租二萬石有奇，往四時賦羨什二爲常，民多竄匿。先生一切蠲除，絜令告民。某民春租餘銖，即夏免輸銖。百姓復業，積逋不戒而完，官舍蕭然，自給常禄而已。常教民力農桑，廣蓄積。時行視阡陌，爲民開通溝瀆，起提閼，以備蓄泄。貧不能耕，公府給牛種，惇明誠信，爲小民先飭，僞必重罰，首過獲矜宥。邑中行喪讓財者獎之，孝弟力行者表之。鄰封有烈婦，親詣其家，爲文祭之。士不肯力學，反覆誨之。甫期月，士民興行，會直指周公行部至境，和民數千人遮道請留令，令旦夕調矣。直指公大異，問之若輩，烏能預知耶？數千人應聲曰："邑小而令最賢，勢必劇移檄至，恐弗能留也。"直指公許諾入壽春，數千人夜至壽春，匍匐門外，聲哄如雷。役吏驅之不去，曰："俟使君疏上。"乃去。直指公益大異，敕父老人。父老盡入，陽恐喝曰："此即令教汝爲耶！"曰："令實不知，且令何利和也。"則又慰曰："邑令亦何政得此于民哉！爲我數之。"父老叩頭謝：小民不能口悉令政，第太和不可一日離此官耳。頃之，果有調曲周明。直指公以民能舉於未事前，急奏留先生。疏中"理訟不罰片紙，收租不羨一錢"等語，咸訪之父老口中，不虛也。先生既留太和，益自奮。

常雞鳴起，深夜始寢。爰書公牒，必詳必親。鄰封人詣上官訟，多冒籍爲太和人。往往訟牘盈案不移時決，而諸上官以事委辦者旦夕紛至，知交過境上累相勞苦。先生不少逸，每謂人曰："食人之食，忠人之事，欲安逃哉！"紀姓者恃財而蕘人中以大獄論死，先生以死非其罪，立訊，出之。有賊夜入酒庸家，殺庸，鹵其財去。丐兒小霍竊覘賊過市，賊對簿不服，曰："我常夜過，足蹴彼，彼恚我，故誣以盜。"先生笑曰："此真女也。女蹴彼，正試其睡熟不耳。"賊即伏辜。旁郡有數年修怨者兩人，一人潛投府中，書怨者姓名，自告盡已所未有事，更賕郡滑關説。事下先生，先生一訊即得，曰："黠奴，此即女自告女耳。律告人俱誣抵坐，女欲抵坐，彼雪女讎耶！"郡滑股栗，立首所受賕，具以情對，曰："使君，神人也！"左右驚，顧以先生盡知人陰事，咸齰舌不敢欺矣。其聽政公平敏贍，大愜人心，皆此類也。潁地故多盜，盜至，白日剽劫，伐民家屋舍。先生居久，習知其計，議主名縣賞格，遣率分部逐捕，無得脱者。又置正伍長，廉里甲，不得舍奸人，盜益解散。税子舖富家高氏居貲崇樓，群盜偵先生他出，則糾衆持劍弩，渠魁衣黃襜褕，發礮攻高氏樓，掩其主人與一妾一子，縛之，鄉賓圍者數匝。賊衆挾主人乘樓大呼，矢石如雨，諸吏相視，莫敢前。先生聞，即馳至，下令挺賊，高氏唯一子有能保全免死。群盜望見先生，已皇懼猶據勢跳梁。先生度日暮，即鄉兵擁鐸拱稽易懈，賊宵遁矣。急勒士卒張弓，左右翼藏力士車下，引錐穿樓，縱火焰蔽天。群盜驚潰自到，相枕藉死，尚生獲二十人，俘至庭下，悉磔殺之。高氏妻子乘間墮，無恙。闔邑歡呼，竟傳其事云。先生作令五載，其營精殫力，爲太和民計久遠，殆將以身殉之，政成，上下相安。歲稔，風易入其境，陂陁衍沃，菱藕葭蒲之茂

密，皆躬爲栽培。其學宫雉堞，官舍鄉亭，煥若更造，皆曲爲建
置。先生始以其餘少優游於琴書花竹，以尋夙好，然而意常有以
奪之矣。先生即規劃，不出一邑乎。每用心于人所不見，故不如
沿迹者，能巧成功。然一民不和，憂爲不除；一事未就，席爲不
暖。人重以此感德。及應召將北，城中奔走如狂，繪圖伐石以紀
治行。邑薦紳學士攟拾績效，爲聲詩刊布，名曰《來侯實政録》，
中臚列類析，彰明詳備。瀕發，老稚攀遮車前，車枳不進，號泣
嗟欸之聲動地。邑民力可前者，咸裹糧馬上，絡繹以從。抵彭城，
踰大河，轉徙十餘程，不得已，望塵痛哭而返。嗚呼！此不肖所
親見，即古詩書稱説者"亡以過已"。榆關，左輔要地，東有屬
國貢獻之役，北有匈奴非常之變。然無獄囚錢穀橄牒諸繁務，部
使者謹啓閉，校出入而已。關新設中貴人，事無郵。中貴人毫不
敢詆娸關法，諸賈往來皆予符，要期符列名籍甚具。後期者不得
入，聽賂鍰入。先生耻弗爲，視符無他，悉得徑度。于是釋貧賈
不得還者無數。土著民亦有符，符久漫滅，先生爲易數千符予之，
民大悦。視事四月寢疾，關民走群望擿鐘鼓襀襘，日夜不絶，偶
先生故知顧朗哉。公來，先生日握手與語，而不肖臨亦日侍床蓐。
先生目瞠，猶聽臨誦詩，口授應答書，自謂無恐，倏忽竟不起。
嗚呼痛哉！往先生令太和，食指日衆，官日貧，頻割家中橐佐費。
數月，關司馬益窘。先生死，釜無夕儲。訃聞，遠邇驚悼，請于
上立祠。旌旗西旋石河之澨，千幄祖哭。部中材官斗食曹史隸圉
之屬，朝夕哭奠如家人禮。取道宣武門外，都中薦紳故舊越數舍
臨弔，亡不人人洵涕。而鄉先達總憲亦齋溫公、大中丞健庵劉公
各使使馳諭所屬，毋得稽靈輿路中。於是不肖孤閔免扶輿歸里。
到日，族黨哭於柩，親友哭於道，商賈哭於市，婦女哭於門。背

秋歷春，車馬弔唁不絕。即屠夫菜傭相與持雞酒拜伏柩前，淚淫淫也。由遠近尊顯，以及里閈門下弟子，誄辭凡百餘篇，篇多至數十人。太和、榆關人來者亦數十人。嗚呼！人謂先生官卑年促，修德逢禍將爲善者怠志，且先生最難及者無跋立，無還視，無蠆好，無流心，規模識度，性符聖賢。斯人也，而有斯疾也哉！居太和日，有巨虎臥民家籬傍，群兒不知，往觀之，虎不噬人。鄉人共逐之，殪于臥龍岡。太和將百歲科第絕，是年張君名，名立應薦先生作紀，異文意爲張君祥也。然乎！否乎！太和四面平野，烏得有虎。虎，獰物也。其不噬人，實先生仁政所化耶！虎不噬人，人殪之，意者即獲麟西狩事耶！嗚呼！先生關於世大矣。先生居喪有曾參、高柴之孝，處鄉有仲弓、彥方之行，持身有萬石君、直寒侯之謹，居官有鄧伯道、楊伯起之廉。以國瘁身，有虞幕、夏杼、殷上甲微、周高圉、大王之勤。身死而民尸祝之，有朱仲卿、王稚子之惠。里人輟相罷市以思先生，有五殺大夫、鄭僑之遺。生備純德，沒全令譽，語稱修身俟命，夭壽無貳，其先生謂乎！他如裂券散財，卻金讓貨諸行，或人所共知，或人所不知，不能悉數聊述先生大者。先生以嘉靖乙卯十一月四日寅時生，距卒得年四十八歲。所遺有《自愉堂集》十卷，不肖將謀殺青，傳於世。仕凡六載，以最績覃恩領封命各一。配王氏，文學王公女，端毅公五世孫也。生子即不肖復、臨，卒贈安人。繼張氏，文學張公女，生子恒。卒，繼王氏。王氏、王安人弟卒，皆先生自爲《志》。繼王氏，亦王安人弟封安人。副室崔氏，生子蒙。復聘趙氏，娶王氏。臨娶胡氏，繼王氏。恒娶趙氏。蒙聘師氏。孫男五：嗣厚、嗣學、嗣績、嗣敏、嗣寬。孫女一：述姐，俱恒出。嗣績爲臨後。不肖兄弟卜葬於城西祖塋，巽隅先生《志》也。謹扶淚具狀幾下，執事採焉。

乃若不肖謭陋不文，棄遺大德，且惶愧欲死矣。

明處士順齋員公行狀

　　不佞復甫束髮，輒交員射斗兄弟，射斗師先司馬又爲余文社友。兩弟皆太學，狎與余作里中杯酒游，故不佞尊事射斗尊人，往來慶弔甚密也。客歲戊申，余入維揚，尋入淮，值員氏兩太學客淮。居浹旬，則從容語余曰：惟子之悉先君生平也，子之筆勝不肖兄弟之口，兩不肖行將歸，與伯氏共除墓地，謀所以妥先君之營魄矣。聞廣陵有陸先生者，名家也，雅善。子不肖將以先君不朽事託名家者之言于子。非子無以狀先君，非子狀無以信陸先生。來子聞之，泫然動念。員氏兄弟其知孝乎，任之不辭。《狀》曰：員公諱惟聰，字某，別號順齋，世陝西西安府三原縣人。勝國時有諱大者，力能開渠施地，作義舉，氏族遂著。大生義，義生善，善生宗，宗生鎧，鎧生得時，即公父。公生而形全骨健，爲人沈潛不露，當機則敏。少就學通大義，棄去服賈，居常云：儒之名尊，計所獲利似多而迂。賈之名卑，計所獲利似少而捷。權所爲賈，宜何處其賈齪乎！江淮之間，賈齪者稱上賈，見官府頗加禮焉。諸齪賈率皆衣輕筴肥，竟尚綺靡。或沈湎狹邪理絲竹，因而意錢博賽，矜玩時日，服妖災身，奸利殃禍，比比而是。故齪賈之名視他賈歲尊，其獲利卻迂，而取敗卻捷。公同其兄賈江淮二十餘年，未嘗泛交一人，未嘗侈用一帛。里中輕薄者笑其俚，豪奢者鄙其嗇。公毫不爲動，竟用纖儉大起。往余交射斗兄弟，時已罷賈家居矣。見其心計愈周，料事愈中，籌較一定，諸子入市縷悉不爽。曾爲余言，若若太盈宜傾，若若太浮誇宜竄，若若之用謀乖，而行悖宜躓，率驗。覷游閑子步作奴馬，儻蕩不軌，便指其背而詬誶之，

-128-

來陽伯文集

卷六

曰："何無恥也！"性不喜建大屋子，每引"肥土之民不材"之
語以爲戒。家中一切米鹽凌雜，必親督理。每引"泰山之石穿溜，
單極之綆斷木"之語以爲喻，迹其識力類有道者。射斗則告余。
先君幼實讀書，常採古人致富之術以爲用。纖儉起者什七，魯之
丙，周之師，所最服膺，更愛柳批家訓一款，云："夫名門右族，
莫不由祖考忠信勤儉以成立之，亦莫不由子孫頑鈍奢傲以覆墜之。
成立之難如升天，覆墜之易如燎毛。"孝慈友弟篤信，食之醯醬
不可無也。曰："小子視此，是與汝父諄諄之諭奚殊焉！"家居，
諸子用其術，益起，而向之笑公俚嗇者半來師公。壬辰之歲，邑
中温太保先生與令君獲嘉高可愚先生倡義修城，尋又建石梁。公
先後出數百金佐費，慨然無悢容。官府欲以義爵公，公跳弗御，
曰："吾野人也，奚官冠？"《狀》稱公處士，予其樸素有士行也。
公生於某年月日，卒于某年月日，得年某歲。子三：長即射斗，
名文開，諸生，娶梁氏，繼娶張氏。其兩太學，名文獻，娶某氏。
一名文熙，娶袁氏。女二：一適諸生梁應增，一適某。孫男某，
孫女某。謹捃拾公梗概，冀大君子採焉。惟賜之華袞，俾人人知
質行淳至者之無泝于天，而常裕于人，亦風世大權也。豈徒員氏
世傳，即江淮間諸賈亦知適從矣。

太保温亦齋先生小狀

　　公弱冠爲諸生，便凝重不苟言笑。事二親，天性至孝。受督
學孫淮海先生精一一貫與爲仁之旨，持以終身。筮仕壽光，清白
勤慎，密擒巨寇馬天保等，境內乂安，爲齊魯循良之冠。居諫垣，
侃侃正直，發撫臣無名之餽，劾司禮陳洪封贈父母之請，阻輔臣
添文武大臣益三大營之議，卻奄答通貢求媾之謀。坐是忤權貴，

不顧，出參楚梁，益勵清操，所至著勳。晋太常卿面規江陵奪情
之非，以忤意歸。江陵敗，起官巡撫兩浙。值兵民兩變，後加意
調停，又著齊民要書以導化之。興治善俗，褒良剔蠹，陰裁兵耗，
省絕交際，皆有石畫，越中著爲令甲入秉總憲，公忠亮直爲僚屬
率，門無包苴，庭多俊彥。常請下考選命，請停礦稅，請釋被逮，
諸臣疏十餘上，不報。遂約諸大臣伏闕大哭，自巳至申。上震怒，
遣中官問主名，公慨然對曰："臣純也，爲社稷生靈計，不敢愛死。"
尋宣旨慰藉，偶上違和。忽有旨罷礦稅，釋幽繫，下行取考選之令，
中外忻然。公慮有中變，急與司農冢宰謀，即日趣行，取諸臣到任，
謝恩訖，獨司寇猶以出幽繫，俟再請。明日果反，汙知者服公先見。
公在位，夙夜匪懈。國家大政大疑，朝士皆賴剖決。嫉一二奸媚，
思爲君側逐惡，拚去就，劾之，大忤政府意。京察又奉公不聽，
政府私庇，遂共排陷，公幾中以奇禍。公少不爲動，亦不置辨，
一意乞休。先後疏屢十上，命下，蕭然單車出春明門。士紳咨嗟，
以爲兩疏再見。居鄉，爲德里閭甚多，未易枚舉。其大者如倡義
施粥活數千人，倡義創石梁修學宫、文昌閣諸工，功鉅費侈，迄
底有成，而公先後捐俸襄助，幾破家爲之。登仕籍四十餘年，以
直氣忤三權相，拂衣里居者數四。率閉門誦讀及課弟子，子弟講
明正學，其反覆精一一貫爲仁之旨。老而彌邃宋儒所未能發，又
定四禮式，還樸追古，邑俗丕變。間託興詩文，雅足式世。于是
遠近從游之士數千人，咸感慕學行，興起于静默真醇之教。大漸
倏臨，途哭户泣，爭建專祀于學舍河壖，伏臘祀之巳。同請于當路，
題請如王端毅公祠例，其恩德被人如此。古稱貞不絕俗、儉不偪下，
生留茂勳，没被美譽，惟公當之無愧。允大臣之風節，真儒之實
踐也。没，贈少保，已經會題，蒙旨予諡。禮部覆議，疏上未下，

仁候專題。

給事中張玉坡先生小狀

公幼有異質，師事王康僖公，言動有法，而慷慨抱大義，不爲迂士曲。謹給事日，遇事敢言，條上十二事，切直觸忌諱，降貴州新添驛驛丞。居蠻方八年，樂道嗜學，毫不動心，造詣益精，著《黃花集》數卷見意。學者負笈從游，屨滿户外，士風大變。憲廟初，復召還職。公感知遇，益以諫諍爲己任，所言皆當實不浮，上亦多嘉納之。無何，以諫大禮，杖死闕下。先是，公有停司禮監請乞一疏，中貴銜之，杖特拴關節故死，時上震怒叵測，弔客絶迹。家人狼狽歸櫬，貧無餘金，幾不能舉含斂。子孫寠匱，衣食不給。哀哉！穆廟初，奉遺詔贈光禄寺少卿，廕其後。子孫單孱，遂未能陳乞請謚。查得近會題款中以言事殉軀，如給事楊公允繩、侍御劉公臺、錦衣沈公鍊，其操烈正與公合，擬應題請賜謚。

光禄卿馬谿田先生小狀

往關中有三大儒崛起一時，曰康德涵、吕仲木、馬伯循。伯循即公也。康工古文辭，公與吕以理學著。至于博物强記，考究天人性命之奧，旁及六書五禽星緯之數，有叩即鳴者，則首推公。公自幼師事王康僖先生，盡得其傳。困公車幾二十年，益習經世之學。多往來上都，共海内名士講明掌故，折衷百氏而用其長。其執禮如横渠，其論學準程朱，而時自參異同。其學以主靜窮理爲主，不讀非聖書，不踐非禮之地。是時未離蔬糲而已，赫然名動海内矣。甫入仕爲郎，朝鮮王奏乞頒賜主事馬某文，使本國傳誦爲式。蓋公名位雖在下中，而聲望傳播已久，故異域亦知其名

字耳。武宗巡游，上書極諍，被廷杖。後值議大禮，率百官伏闕號泣。世宗震怒，悉捕赴詔獄，復被杖，幾死。爲考功日，力罷執政私人彭澤，力留被劾當調者二人，魏效、蕭鳴鳳爲正人。公論大快，稱真吏部。至于恬退之節，人尤難及，少不合意，即返服歸里，梅生之挂冠遠遁，陳實之飾巾待期，無以過之。嘗與人言身可紲，道不可紲。見行可之仕，惟孔子能之下。此須自揣分量可也。識者稱其愛道甚于愛官云。晚年手不釋卷，著述益富，然多散逸不收。公亦鄙小技爲無用，四方學者遞相接引，兼以縉紳過訪，求書徵文無虛日，門外喧集如市。年踰八十，童顏兒齒，飛步若仙人，莫測其所得。以地震暴殂，遠近驚悼。謂古稱單豹張毅之喻，非虛語也。大抵公學術正，持守嚴，脫屣富貴，俯睨人區，誠熙代之獻耇，士林之山斗也。没，贈都察院右副都御史。值子孫孤幼，不能陳乞請諡。往督學許公孚遠按秦，深慕公之爲人。今詔已允諡。公學行政相吻合而遭遇猶艱，擬應題請賜諡。

孟淑人行狀

淑人，憲長孟麟野先生元配也。先生以甲第宿彦，瑣闈名公，出入中外，作畿輔方岳，以清節篤行著聲，垂三十餘年。神宗丙午，主試關中。某即其所選士。一日，忽先生手書示某曰："余不幸病身，穉子賴荆妻調護，不意其驟亡也。神緒惝惘，思圖所以闡述逝者，用以狀累子贅志先焉。"某受師命，不敢以不文辭，《狀》曰：淑人姓某氏，少時其父母因禱高禖而生，有紅光異夢之祥，遂大愛育之。賈人李升以茶袋聘，父母諾矣。夜夢神叱曰："曩戒勿與賈姻，若果竟姻，吾磔汝父母。"驚寤，立還其聘。時吾師麟野先生爲邑奇童，邑令李深加器重，身媒灼而歸淑人。淑人稟性淵徽，

居家素樸，瀹灑以奉翁嬄，緶綻以當紈綺，霜月杵砧，寒燈織紉。薄紅女之纂組，崇貞媛之縞皛。春冬間瀹草木葉實，堪食者貯之盈筐，曰："此救饑糧也。"尋大荒，資者如粟，其勤瘁灼識若此。先生既力讀不輟，淑人添綫佐之。誦期百遍，寢過夜分。當時孳孳相勉，知夫子非久貧賤者也。已先生登第，授汝陽令，繼補固始令。滿秩，徵拜給事。循良直諫之譽，一時無兩。出監壩路，保障神京，所至淑人從行。布闍流膏，哀鰥哲獄，案鮮留牘，村無警吠。先生善政未易枚舉，乃其居中贊翊，增娭釋疑，當其無有其用，謂非坤厚作成不可。嗟夫！處約閑則在顯彌勸，簪蒿杖藜，足以易翟翟玉珈。聖天子録閨懿，累被貴封，亦可少償賢臣之德配矣。先生怊悵綴衣，撫悲輀路，將卜窆穸之晨，永妥幽櫬之託，莊歌潘涙，駢寫無窮。不佞某述師之大旨，仰幾立言，君子採焉。按，婦無非儀，以笄黛柔習庸庸耳。乃若碩人播咏江氾，化風彤管，所必録焉。倪天叶兆，齊眉無渝，如淑人可以旌矣。淑人生于某年月日，卒于某年月日，得壽若干歲。子一：之脈，娶岷州衛幕公一躍女。女二：長適大學士公羆男廩生公甸，次適光禄丞劉清業男監生劉弘勳。孫女一：許聘別駕尹東周孫，得備書。

來陽伯文集卷六終

來陽伯文集卷之七

明三原　來復陽伯　著　　　　　邑後學　李錫齡　校刊

傳

先司馬小傳

公諱某，字某，年十四爲博士弟子員，輒以聖賢自待。性莊恪，不踐非禮之地，絶無跛立還視，鄉邑士大夫以迄小民，靡不敬禮之。先後居喪，哀毀骨立，諸祭儀葬具盡格，去下里偏物及梵唄、科醮諸害禮事，邑俗翕然丕變。是時，公一布衣，學已大就，人皆指爲公輔器矣。乙未，登進士。孫太宰先生素習公學行，又曾覯公所著詩，亟推許，以爲關中人望選館無踰公者。公聞之，益退默静處，恥以薦舉自售，遂除太和令。居官毅然法古循良，口諭訟者悉和睦銷怨之旨，更陳高皇帝六諭語。語至誠，父老感泣。一時懷訟牒出者幾半，歲租不羨錙銖，如春租少贏則抵之夏賦，積逋不戒而完。常行視阡陌，開通溝瀆，起提閼，以備蓄泄。貧者散給牛種，獎表行喪讓財孝弟力行者。鄉封有列婦，親詣其

家，文以祭之，士鮮力行，反覆誨訓。會直指行部，和民數千人遮道預留公，惟恐旦夕調去。直指至壽州，數千人夜轟至壽州，以法恐喝，請益力。無何，果有調曲周命。直指大駭異，疏留止之。公作令五載，善政不可殫記。至其清廉不渝之節，既家以官貧，不顧徵爲司馬郎，士民爭立祠伐石以報。其攀挽泣送，皇皇如失慈母。司馬監山海關，操益冰蘗，待中貴高淮不惡而嚴，更繩其下獪猾之徒。民倚爲山岳。關例出入給符，要期過期率以鍰贖，君一切蠲止。貧賈還鄉者无萬數，然宦橐貧窘日甚。視事甫四月寢疾，商民走群望禱檜。卒之日，釜無夕儲。訃聞，里中悲傷思慕，婦孺輩皆哭。太和及關民來弔者百餘人。邑士民公舉鄉賢督學使者臧採公議，批行間遷去，代學使梅允行。入祠日，闔邑歡呼遮道，祭奠數千人。蓋公生備陳仲弓、王彥方之純德，故没有五羖大夫、鄭僑之遺思如此。他如裂券散財，卻金讓貲，公之餘事耳。公大名在海内鉅公文人之口，楚李本寧、蜀黃昭素、新城王大司馬、邑溫總臺、四明屠長鄉、廣陵陸君弼諸先生咸有譔紀，皆屬實錄，遷、固循良列傳無以踰也。公已不朽矣，列之國乘，輿情愜服。

丁母郭宜人傳 代

蓋余同年友丁君泣爲余言也，曰：「先宜人棄不肖迨三十餘年矣。是時不肖尚在抱，仿佛記呱呱泣耳。逮今不肖稍自竪立，始得以先大夫即世之明年，啓隧合葬，徵惠長者業志而銘之。念先宜人之爲先大夫者最苦，其所以食先大夫者最靳。志敘先大夫而略内行，體也。嗚呼！笄褘之儀，掩于制義，爲之後者亦聽其湮没不聞，即先大夫與不肖心俱未能已，敢再乞明公爲《傳》以傳。」某子曰：「唯唯。」按《狀》，宜人生邑之張村，先世多

陰德。父亨見宜人少貞静，寡嬉笑，愛重之，習知河間公名諸生也，遂許婚。宜人婦丁，善事孀姑，太宜人飲食必親必潔。四時絣紝太宜人衣被，取其温窶，猶惴惴懼不稱。常侍夜寢，戶不扃不敢退。太宜人又善怒，宜人與伯姒屢被斥喝矣，終委曲奉色笑，毋敢一語錯迕，且毋敢一語錯迕伯姒，傷姑心。太宜人久之喜，呼曰："孝婦！孝婦！"河間公爲諸生時，好夜讀，常至極夜。宜人則手女紅佐之極夜。是時朝勤夕瘁，一身并白膏火間罷矣已。河間公第，自司理昇授户部主事，得蒙敕命稱安人。繼以本部郎中，又蒙誥命稱今宜人，翟翬霞褕，浸浸顯貴，猶不忍御金珠，僭紈綺。所製帛衣，必獻之姑。無異向時色笑，太宜人益喜過當。又爲河間公納媵，遇以殊禮，撫其出如己出。從至河間，方將迎太宜人，益修婦道。而河間公亦欲藉是勞苦宜人，宜人旋卒于產。蓋早年拮据内務，又數乳兒乳孫，故不任產，竟以罷敗也。嗟夫！櫬歸，河間公慟而誄之，有"克順克恭不忌不妒"之語。及抵里，太宜人撫其棺，哭曰："孝婦胡至是！"爲卻食。而媵張與子侄僕婢，以至戚族，無不悲歎宜人者。某子曰："甚矣，賤與貴之難處也！約于乏甫得志而渝，即丈夫爲之，況女子哉。"以宜人始終不醜貧，即知孝與不妒，亦天性素樸然已。微時常歸寧，值乙卯地震之變，父與其家人半壓死，宜人獨無恙。聞空中神物呵護之，一時人咸稱異，以爲孝感矣。由今思之，有未盡然者事在余同年友，蓋更十餘年而後有是子也。宜人所不能待于河間公者，償之子足矣。宜人生于某年月日，卒于某年月日，時得年三十七。餘俱詳墓志中。

張仲公家傳

涇原之間推望族，首永昌屯張。張氏兄弟曰仲公、季公，一

時踔躓里中，人人侈談之。季公，先司馬同年厚友也。而兩公之嗣光祿君鳳翰，中書君鳳躍，冠軍君鳳翃，皆以世譜與余交好。故不佞某雖晚事仲公，而知仲公最深。夫士君子操觚立傳，傳其可傳者也。非有殊絕之迹，而徒塗飾鄉曲細行，浮夸失實，野史濫筆矣。以余所聞見，張仲公其人洵可傳也。今世所紛逐不休者，富貴兩物耳。兩者不能兼得，丈夫有志之侶，于其中處就一焉足矣。然古之達人云：富者苦身疾作，多積而不得盡用。貴者夜以繼日，思慮善否均足損形。若是者，是爲兩物累，必舍此而後求脫然乎哉。乃仲公致財不貲，歲入可敵斗君之祿。屢十萬貨之情，在掌造化。若預示其盈縮豐貌美髯，與衿紳酬對渾樸道容也。吉凶燕享，率子弟先宗屬，崇度準禮，儒素風軌也。賑則傾儲，貧則已責。恩施怨加者受，順往逆至者受。而我之德彼固若忘也。斯不可望之信陵君以下人，而仲公裕有此度詎易及耶。昔子長豔稱貨殖諸人多由纖嗇居積，而播遷豪奴借客援交以攫取起家，亦復有之。《漢》史傳萬石君者，二姓率慎，以保祿無他術，若卜之畜牧，樊之漆梓，歲計有餘。餘寧幾何？至朱郭季原董一通賓客，自豪而文罔加矣。仲公二十南賈，五十即還。佐急行義之事不勸而爲，無纖嗇之名而檢常嚴，延長者之轍而欲不縱。家居治渠築園，四時種植，招親舊之賢，澹然于枰槅之間，視古所云苦身疾作損形之累無有也。覘公似託足于所願之途，以行其志，卒能脫屣置之乎。止以富之一字，概公使與徵逐，鼠肝鳶腐諸虜同類絜之。恐仲公地下蹙額避也。凡公沈毅大節，善貽令緒。《李本寧先生志》《韓太史狀》言之悉矣，故不具論。嗟夫！海內此時窮甚矣，窮民敲吸絕矣。安得夷吾持籌引公佐議，括天地山海自然之利源源湧輸，濟公家急哉！

梁本初先生傳

昔人有言，道在山林則山林重。是則非山林之能重道，惟道能重山林耳。處士見稱于古今人者，行也即往而不能反，亦其孤貞之氣，恥受垢於塵壒。故寧負俗見譏而戚施籧篨，工妍取媚以婥阿人世者絕不爲矣。善夫！荀卿之能發明之也，曰志意修則驕富貴，道義重則輕王公。然則謂山林足以修志證道，則可耳。今天下山林之氣，習穢巘盡矣。山林，其資也；交游，其市也。片藝投好，忮懷斯深，微譽一憑妖儇百品，寧直純盜虛聲而已。來子厭苦之，爲本初先生作傳，傳曰：

先生諱時元，字本初，別號草齋，家世陝之涇陽人。上世頗饒于資，至先生而中微。先生性恬淡篤静，不喜世俗浮競相欺誕。少年以貧乞爲胥史，惇惇惟謹。已乞爲抱關吏，三徙率稱職，顧雅不屑俛仰隨曹。偶暇，即閉門清好，日婆娑琴書筆硯間，自以爲樂。是時上官浸浸察先生長者，不以常禮格之矣。顧先生貧益甚，偶感疾，悵然歎曰："大丈夫安能久爲人役哉！"一擔歸里，拓草屋三楹，僅足蔽風。日汙罇抔飲，自甘藜藿，以耕課奴，以書訓子。人謂先生生計日疏，先生笑謂我計足也。畫學董北苑成家，詩質樸多實際語，獨好爲題畫詩，往往得佳句。晚年懶作詩畫，閉關扃户，經月不接賓客。耽玄守默，覓至人久視之理。迄今八十，髮漸黑，頰顏如童矣。先生常爲人言曰："使我牢牢世路間，即可暫謀朝夕然。塵苦崩迫，不得有今日已。吾猶憶古稱呼吸吐納，雖度紀之理，非續骨之膏，然乎否？"蓋先生與先司馬莫逆，已又與不佞忘年。凡一切舊游俱盡謝卻，其所往來不衰款段之外繼以郵筒者，若而人其以廣歌圖繪事相商確者。不佞復

仲弟臨與友人胡含素、梁君旭數人而已。他若講究岐黃之術，即先生館甥高似嶽也。似嶽雅善，不佞必欲俚言爲先生壽，故著先生實行之概見者如此，且欲藉以風當今山林之士云爾。

贈邑侯張停一先生榮膺恩命頌

歲之丙申，侯軺軒載庋鄙邑，復兄弟得從諸生後謁堂下，侯抑禮延之，不諸生視也已。執管蠡之見，叩海若以測森茫，侯顧時獎掖督束，爲可沿程而赴也。酉試失利，困踣而還，深自放棄，且舉一廢百矣。侯顧數加省惜，又若欲侯決於造化之理也！凡諸所以爲復兄弟者，亦已至矣。又二年而爲今己亥，侯以治成報最。天子授侯階，並侯尊人内君悉拜爵如制。夫侯治行不可殫述，乃復即綴侯之異績，當不能過諸使者之縷縷簡牘。慶侯之渥寵，當不能過諸薦紳先生之揄揚稱説。顧竊覘部使者薦紳先生所狀侯慶侯，要皆書事最勞之迹，而復之耳目數物色于壠畯間者。三載以還，市無蠲業，胥無敓法，農無輟耕。而其所洽聞習見，小民之歌咏不已。如輿人之德僑，而漁陽之樂堪也。夫枝桑歧穗，衣冠田疇之謠，始不過出自田童牧豎之口，而卒也採之樂府，播之郊廟，乃邑中小民之歌咏。夫固户不殊聚，聚不殊里。而所稱狀侯慶侯者，乃以賤故逸之。不知其爲聖天子臨軒旌高第，令之首藉也。草莽之人，鳴從其類。故復不敢以侯所以爲復者，推而幸今日遇；而以所洽聞見民之口者，推而幸今日遇。余小子之言也，民之情也。即若一人之私乎，則侯與大人同第，復父事之者也。雖智止知汙，亦何敢阿所好，于是乃作頌。其辭曰：

蕞爾荒雉，盈閭春闢。周矚鄙坰，以恬以適。以訴我生，腴其吭嗌。瓠脯衍衍，維侯之錫。禾黍離離，維侯之澤。天祚窮隅，

來陽伯文集

卷七

邇接德芒。鷄割三輔，爰俟隆宋。煌煒天錫，攸闓厥祥。丹綃紫泥，
閃爍尚方。以侯赤子，慶侯嚴慈。嗟此庶氓，如躬有之。蹴躄竪儒，
夙培恩私。感齊高厚，義激父師。顧膽豐駿，欲贊無辭。群謳可緝，
恂忱披依。千祀而降，稽庸在茲。

來陽伯文集卷七終

來陽伯文集卷之八

明三原　來復陽伯　著　　　　　邑後學　李錫齡　校刊

記

華陰縣重修西嶽廟記 代

　　華嶽爲西土重鎮，視諸嶽獨峻。自虞帝西狩柴望，禋以五鼎，祭以三公，以昭尊禮，歷代奉承不敢廢。顧古者展祀方嶽，要取庪縣而已。至漢武時，始爲神立廟。下逮唐宋，廟之修而圮，圮而修，不知幾易。而諸先達所以後先記其事者，亦屢傳于世。我皇祖受命，土宇飯章，爲百神主，出使遍祀嶽瀆，更感夢蓮峰咫尺上帝，以祈民稔，於是親灑宸翰，顯厥靈異。嘉靖乙卯，地震，祠廟盡傾。兩臺會題修復，貲費萬餘，積六載告成，語具大宗伯瞿文懿公《記》中。萬曆丙申，予奉命治兵潼關，瞻拜祀下。竊見廟貌蕪穢，私計所以修葺。屬華陰令馬明卿程量兼搜次嶽《志》。《志》既成，白制府泪臺使咸稱善，各捐公羨若干。藩臬諸公亦人人快其事，與予意合。已而予徙官隴右，代匭疆場而西。無何，

被霜露之侵，休沐歸汝上者數載，自謂終負山靈矣。辛丑之夏，
不自意復奉簡書，仍迹故署，詰事工未竟之故。馬令踞而以工鉅
訾不足爲慮。予謂曰：不然。乙卯之變，坼裂太甚，開創實艱，
故費劇而淹歲月。今茲之役，軌迹夷易易因也。夫此廟歸然，數
千年而敝，敝當起而偶值予。予去而謀，將中寢而復值予。此其
事不若有待耶！且天下事不以因循弛果決就乎？亟督之成。于是
馬令毅然率群職事鳩工，經始於闌暑，背秋涉冬，董董五越月，
至陽月告成。先是靈灝角樓遭回禄頹阤。比歲，廟宇爲霖潦所囓，
丹雘剥落，咸次第修舉，緜殿寢、御香亭、神厨齋所漸於金城諸
門、灝靈諸樓，周屋環除約二百餘楹。一縱目視之，閟宮峨闕，
燿煒逼人。朱櫩雕檻，顯敞于翠柏寒藤之末。對揖三峰，恍如屏障。
其巉削蔿崒，盤礴紆曲之勢，即從几席眉睫間可一一指畫。而遼
林虛岫，時揚烟吐秀，噓風沛雨，以幻恢奇之狀。視昔靈境，若
增麗焉。偉哉，神明棲泊之陝宅矣！工訖，余不佞敬綴一言以告
來者。夫古之君子語事神，必曰和民，亦曰神之所依民耳。考我
國家所以崇祀金帝，載在秩宗，要期神澤甘澍，逐癘疫以甦彫瘵，
爲民降祉垂庥而已。脱職在方隅黷悷自用，攜二衆志則無以對人，
即無以對神。如是即徽隆瀆祀，益之眚耳。善乎！周史過之，言
曰民神無怨，故明神降，觀其德政而均布福焉。由茲以談，修政
即精誠，附民即昭格。君子以無惡志，自禱而後可冀迓釐，以消
災渗于民。某不佞譾劣矇瞶，無能褆福關輔，顧勤事拊民之念，
無日不兢兢于懷，猶懼無以祗承皇祖崇祀惠民之心。乃邇來民力
匱竭，三輔爲甚。亢暘洪水叉傷稼數百里，當事觸目感愴，挽回
無筴。豈冥漠難測，人固有以致之耶！誠孚之事，是在後之君子矣。
某何能焉？是役也，不藉民財，不煩里旅，資於公羨，役於流庸，

計節省若干金。總之，費若干金，捐金者三邊總督少傅，兼太子太傅兵部尚書李公汶填、撫兵部尚書賈公待問、巡按御史李公思孝、徐公僑、巡茶御史畢公三才、吳公永裕、布政使司左使沈某、參政喬某、陳某、臬司副使李某、不佞某，始終董理則有華陰令馬明卿。今馮嘉會，而縣丞某，省祭官某，與有奔走之勞，得並列。

汝侯體寰劉公生祠記

國家設守土之吏數載，以定殿最。其土地之沿革，事務之彰著，即以數載概見，民亦睠然。顧望而幸一獲賢使君，若頓擗之望築新，荒祲之忻得歲。嗚呼！蓋難言哉！自久任制廢，善宦者且等其秩次而傳舍之，一膜之外即甌脫，一身之外即胡越。浮譽可以代實畫，巧援可以代親民，避嫌可以代任事。居上者審若此，無論朝廷分符授土之意，豈其使人相委，而予之以弊，當如民心永思何也！世有宦，其地身去而民若遺，身在而民已惟恐其去者，是故覩容以思德，致祝以思報，有由然矣。初，體寰劉公以上第來撫汝，汝人共謂以公才望，固當在天祿石渠之列，即以第亦自當。待公中都畫省戟署間，聽雞聯鵁，懷銀黃垂，三組以需取次之擢耳。區區彈丸地，淹公驥足，顧安望磬折驅馳之餘屑精于隱伏，令條舉而目張之耶！公下車獨勵精治理，不憚勞瘁。郡中地率瘠磽，無以御旱，即爲計引水，利于是蠬螺，千里化爲衍沃。政暇事簡，聿修廢墜，飭學宮，誨多士迹湮修習，直以風聲教化爲已任。最後而議城，城甓石甞甋，疊樓崇雉，計工量費，庀材儲貨。蓋不加賦不病農，而保障嚴固敵于金湯。遠近翕然，咸詫不日之應，而絕無澤門石富之謠。此自唐令狐緒、陸長源之後，曾居汝諸君子皆不遑給，而公已不動聲色而告成事矣。公今內召

有日，汝人方思久借，更感其功德無已，相與建生祠祠公，而俾
不佞一言紀其事。余惟祠所以繫思賢而去，去而思，思之久而不
可忘，則建祠勒石之事興焉。史稱龔少卿入境化盜，撤擁衛而民
安息。厥治亦稱神速，能德民者矣。卒亦未聞祀事可紀，至其美
何武要不過，曰："去則見思而已。"他如歌惠咏仁，閭巷野語，
掌故之臣，必採而録之，以薦諸郊廟，被諸管絃。蓋志得民若斯
之難也。夫寸澤不可以要應，居久復易以示釁。應絶則覆露者離情，
釁起則戴德者摘觖，故百譽而一訕，必襲義而取也。以譽赴而以
訕懈，事亦不可成也。匪公創獨烈普廣惠，身肩巨任，無撓志道，
取宜民能久通。顧安能跨古軼今，續史册之未有身受其報于無艾
哉？公事業莫可竟，其食報于天下將無窮。汝不過其托迹地耳，
不足重公，又何論不佞言？然不佞竊嘆薄俗相蒙，公義爲市泯，
泯于去。後者建祠勒石，突舉于其人顯貴時不乏也。此在當之者，
亦宜何如。公猶然一汝守也！何以知汝人感公之深在世俗市道外
矣！《詩》曰："敬慎威儀，惟民之則。"此之謂也。

汝州三山靈應宮創建廣嗣樓記 代

　　三山在汝之東南二十里許，有三峰鼎峙，最秀，故曰三山。
山之中，建有碧霞元君祠，曰靈應宮。靈應，云者以累代禱嗣其
上，輒應而名也。萬曆丁酉，余偕杜明府名世做乞靈故事，齋宿
祠下。晨起，縱觀則襄野崞同，杳靄東西，香山嵩少，環拱南北。
蓋天中一巨區，而神祠巋然。領略其勝，汝壃被服聖化，風氣葱
鬱，累千百年勃發而爲人文，世不乏人。毋亦山川包孕濃厚，理
有必鍾其陰綏于紫微清虚之府者，猶不可誣乎！若爾，則汝人乞
靈神既以延澤后嗣，所由來漸矣。三山故無樓，余瞻眺之際，意

闕如也。探囊中得二百金，付宗兄後厓董其事，杜君即以五十金佐之。而溫孝廉爾如者，常讀書山中者也，亦捐金三十。于是庀材鳩工，閱四載底績焉。廣可百武，深四尋，高四十餘尺。仰而視之，崔巍廓落，偉偉堂堂，陳棲也。憑而瞰之，丹碧淹映，遠鬥山光。其峭石奇厓，瀠流曲沼，峋岈琮琤，盡環向奔赴于樓之左右，雄觀也。某曰：夫禱請祈祖之事，信有之哉。《詩》曰："維嶽降神，生甫及申。"尚矣，乃高禖之祀之典，歷代亦奉承行之。豈生意散布非得司命尸之無橐籥耶？即如神代施靈應，亦何其有左驗也？以嗣言嗣，憒憒耳。汝自服化以來，迄于我明，他無論，即如考叔滕公其人者，何至忝于後。武後之作者，夫惟滋息仁義，淳固倫彝。俾不絕乎道德，不絕乎功業，不絕乎風教，以茲徼惠玄覬，嗣之所錫始大已。神固神仙者流也。倘眷此僻隅，儵爾乘風霧而樓是居，汝人福也。夫寧獨區區蕃衍，在閭閻間之爲福也。茲樓之藉以遠及不愈悠哉！因顏其額曰"廣嗣樓"。而不佞某潛爲之記。

汝州創修甎城記 代

汝故舊有城，城環可九里許，城垣累土爲之耳，日久風雨震淩，保障弗固。不佞，汝人也，每乘城慨歎，思欲甓甎石，計久遠。顧事艱，大難遽成，乃今告成于體寰劉公。公以進士高第，蒞此土，嚴毖治理，百儀鮮明。取所謂汝墳遵化之俗，而淳一之。又求所謂有熊巢許以下諸賢之化而覺正之，則又倣伯淳子瞻曾官其地者之規制，而振飭之。偉哉！嵩高汝流郟鄏伊洛之墟，庶幾還中天沖和之氣，以陰消愆伏濕燥之疵也乎哉！居二年而議城城，謂城弗甎弗城也，甎弗法猶弗城也。于是計帑羨以量廢，省父老以集事，

陶甓煅石以儲工，積贏蓄穀以澹用，募役倍直以招遠。時使更調以節力，厚塘堅基以垂度，飛樓峻閣以麗觀。千杵如雲，歌聲敝野。凡二旬有二日，而東西兩垣竣。又三旬有三日，而南北兩垣竣。可謂成于不日者也。某曰：當不佞之上書臺使者也，顧不虞，其事難；虞，其人難耳！偵公之才，人得矣。倘當路者厭良圖，朝議沮已。夕報罷，當路者俞矣。以侈然不貲之費，藉蕞爾地錙銖，積之期濟，辟之牛馬。處暑既至，虻蠅既多，而不能掉其尾也。某又懼焉。他無論，即如伯淳子瞻諸公所至為民導利。今考其軌迹，在宇宙不乏未有議及汝城者。豈事故難效耶？一時有齟齬者耶！歷汝之日淺耶？抑一方永久之計，必待人後興耶？審此則公之來撫此城，與此城之成于公，詎偶然哉！是役也，同知鄭一鶚、判官程嘉烈二君督工勤慎。而汝屬魯山尹杜和春、郟尹程大猷、寶豐尹孟宗孔、伊陽尹耿哲，皆捐俸佐工者，得備列。

邑侯獲嘉高可愚先生生祠記

關以西稱壯縣，原其一。原即壯縣，而五方民輻轂以居，其黠猾視他縣不易治。當可愚先生以名進士治茲邑也，不佞復年未冠，稍稍知落筆為古文詞歌詩矣。會先司馬尚未第，家居，以文字意氣與先生稱莫逆。先生既試不佞文，奇之，已知其為先司馬兒，視之如子。已又試為古文，若近體詩，頗稱意，則褒然待以國士之禮。先是令原者，即政事通明，類不談及文事。原土亦苟安簡陋，幾不知斌斌為何物。其上者佻浪粗猛，縱筆自雄放，曰："文在是矣。"先生亟挽之，就雅士子略知所向。公餘則掉臂花塍，吟嘯自適，有潘河陽、沈休文之高致。間有所著，邑人傳誦師之。然香爐書卷而外，橐中裝如洗。居數年，政成，鄰封同事者嫉其

賢，中以飛語挂直指議去。其去也，以築城建橋。故是時夏酋叛，羽書日數至，鄉薦紳溫太保先生倡議城北城，官寺居南，則先生倡議南城。城成不日，兩城夾水，樓櫓相望。河水暴發，隔如天塹，泆溮奔注，沒及善泅。岸人相聚，駭歎莫敢逼視。自宋至今，橋木圮而莫有葺者。先生覩其狀，恚之，遂議建橋。橋悉以石，橫若干，直若干，採木驅石，捐金量費，有已算矣。難之者曰：「其如捧土以填孟津何？」先生不爲中輟，謀之太保先生，太保力佐贊之。手創募緣疏，以告遠近。其採木驅石，捐金量費，業始事矣，而先生去。去十餘年，橋竣，水之暴烈不減于昔，而行者不知有水之害，則相與推原其自，于是祠太保先生于墻北，而祠先生于墻南。垣繚蜿蜒，檐楹朗煥，中巍然穆坐而貌者，先生像也。像對視橋脊，若長虹吞壑，弭耳頫首。回顧堂宇，而堂中主人怡怡，有障百川淩淩谷跨河鼓而涉析津之意。又數年，而先生由國學郎署遷憲司，駐節慶陽，士民數百人迎之省會，曰：「邑慶陽便道也。」先生即無意原，寧無意原之橋乎。扶掖趣駕，諸薦紳學士以迄老更隸胥，各具壺榼于橋，以次上壽，橋幾不勝載。夾兩城而觀者萬人，婦孺皆出，咸指曰：「此余令君也。」視祠中貌不殊，但腰間金映人組縈縈然耳。先生至祠下，謝不敢任，亟命毀像。諸父老進曰：「我公無言毀橋，可毀則毀耳。」遮留三日，始別關以西。至今侈談其事云。嗟夫！先生之遇也，其不惜以官委橋也。然先生寧墮垂成之績，而必欲建難圖之事。工成宦成，亦相終始。卓哉！見乎非是，即邑人報先生者，亦何以大異于諸賢令哉！昔直指駁議有怨，與橋而俱築；語彼烏知功德，與橋俱永。一時挫抑，不能掩仁人萬世之績。嗚呼！非常之原，豈徒黎民懼之已耶！按《祠典》，古所最慎，而生祠更屬僅見。窮陬鄙壤，求其踽躍。

尸祝神明，奉之毋論。鼓舞難借，即物力易以單微告詘矣。古自于公祠獄，陳衆王棠祠兵，其他以守令祠者，張奐、任延、韋義、杜軫諸公耳。挽近稍濫觴，然載在史籍者固更百千人而一覯也。惟晉杜預啓建石橋富平之津，衆論以爲周所，都歷聖賢而不作者，必不可作故也。預力任之橋就，上同百官臨舉杯勸預而已，亦不聞民爲立祠，橋不知視今日何如，豈當時實資少府水衡金錢以佐費與！余嘗目擊燕趙魏宋之地，見其俗多以祠諛貴，貴衰則不旋踵而祠敝，或緣飾舊祠以署新貴之姓氏，識者羞焉。西土風淳，多存直道。余邑二百餘年，無爲令祠者，有之，自先生始。考之《祠典》，正符禦捍蓄患之族，且祠興于先生挫抑之日，知民情矣，斯基其常新矣乎。先生之慶陽數月，即移疾家居。春秋强富，神情夢想，肯眷西顧。余小子即頹廢不能如。曩見知先生時，尚堪隨里父老後爲巫覡之歌，以媚伏臘之餕餘。

陝西壬子科題名記 代

今郡國所上士無題名者，惟秦有之，仍唐故事也。唐進士既捷，始題名，秦甫舉於鄉則爲之。按《唐紀》，進士宴慈恩塔下，推同年中能書者，題名其上耳。起自張莒，實一云常肇事止在神龍後，當時未聞有記之者。秦士舉必題名，題名必有記，又相沿以爲故事矣。聖天子久道作人，海內咸翕然丕變。秦士尤蒸蒸奮勵，以盡脫馴鐵小戎之習，歸之大雅。不佞觀風茲土，毅然動念，爲請增額。朝廷議可題名，增舉五人。自今歲壬子始，後之視今又以爲故事矣。蓋秦士否泰，剝復之一會也。于是諸士踴躍，群謁請記。不佞進而語之，諸士之欲余言也。豈以今日之事，侈榮遇乎哉！國家求士以實，士賓實以名，名與實何得分？士當未遇，

患無名。公車日，既競名于朝，又以其名鑴之不可磨滅之石。周嚴里選，漢重孝廉，唐設課試，即若屬也。考唐舊典，開元以後文章彬彬，應詔而舉者多至二千人，所收百纔有一。秦中賢科甲選浸盛，有十倍于唐者焉。異時，立朝人品咸得覿其名，明指其人，誰賢誰不肖，毫不可避。一片貞石，固妍媸之鏡也。且誼取分榮，則欣附同榜。羞與為儕，則情拼割席。列名雖同，趨分乖合。是名者榮膴之階，亦危懼之門也。古人不云乎為善無近名，又云取士勿以名，有名如畫地為餅，不可啖也。蓋疾浮名偽名如春華海棗，不可致用，更懼盛名之難副耳。夫名祗以載里系證姓名而名輕，因里系姓名而得其人則名重。士必有名其名者以立于名先，此其義不可不思也。關中風氣鬱葱，自樸椷作人以來，照映史冊。逮及李唐，名賢輩出，莫可指數。即如昭代所最著者，事業則王端毅，人以方陸敬輿；忠義則楊忠介，有四知之風；理學則呂文簡、王康僖、韓恭簡、馬伯循，橫渠、新安之的派也。他如武功、華下諸君子之文章，猶分李杜之光焰。而上窺西京以來，一家之言即獻吉，亦秦產也。此其人鄉閭婦孺能述之，奚須摩碑苔間？而後識姓字嗣起之賢，雖不乏人，然攬曲江之勝概，撫杏園之遺迹，雁塔雙峙，終華彌望，羔雁居前，弓旌在後，點檢生平，有愧制科之名者多已。堂堂豐珉，其追琢宛然在也，不知已湮滅久矣。諸士審此，其亦知所以處名矣。夫是歲趙、蕭二公以大儒典試，督學洪公、秉公，正所拔多寒儉幽韻之士。聞入式者，又多出其鄉侍御馮少墟先生之門。公理學名家也。說者覘秦士運逢陽，長在復與泰之際，必有周召諸人應運而出，無忝周官三物四術之教，寧直遠跨漢唐而已。乃若以一日之獎題，轉移世運，則余厚愧。

可曰亭記

亭取挺然孤立，四檐周覆，竹裏花叢，獨占其勝。韻人履焉，或攜尊而醉，或曳杖而吟。人地名實俱稱，斯爲得之耳。末有連三楹矮屋，割其一楹而顏之，乃名曰亭者。衙東西向，余至，逢大旱。楹前東向者樓三楹則背而西，入夏以來，旭日斜陽，分受其炙烙之苦。來子痛然頭病，于是穿樓使風。念楹卻背遮，則又穿楹之當樓心者。兩層洞然同豁，涼颸颯颯至矣。已開北牖，尋陶公之適，遂可以置榻眠矣。檐際添簾脣，西面樹旱帆蔽之，斜陽虐焰遂不能射，院陰森如垂天翳日矣。環植翠竹數十竿，雜卉點綴，錦石一峰，矗然屹向。余每退食，側注草履，箕踞嘯傲，頓忘酷暑之患，恍若游於家園之迎笑亭籟室中也，蓋二處多竹故耳。念生人最苦者，熱月而旱暍。關署湫隘，址難傍拓，若更填塞偪匝，悶扃壁砌，其與甌覆絮裹何異？此屋當夏，即童僕避其蒸爍，一旦闢而樓通長風，繢至前後重闥掩映，境爲邃幽。屋楹如故，界其一若判而獨也。獨斯是亭，故可曰亭。是工也，于製不勞，于趣不悖，不惟夏可納涼，兼亦冬堪炙背。陰陽之患，藉以免矣。後之君子有苦夏而坐此者必功，余因勢之改作乎。

題岫雨樓名記

山有窾宕曰岫，岫能興雲雨，臨清故無山也。何以曰岫？即岫雨何？與于余樓而名之。蓋以聊城令楊荊岫公至而有取爾也。公新補聊城，然先是實令余三原，賢且久官，轍偶遭于東齊，相晤各喜，飲茲樓下，恍如居原日也。何以曰雨？自不佞春初至清淵，以迄于夏將三月矣。大旱異常，二麥俱枯，兩河之流汩汩欲絕。

帆檣稀渺，關市蕭條，官師禱群，望而不應，閭民致虔，賽而計
殫，亢暘扇虐，雷電潛蹤，若真宰降罰一方，從此遂永不雨也者。
矧東土當奇饑之後，棄爲芻狗，莫測帝心。忽報公薄暮單車入城，
而天遂乍雷。鏗然之聲，應響奮起。越三日，延公坐定，飲甫數巡，
澍雨飛墜，建瓴瀉漢，邐砌興波，豐隆屏翳。諸靈忽隨車驟至，
觀賞移時，揖讓都廢。異哉！豈禎祥果俟其人耶？抑偶值而然耶？
署本極隘，舍樓無庋書之所，來子日于中寢食焉。數月塵沙彌天，
不堪引睇。自得此雨而後，林木如洗，秋播可興，滿城愁嗟化爲
歡笑，即津吏開顏可知已。凡人有快于心，則記而不忘。且古人
思其人，猶永保其迹，感其德，則以姓命其子，故爲霖望説舊雨，
紀祈有潯之咏風，人重焉。余于斯樓，能舍此而別稱，與抽毫書額，
用暢一時之嘉遇。聊城距清源不百里，嗣聞雨三番皆不出其境，
東齊顯被膏潤矣。余邑士民思公日深，其咸慶余偏庇大廈也。

適園記

　　適園者，張光禄見三君所新築而自命名也。君關中涇陽著姓，
久寓維揚，常一仕于留都。稍遷，意不欲往，輒謝冕紱以隱。隱
居之暇，庀材拓地爲園，離揚城南可五里。既成，貽書來子，曰：
“不佞自絶迹長安以來，覺意油然，適其適也。以園將尋徜徉之
樂，以閲居諸，幸子按圖記焉。”夫人固各有適也，適從中發而
假境焉以寄。倘非先有適。此適者縱境適，紛挐在前，與我身心
不屬。山水花鳥，皆無情之物矣。夫適，恬趣也。會之即素位自
得，擴之即胞與大公。可使境來盪襟，可使神躍萬象。謝泅呶之
煩囂，味冲夷之至理。弋釣琴弈，蒔植灌漑，隨其所好，量力度時，
皆有一種心怡。機流與自前所對之物融，浹而不可語形，並不可

人喻者，此真適也。審爾吾人于宇宙之內，任取一事焉，求其可以遠聲利逃毀譽者以寄吾性之樂。何異于蒙莊晝魚而夜蝶，元亮撫松而醉菊耶？魚也，蝶也，松也，菊也，本有一段可適者。若兩公無與適者存乎其中，即四者日交，漠然不相關矣。光祿君以其適，寫之于園，故尋常流峙，畢寫于君。絲竹陶之，麴生暢之。有時擊榜浩歌，有時步廊乘月，與勝侶佳人同適，與滿園春色同適，與園外之天地亦同適。視束帶謁官長，逐隊懷刺，僕僕不休，相去何若哉！園北枕關署，面環水一灣，入門即列霏屑、遠塵二軒各數楹，迆行可登山。山有臺有洞，奇石峻峰，與步上下，不可卒盡。中豁然階阤宏敞，可以盤馬，鎮之以庭，界之以池，堂堂巖巖，是爲秩筵高會處矣。東西多樹松桂，並南土異卉，蔚然成行，各冠以亭，曲榭蔽之徑，復迂邃折。而東北隅創攬翠樓，極目騁望，城中鬱葱佳氣，直接平山堂。沿寶帶河，繚繞于浮圖，宛然佳繪曉霽江南諸山飛送翠靄矣。園後抱竹千竿，想像嬝風棲雪時，此君共主人酬賞，蓋亦溯子猷之興，而兼之見三直欲做三古人之適耶。余往客廣陵，于近郭常飲社友閔元之園。城西之碧流灌木，庶有領略。惟歎關南蕭然，得此園，邗江之滸添奧區矣。

社祀張公廟記

域中名山大川俱有神尸之。考《祀典》，五嶽比王者，四瀆比諸侯，其祭大抵陽用升而陰用沈，從其類享。然古帝王舉祀，止首襃畿內山川。其散見方輿者，歲時所在，有司領其祀事耳。若夫里俗尊崇民間禱禬，貑魖吟嘯之窟，魚龍出沒之鄉，莫不睇峻求登，驚濤願濟，魄搖於冥漠之宰，精攝於玄化之司。喁喁詵詵，陸祈剎宮。而舟覡埦廟者，聖王不之禁也。相提而論於水爲

卷八

-152-

甚，蓋舟車所載之數既懸，而安危相逼之情亦異。水神著靈于江河，傳之經籍者不可勝紀。而張公則歷代廟貌供奉久矣。余住京都，覩越人時祀張公，釀會劇舞，聲容秩備，儲餉密鎮。白河之滸巋然有廟，問其神張公，問其首社則皆越人，客密者香火之也。按《越絕書》，越王既平吳，春祭三江，秋祭五湖。因以其時立祠，垂之末世，傳之萬載，是越人之祀水，自其俗然。而張公故江湖顯應之最震駭人心，目其姓氏託巫以通之者耶。語云神不歆非類，貴禮也。又云埽地而祭可以事天，貴誠也。神靈越地，必明禋越人無疑。越人以其不顯不昵者，而伏臘致誠。即行潦可當牢糈矣。廟四栱飛翔，甍橝畢飾。壁帶虹宛，檐鐵風鏦。威儀中儼，詭幻之使森羅。繚垣對廡，可容賽薦。傍拓地數十畝，稅入足辦簿正祭，餘而餕受釐登歌。坎坎之鼓，佐以陶匏。水蘋岸芷，彷彿江南。遙空風颯，怳然九𩫆螭駕，往來於幽薊吹律之谷也。爍與休哉！社父老恐荒塞易湮，敦丐余言，期渺久遠，聊綴數語以應。余更有說可質神，以質父老焉。夫人聽於神，神聽於天，而天實筦於寸心。若固率挈資習技，以北游上都侶也，不觀之水乎。洪細異流，經歷萬態，而無改東注之勢。其本源不變也，夷險任之矣。故曰：忠信可以利涉四時，採馨不如採衷。採衷，蒙祐之善物也。

來陽伯文集卷八終

來陽伯文集卷之九

明三原　來復陽伯 **著**　　　　　　邑後學　李錫齡 **校刊**

祭　文

公祭李封翁文

　　嗟夫！兩生叨厠我師籲吾先生門牆也，計一紀於茲。是時已習太翁耆艾，而康先生在子舍色養甚備，内擢清華，出守興都。每念太翁春秋高，而時時喜矍鑠如壯年人。里閭士紳咸訝太翁得老壽術，顏不與齒俱邁。談及先生色養，則又歸孝子格天所致。銅鞮上黨之區，侈家庭純嘏之祥者，必首述焉。何論門牆弟子慶如躬獲乎？頗詢太翁壽源，卻不拘拘於吐納，經伸耽玄課虛，以穿合養生之訣。獨是神不役役，形不揖揖。徜徉於林泉，娛情於絲竹，攜良朋，命杯酌，而襟豁然，而境悠然，而興陶然，如挹春陽，如享太牢。蓋歌咏所不能寫，造化所不能繼也。故能安躋期頤，極人世難見，與人子難必者。太翁於山中尋常日月受用，而消除之度百年而後去。即古容成羡門善卷披衣之流，偏延遐算者無以加焉。此豈太翁鍾於

天者厚耶？抑其匕箸間，迎歡聚順，實遠於洮伐者，不可誣耶！噫嘻！彼蒼以長年之親福令子，即以賢達之嗣貽福徵。則太翁之不亡，尤非徒以齒我師之孝，又不止在匕箸間父子相成者更大且遠耳。由兹論之，太翁之捐館仙游也！我師無已之情，其悼慟宜何如耶？蕪辭虔奠，遥代師悲。嗚呼！尚享。

公祭户曹玉峽方公文

嗚呼！運化如流，歲時遒急。孰俾締聯？孰俾乖失？荏苒六年，相倚聲實。雲逵頡頏，友于秩秩。會幾何時？殞我朋匹。於維兄公，皖城巨室。英資天授，家學邃遹。食跖茹華，揚芬唊飶。名轂風馳，文瀾霞蔚。魁敓南宫，燁煒崒嵂。市指丰標，人驚彩筆。伯兄柱史，雲霄連翼。媲美棟梁，爲邦之特。甲第延綿，翩翩子侄。吾黨料公，崇膴需陟。比部發硎，凛然玉律。嗣補民曹，風猷毖飭。摇佩鳴珂，冥搜続輯。遇古必師，無微不入。壯志雄懷，際涯詎測。於嗟彼蒼，扣之昏默。胡予之才，而忌而壄。夭矯鳳鸞，倏鎩五色。騮騄方驤，中道折縶。鬼瞰高明，衛生無術。旅邸訃聞，士紳傷盡。矧余同門，情尤親暱。桑户返真，存者凄惻。奚慰泉臺，寧馨玉立。庶幾熾昌，以報明德。嗚呼！雙旌引途，素車咸集。灑淚春明，寒風瑟瑟。嗚呼哀哉！尚享。

祭蔣安人文 代

嗚呼！由粤暨燕，萬程計驛。五嶺洞庭，滉瀁崒嵂。維蔣世賢，甲第秩秩。獨秀毓淑，於笄作匹。兩卿埒貴，婚嫁彷彿。良媛不驕，宫閑且佶。夫子負奇，風雲咤叱。紫陌錦韉，彤廷彩筆。振步清華，計曹建白。寧武之勳，清聲凛溧。入押司班，威儀端壹。外和壎篪，

入叶琴瑟。報政弛恩，輝奕家室。珈翹耀冠，翟褕飾服。稱曰安人，朝旌娉質。云胡中路，比翼相失。賢而無年，高天誰詰？迢途轊車，丹旐明滅。悼亡潘郎，橫頰淚出。某等慰友，感情脈脈。惟伊湘山，示寂有佛。靈其皈依，修短終畢。若其遺芳，夫子自述。尚享。

祭李太夫人文 代

自方伯公崛起關中，聲名藉甚，中外赫然瞻仰，如黃星絳雲，則允垂法諸學士。即諸學士取法方伯公，亦標赴景趨不啻已。聞方伯公兩尊人並渾樸淳厚，不以子貴而驕。則相與謂流長枝茂，非無自也。邇來蜀夷犯順，公銜命西諭，以大義示以國威，不費一鏃，夷醜伏辜。事甫戢，而太母不待。嗚呼！當公之西也，太母春秋高矣。公迫於王事不獲辭，心甚懼西日易沈，乃竟以懼往，以悲至耶！太母仙去日，正值公功成後。天若故延太母，為蜀事計耳。倘太母少不待，誰與傳檄絕域使悍酋束手不敢動？吾恐蜀民日望綏寧，國家日廑西顧無已時矣。嗚呼！竹帛勳名，子存母存，食報方在千年，奚生死去來之足論哉？太母有知，當含笑游九原矣。某等謬領邑序，夙聞母儀於諸學士，薄祭載陳，不敢為尋常歔欷語，以太母有長生者在也。

祭王封公文 代

歲乙未，某蓋與麟郊王君同舉進士。君少年端雅，望之如玉。既而知其尊人伯翁樸茂淳固，類上世人，則私謂慶澤培育有自。無何，麟郊君得吾晉臨晉。晉故嚴邑，君下車剸決諸事務，精覈敏給，即老吏不能辦。乃歎君大有造於晉，而伯翁亦陰貽於晉民甚厚。一越歲，而伯翁訃至。嗚呼！麟郊君甫展於邑，而不獲厚

施。伯翁能食子貧而不能食子貴，皆天也。然獧佻者易斲，淳厚者久延。質以造化常理，可百一不爽。顧於常人則符，於伯翁則悖。豈造化有獨斲耶？抑斲循吏於晉民耶？夫當麟郊君未得晉，而伯翁無恙。麟郊君脫晉即顯，而伯翁不待。孝子不能一日安親之養，即晉民不能一日留賢令之轍，則晉民之失慈，與麟郊君之失嚴，其苦一也。由此推之，天實奪伯翁以降孽晉民耳。若以翁論，則翁已以有子壽久矣。嗚呼！某狥人，去臨晉甚邇。麟郊君德政旁溉鄰邑，罹茲大故，狥人聞而悲焉。某可知已，則晉民又可知已。

三週祭先繼母文

憶昔與吾母訣時如一日也。經而練，練而衰，衰而除，迄今又易歲矣。兩兒不敢踰禮制，客歲八月，出與燕會，然見華縠惡不忍服，即兒亦不知惡之無從。三年之內，時異事改，內務不舉，政失專制。私念吾母在，當不至此。然則茲以往迴視與吾母訣時，即數十年如一日也，而論今日乎。嗚呼！吾父宦游二千里外，兩兒辭而西欲往侍，不可歸。見母舊御服飾，及過母曩時處所，鼠穿蛙篆，白日黯慘，輒心痛如割。是兩兒於吾母抱逝水之悲，於吾父負暌離之辠。感昔愴遠，真無以自解。且吾父今日念吾母，灑淚西向。吾母遺照在堂，又宛然見兒父子曩時聚哭。時荼苦皆足令兩兒心動，而冥冥中亦不無兒父子一時聚散之感。幽冥大慟，其悉在今日矣！其悉在今日矣！嗚呼痛哉！薄祭在茲，欲言莫殫，母倘能鑒兩兒無已之情乎。

祭蘭亭梁公文

嗟嗟！締交惟艱。某數人訂盟，翁子暨翁諸侄，則王之戎，

阮之咸，視之私，竊謂少異世之反覆者矣。以故翁昆弟某輩日得接，接得尊事，豫同慶，憂同悲，怳如家人，依而靡懈，蓋五載於茲矣。邇覩翁嬰腹心疾，則相顧悲焉。爲歲向衰而失手足，仁懼血脈枯竭，鍼砭難爲功也。已覩翁內君變，則更甚悲焉。爲翁與內君相莊事，且床褥間，不堪罹若遭也。嗚呼！乃今竟不可起矣。翁數不滿五十，博士弟子淹其身，不獲榮施，與某輩昕夕殊受禮遇。不啻雍門山陽之誼，而抱私涕。諸所以悲翁者，俱置不論。論翁之不可死二，不當死二，以悲翁。翁之母八袠矣，垂白，堂上諸子孫俱在，各進一盃，顏爲解一人者暫以故不與，輒泣下不樂。有一旦訣翁而不劇慟者，內君在養。翁子效孺慕偶失慈而哭，毀形至割股，爲死孝。顧猶冀翁全，庶幾母存耳。今且日抱兩尊人柩，而蹩踊欲絕。有識所不欲聞。有此二者，翁即不可死矣。翁性端默，寡嬉笑，畏以處事，遜以當逆馴。然人望而君子之將擬有厚食，而不虞短折死。方內君之阽危，時勢甚促。此雖以天道將子肉知不可救，某輩謂必可移天道，翁身以全，千古之孝。茫哉！彼蒼竟無有應也。斯二者，匪翁死所不當死者耶！嗚呼！人不能一律，死則死，鮮無憾。天不能人爲劑量，則禍福鮮均。然則論翁之不可死與不當死，其母乃止以人事悲翁，而俱非人能爲乎。至若游身大通而齊夭壽，生死爲一，視翁且安然游溟涬之境矣。某輩其亦竟無以悲翁已。

祭友槐宗室文

今天下藩國秦最盛，其胄所衍最繁。日食大官，餼不下千百人。出於市，市中三尺兒可指而辨之。其人貌率不下，更善恐喝人。以故人無賢不肖，見輒群引去。何至以帝室之英而喜，令人畏若

避火以爲威者？夫非以地勢之所移，習氣之所惑，見其大而不善
用者耶！乃信陵諸公子折節下士，食客至數千人。夷門鼓刀之賤，
挫公子於市，以嘗其德。而執轡倒屣益恭，絕無不堪容形見。是
時公子名冠諸侯，重蕞爾之國於九鼎。而人望見公子，泊然儒生耳。
子長氏極豔稱之。其人雖往千古之下，讀其遺事，尚凜然有生氣。
則當時棲息門下，其被服誼行而誦義無窮者，從可知也。嗟嗟！
何知仁義嚮其利者？爲有德。處易陵之勢而不居其尊，非有博識
宏量，曠觀千古之概，胡能脫然於聲勢外耶！今求其人，則友槐
君侯足當之。君侯少即好學，仗大義以扶人，因厄緩急卒足倚。
人方暄而閧競於市，君侯顧兀然靜室以終日。人方盛裘馬恣淫泆，
沒於利，終身不解，君侯顧儒衣冠而日與上客對語。此即推而附
古信陵孟嘗之遺，當不少愧。而君侯不敢以此自多於流輩，固知
能善用其大矣。君侯安然以天年終，卜日將就窀穸，以千古論，
譬彼星辰河嶽之常存。而某輩故游門下者也，即不能效子長氏爲
君侯作傳，揄揚休美。顧其誦義無窮，則某輩知之矣。君侯死猶
生耳。

祭王封翁文 代

於戲！鑑崿熒輝，漆流澄冽。駢闌圭璧，既完且抉。於惟哲人，
雲蒸霞爛。清廟巨珍，邦家碩幹。周之方叔，漢之班揚。顏頡簪組，
天路相將。源長惟潜，枝敷以培。拳拳服膺，欽懿訓哉。懿訓惟何，
父煦師誨。爰迪厥成，矢以永佩。娛此黃耇，載頤載愉。人徵獻老，
自擬潛夫。服煥其章，食馨其飶。俛仰人間，願隨遇畢。否乘徂化，
歲晏斂形。蝶栩鶴藏，言邁玄冥。物有非生，亦有非亡。綿綿大年，
何促何長？某叨守鄰封，夙瞻清淑。矯首微芒，屯於百六。豈不

慗幽？爲有常存。靈之愉矣，視此誄言。

祭少保李漸庵先生文 代

於鑠台宿，光爛寰瀛。遏矣豎儒，遐瞻其明。縮符拖青，覥
惟不造。所期寡尤，值公在告。肅肅我公，鎮世喬崧。寅亮天地，
披蕩溟濛。如春之煦，如霆之折。群司儀翰，宸極喉舌。夷猶袞服，
有燁其光。帝曰儲宮，惟女贊襄。爰懋勳庸，顯加鑽斧。緯武經文，
獻可替否。於惟我公，叡語良師。休沐之暇，培我恩私。忤衆衡物，
身罹爾儵。毋畏蹇產，以和爾修。何以彰規，敦仁履信。何以押躬，
公廉勤慎。亨屯幹流，賢哲儵幽。追晤幾何，躩鯨冥游。嗚呼傷哉！
渭濱星隕，蓮嶽峰頹。濤橫失砥，川濟無才。遠邇駭疑，中外錯愕。
帝悼良弼，人思鎖鑰。矧某夙昔，佩篋刑儀。愴憼鶴藏，能禁雪涕。
載醑載漿，言酹寥廓。難閡者神，九原可作。嗚呼傷哉！尚享。

祭劉太翁文

孰曰巖藏？終燼其光。孰曰維良？弗樹其昌。秩肅我公，抗
業德坊。睥睨時彥，腹疊縹緗。蹌蹌振足，其旋考祥。咄嗟遺珍，
賤比陶甂。投硯閣筆，一笑滄茫。元君嗣武，式闡厥慶。丹穴鸑鷟，
毛羽焜煌。雲逵廣莫，矯首飛揚。梗梓就斲，以儲棟宗。公也衎衎，
相羊宵旦。豈其嗣田，匲飯是裸。流潜植深，理亦胡道。黃耇頹齡，
聲施里閈。兒齒童顏，以慰親串。騎箕奄化，縞幨忽空。眷懷永暌，
惻念逸蹤。嗚呼！劫灰浩淼，代謝何窮？朽亦非骨，存亦非躬。
禧祉承濟，何子非公。聿興肇起，天厚厥終。九原儲輿，以委以蛇。
矚目人世，何限仳離。云胡比德，束芻是宜。何以妥營，我言在斯。
以有大年，而扰漣洏。靈颻控御，於昭格思。尚享。

祭李約吾文 同社公祭

嗚呼！天地恢恢，有合之形，乃與其中。綢繆膠結，日相游娛，實惟友生。其意喻也，不以吻舌而共通腹腸；其託親也，不以荇葭而密於弟兄。世有鬩牆，同室覿面而嘿，即族姓異業，懿戚分塗，或反睽疏，而未若莫逆者之瀝誠而洽情。故叢談則繼目以蘭膏，取藝則衡幅而襲蘅。精通臭味，品合騭評。悲離同求曹之雁，急難擬顧侶之鴿。嗟乎傷哉！余等獨何心哉！而不與吾，約吾之死淚橫頰而沾纓。嗚呼約吾！汝之性沈寂孤耿，不爲泛交以自煩。汝之氣英毅善赴，不能以匿沮愚人。時有震烈以自瀉其不平，人以爲汝城府是設，町畦是憑，不免中含沙之射。而汝實無腹劍，無衷甲，持肝腸以與人傾。嗚呼！人之相知，貴相知心。千年可遇，白髮可新。中途廉藺，何間雷陳？稽絕臣源，形忤中親。殊行同源，亦有寧歆。乃楊倪之異託，卻同心而利金。彼曉曉者，不廣示人，乃余等義不廢糾責，而亦數覘汝之逡巡。汝蓋學期日下，行取歸淳。故三十餘年，無釋卷之日，振同盟之隳墮，而闢壇壝之塞堙。範某之誼中常犖乎惕惕，賞霜之長常不輟乎津津。嗚呼哀哉！汝抗厥志躋于雲逵，汝惜厥羽屬其鴻儀。歲之春初，杜室咕嘩，發書盈篋，日端坐諷咏。而伊吾固欲背城奮臂，以圖必克。而二豎之禍，乘於不疑。曾未浹旬，遽不可治。奄化異物，與世常違。嗚呼！以汝短折訏器識之難，窺憶彼蒼之見，奪悵人力。其何知汝有幼妻愴其仳離？弱息冲子煢獨無依，哀魂日莫淅瀝重帷。志抑塞而終齎，事排置而皆非。想徘徊以浩歎，復憤悁而含悲。嗚呼哀哉！詩人動嚶鳴之感，山陽興橫笛之思。顧瞻汝靈，追想汝顔，精英飆勃，恍惝熹微忽覿。今者乃灑酒焚帛，而長與子辭。嗚呼哀哉！

汝真已也。生死交情，盡於斯矣。

祭徵仕郎槐軒梁公文

人何有顯幽哉？生爲人，取給無戚，逸卒足倚，則施以不位，而貴以無權。以占調化，式補其偏。是名洌泉，人咸酌焉。今天下踵七筴餘，智者至山壘不已，亡不競利若闠，屈指里邑，家亦衆矣。乃以放積，以愚守，劇禮，捐仁而事營苟。遇物則凌，持躬多咎，民之所墜墜財於何有？以公下儐，何異鷗鵬之與蟭螟？泰嶽之與培塿？於惟我翁，晦形以柔，弭德以息。觀貨持籌，基累厚實。佐急恥卜氏之覬，焚券匪下客之智，嗤季倫利財之言，服鴟夷三散之義。賑孤拯厄，事靡弗至，是亦爲政，家給人賜。嗚呼！利抑何常？藏鏹亡多，聚散由已，天道云何？逞夫谿壑，期盡有涯。鄙彼虜愚，大鼇之嗟。被被燕翼，翁所休嘉。茁茁蘭桂，翁所摩挲。繩振穀嗣，肇業孔遐。賈始儒終，天闢其和。以此較彼，利伊孰多？翁雖溘焉即幽，聊亦乘化歸盡，而亦何恫於人世之蹉跎哉？某等誼結諸孫，託盟友生，屆時執紼。尚以斯言，慰其永懷之衷，而節其未盡之情也。

祭行一姪文 代

惜哉！爾所得年五十七耳，而臥床褥間凡十。十之中懵乎不知人處一，語稍稍倫處三，委飲食僕婢手者處六。乃至灑然巾櫛，而覯天日數日而已。嗚呼！余與爾昆季子姪聚不旬日，聚則爲家人歡甚敦。某某偶虛於座也，諮其事。某某而爲儒賈游也，諮其期。蓋十載間，余等無聚而一忘爾疢時也。爾絶不爲尤浪苦人，引足程矩，若將淵墜。遇人坦夷淳樸，橫逆屢觸，不色動。少年爲博

士弟子，值家衰微，貲拙販淮揚，聊給數口粥饘，歲時縈藾而已。人所芬哎，爾故局寂老士恬退之衷，固可宜寒竁而恥趨湛汩。爾十載以前，行之所稱，概若此也。之人也，而得此疾，以抵於死也。悲夫！爾抱重疴，十載而死。稱久顧奪爾於六帙前，則促也。幾六帙，亦差無恨。顧以爾心行純美，始罕偽彫。既無利滑，而猶不得久視息人世也。將使人終惑於壽不壽之理耳。嗚呼！善淫逢天於不虞，修短要期於隨化。胡足深異，惟是爾二子伏泣苦塊。余與爾昆季子侄酹酒几筵，一如夙時共爾相聚時，能知之否。

祭馬孺人文 同社公祭

嗟哉大母！德曜其儷，敬姜是鄰。熊丸墨幰，爰食其報。迂椳維純，哲嗣翩翩。文章西燭，亶也振振。實惟元公，型模多士。荃佩蘭紉，於仲不昭。麟鳳其華，作邦家賓。元公之子，溫穆如玉。大軼夷倫，雲錦團胸。筆花競縟，宿於無垠。歷塊霜蹶，昂藏都市。煜鑠絕塵，美彼阿戎。卓爾小阮，締交必親。蹣蹣豎儒，得炙兌益。數載於今，夫子元公。繩尺道義，創艾塞湮。豎儒牢牢，異聞是扣。天地惟均，異鱔兆祥。乃占吾道，運啟通津。仲夏之日，有聞甚驟。輒共沈吟，深懼桑榆。境迫旦暮，風燭燐燖。嗟哉太母！克盡者年，無憾者心。燕貽穀嗣，一堂聚德。群玉森森，獨悲元公。始伸即屈，將亨而屯。含痛將奔，天然孺慕。睇者酸辛，無蓄不發。無濬不茂，恃彼後人。豈其一時，偶厄運化。而終沈淪，誄辭在茲。且哀且慰，冀聽明神。不磨者言，付之鴻羽，隨風西遵。尚享。

小祥祭先考君文

嗚呼！客歲此日在榆關，今歲此日考君就墓已五越月矣。門

祚薄衰，慶澤中絶，諸務旁落，人心墮隳。考君去，而不肖萬慮戚心，白髮生頭上日多矣。臨從春仲下揚州，床頭青蚨漸索，歲費半紬。嗚呼！以官償德未酬，以賈償官不遂。貧吏之後，興者鮮矣。每一觸思，輒煩鬱無人世念。忽不知考君之長，不可即也。荒迷之人，不能筆其哀思。陳祭几筵，盡一號耳。嗚呼！尚享。

祭棠谿郝公文 同社公祭

嗟夫！士有固窮一壑，永託擇地，押躬以食舊德，惜陰究學而借鄰鑿者。斯其志，抑何落廓也。世顧謂天道靡諶，通塞倚伏，始屯終亨。故勤耕可厚穫，力學可階榮。是故負薪鼎食，敝裘拜相。識者不駭以爲異，且爲巖竇荊扉之中之可以韞珠櫝玉，紆組振纓也。乃回窮憲貧，終身無遇。饑不足以飽藜藿，寒不足以暖布素。憂感困踣，坐歎遲暮。是爲身數之獨奇，天發之永錮者矣。嗟乎！士之於世也，淹蹇者氣耗於迍途，奮庸者志揚於廣路，良可悲已。公少耽簡編，長絶塵鷺，破屋頹垣，此志罔斁。長咏短吟，期與時遇。蓋家無儲石，外無附援，以至於白首就死，而卒無以自饒裕。有子森森，麟經研熟，爲文日工，青冰譽著，然而其貧如故也。豈天殆鍾運於此人倚伏之理，與斯固無忤也耶？是可以酬公之踽踽窮居者矣。

祭仇姑丈文

有壽匪年，有榮匪貴。連騎鼎食，通侯量費。以贍嗣世，百年滋慰。謂年爲壽，世多皓首。拮据食貧，不羞奧訴。謂貴爲榮，畏路多驚。志窮道澀，荊棘叢生。丈夫專業，業戒日隳。石鑿是水，木鋸惟徽。惟公揚揚，削灑不辭。纖勤簡易，魯丙周師。五之之利，

漸獲廉賈。秣駒脂軸，過家靡顧。如鬥修備，如雨資襄。水車旱舟，莫識云那。答布朽枲，悉偶時用。駔儈之符，以來操縱。有子凌標，崇巖決目。拓基承因，其欲逐逐。長也廣延，日濱賢淑。次卑韋藩，詩書是畜。栗棗千樹，廓田萬鍾。布衣極致，乃儗素封。卻瞻階下，冠履雍雍。嗟乎卓氏，播遷季倫。非命永慊者，公首邱是正矣。

祭先考君文

萬曆三十年七月十九日，不肖男復等謹以剛鬣柔毛庶羞之儀，哭奠於顯考司馬公之靈，曰：復至不孝，不知以子道先諸子，身距我父三千餘里，偷安於家。我父疾，不能待湯藥。罹茲大故，又不能辦含斂。倉皇東奔柩傍，甫四日而已。爲我父七七之晨，子如此，亦無面目可立人世矣。抵今匍匐號泣，冀我父在天之靈速降奇疾，得早從地下，願固百甚於生也。哀毀中凡不孝半載，所不得待我父之情，欲詳陳之？輒哽咽語塞矣。我父今自知之，亦惟兒所爲極苦，夫復何言？但不孝甚不解者，以我父之德而不獲天佑，以我父仕進之心極澹。每思旦夕挂冠西歸，而竟旅死。果天道忌人弄人，福淫而禍聖賢也。不孝輩他日爲善之念，毀棄盡矣。肅具薄祭，哭告於几筵之前，五內刀裂，欲死已。尚享。

祭先考君文

維萬曆三十年八月朔日，不孝男復等謹以剛鬣柔毛庶羞之儀，致祭於顯考司馬公之靈，曰：嗚呼！我父棄不孝兄弟忽浹月，不孝復恒號泣，奔至榆關。忽十六日，卜者擇四日惟良。不孝兄弟將奉靈櫬從郵道西旋，家人數十輩環哭以從。嗚呼！此何時哉！此何時哉！孰使我父至此而始言歸？不孝兄弟當死。顧又以事至

此，不孝兄弟即毀瘠不起。孰與強扶道傍爲靈櫬安歸計也？嗚呼！旌旐在前，素車載駕，靈其憑焉。塞地苦寒，秋風漸厲，山城之闃寂，海陬之喧豗，不可以久居，靈其舍焉。道路遒修，間關遠涉，洪潦巨坂之阻，易使心悸，靈其妥焉。客計倥傯，朝夕饌獻，或失豐潔，有一誠耳，靈其享焉。旅次頹薾，風雨震激，時有諸孤，侍立晝夜，靈其依焉。嗚呼！寸衷百結，欲吐無緒。去家日近，爲哀日新。我父存日，未嘗頃刻忘故里也，未嘗頃刻忘不孝兄弟也。其將以首邱之念，寄歸去之思乎！諸孤西我父西矣。不孝兄弟思再見我父不可得，思我父何以之死地不可得。憂鬱憤恚，充臆填胸，殆迫死矣。歸襄我父大事，視息尚存，將作天問問天，作人問問人，以證我父冥冥中也。嗚呼哀哉！尚享。

祭先考君文

萬曆三十年九月十九日，不孝男復、臨、恒、蒙扶我考君靈櫬，從榆關抵里中，謹筮月之二十六日，齋修牲醴庶羞之儀，哭奠於前楹，而告以辭曰：嗚呼！自考君令細陽，至內調日且六載。不肖復凡三候顏色，三西歸計家居，居什七矣。臨侍左右頗久，顧以屢就試，屢西計家居，亦居十三矣。恒未弱冠，三年前來歸娶，蒙尚在抱。諸不肖數年事我考君者，概可知已。客歲三月，不肖復、臨以文衡使者歲試，家居得除書，知考君遷職方訊。尋得家耗，知考君寢疾訊。兩不肖謀旦夕南趨，文衡使者威留，復居十餘日。不肖復念考君疾愈，力入長安，犯顏辭文衡使者，遂不可留，延醫同抵細陽。爲中秋之前五日，考君已脫床褥，謁謝淮泗間官長矣。是時，臨先至細陽兩月也。臨言曰：父疾濕寒，誤藥，作熱，庸工亂投發泄之劑，幾至不起。臨主治之，數日即瘳。無何，考君返舍，

不肖復熟視不能識，大加駭愕，亟促之歸。家人共謂無恐，考君亦自謂起居色笑十勝曩耳。匆匆取道都城，酬應甚苦。故事分署榆關者，當有專救，遂住浹旬候救。於是訊應日繁，精神日內憊。兩不肖促歸愈急，考君亦未嘗頃刻不意在里中。先是繼母王先考君病，至此復大作，日不能粒米。群謂榆關視都門甚邇，可暫移，以此屈意東往，致有今日也。嗚呼！難言難言！天意人事，總不可知。事至今日，有痛哭而已。思我考君千古德政，在遠近士大夫鄉間小民口中，無俟不肖過爲稱説。客途挫辱，辛苦萬狀。不肖兄弟能甘心受之徹天之惠，靈車已安寢中庭矣，尚復何言？獨不肖復有終身深恨，不可贖，而我考君不知者。都城考君見留，復辭而之家耳。向榆關未及陳，今爲考君陳之。不肖所以之家有三事，一爲全孝行而勞，一爲習子道而迂，一爲完小信而固。不肖有子四歲，女二歲。考君未一見。當考君無恙時，駢就死矣。考君床頭常念其孫，不知不肖已無子也。婦以哭子成病，病而有姙，恐不可活。私欲活之，更幸得一子，釋前憂耳。徒廢安排，無益數千里奔馳之苦。此全孝行而勞也。考君細陽時，既爲庸工所誤，以良劑獲全，是藥果可信。榆關邊地，不如秦多醫。可質問彦修於羅氏子，則亦爲之不知，其非猝能之功也。此習子道而迂也。文衡使者之威留，固是委以文事，當時不能奪。不肖去志，又復改容招之。既已許諾，期以考君疾瘳即返彼，終以我爲有託而逃，倉卒赴期以明信，不意即永訣終天之候也。此完小信而固也。使不肖早知考君不待，即身死細事，何況子婦？使不肖早知大數已定，毋寧周旋，含斂間工醫何爲？使不肖早知一別不可再見，且鷄肋可捐，筆楮可焚，文衡使者可抗，終身可不入公門，矧碌碌徇人之節耶！不肖舉此數端，血淚已橫頰矣。值我考君始旋哀衷，百未宣一。姑叙其當陳未陳，以少鳴當死之罪，

以上慰在天之靈若爾。伏惟鑒之。

祖奠先考君告文

嗚呼！考君今竟棄不肖兄弟去耶！竟棄家中子婦僕婢輩數十人去耶！自不肖兄弟從榆塞扶櫬抵家，歷秋涉冬，倏忽半載，朝夕哀號，冀靈爽一相感通。顧乃叩之不應，聽之不聞。哀慕反側，冥神寂若。是我考君安意棄不肖久矣。果焉之耶！不肖兄弟不敢泥形家言，又不敢盡廢形家言。祖壙巽隅，屏禍福之紛説者，欽考君之自卜也。涓辰乘吉，會諸家之僉議者，祈考君之永綏也。生順可無，怍土全歸，宜有安居。此不肖兄弟所以舉事，勉守遺規，期地下有陰翼。益隳令緒，期地下有陰罰。此不肖兄弟所以自矢於形家乎，曷與哉！考君聽之，不肖兄弟五内崩潰之餘，不能以辭語陳其悲苦矣。嗚呼哀哉！尚享。

祭外舅對山王公文

於戲！公真不可起耶！公之得壽於天者何延？其見棄不肖復者何促耶！自復辱爲公婿十四年於茲，不虞其顛躓困踣如今日。往歲己丑，先司馬重復，始配妁者廣廉封内女子無。當是時，復年十五，先司馬孝廉家居，日課復學。甫解操筆爲博士家言，則日披示古詩辭、秦漢諸書，旁及臨池圖繪之事，以博其識趣。少悟，輒听然笑曰：“孺子其毋以博士言畫也。”妁者以公季女訊來，先司馬喜，亟修禮，一再通閽報。公俞命云：“此非來氏子乎！”女之初公老，愛其季女也，屢謝顯貴不應。復以弱豎子寢貌瘦形，曳敝履裋褐於交衢間耳，乃公顧期以千里。先司馬清介守貧，婚子無厚遺，婦歸啓笥櫝，短衣數襲而已。公慰諭其女，即左顧獎進復意，

若爲不肖博榮華寵厚眉睫間事矣。明年辛卯，入試不利。三年甲午，又三年丁酉，又三年庚子，屢試屢蹶。公時年已踰耊，而志念不昏，初不少疑復之無學也。復好客，好追游山水，好耽情諸可已之務，好縱酒，日夜長醉。室人頗苦之。公聞不色慍，猶徐言曰："子即卒此，亦饒一第，第老人視子，子也奈勞瘁何？"吁嗟愧哉！公望復何隆，知復何深！而小子竟玩愒頹廢，坐弛歲月，頂趾腰胯間，曾不少加於初婣。公時卒，使公始願不酬，且重以累。公知人之哲，復之罪也。夏杪，先司馬遼陽訃聞，公驚，至相向大痛。倉卒束奔，迨扶櫬抵家，纔百日耳，公已離人世踰月矣。生死暌違，兩地若避。孰意侍公十四年無恙，溘焉永訣反近在此百日之期乎？公得壽於天者何延？見棄不肖復者何促耶！客歲，甫別先司馬，而先司馬不待。今乃甫別公，而公又不待。追思先司馬所以課復，公所以厚望復，今其長已矣。向者即困踣於疇伍，猶不敢自廢，振拔也，爲公在也，亦先司馬在也。茲安能以鬱悶迄死之餘，戀戀世法中耶！室人復當教之安命守貧，昔欲期我爲羅敷夫，今欲期彼爲黔婁妻，志已決矣。地下晤語先司馬，當必共哀不肖之遇而棄置之乎。或者更欲不肖出死力，猶自鞭策駑鈍，爲世用乎。復不能也，奈何哉！尚享。

祭徐元虛直指文 代

惟公伊瀍毓質，嵩少孕精。行陌握觽，道製幅衡。益探名理，腹笥百珍。數窮姤極，學識天人。束髮崛起，譽髦於鄉。覬余利金，敦好大梁。追雲琢漢，對白抽黃。載言載笑，無人其傍。燦燦英華，上燭宸宁。寶薦薦鼇，玄圭登俎。卓犖初政，戀逮厥聞。巍哉柱後，弼直聖君。法宮沈穆，一舉百翻。我職云何，忍容舌結。使星西發，帝眷遙將。行行青驄，以綏雍疆。雍邊西隅，時事孔棘。能禦勞饑，

俾無作慝。彼宵鼓焰，逞志市權。懋奸納賄，忌器圖全。公也神威，顯褫群魄。行旅出塗，居民安作。洮河之役，余濫厥司。言邇德容，中愉可知。在昔同席，於今共事。嘉好宣力，兩人夙志。何物風雨，摧我棟梁。首春晦夕，實隕星光。豈其悄憂，念國爲虐。厭此倥傯，冥泊是託。嗟哉！天命不佑，君子弗伸。鳳鸞絕迹，鴟鴞向人。寧惟西土，悼社稷才。一死一生，猶余私哀也。

公祭李晋吾房師文

嗟乎痛哉！二三子祿食京華，師恩所貽。忻遇師待補旅次，昕夕相依，方幸天涯會合，甫得尾茵軾而控轡綏。孰期笑譚未竟？暴癘忽餤，遂爭量藥，俄而視含。嗚呼！事出猝至，駭愕驚魄。執手憑棺，橫頰淚落。蓋無異考妣之喪，而徒悼兩楹之不可作也。追惟我師顯名厚實，醇修美政。甲第稱薦紳之碩宿，臐仕列朝家之三命。畫省押班，循良播咏。某輩目覩廷推望隆，寧堪弔續於慶耶！嗚呼！在門在廬，古人所哀，年不償德，位不配才。豈惟失二三子之祈嚮？傳之長安，亡不慘黯感懷者矣。山川緬邈，輀車西旋。令子引紼，旌旐導焉。王屋之麓，爰有高門，善必昌裔，視此蘭蓀。祖春明以哭酹，悵永訣其何言？嗚呼哀哉！尚享。

來陽伯文集卷九終

來陽伯文集卷之十

明三原　來復陽伯　著　　　　　邑後學　李錫齡　校刊

祭　文

祭別駕張雪松公文 代

嗚呼！公何以遽至是？余於公殁，匪獨抱至親骨肉之悲，蓋重有慨於天道之屯否，世運之仳離也。《易》曰："天地閉，賢人隱。"隱者，道不昌也。天欲使賢人道不昌，必先奪賢人之身。乃語又云："天道本於人事。"則夫抱道守德，儲才待用，爲國家幹濟之臣，未騁驥足。先鍛羽翮，械然抑塞佗傺，抵死而不得一效於當世。識者於此觀天道，即還以責人事。嗚呼！人事虧，天道悖，世運從何知已？公家食時，目所居積若不介意，獨肆力於學。踰強仕時，始博一科第。心念科第不足貴人，惟學足以貴人。即呫嗶剿襲之學，亦不足貴人。學而能不爽先民之程，不抱屋漏之愧，始足貴人。於是悟理性，矜儀容，納視聽言動於則，純念慮思維於敬。門前多長者之轍，然未嘗濫觴几席間以毀禮。亦有

清玩幽居之好，然未嘗耽嗜成癖，逐逐於土木花石技藝淫巧以蕩志。此豈不恬然恪共貞度君子也！客歲，諸親知咸勸公仕，公不肯從。繼乃自惟士少而學，學而思仕。吾業自有仕，奚必寂寞爲高耶？整裝就選人，得東兗別駕，尋署篆巖邑。數月績效著彰，操持日勵。遠近上下亡不快談欣誦之者。傳至鄉黨，共謂信然。人有居家纖芥不苟，百行協合而不能官者乎。不意一疾，即至不起。殄善殞德，若或靳之。豈非天道世運，二者有以致然耶？不佞一隅鄙人，無他見聞，竊覷邇來海內種種戕滅，種種生全之人，似覺禍福倒置，善否異報。豈天未悔禍，將以黜直陁正大開之釁乎？若然，公烏得不有今日也。嗚呼！

祭秦女侄文 代

翳惟伯氏，益贍而豪。行羞握觚，興寄逍遙。惟時幹流，載值其豐。膏同澤潤，燿比日中。甄氏祖德，陳家昆季。伯也韋藩，不驕不忌，三息是貽。女也長姊。既適名閥，兼儷髦士。爾乃煢獨，不禄所天。所天永戚，女也少年。爲亡立後，以繼栖棬，爲亡奉養，體没以存。毀服屏妝，靡他一心。古有刑耳，懼辱母姓。嗟女從容，嫻義以正。昔也少年，今也華髮。電滅者流光，玉全者女骨。惟女所天，愉而遲女。女立之後，哭而�女。女即女晏，女響女盼。余等固將釋薄祐之愁，嘉女不貳，吾伯氏之豪也。

先司馬入鄉賢祠祝文

於維先生抱冉閔之德，而近名是恥。有夷齊之清，而人知是畏。當其爲諸生時，固已文法遷固，而詩稱漢魏。四十博一第，五十宰一邑。遼闠之役，浸浸始貴。人謂先生正可以揚眉吐氣矣。曾

未幾何，而遽與人世辭。靈轝歸里，萬族酸悲。閨閫有長號之機婦，市井有垂淚之小兒。此吾邑侯沈仲玉先生所親見之。甫年餘，而闔學諸生詣上官請祠，曰：“先生令和而和民紀碑，署關而關民祝尸。”古之士大夫身死而祭酒於一鄉者，非先生而誰？矧夫生則負大賢之望，没則覿聖人之光。秩秩俎豆，煌煌棟梁。宣惟伊人，允式允臧。訝詻詻之輿情，歎悠悠之世路。雖公議之無斁，竟往愬其逢怒。賴吾沈侯儀型士林，文衡鉅公，風教自任。於是牘牒不再，請下記旌德，大典彬彬。慨公道如綫之日，得見此二君子焉。以維持不死之人心猗與。先生生前死後遇合俱艱，雖則俱艱臻成晏然於其艱也。見先生之命於其成也，見修德之正載歌載咏，載懲載慶，歲歲烝嘗，以配至聖。

祭張太翁文 <small>同邑學士太翁猗氏張亭一先生尊人也</small>

緬惟夫子，試宰下邑。德崇楨幹，政鄙束濕。年則子奇，有聲赫翕。覲後重迎，再見郭伋。是時太翁，已久歸閒。單車就養，虎頭童顏。太翁於世，縷縷可扣。發迹賢良，通籍朝右。巴蜀之庸，以罩以懋。是爲爲政，亦既下究。意所不諧，賦就歸來。汾水釣艇，條籠芒鞵。尊鱸託興，下澤蒙埃。是爲奉身，洵明智哉。居積有術，師猗之頓。大棗千章，鍾畝百畹。水旱舟車，時資贏困。燕翼之謀，貽慶以遠。乃架青箱，珍訣秘録。實有夫子，朝咏夕讀。矯矯雲逵，桓桓公族。義方之訓，親覿式穀。張敞在内，陳咸入京。恩貤耆老，拜重耆英。是云大年，是云長生。某等鄙壤窮儒，慕義綢繆。遠踰大河，赴師之憂。誅同有道，奠愧南州。我薦雖薄，我心孔恪。欲驗去思，視此騰躍。庶冀靈飆，格思冥漠。

先君三週忌辰告文

嗚呼！歲時奄忽，考君悖棄諸孤迨已三載。追想音容，益深永慕。惟諸孤禪後襄考君廟祀事，奮然墐户，發我兩世遺書，擇其當於制舉業者揣摩之，不敢恢心闊遠，不得漫言忘世。期以畢考君未竟之志，以成諸孤永慕之懷。至於居家居鄉，處族黨，處親友，兢兢惕惕，即萬不能倣我考君所爲，實深懼我考君之所不爲。亦惟此善也，明靈陰相之。此不善也，明靈陰譴之。余小子雖至不競，其何敢厚自隕越以忤懿訓，且不覬式微而激奮者乎？今縣大夫重遺澤以風孝，三年不呼門。讀禮之餘，慨然杜篤内外五世之歎，自顧髮齒，何能久自淹塞爲也？嗚呼！舊事日非一經，不絕意冥冥中屬望在此。敬陳二簏，告近業焉。不自知其涕洟交頤也。

祭王封翁文 代

嗟夫！世有異質之鳥，精彩陸離，毛羽襬襹，飛集廣莫而翱翔九有者，知其非產自葦葦之藪也。若夫茂泉不出於枯巖，修林難獲於培塿。觀瀠洄以偵脈會，息濃蔭以窮澳沃。始知靈物所鍾，洵深厚矣。不佞居都下，則聞民部君試宰中州之績。已謬領民部君之邑取道中州，則聞中州民津津令君之賢。若湛盧發硎，填星在懸，亦無一切鉤距鑱鑿，而陰伏無遁固。已薄馴雉之稱異中牟，陋神雀之數見潁川矣。入君里巡行風俗，諮採耆宿，由顯稽微，溯流於蓄，慨介福有荷承之自，諒駉門無玷德之族。咸曰："太翁之託身也。" 智如鴟夷，絕無車礙鴬輴之災，其取獲於子也。盈然籌車，然非持豚蹄匴飯以挾小而取噬。是故翁也坦夷，承之者蠹崒；翁也儒匹，承之者經術；翁也恬恬，承之者巖巖。懷黄

垂組震世之勳業，皆田唆之睢于有以儲貯而延綿。蓋古謂蛟龍之出，多在深遠之源。夫物固有然者矣。審如是，則太翁以獨厚於天，而永憑寵澤。民部君以身被其厚，而益敷大施，浸昌浸著，亦奚疑哉！

祭族叔近峰公文 代族伯等

嗟嗟！某輩於余叔父亡，深抱骨肉之痛，更切家門盛衰之感也。當余伯父憲副少府兩先生崛起里中，庶幾以余家爲衣冠望族。是時，叔父在諸從中最少，端然儒服，而聆道義之誨。出則里中人望而敬之，曰：“此來兩先生愛弟也。”及兩先生繼歿，叔父亦厭就博士業，諸子侄如某輩僅僅以青衿爲門户綱紀，一二無賴已窺而誰何？未幾，余司馬弟舉於鄉，越十年，成進士。叔父之怡志，暮年遂無異兩先生在世時也。今司馬弟不幸亡，亡且三年。來氏之族斬然中落，冠蓋稀絶，門巷蕭寂。魏其之客盡散，廷尉之羅生塵。爲其後者，猶然如某輩之後。兩先生時，蓋某輩每與叔父聚談，泣而歎余來氏之不競焉。公即年近七十，老矣。然素健步強噉，炯目剛腸，即俠少年不能並其英鋭。一旦衰憊困卧，猛氣頓盡。豈惆悵今昔之遇，不勝其沮喪。故抑心損志，卒鬱鬱至不起耶！嗟夫！以公身處其盛，盛將衰而旋盛。曾幾何時而底今衰，今正卒衰不能爲盛之會也。此某輩於叔父之亡深抱骨肉之痛，更切家門興替之感也。設祭陳辭，有淚橫頤。嗟余嗣姓，其又有承先澤而奮起者乎。冥漠之表，想日望斯。

祭湛川張少府公文

嗚呼！士有醇學篤行，文足黻黼明時，德足感化鄉曲。乃挾

具則合，而逢世則感。悵前塗之淖汙，仰霄漢而局束。霜雪蹠穿，騰驤志伏。冀百躓於一伸，埒孤蹤於儕俗。此嗣宗所以託志咏懷，仲任所以致嘅命祿也。嗟夫！里無公辟，朝無聘士。雄志易耗於循資，鷟達密緣於包苴。士生其間，即抱冉閔之德，備公輔之器，敷卓絕之政，爲極難之事。矚目晦耀，試身通否，莫不窘約簪紱，逼迮名位矣。惟公學稱宏博而不得遇，才能經世而不得施。步聖追賢，至德可師，終不得大闡正學，以範世而規時。凉獲制科差貴播於聲迹，違志壯行聊頹首於衡軛。二十年而以一命量移，秩不過七百石。即所生荷綸綍，内配被褕翟，亦布衣之隆會，然非酬德之定額也。是故在學士則軼倫輩，處内外則無間言，受民社則循良永譽，居錢穀則清概彌敦。人傳其雩祀，澍應禱火，風奔種種照映於汗簡，而不能與揆天之士裴徊禁闥而轉乾坤。人皆爲當路者之咎，然不知所可重悼者，公賦命之屯也。管蠡之識妄尤大化，不知有當於貞魂否？

祭孫志曾社友

嗚呼！吾黨結社十餘年，雲逵之蹤尚自寥寥，方共抱同病之憐。然社中疾足，不能不推吾志曾。今吾黨以屢躓而愈奮，斑斑翩翩具足行，且縱橫諸少年場與角雄長。辟之老將摩拳，志在一奮計。午未之辰，屢躓者當脫百六，乃志曾先期病，病且至死。嗚呼！同志雄飛之期，知復有幾，而茫茫鬼録業，再無歡聚之日。吾黨之遭，亦何不幸耶！念此，即在世諸子功名之念，亦頓灰矣。志曾連歲善病，病尋瘳，尋又病。已有泉下色，志曾强言笑不病，病也。然吾黨以志曾之才，必將展布人世。相志曾文，又無死氣。而算家謂志曾于支且大貴，必不死。今竟死，是推志曾之顯者微

者率不合。謂之何哉？無已則將求之於節性輶情，自全其天禁，不使二豎攻內。而後以其節輶之餘，當寒暑之浸蝕。庶幾以可知者盡之已，以不可知者付之冥冥中哉！雖然蒙莊解脫，桑戶返真，何必起雍門之笛，下丹陽之淚？若其修文，白玉執筆，上清誠有其事。吾安知志曾不翱翔溟滓之境，而下視吾黨逐逐之苦也耶！嗚呼！尚享。

祭亡從弟中齋文 代從伯公祭

嗟嗟！吾家骨肉幾何人？今歲喪吾叔一兄一，余輩率子弟痛哭之。猶謂年就長，可慰也。弟年甫五十，而遽暴死哉。弟素不善病，即病旋已。今歲病瀉，瀉久之，亦愈，軀體漸強如故。顧倏不起，何哉？當弟嗟吾家災變，意惴惴畏之。其對余輩言保攝之道悉矣。乃子弟中，則數與復、臨言醫甚信。若謂服餌之事，可憑恃也。變起倉卒，救藥無策，相顧徒有錯鍔。嗚呼！人耶！天耶！弟死而幼妻失所天，諸子失嚴父，吾家骨肉間失綱紀之人。來氏之族，其益不振乎！嗚呼！吉祥善事，亦世之人膺之耳。豈吾家卒不得數年一值而顧頻罹夭亡大故耶？人耶！天耶！凡若此者，其竟何以致之耶？汝子七劭秀，不類凡兒，且弟已親見兩人為諸生，哲嗣顯發，靈始瞑乎。其亦以此質天道乎！尚享。

建文昌閣祝土神文 代

維城之南，厥土沃澤。紫府星精，將茲隩宅。雄據上游，翊我文脈。元老首義，崇構奕奕。雨集雲興，拭目金碧。神其篤祐，陰啓謀畫。

祭王廣文槐庵先生文

嗚呼！先生自束髮爲關中知名士，負偉望者三十年。與鄉達溫景文先生聲價頡頏。今景文先生官極品，而先生徒以老博士白首家居。年華遲暮，烈士灰心。嗚呼！士生於世，雄飛雌伏。豈有量哉？頃景文先生休沐，訪先生里社。時先生已病廢，頗爲四肢所苦。顧猶精爽健啗，聰明不衰，味古人年至飭巾之語，瀟然齊得失窮達而一視之。數與景文先生握手對語，無異布衣時交好也。自罷博士官，家居十餘載而病，病二年而卒。蓋七十有三歲也。嗚呼！先生之數奇矣，先生之志苦矣！雄文麗藻，能膾炙詞林，壓服流輩，而不能一遇主司之賞。頫首一命，業已標其品格，借其毛羽，而不能少展驥足之用。窮守殘編，老蠹魚而騰蜚無時；餧身邊徼，處脂膏而自潤無計。垂盡之年，始目覩季子明經，青雲器就，餘二子生殖僅不乏絕。乃闢旁舍三楹，小蒔花竹，饘粥之外，樽酒自恬，閑咏短篇，邀舊侶以暢鬱懷。自謂差踰於爲諸生蹙眉時而大期奄臨，運數不待，是先生之賦命。獨塞終身，見忌於造化也！悲哉悲哉！某輩於先生骨肉至戚也。或居弟列，或在侄孫行。所感感傷先生者，實先生隱衷自傷者耳！曰亦有以慰先生之大者謂何？其在仲子捷取大物日乎！其在仲子捷取大物日乎！

祭沈仲玉先生文

嗚呼！我車北征，之於慶都。爰有鴞音，傳自僕夫。倉皇訊審，叱以爲無。已思先生，無怨於人。所傳之口，哽咽而陳。時當朝食，廢箸悲呻。旁觀驚詫，侍從酸辛。胡瀉我淚，百斛泉源。胡攪我心，萬轉車輪。今既撫棺，慟哭官寺。清淚已竭，此情難置。於惟先生，

冲襟偉德。族世則崇，威儀則抑。夙載高名，來蒞鄙疆。洵稱文史，
兼號循良。仁柔化暴，禮數秩常。憐余瓠落，百計抽揚。卻言絳灌，
非子同行。訪廬諮政，悟薤擊强。位則父師，誼類賓朋。禮賢雖誤，
招駿斯多。公庭燁燁，冠佩峨峨。蒔花偕賞，開酒賡歌。修士伸眉，
頑子自忸。氣習風聲，三年而厚。施厚厚國，積厚厚身。賜環之初，
執戟之臣。峻階始步，三組方新。何所殄天？殲我哲人。毒痒所攻，
人率陋隘。余之先子，胸度同邁。乃皆無年，皆以痡敗。睕視冥蒼，
若屬何解？嗚呼！室無少變，官無私植。棣萼差肩，鳳毛鼓翼。
飾巾歸化，無累無縲。是云正終，終無不得。嗚呼！先生往矣，
迢遭南程。吳山越水，凱轄丹旌。心慚戴仲，送師喪歸。復愧范式，
遠護孤嫠。去思有碑，文出小子。歸哭碑前，以語人士。讀我實録，
永作哀誅。尚享。

祭沈仲玉邑侯文 代

　　蓋嘗聞世稱無年而鄰於死者，必其暴伉儻荡乖天和而不近人
情之人。此固智者所可不卜度而知，有德者所能援理而預陳也。
若回牛之短，髮齒早斁。賀勃之折，才技近露。氣之所靳，天之
所妒，諸此類者，亦可理悟。公出自望族。兄弟數人並登甲第，
爲吳越冠冕。乃復坦度抑容，頤和韜辯。屏絶頓樂，無淩無殄。
扣之則秩如莫測其鋒穎，即之則溫如能治内以尊生。亦似鍾氣獨
厚，而不與妒迎者矣。五十之年，郎署之榮，豈遽公福量稅駕地也！
而翛然返真，干冥冥哉！當公之令原也，他人鎩剗以立名高。公
獨崇長厚而黜矯激，平易所揉，愈於毛擊。方且陰易西人猛獰粗
豪之氣，以上仿古朱邑。何武之績功差酬於朝廷，報已舛於造化。
脆薄延長，老成萎謝。此不佞輩以同事而習公行，以公行而悼公逝，

疑生理之難全，代爲原民雪涕者也。嗚呼！尚享。

祭溫太保公文 代

嗚呼！必清忠亮節，夙夜自公，以一身存亡而關世運汙隆，是曰社稷之臣。必身與道俱隨，在泰亨來，非賈重而去非啖名，是曰君子之倫。昔聞其語，今見其人。公以妙齡高步甲第，循良懋績，既莊且惠。不三十而給事禁闈，人避柱後之冠。不四十而政參兩地，載著旬宣之謀。歷秩卿貳，尋撫南州。首九列以總三署之官聯，建纛牙以據於越之上游。軍國是材，法紀用修。藉甚勳庸，晋陟鼎鉉。我有專官登耗，以辨其尤著者，身任銓衡，乃甄沃流品，咸服允當。特簡總憲，乃督率百司，不忝具瞻。天子曰休，內外勞績。惟女實兼承華重地保翼，惟嚴女也。重臣是居是恬，偉哉！我公蹈義恐後，豈不戀恩疾斯蒡？口如市者，門如水者。心援古人懸車之制，味韋公國程之吟。褒衣緩帶，翠巘烟林。九重賚賜愈加，山中蹤迹彌深。慨東都之餞無幾，而崦嵫之期胡急。於是天子有遣奠追謚之典，閭閻有輟相休市之泣。而士林驚詫，咸以公歸田，遂請爲首邱之幾。先覲存没之得，正嗟所學未易企及矣。某叨居屬員，懿此型模，爰誅哲人，珍瘁是虞。謂大德如公而天靳壽耇，豈吾道多艱！抑世運日徂，將誰與力扶社稷，引後進，以履君子之途者乎！嗚呼！尚享。

祭溫太保先生文 同諸門下士

嗚呼！我師景文先生棄諸弟子忽已浹旬。頃先生病臥，某輩數從階下問起居。蓋以天道度者半，以人事度者半。憑天者私慰，謂先生所鍾者全，所培者厚，而常有還精造化之心。豈天故開之

而復奪之以望七之年。憑人者私憂，謂先生積瘁勤公，捐己周人，逸晷幾何！輒復嗜學。甫及懸車，形神已敝。恐人世延齡之理，與宿碩憂勞之身，不無少礙。然先生即病不迷，飲食尚日三盂，不一作家人訣別語，迄卒不廢盥櫛。則某輩已而率皆憑天，似二竪不虐。君子履祥者，當默助於神明。乃我師景文先生竟不起耶！自先生病劇且兩月，諸弟子中從遠聞者裹糗糒，理寢興者戒童僕，勸靜攝者斷埽門，通岐黃者進方藥，修禱祀者走群望，籲冥福者減己算，皆茫乎未有一效。豈天能開之不能少益之耶？將位可極人臣，望可達彤陛，勳可勒鐘鼎，學可究理奧，澤可溉泯庶，德可化鄉鄰。振纓則豹變，搖筆則榛披。居斯俗易感斯頑孚，獨至死生之際，不能不少歉於歸田優游之未遂，何也？吁嗟！某輩知之矣。流駛易竭，物盈易傾，若者天道。常存惟名，不朽爲壽，若者人道。故世有驕縱奢濫一發無餘，不知天道者也。世有忄㥁奰訴蚩蚩，至老耆而不足齒數於有道，不知人道者也。先生英年妙選，遍陟要秩。盛明元老，海內翹跂。乃自奉過爲素約，今見不盡之澤，陰注於嗣人，嶷然露頭角而蹈敏武矣。此已可卜天意，然亦自先生還精造化之夙心耳。自古臺閣難兼，文章辭士多厄下位，理學又多迂庸。先生業追夔龍，道繼濂閩，而文必左馬，詩必少陵，不以瞬息之小年易我千秋之大事。此已可識人道，然亦自先生嗜學不倦之夙心耳。學士大夫欲知先生戡危定傾，殫精於國之勛，其觀昭代之簡册。欲知先生實經濟，實心事，動則斧斷霆擊，潛則淵蓄龍蟄，其觀先生由瑣闥以至台輔之奏牘。欲知先生治迹卓奇，宦游遺愛，其觀齊晉楚越諸地之口碑。欲知先生格物研理，苦心深詣，彰灼於文字間者，其觀數十卷之遺稿。欲知先生篤倫齊家，藹然穆然之範，其觀族姓之輯睦，介弟佳郎之學行，

下至曹史隸御輩之馴柔。欲知先生感化於鄉曲，既神且速，其觀邑中由靡入樸，由僞入真之近俗，與夫慟哭先生如喪考妣之群情。欲知先生嘉言懿行，日用出處，懲慝惟嚴，揚善恐後，稱引先輩，以爲後進之矩，獎拔後進。期附於先輩之列，無巨無細，無不可對人之衷，其問諸小子之覩記。至於該括先生以傳海內，傳來世，則自有追諡遣奠之大典，誄德志幽之名筆。嗚呼！先生於上下天人之際，所處亦既全矣。某輩向所私慰、私憂者，猶然尋常億度，不足論也。嗚呼！必如是而後窺先生者大，然某輩竟何易知天人先生，故達觀冥漠之表然乎否耶？無從質也已矣。哀哉！聚而班之，仰而顏之，酬之，而議之，而疑之，盡一哭矣。嗚呼！尚享。

祭崇吾宗侯文

世禄之家有二患，曰驕，曰侈。二者之生，因乎富貴，而其流莫知底止。蓋禮規於制，名兢於法。法制所寬，亂是用狃。苟能明讓著素，防逸寡譽，鄙綺紈之叟訴，驅腊毒之不仁，足稱善事，亦既豪賢。若夫悦禮敦詩，韞采敷藻，離離朱門，嫻嫻宏抱。閴寂則茂遠之帷，蕭索則仲蔚之草。處囂闤以獨恬，當縟麗而常皜。屏絕聲伎，斥逐玩好。育成佳兒，蔚爲國寶。踰子駿之淹通，類臨川之浩博。宛委玄探，靈珠自躍。帝裔聲華，奕奕振爞。此吾黨之所樂，聞千古之所必託者也。眼底若若，此風則遐。十餘年來，惟見公家。公之承業，三世能文。公之拓緒，以慎以勤。公之訓子，圖史畢陳。不矜纓組，惟貴儒紳。曰服以旌德，貌以肖躬。難御者法服，莫祥者德身。雷同非美，馴雅可珍。故今子斗甫三十而雄據辭壇，意氣日新，是爲吾社中之一人。夫其不但化驕以傴僂，代侈以纖儉，已能澤冲夷，厭薰染。固有盡之算，雖窮於幹流，

而令範之垂，可被之琬琰者也。某輩既以哭公，爰製誄辭。以此慰靈，庶幾近之乎！尚享。

祭兵部尚書劉健庵先生文 代

嗟夫！自古大臣之用於世，與用之而盡與不盡，皆關天運之剝復，時代之隆替。歷稽載籍，其理相繼。即近以宋事論，當其盛時，趙忠獻寇呂諸賢，咸得以罷政而優游。及其衰也，用一君，實未七十而已逝。是時，匈奴鮮卑諸酋日靡金繒，貢使不絕。聞中國相司馬，相率囓，指而不敢輕發。稍假之年至治，豈不超越乎？今天下承平日久，諸單于雖解辮，而識者獨於遼左有隱憂。薊與遼相唇齒，又逼近乎京都。聖天子簡畀節鉞，推轂先生，期撫綏左輔者已十餘年留矣。先生既身任鎖鑰，而又感德思酬。是故勇者作其力，智者詢其謀。徼外馳檄，幕中運籌。蓋常囊無留俸，俾卒伍飽暖而歌挾纊。又常寢不解帶，貽軍士安枕而棄戈矛。於是中外心依，驕虜氣奪，忸怩不恣於市賞，燧烽漸遠於甌脫。蓋威信荐孚諸邊，公忠久徹禁闥矣。皇上採廷臣議，幾欲內擢樞要。而竟久久停遏者，良念重地多事，非老成不可，非如尋常留閣而中闋也。此何時也？先生顧邁患於一日哉！毋論尚方震悼，人士悲喑。閭巷罷春，部酋梨面。先生歿而後之代者不可知，後之代者不可知，而國家東陲之變，恐日決裂而不可支。是先生一身存亡，即氣運盛衰隨之矣。謂非天爲之，而誰爲耶？數月前，仲君以《麟經》魁天下，長君用副戎，多獲首功。書至，先生爲之解頤。舉旋之日，慶之者咸謂後先遭值純嘏靡遺歟之者。又引禍福倚伏之說，詫弔賀並集於門楣，斯其言似也而非。蓋先生死生關係甚大，夫豈一家一人之所託兆而倚毗？某忝廁仲君同籍，待罪賢者之鄰，

欽挹有時，故獨規準古今援爲天運世代之悲。至於揚歷諸勳，自
有國史家乘，余何敢覼縷而稱耶！尚享。

禱雨祭神文

維萬曆辛亥歲五月將半，計天大旱已九越月，二麥絕望，秋
禾未播，炎毒過燠，殍疫日繁，穀價騰踊，民用皇愺。郡邑之主，
咸齋戒省譽，步禱誠格。乃巽飈噓和，狂魃逆馭。奔雲東徂，陽
景旋昭。草不潤枯，雨不滋坌。豐隆失輈，列缺斂光。陰陽否塞，
升降戻則。剪爪暴肌，監寐瘝歠。於是移檄枌榆，父老率諸子弟，
露頂徒跣，籲號明神。揆古土龍，迎郊之義。以縈填厭，陽固之氣。
夫隉城崩臺，烈孝之女子尚然，豈其積衆？丹慊不關，冲嘿仁望。
在所諸神，司生冥使。分靈山河伯之憂，摭邦伯兆梨之請。遞奏
重閽，立斡屯運。大澍甘霖，霶沛郊野。俾鍾未競起，歡呼滿塗，
則芻狗雖微，亦自銜仁。枯骴未盡，知謝玄眱矣。

祭王光庭比部先生文

嗚呼！先生生而負奇，有矯然不滓之操。海內景慕先生有攬
揮千仞之仰，譬之喬松挺巖，健鶻直上，睨峻地而飽風霜，奮猛
氣而排秋爽。其與世多忤也，止足驗直道之難行。其矜己自立也，
益足徵浩氣之能養。於是未三十而登甲第，躋五十而尚爲郎官長。
當其攖擠陷則挺赴詔獄，調軍儲則瀝誠忠讜。固已身嘗闉豎，而
行獨侃侃。羞伍絳灌，而心常快快。邱園睢于，文賦自廣，茂遠
之帷秘深，仲蔚之蒿莽蒼。羊腸宦途，雖拊髀興積薪之嗟。蠹魚
圖史，則清樂踰百城之享。故能淵然造文家之碩宿，卓乎邁倫鑒
之高賞。名不爵餌，德匪利罔。庶幾抱一貞以歸全，略生死於軋

塊者矣。嗚呼！凡人以有所結轖而未伸，必先係牽。係牽而難割，必多幻想。先生之所資於造化者，亦既淡矣。則與造化之世，奚所關念而不可溘然長往耶！某等先生里人，奕世同黨，殆將慰冥漠於達觀，不因無益之感楚而起無窮之慨慷矣。

祭丁翁文 代

嗚呼！世每輕賈，賈亦率自輕，對士大夫，引縮口不能了了，蓋十人而九矣。然人生於世，其異於萬物者神明耳。耳目者，神明之户牖也。至於耳目癡頑，居然聾瞶，語之以鑒別世代，品騭今古，茫然眩眛。或儔衆談稽，獨爲結塞。或忽發片語，舛鬏我可。駭有士大夫多蹈賈人之俗情，而賈輩中顧反超然遠韻，自成其品如丁翁者，近世所希見也。余得知常聞之余鄉好學特達之人，稱翁往來關輔、吳越、燕趙之地，垂五十餘年，不妄交，不浪語，恂恂雅飭，貌類儒者。而最好博古，凡三代鼎彝諸銅器，與夫玉器、窯器之類，一見即辦其真贋，且心誠嗜之。所至廣布搜索，必求完好，即傾囊不恡。室中庋架閣以次羅列，寢食其中。遇佳客一出示之，非其人即貴介相招，掉臂不應，與之談纚纚有致，令人起塵外之想。以故遨游諸地，名公鉅卿爭延訪扣求，不敢以沽客視翁。翁亦夷然，忘勢途之有腐鼠迂癖之非捷市也。嗟夫！古稱聲色香味之外，別有一種恬澹不可言之趣，此類是也。翁獨解之，至老不厭，此其中寄託遠矣。當時豈無疇輩竊笑而明非之者？然士大夫之賢者，乃津津稱慕不已。自賈家得翁，而賈之輕者，操其重，權以抗王侯。即以賈論，比他賈所得何如哉？翁壽八旬，終於家。訃聞，悲哀者衆，又思公之德耳。余鄉有來陽伯兄弟者，與翁臭味世好，聞之感痛。某受知翁最深，絮炙踰大河，弔翁靈

於蒲坂之墟，瀉私淚焉。翁生備神明，當不忘盻。尚享。

祭段栗庵封翁文

嗟乎！自余輩束髮解讀書，以姻戚之誼侍公，公已翁然，罷
青衿老矣。謬推余兄弟為名士，余輩則愧非名士也。乃歎公耳目
非止一翁然，青衿也。公齒長余先子，公之子西華君齒長余。而
往來契合，形迹盡捐。聲勢之倚伏，門戶之緩急，至關切如同氣。
蓋兩家俱以仕宦之族，儒素之味，相投於比鄰之近，非尋常姻戚
酒食之交而已。西華君年不強仕，而絕意公車。泣就，選人念公
年高，欲事祿養。選人惜其貌劭以壯也而抑之。又三年，始通籍。
是時，慮公不能瞬息待矣。公顧肩輿欣往，出崤函，踰白石，歷
大梁，達潁川，眺平臺之墟，尋義畫之壇，以訪荀陳高陽之里。
然後于然入官舍以安匕箸之奉，而步履益健。歸里，人皆詫歎之。
無何，西華君思念公已，又肩輿相迎，而公又強為一往。於是中
州之名公顯紳，爭識面競賦詩。或邀公出郊園，獻卮酒為壽，咸
為公偉然神仙中人矣。遲數年，西華君休沐歸，方侍公燕寢，得
專心色養。公他無恙，惟日瘦削，卻飲食，漸至不起。異哉，西
華君之孝也！其親待之，而含卒之日，子孫婦孺環哭，聚數代人。
嗚呼！若公今日，真可謂生順沒寧者矣。以公真誠勤約，嗇精頤和，
得享上算壽之理，始驗以人間全福。揆之所微未慊者，身攻苦業儒，
不能釋屬褐。西華君因祿養，故靳一甲第，斯二者而已。然世有
驟得功名，而旋即委謝。公決不屑以泡影虛華，而易我耄耋之久。
使西華蹩蹩春官終天遺恨，縱博一第之榮，何如一日之養乎？是
則公之鍾受於冥冥者，亦既厚矣。若夫余先子年後而卒先，余兄
弟侍公馨欬二十餘年，而判成永訣，與西華君骨肉關切也。而視

其痛慕，追念今昔，淚淫淫橫頰。又四十無成，恐終無以答公知
己之言，陳祭摛辭，悲憤並集矣。公其鑒之否乎。尚享。

祭王肖坡文

古稱儒行不以文而以質，即云俠烈不以武而以衷。質不滑性
者，有不愧衾影之實。衷抱不回者，有見義勇為之風。惟君得關
隴疏直之氣，而能揉其暴。負湖海游遨之志，而能約其躬。居市
則雄閭里，入貨業附清郎。友朋投合而膠漆，薦紳內交而頡頏。
蓋視君之貌，屑然山澤之癯。覘君之心，卓然百鍊之剛。最足重者，
周旋詔獄之忠臣。於一貴一賤之際，更樂施西來之方便。於浩劫
枯寂之場，原巨先之恤人緩急。王君公之儈隱東牆，我儀圖之庶
幾可方。斯不足愧馨悅者之斲樸，扞罔者之強陽耶！果爾，則志
大忘小。君已為今之伯道而收骨返櫬，余等獨不能效古之范張乎。
妥冥靈於君所施之庵，而命其香火而祝，曰：“惟王君！惟王君！”
厥體剎那，厥名久長。還旆有時，此焉暫藏。尚享。

祭常封翁文

世有守其素業專力以為之者，終必底於成也。一藝且然，矧
經傳是程乎。以余所覩閭閻之族，其家苟為儒不已，即身與子孫，
未有不以儒顯榮者也。常翁之厄於諸生也，且醜寒士不免困衡矣。
不知翁荒於田也，而以經耕拙於謀也。而以子營不憚儒之效迂，
而但辦修軌之塗輕。不恚身之迄老未酬，而深信篤學之必以困而
得亨。訓厥哲嗣，不釋簡編。學軼流輩甲第，髫年有聲。版曹勛著，
籌邊京華。匕箸勝地，賓筵既安祿養；復冠進賢，綸褒燦爛恩賚。
自天異哉，其以遲償而獲厚報，決必然之效於一經之傳也。今里

閻不但耕賈家自劣其計之卑，即詩書家亦師翁父子課業之專矣。若翁之於世，可謂生致其力，沒享其全者矣。翁靈側奕奕繩繩，諸子孫滿前。版曹公又從代郡奔。訃至焉，方深孺慕之慟。而某等則慰之曰：「孰如翁考祥之其旋？」尚享。

祭岳母張碩人文

憶余婚娶，廿有六年。伊時拜母，見已蒼顔。翁更耆老，白髮蒙顛。暮年配女，頗鄭重焉。詢余知學，結褵忻然。自女歸余，啾啾善病。軒岐湯液，高禖禱請。陰雨寒床，母子爲命。老來之子，人云薄弱。暴注頻瘛，變出錯愕。賴母相依，以慰蕭索。矧余無賴，時運長屯。乘龍事杳，策蹇難振。抑鬱之懷，嗔喜失真。或酗於家，或至反唇。母也寬之，化虐爲仁。是母女德，至性可則。豈但內儀，丈夫愧色。今余鬚旛，女歲與同。憑棺哭母，弔影悲恫。子孫繩繼，儒賈兼攻。母年之高，母德之顒。母貽之厚，母福之豐。談笑辭世，下見夫翁。余終努力，以圖顯榮。嗚呼！尚享。

祭薛封翁文 同社公祭

余輩聚談，每歎世無唐舉詹尹出決久困者之結局。顧眼前所閱非相非數，合人之貌與其藝業，而參觀之産於鄙鄉廁之流輩，而晢以偉其文如之貴器也。若身不習文而性樸厚，舉止凝以莊，復有聰慧之子福具也。某輩識允執貴自諸生時，迨與翁晉接，益卜允執必貴。蓋允執以其貌與文可必不爽，而翁則望而知其非農民野叟之枯薄，食之收之，固以子福，畜之發之，亦福乎子者乎。夫就允執論，則峨峨泰阿之松，晶晶巴浦之玉也。然非泰阿、巴浦，胡以生茲異質哉？吾社凡若干人，結盟若干年，褒然甲第，止一

允執。雄飛在望，接武志敫，結綬彈冠，人相鼓奮。至於寧陵之
績卓冠三河，縉紳誦其美，士民碑其德，薦剡疏其最，貤恩逮其親。
允執之昌隆，如方涉蓬瀛之清淺，姑睨暘谷之旭霽然。享受之基，
循吏之譽，豈但吾黨企而難追？即甲第中退，不敢並者多矣。凡
此皆翁迎養時目睹其盛，亦既怡怡于于，責償於令昌之報矣。顧
某輩則由翁以知其子，即由子以知翁之不終，牸車田服老於甽野
間而已。嗚呼！人之通顯軼流輩，且父子安享禄位，豈非自有貌
而已然哉？若翁不具福相，寧陵雖聰慧，余料捐館之期，當不能
待爲寧陵成後矣。死生雖大事，罔極雖至情，孝子奔傷，友朋佐哭，
道各盡耳。乃允執之已就，翁之訓與焉。允執之未竟，翁之神與焉。
其奚僅僅以長年重束芻致誠，蕪辭寫愫，將以慰翁者，慰允執之
哀慕，冥冥中鑒諸。尚享。

第後歸祭先塋文

遏矣余來，顯哲代興。肇迹焦穫，開基中丞。嘉靖之際，二
祖祇承。霜臺繡斧，刺史茵馮。聲華甫謝，司馬繼升。於惟司馬，
名重道弘。人擬稷卨，朝倚股肱。八年於外，鵬集妖徵。貽余小
子，百瘁身膺。拮据顛蹎，播越騰陵。遇值其厄，心保厥恒。泥
塗羸牸，曠野寒燈。守望邱隴，紬繹家乘。屢戰失利，志彌奮矜。
天鑒其衷，祖德蒸蒸。遂叨制科，濫竽休稱。列京朝官，簪組是朋。
如灰復火，如囚解縢。單族薄祐，閥閱峻嶒。率毗先烈，小子何能。
休沐西返，埽除兢兢。愴薦牢醴，精誠上脀。莫報罔極，轉益悲凝。
嗚呼！惟福由嗇，惟善若登。昕夕震惕，貴墜内懲。後昆迪勵，
象賢繩繩。爰祈默翊，永毆孫曾。尚享。

祭蝗蝻文

某官謹以庶羞清酌之誠，昭告於某某之神。連歲旱荒，更加軍旅，芻米騰貴，民不聊生。即上天助順，百神護持，尚無奈東西狂虜之慘。乃晚禾方播，澍雨纔淋，而飛蝗又至，鼓翼成群，將虐我苗稼。竊思兵農交苦，士馬洊饑，數寸生意，豈堪蟊賊？本職職司糧草，目擊艱危，訝此翩翩，恨不盡嚼爲快。謹虔請明神驅逐出境，不忍遽以人力戕捕。期三日避去，若爽期，將糾千萬老稚，懸賞撲滅，以救一方性命。決不忍以十餘月方得之雨靈澤甫敷，而孽蟲敢蠱囓之也。謹告。

誄大座師劉復齋先生文 代

嗚呼！朝珍碩耇，士式儀刑。公孤匡輔，宗社憑靈。我師之生，喬嶽景星。我師之没，龍潛晝冥。爲國傷盡，匪私涕零。洪惟夫子，道高學奧。鳳沼毓英，璧門據要。彥先儒宗，傅亮典詔。大業山藏，文華虹耀。雍容機近，垂三十年。南宮秩禮，會闈掄賢。祁祁詵詵，景附鑣聯。二生駑劣，濫廁選焉。伊時仰覿，日挹冲穆。鼎鉉班崇，皋比座獨。厭茲嬰牽，暫賜休沐。於赫元卿，歸依子舍。伯仲並名，南金雙價。上食舞斑，歌鐘吟斝。事奇爭傳，樂真無借。九霄鶴信，廣陌車音。賣望於路，雲卧彌深。先達群倚，後彫共欽。林泉將起，霜霰急侵。嗚呼哀哉！輟市罷春，含思興喟。朝野俱然，矧在多士。茫茫代謝，孰究終始？亡而實存，顯名美謚。某拮据封疆，鞅掌兵餉。棄官行服，千里會葬。緬追古人，惝恍莫狀。跽誄蕪辭，灑淚南嚮。梁木雖萎，江漢在望。嗚呼！尚享。

祭先司馬祠文 祠在山海關

維天啓二年正月二十六日，不肖男復、臨、恒、蒙，孫嗣厚等，謹以剛鬣柔毛庶羞清酳之儀，哭奠於考君職方先生之靈，曰：嗚呼！自考君不幸於榆關，人之思憶，久而彌新。賴諸地方宦游諸賢，與本關士大夫父老争捐貲，顔像立祠。歲月尸祝者六年餘矣。不肖復叨除計郎，爲京朝官，出入奉簡，書於清於密，距關不甚遙而不敢輕越境，以展拜祠下。每聽東來人稱説堂宇之巍敞，恍如考君憑有安居，而不肖子久失定省也。屬值量移公役，始遂哭酹之私。撫今追昔，沈痛積哀，非言辭所能宣寫。念考君入仕纔六七載，歿即崇祀鄉賢，太和則請入名宦，亦有專祠，與榆關埒。可謂居鄉居官，生死無忝畏壘，桐鄉報施不忒者矣。諸子里中伏臘，墓前芟榛，裸漿依依，考君如在。若夫兩地之祠，則魂氣所時之也。乘氣太虛，抗霓旌，鞭蚪馭吳楚燕秦之地，總至人之食邑矣。榆塞正戎馬震撼，際狂虜窺伺，丸泥封險。雖藉元臣定謨，然亦倚明神佑助。考君生時抱不磨之忠烈，便當立訴上帝，陰殱賊衆，廓清大明之宇宙，是一方之以祀酬功者。考君又以功酬祀萬年宗社之基，與一片香火之區俱永奠矣乎！尚享。

來陽伯文集卷之十一

明三原　來復陽伯 **著**　　　　　邑後學　李錫齡 **校刊**

啓

候座主啓 代

恭惟閣下，斯文盟主，盛代通儒。天禄黎明，陋桓生之稽古。
明光草就，小司馬之多才。啓沃廣宸聰，時撤金蓮于御座。文章
迴世運，疑吸玉露于仙盤。不言而桃李成蹊，一唾而珠璣盡落。
何幸？某以一介愚生，窺高于孔仞。遲方賤士，濫竽于秦庭。絳
帳清光，每懷仰止。杏壇末座，莫測高深。茬任以來，奉職無狀。
一割笑鉛刀之用，數堠艱駑馬之材。觀鬭隙中，愧聰明之多蔽。
居身堂下，知曲直之難分。顧緇墨拖青，雖已負唐虞之盛遇；而
鞭羸策蹇，猶欲符裴狄之知人。所懼懿訓浸疏，典刑日遠，非微
片言以自佩，能保跬步之無愆。敬於某日，手進一緘，拜屬去使，
肅附山谿之芷，用勒千里之惊。碣石風高，極蒼茫于北雁。薊門
天遠，徒瞻戀于燕雲。倘蒙俯盼乎遐荒，猶似伺顔于左右。

啓總憲溫公 代

恭惟閣下，熙朝嶽柱，紳紱衣襟。秩肅百寮，帚蕩清夷之路。風扢久敝，力回東注之瀾。天錫甫申，謀哲久資。成憲國毗，君實威靈。遠懾荒夷，氣亘微垣。夜倚寒芒于斗柄，霜紛臺省。人瞻冬日于春和，燠退桑枯。漸以鱗馴占運，轉癸來雉。獻會從颿，遠識波寧。夔龍愜簡在之心，民物飫無言之賜。磊落褒聲，華顯閫輝。觀于行馬，馥芬襲芝。樹德閭協，夢于駒麟。慶衍陰培，償深厚食。大澤鬱百年之蔭，國恩賁五代之光。瓜瓞興歌，螽斯繹美。豎儒跧伏，敢效傞舞。揄揚餘沫懷私，徒有如狂踴躍。旌搖薊路，緘覓秋鴻。倘徼揮存，敢忘冒昧。

謝直指唐公啓 代

竊以涯洼波澄，汗赭驤雲于西極。豫章斤就，梗楠隆棟于閟宮。厠廄聯鏄，實慚蹇劣。從繩守墨，猶惡萑蕭。是以感同知己于君親，價重片言于鼎呂。伏惟某閣下，冰霜厲節，山嶽凝姿。風挽澄清，已矢埋輪于甸服。威伸觸發，共歌避馬于都衢。春醖仁淵，和煦藹乎冬日。鑑懸智府，纖翳徹乎層空。巍冠標柱後之名，白簡預廷材之用。獎題推轂，俯清聽于民謠。擊擊崇墉，加三褫于衆惡。某遐隅賤品，百里庸才。敢埒叔則之精通，猶遜子奇之剖決。勞深巫馬，徒懷單父閑琴。鈍擬尹何，未辦操刀利割。聲來過聽，竽濫群英。品異苓參，莫效春籠之用。贗同燕石，空貽珍肆之羞。敢不于邁前途，益肅稅駕。符狄裴之雅鑒，倣恭茂之遺模。尺一攸憑，腹心可暴。摘清谿之芷，惶慄維深。託秋塞之鴻，飛揚與竝。私祈諒在，仁想揮存。

啓王駕部 代

伏以輝耀德芒，人覯一時之慶。望來真氣，軒迎百里之賢。道濟亨衢，翔高天路。恭惟某閣下，識卓一世，量冒八埏。數年斷獄引經，輒從末減。每遇祥刑論報，共謂不冤。體天地之好生，視人間之景福。身當盤錯，剸繁務有。若鏌鋣力砥波流，視群奸無殊狐兔。是用望隆朝宁，聲達宸聰。彤庭簡命煌煌，動禁掖之銅龍。貝闕丹書冉冉，下崤函之彩鳳。於昭雲陌，載脫籠樊，言戒星軺，翩其至止。春被荒城之草木，帷搴萬里之風雲。某昔叨曲覆，如倚所天。今快奇緣，復控其御。仰六翮于塵壒之表，敢擬泰茅。停駛驂於指顧之間，潔羞澗芷。先驅負弩，遙迓前旄。慰別浮鷁，還看新柳。不勝翹跂，鼓舞之至。

建橋邀邑侯沈仲玉先生啓

伏惟作楫濟川，器本屬乎海納。擎天劃地，才有藉于棟隆。縶清首之屹凝，作長虹之關鎖。薄言永鎮，比德具瞻。矧伊攸成，罔非洪造。爰茲審龜蓍以探佳日，是用跨南北而搆文梁。敢望幸于雲旗，少賜光于丹墍。吉曜照來即厭勝，喜駟馬之停橋。三時暇日閱經營，嗤祖龍之驅石。凡欽瞻仰，曷已跂翹。

先子入祠鄉賢邀令君啓

竊惟闡德耀幽，荷達人之華袞。垂今傳後，備萬祀之清榮。閱公道之攸彰，諒斯文之未墜。肇茲崇祀，業屬久湮。天啓哲衷，事由洪造。寧獨杳冥之有靈爽，將殷殷感身前與身後之深知。乃此香火之有兒孫，且世世戴明德與明馨而無斁。欲載嘉乎酊醴，

期聿貴乎豆登。倘蒙揮繙導于旗旌,便似運搏風于格澤。覯霧佩雲車,以受釐而遙下。嗟弔湘誅楚,猶亶曼而難招矣。

答巡撫顧公啓 代溫宮保公

身忝台衡,難副群黎之望。景臨濛汜,自驚衰白之顏。知足始可遺榮,用拙乃存吾道。東都走餞,遂兩疏遐舉之謀。舊里懸輿,味應物國程之句。漱泉憩石,永荷明主深恩。盟鶴狎鷗,拼作太平遺叟。豈惟置一切出處于身外,亦且還一時是非于域中。故友尚存,遠追洛社。移文今在,敢負北山。所幸節鉞密臨,數載坐消祲癘。填星橫曜,西隅偏得清寧。某當散志清虛,遂蕭德田園之臥。放歌德政,醉盧簡賞玩之觴。登蕃錫之嘉儀,充庭知恧。徹過當之評借,一德銘衷。

城外建文昌閣請邑侯啓 代溫宮保公

地奠坤維,旺幹已橫紆于清首。靈昭異域,興文將取質于東甌。爰眺雄圖,僉謀選勝。嗟彼琳宮寶刹,徒矜象馬之莊嚴。即令花雨蓮芬,何補山川之葱鬱?肇開飛閣,近映重城。謂文昌乃紫極之星魂,而奎曜實儒紳之司命。弘襄創構,用妥靈祇。巍然瞻宗棟以架崚嶒,允矣建招搖而隆氣運。朱櫺翠檻,往來接終華之烟霞。森柏寒松,依舊樹漢唐之日月。且西窺阿育翔鸞,與孤鶩相輝。北瞰洪流嶽峙,與龍蟠互應。兆繇叶吉,錘畚攸興。亶惟賢侯,控茲靈界。冀子來而奏神速,須小隊以眈幽玄。怪牒韜精,定檢獲乎玉匣。吉祥造福,知騰起乎青烏。代不乏人,必有嗣凌烟之勳。來方未艾,行當産天禄之英。則垂老逸人,尚能臥里閭以觀戛玉。計君仙吏,仁看偕群彥以賦朝元矣。

諸生應試祭門請令君啓

竊惟歲紀文明，紫極映芒于聯璧。典隆賓貢，白屋凝睫于翹車。璞玉喜充庭，不羡荆山之韞櫝。鯨鯢志横海，誰能涔水以潜鱗？學有法宗，荷真師之奬進。資適逢世，仰聖主之明揚。吾黨小子斐然，秦地衣冠萃矣。勉騁驥足，騮轠而淩槐陌。敢攜豚蹏，匽飲而祝黌庠。尚乞靈紫府星精，期默贊朱衣使者。詵詵墨卿辭客，羡懷黄垂組之班聯。堂堂義路禮門，闢金馬銅龍之壯麗。非仗皋比而嚴祀事，誰持匕鬯而主斯文。恭惟某閣下，三晋名家，千秋具眼。來闡文清先生之教化，遠挈河汾中子之淵源。有客登龍，榮似直廬建禮。無私斷掃，清如塵甑萊蕪。生公説法而頑石點頭，牙氏韻絃而游魚出聽。忍明珠之在溷，孰蕢桂之見遺。故使棖闑店楔之材，咸就繩于郢匠。大食湛盧之刃，獲遇賞于風胡。馬當剪拂以長鳴，士以品題而知奮。方將殫奇謀攄奇策，副平原養士之心。更欲尊所聞行所知，效董賈當年之用。不敢誤雄飛以辱里選，眷言振前路以報私恩。届期中霤祝鼇，即是吹嘘天上。兹日環橋，美觀共拾，咳唾珠紛，高敞絳紗，佇瞻油幕。

上余大鄣光禄 代

伏以輶駕入疆，周道邁騑騑之迹。重臣銜命，漢官擁秩秩之儀。寧惟耀益部星輝，實共瞻峭函真氣。恭惟閣下，熙朝先達，名世通儒，學問淵泓。接紫陽之的派，聲名嶽峙。鍾大鏞之靈奇，偃蹇宦途。而皎素之操，耻縈緇垢，傲睨世態。而自信一意，矢保初終。老成無競于要津，位望攸乎于庶職。栖栖宿衛，古稱禁掖之司。藉藉法厨，多蓄步兵之醖。三署推清華總地，高躡銅龍。

九階冠班序官聯，獨翔鵷鷺。聖主修愆遺之制，戀簡厪宸極殷勤。
一身拜專使之任，皇仁遍逮方宣布。敏應馳傳，禮重張旌。靉靆
燕雲，隨皇華之翠幕。團圞卿月，照候館之清囊。試看成命而行，
益訝自天而降。某猥承芻牧，坐縶樊籠。仰德惟誠，願效芟除于
道左。覯光難遂，徒企榮戟于河干。言採豵毛，薄將下悃。得徼
鈞台之顧盼，遙沾俯鑒之光榮。

辭李次山制府啟 代

恭惟某閣下，鼎鉉厚望，斗杓高名。雲擁纛牙，北庭竄而妖
氛胥廓。威宣鼓角，雄區扼而陸海同清。寧惟絕域樂和，春概見
鴻，竛均草木。如某圭竇微生，偶叨末秩，駑羸賤足，日甚積尤。
差能強起，阽危于已陷之餘。敢忘恩深，噓朽于求全之始。顧伊
散地，實有餘閒。少寬簿領之期，兼遂卑貧之志。松杉漠漠，覯
祖廟之英靈。雉堞崔嵬，望都城之佳麗。雖仔肩事簡，猶鰥曠心
兢。敢不佩三字之箴，效前途于不替。永盈缶之念，馨在中之微。
誠就道有時，趨顏未卜。臨風鳴謝，九頓發緘。伏惟俯賜麾存，
不勝悚仄屏營之至。

賈撫臺回制府啟 代

竊以竿牘剖誠，凤抱輗毛之悆。瑤函示寵，忽驚鼎呂之臨。
春風煽燠于棘門，奎曜分輝于璧府。徽音嗣玉，腆施知珍。恭惟
閣下，蕭穆作儀，鳴謙自牧。制垣偉鎮，諸夷欽君實之名。天柱
標勳，絕域竪伏波之誦。熊旂豹尾，狀四道之行營。魚鑰麟符，
奠全關之保障。已見妖澄而虜逐，地闢不毛。更聞雉獻與獒來，
人重九譯。胼胝鬱虁龍之績伐，吐握掩公旦之勤渠，百煉金如寸

心丹沃。朝野快具瞻之仰，宵旰厪簡在之隆。某宣化無能，密依有託，深懼聯班于鵷鷺，常期俟直于蓬麻。載賦周爰，遙識星軺，騰六傳式看朱紱，自多雲物護三台。鴻緘遠薄于麤旄，神注倘通乎劍履。馮伸專謝，莫殫微衷。謹啓。

撫臺謝制府啓 代

謹啓：嚮者，載馳戎路，遙逐霓旌。鞠旅荒陴，思齊鈞憲。不意簡繒之報，再枉佩玖之遺。恭惟閣下，仁育義成，翊熙明之大化。春生秋殺，通造物之宜符。坐使魃狸絕蹤，魖魗赴爐。氈幕遠遁，狼堠不烟。已知手揮青女之輿，肅如灑露。更徵星飛赤羽之檄，爽足曼風。遠喜塞禽，意縮于筒郵。頻珍尺紙，賢過于從事。顧懷餘潤，實藉成蹊。睠胡塵欲滅之時，值隆火失燐之境。詎俟礪戈而洗甲，行知卧鼓以弢弓。某不勝爲國家踴躍稱慶之至矣。

賀總憲及泉李公啓 代

恭惟閣下，青冥矯翮，遐運祥麟。文源玄湛九江，濤湧晴花。筆嶽騰凌三楚，峰搖黛色。都市夙歌乎驄馬，惠文標柱後之威。南臺久聽乎栖烏，蒼玉鏘螭頭之步。旬宣揚歷，有烈徽崇。握軸陟升，惟天眷佑。熊旂豹尾，肅薊北之軍容。魚鑰麟符，奠神京之保障。陰森披憲府，永襟河濟枕。居庸踔躓，裹前旄坐。控漁陽，扼上谷。功書秘錄，共欽張綰。無私帝念金章，獨見趙堯允協。乃亟錫靈于根本，俾修百揆之儀。更開煜鑒于迤疏，戀簡群寮之長。法星高拱，吳門練影。照晞微赤，烏平臨神。闕松陰瞻，氣象斗杓。占野映帶，衡璇喉舌。迴光亘榮，南北大河。騰潤雲輜，春拂雨花。來鍾阜蟠，靈巍閣風。搖石燕落，舊國鵶聯。聳峙遙空，

左側欄：來陽伯文集　卷十一

霜櫨頻翻。某豐蔀遺氓，私沾末質，飫德思歌湛露，周爰載誦皇華。響聆環珮切雲霄，難攀鶴馭。筐有麻枲號方物，遠抱芹思。馨託鴻飛，自愧葑菲。供上薦衷宣竿牘，猶憑簡繒疊微誠。得冀擲存，可勝厚願。

賀龍江沈公入相 代

竊惟上袞秩儀，快華夷之巨望。元樞司政，闡黻黹之宏規。兆叶非熊，賚欽自帝。既覯默回之佳運，正屬名世之昌期。恭惟閣下，石礪貞操，玉鉉重器。仕求行義，諤然十事之談。學豈常師，允矣九經之庫。聖明簡在，玄纁賁安邑之門庭。舊德奕如，大楫障橫江之波浪。瑝鳴璃禁，名覆金甌。圖映麟臺，功垂瑤翰。亮天工而翊天步，何難取日虞淵。扼地軸而奠地維，再見斷鼇立極。蒼生望傅，欲乞潤于甘霖。宰相擇琪，如取丸于蘇合。惟天降任，乃萬世一時，肆聖作師，實生民未有。且一日而拜二相，群稱裴寰德隆。迨協力以事一人，懸識璟頤歡甚。自能釀宇宙內升階之慶，從此消中外人漆室之憂。五瑞標奇，坐致麟游鳳舞。八風扇景，會看颶遠波寧。某羈迹荒隅，遙挹丰範。雲浮仙掌，曉瞻真氣入蓬萊。風動沙堤，夜有黃星藹碧落。穆穆式尹吉之憲，巍巍賴李石之疆。敢布緘書，用伸極忭。載羞毛芒，遠剖衷私。知仁人之無遐心，仗賓鴻之有迅翮。冀得揮存，諒茲願在。

賀金庭朱公入相 代

竊以鈞樞兼總，績懋三台。柱石屹隆，人毗元輔。惟老成之秉軸，實朝野之希聞。復邁前修，丕昭異數。恭惟閣下，乾坤淑氣，今古通儒。窺鑑冰壺，恍擬濯質于江漢。披拂天藻，同無殊道于

來陽伯文集

卷十一

-199-

山陰。故老如姚公，宜尊崇之莫竝。高名得文紀，洵祈祝以無私。克協重華舉皋陶，不仁者遠。咸有一德見伊尹，先學而臣。捧宸聰三傑之篇章，掩異代八元之遇合。春盈天禄，喜溢都門。值我公崛起之時，卜天子勵精之始。自足一人定國，陋三表五餌之謀。遥知上智格心，杜厝火積薪之漸。作鹽梅，作麴糱，斯世永孚于休。屏蟊蠹，屏魆狐，惟皇乃建其極。生逢伊吕，始知管晏之卑。道吻夔龍，愈信杜房之劣。某仰瞻台曜，夙認履聲，宣綸綍于黄麻，光興隆于青簡。已率群工，共秩萬邦之憲。還同朝士，悉依中立之强。千里緘封，歡悰攸寓。野鰲芹薦，愧職在兹。倘得荷乎海涵，真屬徼乎天幸。

邀沈仲玉先生小啓

蓋以序臨青女，景屬黄花。物惟殿歲爲珍，人以孤芳比德。舒金鋪翠，襟裾塵外之繁條。藏霧迷烟，妝點貧家之三徑。僭攀鶴馭，嘉薦犀觥。欲借温顔，少睇寒豔。香傳賞席，主人不柱架東籬。春到幽庭，好菊益看凌殺氣。庶幾乎，蹊外争輝若桃李，知公門並骈冒之恩。座間解舞擬紅妝，喜弟子無絳紗之隔矣。

邀沈仲玉明府啓

竊惟仙馭重來，慰瞻依之夙慕。襜帷行陌，慶蕃錫之新榮。喈此纖微，偏蒙覆露。再親黼黻，屢被鐸鈴。詎唯慽消楚纍之容，殆將灰起韓安之焰。是用虔修嘉薦，少闡極愉。對長日以酌榴花，敞薄筵而近蘐砌。矧值甘霖之遍野，尋占諸穀之咸登。固當與提福仁人，共答無事之生成，以樂一時之繁殖者也。

賀楊修齡明府考滿受封命啓

恭惟閣下，雲逵鳳羽，天上星魂。作福西隅，爰仰承夫帝眷。殫精巖邑，實大獲乎民情。蓋由典學後顯庸，顯庸詎偶。故用文章運經濟，經濟自殊。寧惟政羞毛擊，坐成三異之勳。亦且身蕩欑槍，立寢百靈之驚。千古披翰史傳揚，可方盛美。一時上循良功課，誰比治平？珍重隆褒，賁臨譽命。式金式玉，皇仁遙披于叡言。如霞如雲，華袞親承乎兩世。堂中冠冕配夫翟褕，天崇德報。階下斑斕即是銀組，人信義方。于公起容駟之門，已看大顯。楊氏符探環之兆，可必三公。覩此時龍煥綸章，肇他年蛇生綬笥，是徵明驗，何爽發祥。某講席分榮，氓廛沾潤。被良宰有成之效，揚厲無能。誦銓衡上考之公，遭逢可慶。伸茲微薦，抒我下忱。倘垂鑒乎殷懇，諒一蒙乎顧盼。

寄尹惺麓太守公啓

恭惟獻歲風恬，萬彙潛動。慶茲兆姓，稔被慈仁。青帝以不言而陽和四布，明公以居靜而西土回生。何俟占雲督候？知歲功之告成。不必懸葦磔鷄，見禎祥之畢至。復無似衡茆食舊，賴春澤以不僵。草木分榮，竊晴光而自淑。愧禮正旦說經之席，幸登弟子後宴之堂。爰並感恩之老稚，致慶三微。更祈繁祉之德人，流康四序。青蘋言採，貧莒匪充。拜緘以候尊嚴，意同鳩獻。託物而鳴下悃，神厠柏觴。尚遲上元以後之辰，躬祝百歲彌昌之壽。伏希鑒宥，曷已跂翹。

秦國主啓

不肖復山藪竪儒，蓽門賤品。肆窮途之曳尾，望幽壑而潛蹤。向覲朱邸之清嚴，無異上清游眺。今拜尚方之繁錫，真同雲漢昭回。但頑石朽株，無分承乎文彩。孤猿野鹿，不堪被以犧韉。媥媥瓊玖，驚看里舍之鄉人。疊疊繡紋，塞破貧家之屋子。禮成銜命，寵溢捧函。敢云一介之妄援，自是惟王之善下。恭用齋沐，手勒緘封。採擷苢筐，冀重閣之遞格。託情觴爵，壽千歲之日隆。自愧貴游，感枚叔之知。尚期鼓舌，爲相如之賦。得蒙顧盼，曷任跂翹。專發下走跑，進狀載另楮。謹啓。

邀沈春曹先生啓

竊惟花封愛字，尤異逮聞。蘭省優游，崇班始陟。古無百里之士元，今見兼資之長倩。伏惟閣下，文章家學，經濟吏師。以德化人，不忝循良之傳。至誠及物，允爲吾道之宗。故能政表關西，聲赫當路。肆妙選清華之地，值仁途雍滯之時。緩轡鳴珂，行且趨承。建禮抑浮甄品，方看草奏承明。即十年一徙，恨大用之猶遲。顧比秩爲真，知壯行之未艾。攀遮雖衆，扳挽何由？如某陋巷居貧，每資安邑。當屏設蘸，久愧任棠。洵日景乎師模，敢叨居夫末契。飛瞻玉舄，感恩與念別同深。庇失青雲，公願與私情異嚮。齋修卮醴，仰答涓涘。倘徽星馭之過廬，重見使君之下士。曷勝鵠俟，冀遂燕私。

文觀察先生啓

竊以地控西陲，天府稱珍于陸海。帝勤簡命，神群載曜乎福星。虎賁擁而歸命虎符，鳳野開而式瞻鳳翥。豈擬望之之試三輔，

何殊寇公之在北門？恭惟閣下，德憲萬邦，學收衆匯。中天測景，樹羲和授政之標。天目探源，接河洛獻書之瑞。名芬玉笋，昔步署以含香。爵表朱輪，曾搴帷而行野。位名薦陟，扼要上游。井牧參差，指顧戢潢池嘯聚。河山表裏，坐作嫻麾下投超。詎惟白馬綠林，消刀佩犢。實且北幽西塞，傳檄聾威。從古難文武之通才，于今見將相之偉度。折衝樽俎，清時間雄鎮之旌旄；策勳台衡，計日仗三秦之節鉞。爰且去驕倨而宏延訪，諒由悅禮樂而敦詩書。故人之子可存，道隆下濟。一介之儒宜惠，義取周饑。即看霈翰札于草間，猶似捧瑤函于天上。某學非經世，品不脫凡。自分曳尾類蒙莊，敢效埒蹤如顏闔。郊園數畝，狎鷗鷺兼侶雞豚。舊宅三楹，設雀羅仍間珠網。寒衛厭來乎城市，苟安久斷乎交游。愧擁篲失迓前驅，敬採菲言圖後報。因孤寒寒灰之再焰，喜衰世世講之回溫。但懼公府崇高，未遑縮地。實仰雲霄尺五，無異庇天。伏惟灼鑒丹誠，俯垂青睞。俾蘊藻得承上薦，冀餒芳可徹重玄。九頓緘封，遥加祈籲。臨楮可勝企戀延仁之至。

啓寧麟閣明府

鳳曆初開，天籙兆太平之瑞。羊環紀異，夢情叶靈毓之祥。志已酬于桑弧，望彌隆于葉舄。恭惟某閣下，才華爲明時碩俊，治行作天下循良。董澤孕精，人指躍龍之地。中條闡慶，共稱變豹之區。玉笋班高，預識裴晋身名之重。花封試最，實標行儉文武之才。攬揆正直夫初春，稱壽感欣乎首邑。堂中之報塞政戀君親，階下之奔趨又瞻父母。鳴琴唳鶴，齊作神山絕島之聲。祥鹿馴禽，偕來異政深仁之應。斯誠玉燭和調之樂國，華胥恬暢之亨時也。某迹厠編氓，祈福願歌乎天保。誦淹圭竇，祝鰲遥效夫華封。採

擷雖微，寸草竝寸心偕往明盤可薦，千觴與千歲爲期遲。想涇首春波，何異仙流清淺？猶憶官梅綺席，正如琪樹葳蕤。願言蘊藻之誠，得佐芝术之餌。感深垂睞，榮踰覯顏。望河漖而色飛，覺蓬瀛之路近。

啓大司馬王霽宇先生

恭惟正陽啓節，郊祭肇慶。洽茲茅盟之誠，欣享蒲觴之泛。具瞻表瑞，獨坐膺禧。某雖零丁有類蓬萍，然氣味敢同蕭艾。反騷託寓，方遠悼乎湘纍。作賦登樓，更快依乎江表。言伸蘊藻，少當曝芹。草木至纖，不謝功于天地；英瓊莫報。終願附乎蓋函。倘蒙盼及澗谿，即荷光併人器。

寄寧明府啓

獻歲告臨，瑞雪初霽。開循良之化日，褀君子以繁禧。固宜介福無量，應知爲歡甚具。春風琴韻，散成百里之絃歌。霞綵錦明，幻作人間之帖勝。椒觴柏酒，酬階下宜男之花。雞祝辛盤，佐庭前如綬之草。運當道泰，治與日新。企想丰儀，覼思欣暢。敢隨編氓之後，少抒薦獻之忱。蘊藻雖微，躬澗谿之採擷。芯芬可託，借竿牘之悃誠。祇冀鑒存，曷辭褻瀆。臨椷耿切，莫罄敷宣。

邀社友賞杏花小啓

紺林吐蕚，蒨色矜容。想決渠之長灣，映名園之萬樹。方欲探春共醉，不圖折簡先招。然同人益妙于盍簪，野蔌願供乎饌玉。敬用詰旦，將我素心。共收十里紅霞，壺觴泉湧。坐送一川麗色，詩思雲流。若須佐酒之佳人，願倩當家之豪客。

壽袁明府啓

恭惟閣下，以仁人必壽之德，叶金仙靈誕之辰。祝滿花封，暢盈樂土。固卜雲符，與鶴詔同錫。應知琴韻，共雉聲咸和。某叨廁編氓，兼蒙禮遇。際茲慶日，倍切懂悰。敢修斗酒鼃肩，薦野人之誠于公府。聊伴金莖瑤草，充下客之貢于高筵。鱗脯傳珍，羊城在望。想樂只彌昌之福，冀孔爾一盼之榮。莫殫殷勤，百伸祈籲。

邀楊荆岫明府啓

恭惟郊野久寧，慶提封之保障。秬秠新獲，具陸海之梁茨。況值長夏發榮，可少臨風茂。對雨清官，路林蔽邱園。迆西五里，指儂家柴門。正迎峨巘，背郭一谿圍。矮屋華池，復引峪流。荷園蓮燦，娉婷未褪乎紅衣。竹翠榴嬌，點綴如妝乎碧玉。笑少文臥游之癖，鄙庾信小築之安。聊爾卑棲，有時躬溉。欲仿襄陽輞鞠之曲，歌咏山公。尚慚江干車馬之來，招邀杜甫。但委蛇多自公之暇，不妨觀省豫游。而折節妨浚谷之人，洵是循良盛事。琴聲鶴唳，共四壁圖書咸跂翹夫玄賞。筍脯芋羹，與盈筐蘭芷願侑助乎間觴。肅古廿四之吉辰，儼迓崇高之星駕。雖山村寂寂，委巷深愧。彼高陽之里，通德之閭。顧公府曄曄，游幢願賁。我仲蔚之階，蔣生之徑。夙齋請命，望幸早光。

請諸年伯啓

恭惟斗極輝高，仰星精之並聚。雲逵氣藹，慶茹彙之咸征。未辰之接武雖遥，先後之同聲益振。趨承仰止，何幸子弟而法父兄。款洽淹留，遂使卑微而親尊貴。敢藉百年之世誼，敬捐廿二之良

辰。擁篲迎軒，被躬倚玉。冠裳踵至，抱古昔析薪之慚。罄欵群聆，作家人菽水之獻。願賜光于臨況，俾慰望乎瞻依。謹啓。

請諸社友啓

小園春光劼媚之時，值睇歸侍筆札之始。閑其戢翼，林邊鶯囀，堪方扣爾雄文。池上濤聲，共壯盈几之素書。山積不忝，山家繞壇之朱履。雲來各攄，雲錦仰承，珠落愧厠粃前。拭几焚香，敬飭盟要之會。脂車駕牸，願賜昧爽之期。覷一物，抽一思。飛走紛紛，皆趨玄緒內。咏一篇，盡一斝。靈奇隱隱，時幻綺談間。青雲之志各同，白首之心斯寓。敬於廿八日，惟良早候，預告從者。

公請户部諸公啓

竊惟籍仰含香，幸厠司農之署。榮同附驥，還分大庾之儲。挹綏珮之如雲，覷璇璣之列宿。豈獨師芳躅于前輩？實已愧素餐于今時。竹裏行厨，大嚼珍饎之品。塵邊坐嘯，益聆玉屑之談。僭擬迎軒，咸欣擁篲。送若華以消長晝賞，榴英竝蓮瓣爭紅。遲飛蓋而集名區抃，熊軾與鷺車耀彩。期敬涓乎廿九，供未充乎圓方。仁候早光，言伸積抱。謹啓。

邀同宗啓

同宗多宦，維昔爲艱。共聚中朝，于時尤快。一名閥冠乎浙右，一舊德守乎關西。百年之聯合原殷，復始之繩振方大。既以水木敦祊盟之懿，可以疾徐亂手足之倫。家庭娛樂，惟庸敬乃眞。步履辱臨，期吾弟則愛。敢附行葦之義，載伸接袵之歡。追趨難比元方，賤劣猶慚第五。

候宋座師啓

伏以六幕塵清，頓八紘而掩雋。九州土廣，設恢網以該賢。起迹羊豕之間，月旦久稱其選舉。竊附雲龍之會天衢，敢忘夫攜提。內自顧以何堪，凜不知其所報。恭惟閣下，文章司命，光嶽偉人。養湛木鷄，學造理之至渺。名蜚繡虎，才應世之無窮。寶笈琅函，抉秘藏于二酉。金聲玉振，會流品之大全。丰標則泰山梁父爭高，辭藻期濟波海濤竝湧。鳴瑞華省，擁軾專城。汝騎東旋，便負謝殷之望。襄帷西顧，坐嫻尹郭之勳。起慶雲甘雨于平原，慰晉地河東之赤子。恩威並建，河山震而草木生輝。法紀咸章，憲令新而軍民動色。光搖帝闕，聲震都城。共覩昭代循良，允稱士林儀範。某等蹣跚陋質，枯寂迂儒。幸出門牆，深慚桃李。泥塗十載，憐困臥于牛衣。驥首一時，濫逐群于駑駘。感洪鈞之鑪鑄，方看漢闕春回。念絳帳之經橫，卻悵程門地迥。莫展遙階之積悃，謹憑尺幅以摛辭。伏望師臺賜睞睇以鑒莒筐，啓顒蒙而惠金玉。則野猿倦鳥，免觸突于杕樊密檻之中。而雙鯉飛鴻，望好音于石嶺天門之上。冀垂崇照，靡罄卑忱。臨楮曷勝瞻戀耿切之至。

請涇陽三原張雷二明府啓

恭惟星軺西秣，鳧舄高騫。叨蘖珠彙進之班，分桑梓瞻依之仰。祝被帝城之雨露，偏親春日之陽和。欣庇鴻仁，虔申燕賀。敢筮是月日，獻藻芹之馨馥，攀芝蓋之煌焜。對鼓吹而五袴興謠，式歌且舞。援秦聲而三異致祝，既樂且康。敢自效迎餌之陽鱎，竊願報長生之瓠脯。冀俞寵命，俯鑒誠忱。望前驅于九衢之塵，挹清芬于五雲之表。脂車願早，擁篲佇迎。

公邀雷振潛明府啟

伏以策射彤墀，標芳名于玉筍。麈飛赤縣，捧綸命于瑤函。喜瞻鳳采在神京，願迓鸞音臨賓席。敢通記室，申告僕夫。恭惟閣下，博古通才，凌雲偉器。龍驤虎視，傲睨于紫極之庭。露湛秋澄，沃若乎神皋之液。奚徒孤山潞渚，挹其光靈。實已恒嶽巫閭，誕其異秀。黃鐘大呂，隨扣輒鳴。寶鎮璆圭，無瑕斯貴。功超食跖，久催碣石之鋒。位典烹鮮，將整崝關之駕。何異施牛刀于雞肋，真如旋驥足于蟻封。豐城之劍氣亘天，獨擅出群之譽。單父之琴聲在御，必興來暮之謠。何緣獲百里慈君，佇見成十奇良令。某等棲遲上國，彌深燕喜之悰。編受一廛，幸竊鴻庥之庇。念池陽山川蕞爾，且化麟郊。憶斗城民士翹然，群瞻鶯馭。願接神明之緒，載吟愷悌之詩。敬于是月望日，藉卜蓍龜，薄修匏俎。埽碧雲之野徑，佇望飛鳧。企玉露之清談，肅聆揮麈。祈仰依夫孔邇，冀良悟于在公。得徼枉過，即沾殊寵。

邀龍君御諸公小啟

客來異地歡聚，同人燕市和歌。不傚壯懷擊筑，綺園徙倚。豈如歧路班荊，卻慚褚季之卑。名亦濫陳，公而驚坐。竹林花砌，作到處之吾廬。筍脯芋羹，是儂家之上飼。載伸觸糾，兼續詩賡。用修擁篲之誠，佇俟高軒之顧。送若華而望飛鏡，間偷勝日之幽情。開露釀而酌蘭生，跽祝千秋之景福。

來陽伯文集卷十一終

來陽伯文集卷之十二

明三原　來復陽伯 **著**　　　　　邑後學　李錫齡 **校刊**

啓

寄長安馬明府啓

　　恭惟閣下，以翩然揆天之材，著卓爾製錦之績。風雨佐其新政，雲霞吐其彩心。兩地貽芳，既如單父之鳴琴，又類中牟之馴雉。小民竝望，彼繫見思之何武，此歌來暮之廉公。豈特鳴珂岸幘，冠冕諸僚。實已高步振纓，騰驤三輔。固朝家鼎鉉之鉅任，尤清時銓省之必掄者也。不佞復密邇風猷，叨沾河潤。覽德輝于千仞之上，挹聲華于咫尺之間。快捧瑤箋，驚覷琅玕。五色兼承，緟惠似膚。球璧百朋，但念分列。編氓伏郊圻，苟安疏薄。且以夙知，攀附感物色。彌愧先施，何以報之？筐篚未能，嘉實嗟其。及矣悃愊，聊薦微誠。冀尊慈一顧之榮，寬草野久延之懼。臨緘瞻注，伏候揮存。

寄蒲城徐明府啓

恭惟閤下，繡區譽俊，華國通才。天路高騫，正足騁其逸步。人林雄視，咸快覩其振纓。謖謖松，峨峨巖，尤難擬夫德器。豐年玉，凶年穀，最可想乎兼長。望隆華蕚之巍，何有分太華之墅，而擅績文濯錦江之秀。自當優製錦之事，而稱奇仲由之治蒲。原無大國庖丁之游刃，綽有餘間。瞬息騰循吏之名，指顧奏剚繁之效。蓋學術經濟，俱當實無虛。故燥濕柔剛，隨所入皆順。取次而躋鼎鉉，卜之今時。拾級而軼品流，懸知無爽。不佞復誼同手足，分屬編氓。休瀚莽園，悵班荆之未得。企翹花縣，慶先鞭之有人。謹修採擷之誠，載希忭躍之悃。伏望鑒丹衷戀戀，與其蓄極而將。更希恕冷吏遲遲，諒其神原不隔。揮存俞允，微寵孔深。

答延綏董翼明大中丞啓

伏以憲府橫開，握關輔紀綱之重。轅門坐鎮，統諸侯節制之尊。河山拱而控馭雄，保障巖而金湯奠。恭惟老公祖閤下，才嫻文武，道叶天人。淵源家學，接千年尼崿之傳。磊落高騫，擊萬里滄溟之翼。靈鍾地瑞，忠簡帝心。鵷銜綬帶，產標四履之封。鹿夾車幡，文耀三台之秩。笑談而旌旗改色，運籌而烽燧全消。樽俎折衝，已見單于解辮。登壇受賑，會看絕域勒銘。寧但社稷賴以匡扶，抑且函蓋歸其旋轉。不肖某睢盱有志，骯髒無奇。少年誦法雄文，望久欽其山斗。晚歲服官卑署，分應判于雲淵。蒿目艱危，既未諳乎表餌。側身天地，徒興歎于竊窾。芹曝缺將，鼎言塵錫。荷先施之莊翰，增後進之內慚。容舒燕賀之懷，恪布蛩鳴之謝。

答李紅西明府啓

伏以德重仙臺，豪氣峻依于北斗。位分天象，文光直射乎南宮。允爲一榜之光，大耀同儕之色。士林拭目，區宇懷仁。恭惟閣下，翰墨宗工，巖廊偉器。看花上苑，一朝會際風雲。分符名封，萬姓沾滋雨露。鸞枳棲而聲華播，牛刀剚而宏模成。仁看劍履上星辰，快覩扶搖運溟渤。某有緣附驥，卻愧攀龍。株守官常，殊未效乎尺寸。蓬延歲月，徒負疚于心顏。鶺鴒借翼于垂天，棠棣分榮于廣蔭。辱投珠之甚侈，慚報玖之未能。敬荷先施，永銘鄙愫。

邀本部同年啓

同籍兄弟，又爲同寅。奇遇良緣，洵稱盛美。覩冠履之就列，快塤箎之協鳴。可無尊罍，以志情好。僉議釀金雅集，卜日清娛。時當皓魄揚輝，金飆薦爽。拼醉習池之上，俾應太史之占。謹擬某辰，拱候軒駕。

答馬岫旭明府啓

伏以雲龍風虎揮毫，入點朱衣。彩鳳祥鸞剖竹，出懸墨綬。翩其鴞立，仁俟鳧飛。恭惟閣下，學咀道真，器函玉粹。售文石于異人烟雨，落鬼神之穎。開寶山于武庫圖書，資龜馬之靈。秦晉本自同風，到日耆然迎刃。唐虞留其餘迹，祗承凛乎羹牆。鸞鳳卑棲，聲華倏播。雉雊馴野，善政告成。行看劍履上星辰，快覩扶搖運溟渤。某心灰百拙，氣縮五窮。幸驥附于連鑣，慚含香于粉署。顧懷同籍，鶺鴒假翼于垂天。拭口要津，棠棣分榮于廣蔭。辱投珠之甚侈，愧報玖之未能。敬荷先施，永銘鄙愫。

答張翼明兵憲先生啓

伏以畿輔奠靈長一道，風霜倍凜。憲臣灑膏液九重，雨露協流。諒短馭其難肩，必巨瞻始克濟。恭惟閣下，關中名宿，天際高標。左圓右方，人所不能而身獨辨。經文緯武，藏之以待而靡不嫻。赫然新命之隆崇，偉矣神京之保障。前朝重廉訪，祇取提夫刑威。上谷開旌旄，爰重付之關隘。側聞指揮定而色改山川，懸知勳績隆而名垂簡册。蓋自盤薄郎署以來，良二千石之聲嗣起。兼以鎮轄邊陲已久，真大中丞之望攸歸。報政著勞，課功獨最。某潦倒迂儒，浮沈下吏。聽鷄有志，亦知振乎怒蛙。磨盾遜才，徒暗嗟乎堅瓠。雖職在持籌而理會計無術，以第粒而益太倉。捧寵錫之瑤箋，嘉過腆之珍貺。多慚獎許，彌感注存。憶咫尺之光儀，載形夢寐。採卓奇之茂實，快著聽聞。

候寧夏撫臺臧九岩老師啓

伏以六幕塵清，頓八紘而掩雋。九州土廣，設恢網以該賢。起迹羊豕之間，濫承引拔。竊附雲龍之會，敢忘陶鎔。內自顧以何堪，凜不知其所報。恭惟老師閣下，文章司命，光嶽偉人。養湛木鷄，學造理之至渺。名蜚繡虎，才應世之無竆。寶笈琅函，抉秘藏于二酉。金聲玉振，會流品之大全。丰標則泰山梁父爭高，詞藻期瀾波海濤竝湧。雲章鳳彩，昭于寰區。豹略龍韜，運于掌上。天下服整頓乾坤之手，宇內知扶持社稷之心。昔寇萊公之鎮北門，契丹服其望重。范文正之理西夏，元昊懼而膽寒。想節鉞之赫臨，值胡塵之欲滅。弟子復姬姬閱歲，錄錄無奇。幸出門牆，深慚桃李。泥塗十載，憐困臥于牛衣。驥首一時，濫逐群于馴厩。感洪鈞之

爐冶，方看漢闕春回。憶絳帳之經橫，卻悵程門地迥。莫展遐方之積悃，謹憑尺幅以摛辭。伏望師臺賜睞睇以鑒莒筐，啓頤蒙而惠金玉。則野猿倦鳥，免觸突於杕檻之中。而雙鯉飛鴻，望好音於天闕之上。冀垂崇照，靡罄卑忱。

候劉警圓兵憲啓

伏以義震仁懷，道中存而時出。文經武緯，才八面以咸宜。故鎮靜股肱，歸治行於循良之第一。澄清扼隘，數風力於憲使之無雙。望偉士紳，名光竹帛。恭惟閣下，精儲列緯，秀毓兩儀。清署含香，華門已洋于通籍。南州銜命，祥刑尤繫乎去思。睠茲盧龍之近畿，每廑聖君之東顧。襄帷間疾苦郡封，再見龔黃遷秩。仍舊游綏輯大歡，蒼赤旬宣。巨政專資，參酌機宜。兵略剖符，並仰嘯持畫諾。倏值阽危之時事，益攄斡轉之經綸。令出疑山，民安如堵。共倚長城之鎖鑰，何愁未塈之橶槍。不肖某技試鉛鋒，材同樗散。望久欽其山斗，品應判于雲淵。蒿目兵戈，既未諳乎表餌。側身天地，徒興歎于竊糜。常思江漢依劉，每幸邊關有范。欲梟趨而莫效，懷燕賀以維虔。不腆遙陳，用寫久蓄之悰。汪涵益廣，尚流昭鑒之青。

答延綏董撫臺公啓

伏以鉞凜金方，業坐三槐而制勝。牙開西鎮，猶森列柏以宣威。非徒壯關輔之藩籬，且將定中朝之柱石。龍翱普潤，鵲化占祥。恭惟閣下，周鼎碩膚，殷圖良弼。兼吉甫之文武，敦郤縠之詩書。時出緒餘，數宏底定。芟夷醜逆，雄開安攘之勳。整頓疆場，大奏威強之績。風清刁斗，知膽已落于旃裘。雲閃旌旗，信氣先奪

乎沙漠。指顧而廢頹立振，綏懷而叛渙歸心。范老既有盛名，自當怖懾于諸虜。寇公誠堪大任，詎徒筦攝夫北門。試看千壘之豹尾風開，定擬八座之皋比日待。不肖某秦關賤品，世路迂材。佔畢致身，談兵談餉而莫措。侏儒徒飽，典衣典冠以知慚。遇得寬桑土之憂，實重庇大廈之蔭。莊捧英瓊之遠錫，深銘菅蒯之不遺。長安冷吏，淹歲時起居之誠。西塞馳郵，勤萬里瞻依之想。附謝牘用塵史幕，矢圖報冀訊崇階。

答楊華毓憲使啓

伏以轂署望隆，屏翰猶倡。九牧薇垣，勳懋岬蠑。載遍重城，豈惟東土？福星久表，人區異瑞。步塵懷慰，接覿荷深。恭惟閣下，華胄連天，玄聰對日。家傳七豹達人，鍾炳曜之符。佩引雙龍神物，動千星之氣。文章價超乎揚馬，兄弟名擬夫機雲。才品由地興，非蜀之山川詎產。科第以人重，舉朝之冠佩咸欽。能通三才曰儒，錢穀兵刑率其粗也。咸有九德曰士，道學性命亶無遺與。即如海岱之旬宣，式作雄藩之領袖。四方馳譽，兩地蒙恩。櫓指艘銜，公帑之灌輸常裕。鱗攢櫛比，清淵之彫弊待蘇。勳庸雅著乎股肱，車服仁章乎節鉞。某西隅陋質，省籍末班。權笮之計既疏，虛恢之思無當。以愚同數馬而使之治賦，知其必顛。值公家急斂而責之仳離，何能勝任？無待占豐歉于造化，真須役誠控于台慈。多慚搜粟之尉侯，聊學扣診之關喜。旌旄在望，篆覬旋臨。蔚矣光華，炫焉庭實。祗領寵同被袞，下忱嗣展報瓊。附使披衷，掞裁鳴謝。

候撫臺李夢白先生啓

伏以重地擁風雲玉斧，壯轅門之色。高天開日月龍旗，樹閫

外之威。必資命世之奇才，乃荷雄圖之巨鎮。慶流東土，毗切下員。恭惟台臺，才爲帝師，術本王佐。兩儀身負，詎但金沙赤澒之毓英。九有胸包，直與山茹淵納以同量。文武用而尚虛其半，中外歷而元亨其途。久騰京兆之聲，遂仗海邦之鉞。爲長城，爲砥柱，呼吸間制夷夏之安危。時膏雨，時迅霆，掌握中布春冬之威惠。議專餉事，欲留蕭相運籌。武報膚功，仁奏李晟戎略。某材原樗散，望更綿輕。茌任覩権事之蕭條，省躬矢勵操于冰檗。公家有難觸之稅，負荷奚勝。地方當殘廢之餘，招徠無計。天賜伯翁世講，厦倚萬間。福賴先子餘庥，誠投四體。仰雕戈于濟上，幸邇德輝。候赤舄于雲逵，敢將束帛。願暴波臣薦獻之愫，冀收洪造埏埴之中。罔罄慊于如葵，載攄歡于在藻。仰惟涵鑒，曷已瞻依。

候王方伯啓

伏以重地燦金章，海國賴旬宣之寄。壯猷標玉簡，天朝崇岳牧之司。忻切茅茹，清深庇厦。恭惟閣下，鍾英海嶽，奮翼天衢。奧窺二酉之藏，腹收宛委。文瀉長江之勢，波壓鑑湖。選陞清華，薇蘭比馥。衡持文苑，樸棫興歌。褰帷惠浹，大東介藩。馳譽賜服，德彰連帥。名甸持綱，豐茲杼柚。其空浹彼，鉼罌咸耻。將宣尼尚父嘉允文允武之經綸，抑泰岱雲亭借爲雨爲霖之餘潤。某猥以冗散，典茲關梁。抱恤緯莫禆鴻哀，味素絲矢志鳩守。近仰輝于卿月，願依庇乎上台。殊幸瘠土濫竽，得付微軀蔭樾。敢修戔戔，託方物以通誠。冀徼温温，流顔光而回盼。

答李撫臺公啓

伏以圖衍青齊，福曜炳大東之域。佩珍蒼玉，上台隆獨坐之權。

流盼即品彙回春，敷德而窮陬庇蔭。叨蒙莊錫，彌荷撝謙。恭惟閣下，命世真儒，當朝元老。方維奠位，仰八柱之承天。海宇重明，瞻五龍之夾日。漢廷臣無出右者，楚有材何以尚之。出擁纛牙，奠肱股之巨鎮。入趨綸綍，籌軍國之宏謨。乃分紫橐之餘暉，不靳瑤華之遠貺。承筐綺錯，簪履之念彌殷。累繭溫辭，堂陛之分盡略。風高世誼，感切屬員。瞻尺五之龍光，方慚下忱未展。嘉隆崇之靈貺，誰謂二天無私？載控謝悰，仵抒慶牘。

賀督餉少司徒李夢白先生啓

伏以撫綏功懋，中臺高坐控之名。碩畫望隆，宸宬動作求之眷。展經綸而裕國，光黻黼以宣猷。恭惟閣下，翼軫星精，扶輿瑞氣。品格樹巖巖之嶽峻，寧同春嶺拳山。文章瀉滾滾之江濤，豈但金沙片水？秩涖陟于中外，譽日重于廟廊。載看東土之靖寧，祲消霜鈇。特以全遼之危急，詔齎黃麻。纁車盈路，帝倚爲舟楫鹽梅。漿食歡迎，眾瞻如斗樞麟鳳。崇班清切，不惟倣昔富民侯。新命寵專，今日另開三事省。蓋將寄折衝于運籌之內，行且鼓士愾于宿飽之餘。功勒鼎彝，光垂天壤。某才徒編削，識不通融。駑馬有戀棧之心，山雞起照影之愧。備屬員爲下駟，難任驅馳。託末照于燭龍，實爲躑躅。羹牆咫尺，敢申寸掬之誠。覆露高深，莫報谿毛之薦。希垂涵照，曷已企翹。

又

恭惟閣下，間氣粹精，福星炳照。嶽降維陽九之會，名世應五百之期。雅抱文安邦，武安邊，裕乾坤挽搏之才。豈但豐年玉，荒年穀，顯尺寸功庸之器。即如六卿紫橐，三錫錦綸。當聖衷警

惕之時，採朝宁僉同之議。倣古夢賚，專求碩耉。盛推轂之寵榮，賁安車于道路。託萬祀已搖之宗社，起三軍屢衄之情形。近比范韓，遠同蕭鄧。蓋欲飛挽，以慰饑渴，藉宿飽而圖匡恢者也。轉否爲泰，實待其人。好謀而成，仁看更造。某薦蘊藻，載陳踴躍。方慚燕賀未抒，捧瑤華更切。瞻依彌悵，霓旌日遠。感謙謙之折節，幾欲捐軀。叨亹亹之獎題，敢不策勵。肅登明賜，齋附裁緘。

送端午節啓

快逢令節，遙辱佳儀。拜賜與景俱新，言感同日之永。式開珍翰，如對塵談。恭惟閣下，明同離炳，道與陽亨。聽樂能精，定躍狳賓之鐵。爲龍在望，無須辟邪之符。百福駢臻，壽絲常繫。憶疊雪輕衫于畫舫，分如泉百斛于河干。感茲先施，慚余後報。往私雖續，來惠難酬。結艾懸蒲，均祝太平之頌。浴蘭滌蕙，能忘明德之遺。

答馮月禎方伯公啓

伏念鷄署棲遲，寒同黍谷。雀角猥瑣，迹類蓬輪。閴斗室而接與希儔，飽三餐而曠瘝無補。近沾河濟，望真人每欲乘槎。仰睎龍門，看寶氣常思覓劍。忽杜雲箋五色，重承縟貺兼金。冉冉蜚天上之光華，燁燁綴庭前之旅寶。感殷勤于長者，含香之署藝溫。被隆寵于鰍生，久涸之津回潤。浹月之內，靈澤藉同濟之舟航。十舍之間，聲氣倚比鄰之葭玉。敬嘉宏賜，莫罄感私。晨風吹片月東升，緘素與寸心俱往。

賀按臺陳中素先生啓

伏以剛毅方嚴，駿望樹巖廊之庇。公忠清直，鴻猷表紳紱之型。陟峻秩于烏臺，凜高風于蒼珮。慶流東土，喜切下員。恭惟閣下，金閨著籍，玉柱惠文。主驄馬之盟，激揚握其把柄。建皂鵰之幟，紀綱推重老成。攬轡都亭，赤白之丸潛迹。巡方南北，豺狼之毒悉除。天憐賜履之封，帝簡彤騶之選。芒寒繡斧，赫然海壖與泰岱動搖。影耀朱麾，倏爾冬日並福星移照。共詫仲儀勁力，獨推安世孤標。單車救此大東人，寰宇稱爲真御史。某材原樗散，望更綿輕，茌任覘權事之蕭條，省躬矢勵操于冰蘖。公家有難鬻之稅，負荷奚勝。地方當殘廢之餘，招徠無計。忻逢伯翁世講，廈依萬間。福賴先子餘庥，誠投四體。仰珮戈于濟上，幸邇德輝。候威鳳于雲逵，敢將束帛。願暴波臣薦獻之愫，冀收洪造埏埴之中。罔罄慊于如葵，載攄歡于在藻。

答米仲詔先生小啓

賜來三粒龍圓，勝似十全鵲手。寧直良工之利器，實稱返魂之妙香。閨枕清涼，崇膴驅逐。使老嫗免櫬，化哀成懽。匪茲源源之來，孰灑蒸蒸之焰。子妻在旅而獲全，闔戶愁凶而幸佑。境如大牢同享，感知造化無言。衷何云宣，謝亦難副。

賀按臺姚世所公啓

伏以華選蘭臺，維綱柏府。社稷倚股肱之任，朝廷寄耳目之司。虞用皋陶，不仁者遠。宋推文正，侮智斯除。豈徒西地蒙庥？咸賀明公執法。恭惟閣下，嵂浦英標，雷門聲赫。讀九丘八索，

書道通天地。明二典三謨，學理徹古今。世篤忠貞，接武冠簪。光上國家承聖哲，繩文金玉振中華。化蕪城而作花城，功超製錦。飲邗水亦同越水，名起投錢。豐芑興詩，想見行春之政。芃蘭竊咏，私懷孚惠之心。皇衷簡在，峻秩顯庸，上念雍州之舊。域意將挽，豐鎬懿風，公胥攬轡之新。徽仁見驅，豺狼當道。華峰千仞，握雲觸石。以爲霖秦水八源，漱沫臨流而溥澤。霜威鐵面崢嶸，柱下峨冠紫閣。黃樞凛烈，殿中直筆。百折不回，仰見龍門之砥柱。九遷準擬，尋登上相之崇階。某智本挈瓶，材猶襪綫。廣陵浪迹，叨臨印之禮過隆。京邸追游，附惠子之知不淺。喜鏗鏗之玉珮，羨燁燁之龍光。未能隨父老以趨迎，惟有共山川而踴躍。函通天表，謹陳就日之忱。匏繫清關，遥布趨塵之役。薦獻寫區區之愫，褻微慚戔戔之誠。仰冀揮存，可勝祝籲。

迎儲文曙年兄

伏以玉綸焕寵，於昭特簡之恩。彩節揚塗，式重持籌之使。既深忭躍，彌切瞻毗。恭惟閣下，鳳穴呈祥，龍淵奮穎。芳規湛秀，映朝旭以雕談。素論凝玄，開夜光于妙辨。一麾分署，獨控要津。左右咸宜，試之猥煩而始見。方圓並畫，理夫盤錯而何難？精靈原天上福星，知河伯馮夷助順才器。更皇家巨楫，貽長年三老無虞行見。大濟度支，起數十年之彫弊。交騰嘉頌，來千萬里之橐裝。某賦命奇窮，居官太拙，二流終靳。其澤諸路，因沿遂奸。綱一面而招費齒唇，兔三窟而漏同狡猾。奉職無狀，行役自慚。幸託植于蓬麻，願庇依于蔭籟。仁候煌煌鷺駕，遄發五雲。慰茲攘攘鼇磯，快聽三令。情通蘭契，忱表芹誠。所冀筦存，可勝祈祝。

賀按臺陳中素先生元旦啓

伏以蒼精啓節，冲氣扇乎九垠。青鳥司晨，融風播于四野。遠邇生色，士庶騰歡。恭惟閣下，道宣元會，福冠千祥。昂昂獨持三尺，霓發霜飛。炯炯自抱一心，天開日朗。如幾如式，履端之慶方新。無際無疆，申命之休孔熾。某徒懷鑄鳥，未遂貢花。謹修八行之緘，萬年是祝。恭賀四始之會，五福欣瞻。貢獻切比于柏觴，歡躍莫申乎椒頌。

元旦答直指啓

伏以律逮青陽，慶乘乾于始旦。眈擎華牘，收大泰于三微。仁比春多，光同蘋轉。恭惟閣下，罨溪濯秀，斗曜纏精。抱挾天浴日之才，遍攬彎埋輪之績。使星炯爆天時，人事從新福履。亨嘉淑氣，韶華並麗。齊東草木，咸沾雨露之榮。天上琅玕，忽躍庭闈之色。詎但冷津冰谷，扇被陽和。坐看冬凜霜凝，立鎔暖籥。祗承載忭，踰分實慚。惟有瞻尺五之卿雲，捧椒鱒而頌壽。還祈翔九霄之威鳳，調玉燭以匡時。

請諸友泛舟衛水小啓

河流新漲，杏萼綻紅。嬌鶯學音於風籟，嫩柳回綠於烟郊。探春已惜半過，藉草恐人先占。薄攜壺榼，隨意探游。遇水即滌罍浮觴，逢花必酬芳燒燭。有朋自遠，不醉無歸。

元宵小啓

恭惟雪融金掌，梅綻玉英。碧漢朗輝，銀花噴火。宵如旦而

不夜，物與我以偕春。敬涓十三之辰，肅庀一芹之獻。僭攀榮戟，枉顧蓬茨。承斐亹之塵談，筵珠爭墜。迓駢閭之熊軾，砌草生光。

答永平守項鄧林丈啓

伏以名甸帷襄，保障寄百城之重。高標玉映，股肱維九牧之司。忻切茹茅，情深庇廈。恭惟閣下，鍾英河嶽，奮翼天衢。奧窺西室之藏，文注溟海之勢。早馳聲于甲第，鞠讞詳明。洊領符于要津，惠威浹洽。天眷臂脇之郡，撫循重見乎龔黃。民資函蓋以生，稱誦直追夫召杜。攬輝而鳳凰遂下，行郊而狐鼠旋消。已嘉報最績成，伫俟朝徵命下。不佞某幸叨雲庇，得侍芳鄰。咫尺風徽，方景懷於霄漢。綢繆筐篚，勞遠貢於窮陬。莫申報玖之誠，薄效採蘋之薦。冀仰通于玄鑒，願流盼以回溫。

賀撫臺喻養初先生冬節啓

伏以早歲迎祥，重室飛葭，春萬井履。長納慶五紋，添綫耀三軍。紀綱與關閉而同嚴，福祉緣琯吹而愈茂。恭惟閣下，手握微宗，道扶天統。璿臺望氣，龍沙雁塞。雲開鈴閣延禎，錫盾琱戈日永。因天地之心見，卜君子之道亨。開黃鐘而氣吐金霓，濡玄酒而風調玉燭。不肖某濫竽宇下，糜粟歲華，愧負昌時，喜逢令節。近瞻北斗，親依鼎輔之光。快覯盛陽，願附天行之健。緘素與寒梅遥獻，歡悰並瑞雪同飛。

請關臺申華封公啓

恭惟閣下，山嶽隆標，峻望具瞻於柏府。風徽遐播，德容幸接於檀城。喜溢識韓，榮深御李。大賚頒而陽春有腳，鴻仁暢而

冬日回溫。黍谷之草木，與萬伍同歡。雷霆之威稜，並天心齊見。何期邊徼，得款旌旄。敢修葵藿之微誠，冀竊珠璣之餘屑。卜期擁篲，專候鳴騶。

答撫臺喻養初先生啟

伏以豎表迎祥，喜泰來之應暑。占雲慶歲，覺剛長之隨時。寵頒忽被珠星，和扇如薰鐘律。恭惟閣下，量包元氣，心見先天。握大化以統三微，播威名而周四海。幕府灑玄酒之潤，三軍醉若投醪。緹帷散葭琯之灰，多士溫於挾纊。晏東蕩西平之堵，閉內安外攘之關。不佞某材如綫短，心似灰寒。雷在地中，想要地千營之震奮。冰解廣莫，被長風萬里之颺颺。珍拜瑤施，光同霞燦。候訝自天之寵錫，快迎方至之崇麻。感與日長，神因緘往。

候大司農王憲葵先生啟 代

伏以勳著上台，久整干旄于江介。光依帝座，仁輝綏佩于雲衢。天不違顏，星言夙駕。恭惟閣下，敏膚偉品，社稷名賢。膺簡弼綸綍之榮，際日月風雷之會。公孤獨坐，總兼山海之灌暢。鼎鉉持衡，仍箸東南之財賦。吾道共占其運闓，滿朝欣望其大來。某聽履心歙，得與私慶。九重念喉舌，願早驅壯馭之駿驥。四海困膏脂，亟仰賴巨航之拯濟。素書尺鯉，慚乏英瓊。連袵彈冠，聊託末契。遙希崇照，曷任溯瞻。

賀總臺王希泉先生啟 代

伏以鳳舉攬輝，關否泰升沈之運。河清表瑞，肇明良際會之奇。快秉憲之付重臣，位中臺而凜執法。純忠必報，峻節具瞻。恭惟

閣下，千古偉人，明時正氣，清如秋刷。峨眉積雪，與天齊力。
任風搏神羽，橫空圖海運。掖垣明諍，實欲繼日月之光。廷檻攄誠，
不顧犯雷霆之怒。身歸似葉，名重如山。眼看嗣聖之中興，詔起
三朝之佚老。念國本享萬年祚，直須一歲九遷。由給諫入三公班，
便在五雲多處。旋見肅貞僚度，共期幹轉乾坤。某心仰光華，迹
羈兵旅。遙聆蒼玉，想鏗然執政之階。仰睇烏臺，跂猗與興王之業。
爲公家賀薦野，人誠布衷莫罄。掞裁憑楮，冀垂涵鑒。

送撫臺年節啓

伏以蒼陸迎羲，喜三微之暢達。青陽乘震，御六轡以充華。
茂對昌辰，備膺星福。恭惟閣下，德符元始，道契先天。握大斗
而斟酌化樞，真合四時而成歲。鼓洪爐而甄陶庶彙，能先一氣以
回春。年來烽靖烟銷，見璇宇培增朗潤。此日乾旋坤轉，知台垣
獨受寵綏。韶光借眷命以維新，道履共勳庸而並茂。某炘逢令節，
厚藉姘幪。敬修頌柏之忱，少效曝暄之獻。惟願調律凝禧，叶玄
枵而翊泰。秉衡受簡，躋紫閣以調元。

壽撫臺啓

伏以秉鉞勳高，八表企乘箕之業。懸弧景麗，九天開毓斗之符。
瑞遍寰區，懽騰壁壘。恭惟閣下，扶輿間氣，命世真儒。抗疏掖垣，
一身關否泰亨屯之運。樹勳嶺海，瞬時息鯨鯢颶汐之波。俎豆軍
旅兼資，蒼玉鏗登壇之佩。幬幄疆場並重，金符擅制閫之威。高
閣畫麒麟，方虎經營不負。大澤收鴻雁，禹稷饑溺爲心。載逢初
揆之辰，遂懋庶徵之福。尾津之域，壽星遙接于台垣。燕薊之間，
紫氣高纏于法象。佇俟調元鼎軸，已看注算岡陵。不肖某錢穀冗曹，

櫟樗賤品。檀城地近，厚叨龍睇之餘光。蓬矢天長，喜覿鴻庥之滋至。不獲稱一觴於槐席，願言效三祝之華封。謹齋蘸械，少將芹臆。惟願葆元佑國，申命自天。八千歲以爲期，幾見蓬萊清淺。五百年有名世，宏開帶礪綿長。

壽臧九岩老師啓

伏以日麗璯弧，皇覽辰開，令月風清。閶闔元司，望切上台。惟純和獨萃於乾坤，喜位育咸歸其幹運。巖廊際慶，寰宇騰懽。恭惟閣下，象緯鍾精，鴻濛合氣。文章傳宇宙，紫瀾生滄海之波。節烈鬱嶙峋，壁立聳泰山之秀。出處動關乎世道，精誠素結于主知。揚歷三朝，身繫安危之重。衝均九賦，慮先根本之圖。蓋惟有非常之人，篤生不偶。所以結無涯之智，受命彌長。茲當剛長陽回，忻覿星暉南極。書銜丹鳥，遠同周庭生甫之期。夢感素菟，允協曲阜誕皋之瑞。屢膺玉檢金甌之異數，豈云赤霄黃髮之私榮？職荗秩屬員，門牆末品。微同毛毽，厚藉翼於垂天。冗役牙籌，特懸情於添海。弗克奉一觴而拜槐席，願言上三祝以效華封。伏願申命自天，葆和佑國。撫璇衡而衍算，益光鼎軸之勳名。翊寶曆以遐綿，幾見蓬萊之清淺。

啓撫臺李念塘先生

伏以綸綍天開，丕重保釐之寄。旌旄日麗，懋膺專閫之榮。檀水騰歡，瀼雲動色。恭惟閣下，劻勷碩輔，經緯宏才。威鳳祥鸞，雅望標人。倫冠冕景星，喬嶽沈機。羅武庫甲兵，夷夏具瞻。不啻爲憲之吉甫，廟堂柱石。居然秉鎮之萊公，特膺簡命，以建牙誕受清朝之推轂。京陵保障，宗社屏藩。不肖某幸承世講之後塵，

如侍枌榆之子舍。望台光咫尺，勢阻鳬趨。睹宸眷優隆，情深雀躍。祝鴻禧于華頌，抒蟻悃于魚械。

賀大司馬崔振峰先生啓

伏以策秘樞庭，八表仰折衝之略。簡來宸極，中朝崇曳履之班。喜溢簪紳，歡騰夷夏。恭惟閣下，才兼文武，學鑄古今。黼黻皇猷，類仲山之補袞。鑪錘大化，作傅巖之礪金。圻父實王爪牙，廷議得人爲慶。尚書司天喉舌，僉曰舍公其誰？蓋廟廊正倚方叔之壯猷，而匈奴自畏司馬之入相矣。不肖某快聞綸命，竊借章光。雖久希御于龍門，實深馳神于鳳翥。謹裁尺素，聊表寸虔。伏願遐布威神，俾中外早覩太平盛運。亟符輿頌，貽史編永傳萬世奇勳。莫殫慶思，統祈照注。

賀大司馬張翼明先生啓

伏以望重元樞，駿命崇元老之眷。位參八座，鴻名隆八表之瞻。慶溢簪紳，歡騰遐邇。恭惟閣下，巖廊鉅望，宇宙真儒。胸笥富五車之書，縱橫武庫。筆鋒屈萬人之敵，馳驟詞垣。偉節振於介藩，特簡貴於右掖。躬篤棐而毗翼，身繫安危。懋猷念以贊襄，才兼文武。欲成内順外威之治，爰資出將入相之人。不肖某閭左迂儒，譜中後輩。濫竽仕路，久借燭于龍光。接武登庸，快瞻輝于斗極。仰廟算鬐旂袠之瞻，虜在目中。從檀城挹軒蓋之塵，近如日下。載陳陋菲，虔勒荒械。難宜慶怵微悰，祇冀崇高回盼。

候經臺熊芝岡先生啓

伏以元臣重倚，乾坤再闢夫雲疆。經府洪開，日月耀光乎霜節。

祈父整威而孑遺，忻迎竹馬。子儀忽至而先聲，遠攝旃裘。定埽腥羶，佇銘鐘鼎。恭惟閣下，雄才蓋世，大義急公。夙總十連，氣已吞乎雲夢。晋膺獨坐，身不忝乎長城。選才揚樂職之章，心傾將士。叱馭顯忠臣之概，福禔生靈。蓋素學欲行，重春秋復讎之誼。而真儒無敵，誓周王一怒之師。獵獵牙旗，授孔明以節制。晶晶黄鉞，許充國以便宜。鳴騶在塗，抗旌入境。寢皮食肉，點奴覷而褫魂。搗穴焚巢，酋王縛以釁鼓。雪中國萬年之耻，端在兹行。蘇東方諸路之望，功成不日者也。某神揺聽履，心竦瞻巖。會看題浯溪之碑，獻俘歸衮。還期奏王褒之頌，錫爵酬勳。跂飛蓋以騰歡，願椎牛以饗士。貢誠冀盼，仰達沾榮。

答撫臺胡充寰先生啓

伏以望隆八座，燕厦謬竊餘波。寵溢三台，龍燭叨分末照。更荷褒衮，益虔瞻巖。恭惟閣下，學詣真儒，才稱王佐。聖主重兹股肱，郡特藉保障之宏猷。畿輔倚乎社稷，臣仰抒輯寧之偉略。凛然趙清獻氣節，行以張忠定規模。大業日新，佇看奠金甌之固。太平有象，不久膺玉鉉之司。不肖某身繫荒邊，誼叨世末。向陳素悃于芹獻，反承蜚譽于瑶章。寵錫隆崇，罔效璚珠之報。登嘉惶恧，袛懷銘鏤之私。仰霜月以含情，託歸鴻而啓謝。

擬迎葉相公啓 代

伏以綸簡上台，清切黄扉。尊獨坐福綏公輔，奠安坤軸固扶輿。洽君臣一德之交，流宗社浸昌之慶。鸞臺重踐，玉佩襲榮。恭惟閣下，翕闢逑靈，絪緼降秀。文開灝噩，鼓吹百代之秘英。體備中和，筦握四時之旺氣。巖巖首揆，夙陳《説命》之忠。朗朗徽猷，

久寓《車攻》之略。如鴻有翼，陋范武之光輔五君。扣鐘斯鳴，類叔敖之心卑三相。道以不言而被物，名因一去而彌隆。值冲聖鼎新之時，微者舊孰爲師表？矧夷氛狂熾之會，藉元宰懋奏膚功。謀及卿士庶民，寵班明詔。昭告昊天上帝，徵有休符。雖蒲輪就道雍容，而楓陛望霖殷切。伊尹任天下，恥無辜之納溝。司馬入朝廷，看巨凶之授首。殿鰕秉鈞之政，視昔有光。澶淵采石之功，指期可俟。某菟裘佚隱，木菌餘生。念三世豢養之恩，冒出山小草之誚。恭瞻紫氣，喜度青徐。仁聆十事之敷言，總章時叙。專齋三薰之誠薦，遙迓遐征。伏祝仁颸擁幰，瑞景隨軺。玉燭調泰階，平遄映龍圖之署。咸池浴乾柱，聳立標麟閣之勳。

迎張芋田兵憲公

伏以偉略憲邦，衝塞早承。久借臣公，握軸鎮城。俱喜重來引領，龍光馳神鵠俟。恭惟台臺，凌霄柱石，濟世舟航。峨眉毓赫濯之靈，千尋振足。錦水浣陸離之藻，萬里題橋。虎變韜藏，目無胡虜。鷹揚震疊，腹有甲兵。方秦關耀旅而保障群依，因遼地狂氛而睿宸特簡。急在邦畿之翼，慮先肘腋之圖。啓元戎十乘之雄，白馬石塘皆望氣。思郭汲再臨之惠，黃童野叟盡歡迎。復材本支離，遇猶結約。風塵萍梗，幸叨世講之榮。霜雪囊鞬，竊附同舟之侶。願星軺之遄邁，喜茅茹之連升。肅展微誠，專修迓悃。瞻旂旗之獵獵，慰翹企之殷殷。復臨啓曷任馳情之至。

擬候相公啓 代

伏以三辰叶正，乾坤肇玄感之靈。百揆時敷，内外仰維新之治。維浸昌必資于咸德，洵無敵須賴有真儒。廟勝矢謀，運興力翊。

恭惟閣下，任天下重，爲帝者師。金礪川舟，憑几荷三朝之顧命。鳳儀鴻翼，纁車寵九錫之崇班。迓朱衣介幘之祥，聳黃耳鼎鉉之望。每於風震雨淩，而棟梁自若。共歡火炎水潤，而氣味各調。伊陟殷盤，定萬世謐寧之策。文征武伐，應三台齊色之占。憤頻年狂豕突馳，期旦夕顯戮京觀。賊氣漸奪于司馬之入相，秘籌悉禀于尚父之誓師。某老不如人，心徒戀主。顧整霜凱珮戈之隊，爰憑黑輴玉璽之靈。負海擎天，自覺衰微而愧寵遇。當關乘障，顧先軍士以報國恩。赤舄在瞻，快浴日咸池之業。丹誠載寫，夙採毛檀水之傍。箋縅肅布于上垣，悃愊冀邀乎俯鑒。

賀鄒靜長太守

伏以寵錫竹符，鶼首接使星之曜。香芬芝檢，熊輿騑駿駬之塵。帝廷分得卿雲，秦地望如時雨。恭惟台臺，質凝妙氣，標舉俊神。譬之鷔海金虬，行空鐵馬。天既產以不凡，抑已振聲紫蕣。掞藻彤墀，器少成而若性。朝廷念三十城之重，弄印示珍。諸曹選千百衆之賢，裹帷獨屬。憶司命九邊，時臣心如水。知敷仁三輔，日馳譽如風。蓋以東吳之真第一流，爲西京之良二千石。行見社稷人民耳目，頓改兵農禮樂次第皆修矣。復叨年籍嶸班之末，隸受廛編戶之氓。推樂令之清言，親承咳唾。羡田郎之題柱，彌覺飛揚。私喜樓臺得月，躍此禽魚。佇瞻幡蓋行春，沾同草木。近省會追趨，悵阻循澗溪。揉擷肅將，感中野之澤鴻。情憑尺素，效入簾之賀燕。誠寫寸丹，千冀茹涵，曷勝祈祝。

邀沈仲玉明府啓

竊惟鷺車西顧，雉堞回春。鸞趾低棲，棘林標瑞。維彼黎氓，

齊歌來暮。伊余小子，深慰生逢。私沾雨露霏微，忻覩珠璣錯落，敢涓某日之吉，少弭鹵簿，敬獻蘩蘋，頓彎留和。寧俟乞靈青帝，揮戈駐景。猶堪恭賦高軒，伏惟俯賜俞命。曷勝鼓舞跂翹之至。

告請上真清辭

元氣沌茫，本潛通乎三界。精誠昭格，爰上徹于重玄。肆天眼之儼臨，孰幻身之可匿？薨騰塵夢，轂蹑間誰？是醒夫穢垢時名，風波內盡屬貪子。然世緣難斷，夙業堪悲。認龜毛兔角之虛華，爭欲往前逐計。假橘裏柯邊之半晷，猶圖向此抽身。如某者少習經書，頗耽弦誦。晚纏負荷，苦滯功名。卜居巖岫之深，雖才盡智窮不能追。倚馬掞天之彥，瞻戀闕閫之近。實徹恩望幸勉，欲探瓊宮玉宇之春。愧駑蹇未策足而長鳴，念枯朽願借噓而思植。問之詹何姑布，既無成言。乞之太乙奎芒，益慚賦命。是用拈香埽室，潔祝跽陳。齋薰葳爾之躬，僭啟上清之座。翩躚舞鶴，仁團格澤于碧霄。澹蕩霞裾，恍降芬芳于雲路。真詮領悟，凡骨脫離。奇遇一時，輝光永世。

邀令君李翀玄先生小啟

伏惟邑屬治平，想召杜事撫綏之苦。時當清晏，料韓黃有巡省之游。矧令屆朱明，遍野芳菲。正麗天迴，甘澍三農，耒耨齊興。載聽稔歲之吟謠，咸荷府君之雩禜。固宜駕仁風之清穆，以被來蘇之物。凌愛景之絪縕，一舉茂對之觴。不揣輶微，僭攀軒馭。涓茲良日，伸此積忱。引商刻羽，慚無上薦之貧筵。啟瞶發矇，祇冀仰聞于台座。竹松三逕，迓小隊之森嚴。花日晴郊，鑒盈筐之採擷。仁瞻臨況，踴躍可知。自顧寵榮，溉沾曷已。

答寧夏撫臺臧老師啓

伏以帝眷遐方，紫塞歡迎。八騶步斗懸西甸，碧幢坐控萬營軍。寓縣倚爲干城，風雷擁其鈇鉞。毗同夷夏，光溢門牆。恭惟老師閣下，秀毓九仙，學分大海。孝友具君陳之懿，經綸邁吉甫之才。握秦鏡而衡文陶冶，風開樸械。仗范兵以講武威稜，霜滿纛牙。自劭年係公輔之望以至今，由巨閣泲清華之選而彌貴。鶡銜綬帶，產標四履之封。鹿夾車幡，文耀三台之秩。笑談而旌旗改色，運籌而烽燧全消。樽俎折衝，坐使虜潛河套。登壇受脤，會看銘遍賀蘭。寧但社稷賴以匡扶，抑且函蓋歸其旋轉。某蹣跚陋質，枯寂迂儒。夙披原憲之衿泗壇，竊聞聖道。偏受彭宣之遇絳帳，最荷隆恩。即今收效於桑榆，敢忘久沾夫培植。夢鴻飛之關路，緬雲表之師門。方悚芹曝之缺將，詎意鼎言之遠錫。長安冷吏，淹歲時起居之誠。西塞馳郵，動十載瞻依之想。先布蛩鳴之緘謝，容舒燕賀之丹慊。曷任馳情主臣之至。

寄牛丹浦明府

恭惟門下，以命世之才，騁雲逵之步。故是朝家柱石，人間景星。濱海雉堞，暫借鳳棲。值茲攬揆之辰，喜際政成之候。家絃戶誦，皆歌天保之章。麥穗芝莖，咸美神君之瑞。實已厭唉綏山之桃，不侈瀛海之事矣。矧期當流火，記堯階蕡莢之芳榮。績報錦完，象織女霞章之甫就。洵堪樂只，載其晏胥。不佞復快瞻斗絡，目絢星輝。言採商山，親分玉髓。筐筥非儀，盥將通愫。仰金天之高照，被秋實之茂功。爰掇繁鼇，式彰柔翰。自慚下里，貽笑大方。

答李環津州守

恭惟門下，鍾華儲英，清渭毓秀。紹元興之勳業，鵬搏九萬之風。間文靖之淵源，繭析精微之蘊。分符巖郡，擁軾方州。徹響九皋，風聞尺五。騰懋聲比龔黃之績，課功實邁卓魯之能。竊念某蟭螟微質，樗櫟庸材。祗役南宮，叨膺卑第。學未臻乎超乘，名敢望乎先賢。實應制之苟完，期明時之必效。猥承下頒珍賜，不啻重錫百朋。對使登嘉，捫心深恧。莫報瓊瑤之惠，容圖蘊藻之誠。未罄遐思，冀蒙台鑒。

請省城社友啓

竊惟締誼千秋，聲氣無乖風雅。尋盟正始，軌塗大闢蓁蕪。業兼何論古今，道一遂同語默。社籍苟逢乎豹變，詞壇輒快夫鷪鳴。慨叨知十五餘年，笑筮仕不惑以後。粗完制舉，悉賴掖提。念天家尚繁燁燁之文孫，矢舊族勉符藹藹之吉士。朱顏易改，會日少而別日多。彩筆有靈，志皆振而神皆王。春初熙煦午歲，文明邸第屢勤。夢思池陽，當有星聚。謹爾遠迎軒駕，尚期枉過蓬茨。携腹笥而跨奚囊，碧沼翠篁，皆要詩人題遍。施匡床而滌瓦盎，醉鄉顧渚，任教地主留頻。佇修十日之良娛，幸撥旬時之貴冗。擬上元之前四日立春，吉辰候臨。

來陽伯文集卷十二終

來陽伯文集卷之十三

明三原　來復陽伯 **著**　　　　邑後學　李錫齡 **校刊**

牘

答雒錫禹

華山之游忽已隔歲，爲足下拈出小繪。雖紆回奇絶之狀十不
能得二，顧一冥神思之弟之攀緣摩挲，灑然吟眺於萬仞之上，勝
事恍在目也。扇頭最難傳，染一濡墨，輒隆隆作嶲騰色，寧是腕
有靨耶！一笑拙作數篇，即不足摹寫名游，爲山靈吐氣。然亦金
嶽掌記也。繪之得十二，詩之得十三，合之而得十五可乎。

答張憲使公 代

不肖某謹啓。某閣下，某聞溉其柢者榮其末，施及親者與其身。
故夷吾服鮑叔之知，騷踵明齊相之賢，桑餓懷二胊之脯，節俠感
千金之壽。所以然者，固以復隆崇之恩，錫罔極之懷，酌報答之
稱，暢感激之衷。故天地有歇，高厚叵測。膚體可捐，悃愫靡殫。

而猶不欲禽蠢豕頑，以自處於跽羔哺鳥之下也。惟某繩樞陋儒，犢背牧豎，樗如無用，刀比極鈗。既慚商之起予，亦惡巴之問字。乃蒙台臺錄以題獎，優以引汲。絳幃叨懇，孔仞在矚。自顧穢形，深洇瑩鑑。邇者泥塗曳尾，鶉結謀躬。脫穎無時，枝栖守拙。而台臺鴻伐懋業，搏層霄雲漢之表，而焜映古今景爍之林。方且退食之暇，詣窔探幽，冥搜浩攄，使烟花色象佐其筆端，俎豆文章綽有獨萃。乃知吉甫本兼乎文武，而岳伯洵稱乎通儒矣。霽景暄妍，頓回餘照，春溫挾纊，推及同原。嘉生慈咫尺之節，以躋古徐媛姬之壽。榮以腴睨，牓以棹楔，使窮岩鄙陬之人，翻訝盛事之無從，羨兼葭之有託。高義逼古，傑迹軼今。區區私衷，固不啻推哺揮金之恩，爲綢結而已。倉卒口占，有言莫罄。臨緘九頓。曷已飛揚。

與于廣文

門下雅自豪乃命，故苦之士元即暫百里，無奈腰間傲骨何也。廣文公嗛嗛自圖，所就箋如。行傍天衢，策我高足，若時若秩。即僅有彈丸，彼中諸黎，綏福孔嘉已。孟度禮讓之化，稚子平徭之績，距今千載，追躅當在門下牆東鄙人耳。目他無所營，獨聞異日者天子旌良吏治行，郡邑上高第，爲灑酒載拜慶故人雲逖間耳。

與君旭

君旭足下，客冬，余儕計日賦功扃户，長咏興所不疲。欲添斛漏，共期三載，無斁觀所就也。寧惟薄命，子不可久居，即世上亦無此一種神仙造化，小兒安能不讎其所忌。後先降孽，各抱愴戚，使子不竟子騫之孝，不侫難割懷中之情。瞬息之間，境色倏易。墨瀋清樽，灑成涕淚。高歌雅咏，變爲哀號。嗟哉已矣！

事會若此，謂天無心然乎。夫文章有神，顧我志在我。尼聖歸魯，麟經始出。周文拘羑，研易極妙。良以此道清净朗潔；有一毫油膩塵土，沾滯胸中便近俗吻。故最宜者身窮非窮，而能工此者見常罕也。君旭勉游，嚮者家居，耳目聾瞶，神氣萎索，猶日入而視妻息病，足胝胃索，不得少休。拂衣出郊，棲遲蓬門之內，食則撐腹，臥則高枕。家中憂危情狀，屬其童僕，絕不與聞。數日間聰明漸開，志慮頓豁。和風花氣，鬱勃而來。私喜種柳似彭澤，累少癡頑之兒。縱酒過伯倫，傍無垂戒之婦。遂密搜玄訣，認我性命，永持苦行，方外逍遥。此之爲快，惟恐來日苦短耳。顧不佞方厭囂歸静，遺忘室家。而君旭猶含痛奔馳，以向數千里之外。我情已槁，子哀方新。即屯否如兩人，苦樂又有分也。知明發整裝就道，一望斗城，無異火炕湯濩，且不能以委棄妻子之心。復及足下，惟君旭亮之。

答屠赤水先生

以不肖束髮以來，景仰先生迄今十餘年。自顧不肖而謂足以當先生哉。天以細陽爲先子函谷，又以先子之晤先生，爲不肖先資，遂淋漓雲翰，沾灑邱園。然而黿聲細響，吮筆決眥之伎，恐有識見而嘔噦。敢謾結腳振胝偶旅大人之前，以自露其淺也。承教後益縮匿自廢，值造物屢困窮之，精神潰耗，忘人事矣。不意冥冥者，更貽我終天戚，委頓顛錯，已無生氣。寥寥扇頭拙篇，正是癡夢囈語。倘溝壑尚遠，親探中郎書籍，身先生之道而西，竊有志矣。先子行狀一册塵覽，業求海內諸名公挽章，少慰幽憤。先生故推交先子者，諒不忍過辭。貧士以三寸舌當秦廷七日哭，先生其憐而賜之遐音。

上大中丞健庵劉公

不肖復處世狂悖，久爲造物者廢斥，支離蹣跚，頗宜拙性無恨。獨此朝夕仰止不貰，厥聞先君子在耳。先君子積實行三十餘年，念祛自欺，事耻近名，出處大閑，篤貞無二。未嘗妄喜妄怒，以奸天和。儇巧恣佚，少乖天性。天顧使之不滿五十。哀哉！不肖輩即終爲彼蒼廢斥，不得有此父。亦豈天宜施此於先君子耶！栽培傾覆，福善禍淫之説，是耶非耶！客歲侍先君子細陽，覩形貌臞甚，徐繹病情。蓋作令數載，不肯輕扑一民，不肯玩視一事。宦計日薄，勵節彌清，猶兢兢如不能酬此五斗。甫量移内地任事，爲國之懷睠焉復興。第先君子平時精神完厚，一居官而衰憊甚驟，天若故抑其才而危其志。不肖兄弟由家庭服習，以迄今日，私謂稷卨皋夔勳業，庶幾身見，不謂鳴琴馴雉之外，一試爲朝廷譏關吏。未及半載，而生平藴抱賫志長已。嗚呼！以先君子處世若爾，猶不能望造化一啓翼佑助也。悲哉！號泣奔榆塞，讀翁臺誄挽佳章，賵奠厚貺，不獨朗長夜於既昏，亦且活窮鱗於涸轍。撫膺自惟一時激烈赴義，悉盡千古生死交情者，誰更其人！誰更其人！扶轝就道，恭接使命，跽展瑶華，隆崇德誼，難可比擬。牘中更惓惓先君子祠事爲念，覽之感泣。生也輿謡，死也尸祝。即彼中風俗淳厚，或亦先靈百世湯沐，當定於斯得蒙仁人一言揄美，地下賴餘榮已。不肖兄弟年齒尚壯，倘他日猶作人世視息，方寸有心，七尺有氣，未有不知報答自出犬馬下者。哀毁未定，陳叙無倫，死罪死罪！

上温總憲老師

自都門泣别，倉皇西向，於九月十九日抵里。其間兼程趨者，

計十餘日。所經疲困衝悍之地，絕無逗撓。坐是先君子之靈，得
偃然安居，入崤函，寢處於三楹之廬而無害。鄉人訝其遄歸，即
逆知師臺之賜。不肖兄弟試一出口誦盛德，鄉人已歷歷能稱説其
詳矣。私念以先君子而客死，以先君子客死而獲值師臺於當路，
以師臺當路即庸曹賤吏一有盼睞之舊，罔不承澤仰沫。而先君子
故得比黨聯戚，素叨桑梓，世誼末契，皆上天無奈，先君子死何。
又以先君子無罪，不欲久棄遐野，故保佑申重於一人。又預產先
君子於仁里，使台臺今日揮其靈澤，用綏旅魂，更爲清貧之吏拊
育八口耳。余小子姑妄疑之，顧抑何知有天？亦知住先靈三楹之
廬，越窮遐之域而無害者，吾總憲先生而已。若乃素車臨視，款
語貽規，理性奧旨，噓拂愚聾。怳然闡禮教於今茲，最奮揚於他日。
自是師臺終愛先君子，由先君子而推及不肖兄弟者，不肖兄弟豈
其人焉？哀號之餘，一撫胸，一銘心，一遙憶，一感泣，強粥自扶。
倘病軀不旦夕溝壑，未盡之年，皆報恩之日也。

寄温無知丈

追憶都下垂憐故人之情，何殷諄篤至也！是時門下方埽軌滅
影，以閩市爲巖棲。乃俟出而爲吳札徐孺之行，接膝苦次，灑酒
臨岐，悼死慰生，推珍委餉。恫乎目送靈輿於緇塵之外，有餘悲焉。
不肖方寸具在，試思一時周旋諸相知，即誼多不薄，亦誰匹門下
隆厚哉？別後於九月十九日扶櫬達里中，長途遄往，悉賴尊公老
師預爲經紀。君家喬梓爲德，於里閈若爾。其家世蟬聯，慶澤綿固。
以迄於今日，詎偶然耶？既切感恩，益更服德。

寄顧朗哉丈

與門下先後發榆關，倉皇夢寐中，情事都不可了，獨歷歷感高義念常醒也。接遷安手教，遂成長別。門下之於先君子朋友之誼，斯亦足矣。闡德録行，既以游揚朝貴，復以遍諭愚氓。古人挂劍束芻，表閭題墓之事，何幸再見於今？嗟乎！先君子旅死雖苦，賴門下終始襄理，其間不至狼狽無措。而不肖輩惶惑忉慘之懷，亦庶幾少解於達人之誨諭於其行也。先君子不朽，大任一身，與之亡靈地下瞑目，意將在此。豈其越千里而住門下於邊地？亦天之厚先君子於不測耶！誠然，彼吠汙衊之口，有啓之者矣。

寄陸無從先生

不肖兄弟，西鄙困士也，材能率不及中，又摧毀坎壈，日蹈深窖，見棄於造化十年餘矣。牢騷侘傺之氣，鬱而不伸，不得不消之以酒。又爲博士制舉言，數變而不售，不得不消之以詩。嗟嗟，難言哉！雅音廛絶，隙日易過。黿聲啾發，雖可以感耳。試揆之韶夏之律，蕩然不可聽矣。然不肖當解學之初，頗沾沾嘉隆諸君子聲氣。已而窺元始渾樸之精，稽世代質文之變，漢魏尚矣。如唐之初盛，所勝者氣格爾。至其取材鑄語，往往不離宋齊以下諸名公篇中旨哉！我明迪功氏之言也。嗣今方欲茹偏至之華，文彩畢陳，然後取建安、黃初之沈雄，拓吾氣韻。日捃月搜，忘其駑鈍。腹中正偫偫作馨氣食臭，不敢輒爲先生陳也。先子修德無年，遠近達人共哀誄之。業荷俞命，倘旦夕獲不朽大篇，永垂金石。不肖雖幽憤未能除，亦將不憾天道之無知已。蓋先子存日，口不置廣陵陸先生。今地下而知被陸先生之華袞，毋亦謂兩不肖竪儒，

亦能推其意，以重慰重泉之引領哉！友人梁君旭篤學，有深思。其人不苟一行，又不屑以峻防自激烈，卓然秦之閫士。問字尊足齋曾幾過乎。君旭里居日，無三日不來蓬蒿中談笑，想歸述潛秘無異。不肖面承遠人，殆以縮地之事，倩之此友舌端。冀先生少發腹笥之珍，爲後進箴規不宣。

又

從君旭得先生與先子名言，雅質莊密，無一字落漢以後中間語脈，摰縱俱有深致。至於以菱藕蓇蒲之培，爲民興利，不肖識所未諳末更。以先子居平，口不置陸先生也，引爲神交。豈先生固雅聞先子獨好弘正間諸君子詩，庶幾能裁正一時波靡之好，而陰有當於中乎？昔范巨卿哭長沙平子，爲死友千古稱其奇事。顧當時巨卿未聞一語弔相知之魂，徒愴慘委素書而已。豈烈俠可憑文雅不可兼耶？視先生今日之誼，何如比者攖牽世務，意興荒頹，少暇當收拾。故吾爲長者吮毫濡墨，盡瀉十年傾慕之私，以自比於蠅附蟻聚，聲和調諧之義。長者肯直駁其紕繆否？

寄社中諸友

不佞某猥廁壇坫，髮變項槁矣。所不肯自灰者一點猛進，心在嚚思寂急處回頭，驅癯於思倦之時，搜境於文窮之會。醉歌聊以散襟，藝植專欲約趣。庚戌館規，謬尋康呂之轍。癸丑園臥，熟揣掄魁之奧。不意會闈粗了，卑第廷對，忽失鼎元。當夫掣腕鬼靳其長迨爾，摘疵人絕其助已矣。夫此來生結局之缺陷，自苦士宿根之消磨也。都中顯貴人憐才悲遇，多加以不虞之譽。反躬悚惡，深念虛華無益，盛名難副。昔猶處匣之輝，今且作弭耳之駒。

漢之樊生可爲炯戒，最可異者。長安市中數米而炊，而尋常出門
要須僕從，無名之費百出。未休室無擔石喝擁之徒，仰給饗飱，
視前輩樸素寧靜之風，殆若江河不復返矣。學者不能擺脫富貴功
名，正在此處。諸丈知不欲，不侫復爲世俗中人也，諒聞而信之。
吾社濟濟起色，抑折崩迫如愚子，天亦栽培，以免桑榆之朽棄。
矧奮迅如諸丈者，養才養神養福，以俯拾科名，乃本分修習也。
館選如未定，六月輒當選，老儒騾縮銀青，省卻州縣之勞已。屬
過分至夫隨地隨官，期於自樹少據三世禄食之報，則不侫素所自
矢，更乞知己督教之。

寄館中諸友

公牘載弟衷悉矣，不敢重陳。惟是吾儕從丁未訂盟，不惟接
袵聯席，抑且代戚分愉。猥承諸丈不瞶廢我，而日夕望其成文，
出獎借事到翊匡。俾弟得脫泥塗，而作同黨前茅，行且奉知己之言，
以幸無過，受益多已。弟窗前迂學，一試之廷對而幾倖，又將奮
袂期效之館選。雖成敗未可料，而挺然與海内俊傑角雌雄，保無
懼色。誰謂士子攻古無用也？諸兄並吾家仲季勉旃自愛，末世才
難從蹈襲中少翻新思。由俗書中微具楷法，便可攫得大物。惜哉！
來伯子有才無命，今生已矣。楚失楚得，不無厚望於二三君子。
大丈夫入萬人軍中，目不瞬者，有此志耳。硃卷尚未領出，窗稿
甫欲發刻，並附制策以傳場義，大不愜心。而有云脫化之極窗義，
自謂禿純，而師稱酷類吳文制策。寫作取完，寸晷而讀卷，諸老
賞嗟不置，皆自己所未解，容寄覽發笑。

寄族黨尊卑書

計二次報久，得家中靜默不張，詡此自清白吏門風。惟闇淡可以生福，惟謙讓可以和衆。吾伯叔父、伯兄弟侄，閱吾家科第屢矣。天幸愈過於昔，安順愈勉於今，則篤祚保宗之道耳。無凌單弱，無蓄讎怨。教吾家子孫，不使知仕族習氣，乃祖宗在天所陰騭者也。是惟讀書可消融之，有全益而無寸害。願與諸伯叔兄弟守之。近況不能悉陳，夏穫差強，釀玫瑰尊，捧腹茂樹下，長風吹來，煩暑頓失，令人遠憶此景。

寄省會諸友

潦倒入會城，以款段累故人殆十餘年。自歎髮皤顏蒼，逐少年隊，與之爭一旦之勝，不無膽落才盡之愧。又屢驗生平得意事絕少，空華虛名相依，只消一第。苟完制舉，便是過分逾涯矣。宿辱教愛想聞，此爲老儒稱快。計六月，輒當授戶工間曹，拖青縮銀。優游執戟，作金門大隱甚快，亦不願木天石渠之選也。

答魏啓元司理書

旅夜粉署呼斗酒，澆我磊塊，頹然一醉。猥承年丈憐其困踣，拔之亨衢，更裨之以戰勝之策。寨拙如來生，亦領才人方略之效。士不可無勝友，信然。都中薦紳評內擢瓜期諸公，必首年丈。偉然公輔之望，已基於今日。豈特光在同籍而已。至於棲遲郎曹，兀守執戟，不敢比爲通隱，聊以遂夫書淫已，自老生過望矣。天祿石渠之業，覺太苦，且寄途甚迂，不願爲也。此中肝膽，止有修齡先生可依，而旦夕巡方行矣。言之悵惘。

寄金陵徐春沂翁

盛夏別去，至冬不得南中寸耗。近把廣陵舍親書，云門下恙大愈。聞之喜，動念。不佞與門下以情義則朋好，以授受則師弟。天眷鄙域西真人之轅，披玄闡秘，大暢軒岐之旨，得一人焉。爲之啓其聾瞶，而破其愚惑。以迄今日如寤之方覺，而醉之初醒。寧惟獲自認性命，其貽福此一方人者，亦既多矣。別後盡讀奉議南陽河間宣明保命與子和海藏數家書，恍然有得。默印門下嚮日之誨，不爽錙銖。持此施治，往往奇中第子和書，乃坊間新出者，裝池雖精，字句率多訛謬。始大懊惱，不得門下囊中書一查閱耳。

答長安青藜社諸友人

役去省會，附尺一半，酬對客語多輕率，追憶訂約青藜，固是千古快事。夫當今世禄之子，亦詎少戔戔之才，顧其自足以長傲下也。章句之儒，亦詎少慕古之事，顧其徇名以拘類隘也。不佞輩廿年潛詣，一旦訢合，於是邵平小故侯之名，裴迪和輞川之咏，長安池陽，渙小成大。至於綦履殷勤，璚筵錯雜，繼歡累夜，狂謔恣出，即景以探罔象，啓舌而吐靈珠。於是不佞輩謂更生父子，非由章縫。諸丈亦知遷固諸人不本勳胄。客興蹣跚，留別未能。諸丈奈何介介恨數舍之河梁，疑心交於形迹間耶？諷咏佳作，叔融之清英，季鳳之俊傑，伯聞之壯婉，子斗之密麗，亡不入室登岸。不佞以塵冗奔迫告成，事不浹日，聊作駑馬蹣躄而已。至於篇目，不敢秋毫違司社命。季常以二十五首小曲來，何也？原約社中諸作合帙，付司社二人批閱。其司社二人作，即司社二人互相批閱。縱臾有戒，不妨過爲駁議。原稿八册，季常詞稿一册，並弟稿合

為甲乙二册，統傳司社，前季諸作，後季發示，庶不混淆。前約登書理無加損，可以增，即可以減。銳者，隳之漸也。紛更者，亂之門也。余不佞以金石望同好，夫豈敢二三其德以啓異日鮮終之釁，貽笑當世賢豪哉！謹錄詩目如約。

上溫總憲先生

恭惟師臺，躬賢聖之資，司鈞衡之重。德隨年躋，福與日升。簡在一人，播名四裔。維此慶辰，載同樂胥。而乃袞服迂讋爛斑，卽舞堂中。階下有燁，其光目擊厥美。蓋群然加手而致無疆之祝者，殆已充滿路衢矣。顧想大業未易，以恢張極盛，有難於歌誦。覩綏桃而豪肆，望仙路而瞻依者，往往飾片語單辭，誇其耳目。矧夫䨓聲啾發，叢爾細響，而欲厠樽俎之列，熒亂虞夏之音哉！已自念有不然者，璃筵聚珍，不黜野蔬之味。達人體物，每收里閭之語。戴勝鳴夏，蟋蟀吟秋，亦所以答天地，感應玄通也。余儕小子不自匿醜，願比是矣。

寄南玄象太史先生

聞興從北發，柳色鶯聲匼滿官路，到處可佐吟情。且夔龍望殷公輔虛席以俟久矣。攜休沐之馥膏，作蒼生之霖雨，固已快人區之觀瞻，寧直桑梓士民矯首景仰而已。不肖復碌碌爲妻病所苦，臨又近應劉觀察命，逼之校書。遙望使旌未遑祖道，踦蹐之駒不獲覯齊輯康莊之駕，言之愈自結轖。近作數篇，聊博傳中一粲。

寄梁君宿

弟近况苦甚，潦倒甚。從客冬理內人病，至春杪始幸覩起色。

病者知何若，理病者亦病矣。遠承仁丈，念我手書溫莊，紈素皎潔。收我於肝膽，進我於道義。此之心知，豈易言哉！弟自世間疏廢，人正以疏廢多見諒於知友。然腔中一片心，抵死不敢有他。昔蕭朱結綬，世常以王禹之契合比之。及後來睽悖不終，人皆以交爲難。弟讀史至此，常掩卷三歎，何況今之世哉！以不佞復目覩里中豪誇之士，其交也，非交也，皆辱交也。即吾黨所稱交游契合者，所矢亦異於衆矣，亦有年矣。然間或隳藏於過謹，坦伏於懷心者，殆不可保也。故識者謂志難同也。志同，則交一也。弄璋宴賀充閭，座有大嚼雄飲，如來伯生其人者，爲我以斗酒澆其磊塊。

寄梁君肇

書來誇我南中名勝之游，令我藤杖芒履，冉冉起烟霞色。思受託興深宵，君肇運筆神王，屬和佳什定多。豈具區鍾阜之靈異盡貯篇中，閟不一示人耶！維揚東道，當多解杖頭錢，爲思受沽酒。弟近因彼狡人窘生計，幾欲跨蹇。而前已念丈夫在世，自當策高足，擁厚祿，使縣令負弩，大官給食。然後拓基輝閈施行，馬擁氈氍，種十頃秫，釀酒待客。散囊中金資周急贍族，置百口於豐暖，以體先人往日拮据之慮。因問罪，不義男子雪三世飲恨之恥。其不服也，罷有辟其服也。罰有酒，安能目前齟齬，向狐鼠穴探其棄餘，以與之爭囓哉！夫君肇，志士也。其謂我何？然士生於世，不能終守先業，早致青雲之上，悠悠夢夢，制於閭巷菜傭之手，令得橫攪其有。而睥睨抑揄於魁魎之窟，猶翹然曰：恃終有以扼其吭，亦不足以有爲矣。君肇，智人也。其又謂我何？屬履敝裘，斷不敢往來廣陵之陌，爲親知累。郭汾陽、寇萊公，以大勳勞致富貴，不敢望漢王章之妻，何人哉？題橋之相如，恥乘下澤車之新息，

何人哉？眼中之南思受，又何人哉？知足下抱同病之憐，故漫及之。不然恐辱我輩清談齒頰。

寄閻元之

距別滿一載，弟之耽酒嗜懶，不能謝不急之人事。猶故聞兄沈靜遠詣，不大就，不休用，志不紛，乃凝於神古人之言也。齋頭共同舍生操瓠，便思元之弄丸手。低頭視兩腕，轉換癡重，如有鐵釘牢錮然，恨不截去爲快，則元之運筆妙伎殆天授。與此道正自白首難殫，矧粗猛豪舉如來子者，筒郵如無忘北。幸錄示佳稿數首，以與友人共扣哀玉而飲醍醐。

寄南思受比部

長夏梁使至，得仁丈起居甚悉。始料門下入都，不踰春杪，不謂留住許時，將無效古人戀鑑湖春色也。聞約君宿元之昆季爲八仙飲，想見一時游賞，履錯絕纓景象，座無來伯生，長鯨吸川，定使君肇浪得名耳。弟浮沈世路，慵病頹懷，歲月如之近。復展轉憂生，酒興詩情，倏爾減盡間激而成咏，亦率牢騷侘傺之語。頹首理帖括家言，跳不能入，豈赫奕功名非來生有也！一片廣陵煙月，君取爲樂地，我視爲愁城。情性大致相懸，政爾可怪。

寄梁君宿君肇二社兄

舍親趙光禄南下，寄尺一訊起居。想不至浮沈盛使抵家，頗悉近況。維揚佳麗地，須要高興人領略。弟所不獲跨塞，而前與一二知己觴咏吳楚間者，游遨之興先敗耳。南思受丈尚住彼處，益友過從，諧謔醉放，總是良晤。登舟弄月，則鄂子慚容。遺世

酣歌，則謝鯤讓達。此處不得著一別調，人不得著一木偶。妓人間樂事始屬之矣。君參素善病，今日之事又易扼腕。我輩不妨以虛恢語寬其胸次，使君參於俯仰上下之間，曉然知外物不貴於吾身。則世法中自可得學問，即吾黨失志者之安土也。

寄黃太史昭素先生

不肖復、臨猶得爲人乎哉。自榆關泣讀手諭，抵真定一再承慰札，厚賚惓惓，以麁絕天道，屬之煢孤，益增痛思。計今四閱寒暑，先子墓草三宿，不肖輩釋衰絰亦易歲。巴路江城渺焉在望，哀情鬱憤，填委胸臆，竟無能一效陳瀉。不肖復、臨猶得爲人乎哉。且彰微耀德，聲施在茲，敢以湮滅卒泯。先子衷念未遂，魂魄憂勞。此不肖復、臨所日夜懟責，不敢漫言學古。驕語樹立，尤不敢靦顏，數上先人之邱隴者也。恭惟師臺，命世人雄，絕代偉抱。遠則融班鑄馬，近則含李淹王。譬之球琛錯珍，山川茹納。殆天縱之器量，實未易以測識也。寥寥扶輿靈邁，獨種提衡千秋，斯其罕儷窮鄉私學，望而知歸。當今海內少知自好之士，一乞靈於脣吻，無不生被榮華，死戴令譽。矧先子之與尊慈師弟子關切之誼哉！先是不肖輩扶靈輌過都門，敝邑溫宮保先生哭臨，概然欲爲先子銘墓。不肖私惟鄉達既將一言寵幽壙，庶幾覬獲太史名篇，表竪墓道，使往來瞻拜司馬之人，望而遍悉其遺行，則先子之幽者益顯矣。孤墳貞碣巍建，松陰隱隱，棲雨嘶風，常有神物守護上臺文章。不佞復、臨罹變以來，反覆勤慮，未始敢忘，實爲此爾。溫宮保先生昔以宦冗，今以方歸，未暇搦管，遷延至今。恐閭里不察，以復、臨終恝然於親，故欲先立石荒隴九頓，發使齎。不肖復所述行實，妄希採擇，以表先子知師臺，不以先後久近爲見審矣。

鄙士束縛青衿，不遑擔簦游從。屈指比試，攬泣窮途。方已埋首匿蹤，求展其割裂之用，以恢圮族。將幣侑緘，遙附虔忱。不自知其薄劣，瞻注雲章，無異疴夫望瘳。伏冀憐宥揮鑒，不勝至願。

寄顧朗哉丈

　　年來曾兩寄書，俱未達。偶敝里人至訛傳門下，暨張逸度消息，實悲歎數日，援筆賦聞冤詩。又一載餘，而從丁君得覩手札，始知故人不死。嗟夫！札中備言罹禍之橫，窮蹙之苦，與丁君所陳說歷縷令人髮上指，世顧有是事哉。以睚眦之怨，遽馨人產，遮掠人財物，逼人妻子，更欲中之不可宥之法。彼即能憑勢乘機禍人，寧不畏蒼蒼者陰殛之耶！語曰：蜂蠆之毒，皆能害人。況君臣之間乎。言微之貴慎也，可畏哉！然不佞兄弟始聞而駭而酸鼻已，則喜門下不死也。數千里之外，傳聞逐捕聲焰，若迅霆震壓矣。潞河能作久計否？何時解纜？北乎南乎？不佞輩自襄先子大事後，日切憂生。即今家口近百，庇覆無計，比試已邁。勉力讀應世書，冀取大物，以恢先人遺緒。久困之人，志興抑塞，竟不知造化作何安排。且與故人重握手，定何期也。言之愴慅愴慅！拙詩二首，聊志慨慕。

寄陸無從先生

　　客冬得先生手書，殷勤篤志，既款且悉。又承大筆題扇，皆被親友輩競寶襲之。文人墨瀋，亦自可當重珍第，賈子能強好事，卻足詫也。目應制書，而爲先生作詩。辭意羞澀，醜惡畢露矣。

上李本寧老師

恭惟老師閣下，靈叡天鍾，韞蓄淵富。不獨冠冕昭代，直已軼絶古人。凡海内有目者，莫不覩日月而小繁星，瞻麟鳳而藐異端矣。復、臨兄弟窮鄉竪儒，聞見寡渺。竊讀一二傳播名篇，真所謂字挾風霜，言敲金石。元美之宏博，伯玉之質莊，兼跨有之。寧直方響比德已者，即于鱗何論哉！乃歎斯文有巨統，藝林有元龜。有志之士，誠雅欲留情千秋，奚必遠窺西京之室，高整安建之轡。但使仰依皋比，聽其折衷，則不傳之秘可抉，群言之淆可定也。曩先子櫬過都門，鄉達温宫保先生以銘墓任，西蜀黄太史先生以表墓任。復、臨則更欲裹糧入南新市，跽請大筆爲先子立傳。徒以志文未獲，逡巡歲時。不意天以眷西土者私眷。不肖兄弟得從棨戟中親覩風儀，顧盼之間俯鑒下懷。此不獨賤子矜詡過望，先司馬九原有知，亦當無憾於天年耳。仰止公門簦屩已備，不堪青衿束縛，敢齋沐發緘上干典記，萬一得徼俞命，俟比試甫畢，輒圖負笈門牆，九頓高厚。私期少沾賸馥殘膏，以自芳潤。擬孔門點參路淵同師故事，且如近代元定父子之於紫陽先生也。

又

跽讀翰示，感激泣下。先子即世有日矣。今始瞑目，乃温宫保先生椽記亦辱俯允，極知通靈有扣即應。但小人跼蹐，自不堪瀆褻之懼耳。薄修程儀，又蒙麾斥，益懼且愧。先子墓志，自不肖伏櫬抵都下，即請之温宫保先生。今已將脱稿，時咋啓中，懇望老師爲先子作傳。謹再布悃，上聞承命，略摭修椽始末，附備採擇。不肖復、臨以通家子弟，常侍温先生履綦。雖未及門受業，

累沐獎題指引，義重嚴師。向先子之變，先生聞之大痛，遣飛騎西促復，而更以家人款語慰臨於關邸。槪夜過都門，先生越二舍，止舉哭。臨即時發僮官移書，經由衙門，無稽遲一切輿馬。於是在所險阻，盡化亨衢。俾不肖輩倉皇罹變，更涉數千里地，不至顛頓於道路者，溫先生賜也。不肖即淹蹇諸生行中，然束髮慕義，頗負俠烈。意氣所結，容忍銷沈。恭遇太老師，天上人也。片語流播，便足千古。海內修行摛藻之士，一當其齒牙，不啻被華袞而勒景鐘，倘憫恤不肖惓惓，請乞卒得。持溫先生夙昔所重報溫先生，則鄙志已遂，且嗤古捐軀酬恩者爲無益事耳。

來陽伯文集卷十三終

來陽伯文集卷之十四

明三原　來復陽伯　**著**　　　邑後學　李錫齡　**校刊**

牘

與劉叔定

向附尺一使者，謂足下過從當先期見示。足下亦明約必在。長夏初，兩弟即離城索居。數敕應門，恐佳客作看竹狂態。足下竟輕舍我，不肯緩。須臾俟我挂杖頭錢，來共醉城市，叔定即匆匆多賢豪長者游，如不肖奉教之心何？昔林宗每過袁奉高，數語輒命駕，不得比於叔度。時人雅以去留之間，有品騭然。當時恐亦是奉高未苦留耳。置驛放鶴，緬思古人。主人良自愧，自愧屢承開誨制舉言，灌辟鈆刀，借羽鳩鶯，致令塵埃槍榆間，物勉自奮發專下走。投近作數首，亟求裁削。寧曲導毋曲臾，必令曩時同調作埧篴舊聲，共和燕樓夜月，則蹤迹匪遐。鞭弭之子，庶幾得竭羸按追風之步。嗟嗟！上林花爛漫，得共吾叔定共吟弄之，實上願也。足下其忍終棄舍我方寸耿切，望一二日間便擲賜，不

啻益我射莢之銛鏃耳。

與楊修齡先生

不肖兄弟草野間賤士也，猥承尊台假以色笑，施以殊禮，意旨所褒，嫻然國士其人。不肖即品在下中，激於明誨，敢少自刱頹，以累知人之明。《華山記》語語實際，大是西京風骨。至於點綴輕逸，令濟南篇法失工。辰科制義，故是炫爛後平淡，洵未易。及戊戌後，場則經史，妙其融裁騷雅，佐其風韻，盈帙璀璨，八斗橫溢矣。

答武暘峪吏部先生

不佞復自操觚時，讀先生制義，私心嚮慕，謂關右無兩。踰二十年，而讀先生舉業巵言，已得先生鄉行於史掾之口，已得先生善教作人於楊廉夫二魚生之口，竣然意下心折，願執鞭北面已。又聞讀書之暇，剖抉難素，精諳藥餌，與古林富狄蘇諸名公同志念，則駭然驚服，願與先生詳明而橫論之矣。里舍之遙，幽隱之區，落魄之子，縱懷耿悰，胡由自達不自意。櫟散庸質，猥被物色。區區濫竽，賜之獎借。捧讀溫翰，登嘉鼎儀，愧汗淋漓不能自容。此非先生過採浮譽，則嗜蒲偏好。至於商及醫藥，則自先生聾瞽之問耳。

答無從翁

承命後即遍訪相識，大抵率言鹽法至今日壞。盡視數十年前，不啻遠矣。且目前所急者，毋過課商。至憂者，毋過套單。套單之起，不自康院。而商人之以窮而力不能套單，則由於康院。吁！此其中隱微曲折，磬牙株蔓之害，蓋難言之矣。今康院雖敗，尚

居然有復舊制，革新弊，完歲課之名。而運長與新院又皆左袒康院，事皆踵而行之。不思一切之術，醫瘡剜肉，斯人既不顧而爲矣。至於病者，不堪再毒，絃急未有不絕。則徐、彭兩公始蒿目國計，而不得不身任其難。然以愚計之事已至此，即欲不苟且循行不可得也。何也？商人之窮雖不可振，而朝廷之課必不可蠲。課必不可蠲，則單必不得不套。諸商愈不得不窮而繼之以走逃且死。當事者求免不及其身，見之而貽累焉足耳。縱令付康以久任，諸商之死者枕藉，法有時撓，而課終難完。所謂一興而百廢，似通而實壅。不待智者，然後能料也。門下手筆，纂組不朽之言，或只刪潤舊志，附益夙規，汰浮課禁私販諸節目處，娓娓言之。而於矜恤商竈，不妨三致意焉。直中之諷，有心者覽之，未有不泫然動悲念者。若夫定指某件，當因某件當革。恐紛紛攘攘之際，不識與運長醶臺之旨合否。邇者鄙事耽延，大乖初願，將尋吾好，糞土黃金，已親爲緩其敲樸，不久要釋囚縛。一切王法鬼責，凡涉讟對鬩競，與夫心詛念恚，諸夙業咸消化盡。即人笑來生懦而無終，聞之亦消化盡。即載牘堪羞，空囊自醜，察時撫遇，亦消化盡矣。

寄楊修齡先生

從邸報得尊臺顯陟訊，遂呼弟友同喜，躍爲滿酌一醉。龍升雲霧而上天，鱔鰍相顧煦煦者，非以其志同也，冀霖雨以自沾也。披垣持簡，鎖闥鳴珂，尊所聞，行所知。入告我后，庶幾少酬數年軮掌牽制之苦。且時局糾錯，是非互標，要須坦愜無我，開敏不羈之通人如門下者，方是天下真御史。誠國家之福，吾道之光也。曩承遺書趙太守，公又爲蕭老先生索書，披讀感激淚下。毋論屑屑爲貧士分憂，即中間獎借過當，期於必就。固仁人愛人之道，

不可及也。曹羈作禮，宣孟二胸，烈士懷之。矧過此者，書生無命，太守以艱去，雖二械封識宛然。然尊慈心予之，不佞復心被之矣。

答祁念東老師

不肖復謹頓首。言別我師四載，通問缺疏，顧承惠翰存慰者屢復。自去冬始從南土貧困歸，今歲閏從都下敗北歸。其敗也，政以南土拮据，故行没於訟，心没於産。小欲不割，竟至兩失。由今視之，亦失算極矣。遂令劉叔定與魏薛諸人掩口。嗚呼！謀之不臧，自貽伊慼。豈以天哉？然天之所廢不可支也。豈以文哉？歸來無以爲家，獨嗜學，志不衰業。砥礪鋒鍔，求雪孟明之恥。而問病者填閭，至驅辱不去。無計避匿老氏之戒，近名深源之焚經。方古人致慎擇術，以此思遣力專候，修阻是虞。痜痳之間，無不依戀遥挹西極浮雲，霜霄過雁，瞻憶儀刑，泫然欲淚。忽覩天上傳札，披近況而遺好音，惜淪棄而責後效。隆鼎餽以施解推之恩，委文事以示獎許之意。祗領悚惡，自惟何以上副知已之眷？顧付託乎，惟老師虀牙絶域，文思當益壯，邁樅金夐鼓之間，何取缶音蟲響爲者？稷下先生言甚辯，其近體詩則杜派也。容卒業勉效成事，遄以敝邑三令君碑文皆屬復手，久曠方畢，茫未一就。乞尊慈少寬其期，冀免挂漏之誚汙清銜也。

啓穆象玄直指先生

竊惟士有禮有分有志，禮在不敢妄生諂瀆，分在不得非望格外，志在則埽迹匿影，與循資酬世不相爲，而要不得相非。不肖復髫年侍先司馬，實有志焉。每見當世龍飛君子，心輒慕之。非慕其勢位也，爲其可以行志也。其人苟真可法，則嚮往不已。願

執鞭從之，不徒浮慕已爾。比值厄窮，跧伏里閈。自甘涯分，兢兢守咫尺之禮。期免罪戾，愚則數馬，賤任呼牛。軌雖結於黃虞，迹但區於韋布。而尊臺以海內大儒，據朝廷重位。嚴威所讋，近吏不得印眉而接其顏。戟衛所臨，諸薦紳不得居間而與其議。乃脫略貴倨，一朝升寂。洎孤介之士提攜，開誨之明示尊顯。禮士之風，更潛培巖穴。不屈之氣，即駑劣愧非其人。然身當之不可謂非希覯，而後日之砥礪得不從，茲益瞿然奮也。然使徒破格而揖達官私榮慶之止耳。既聆謦欬，閱經濟，退而推其品於聞見之中。而少其倫則從《詩》《書》間按之，正古聖賢所稱為大人也。不肖復雖遲暮無成，少時嚮往之志不可但已。幸得身親見之，將請備大君子埽除之隸，奚但執鞭云乎？屬聞報命去秦，儀型日遠。悵望雲達，攀仰末由。聊述拙章，恭誦明德，兼附賮儀。遙候起居卑微，理不敢幣交。恃台慈始終賜優遇，不過斥逐也。

與昝明宇憲副公

復頓首言，承貽佳籍莊讀，至二誄一記。因郭翁以寄孝思，挽比部以右清節，託芙蓉以蹠逸性。明公識宇學力，不當與世法中得矣。篇中變幻賁冲，不雕繪而文。關中文獻否極，居山林，慕仕進，得仕進，希榮通已矣。甚則託三立之說，飾其鄙俚。不知言之未始，非德功也。如明公所就者，一身而兩視乎哉。獻吉地位峻絕，允寧景叔而後，幾至絕響。吾邑少保先生，自臺閣體也。先司馬有才無年，比部公文而不韻。追惟賦命，令人悀切。文章有神有分，惟明公圖之。固當寵我關輔山川之靈，寧獨衿領邑中人士而已。復迂疏不得志之士也。自束髮習詩文，頗窺百家。困於制義，日暮無成。然嗜古成癖，功名之念，不足與易之。近評

古人所論著，似知去向矣。若吾邑有名先達，而不知就正，是徒慕古也，並所慕亦非矣。敢錄拙詩一冊呈覽，貧病未暇檢錄全體，統容請益。傖父語政堪置之酒瓿，非敢倖玄宴先生推賞也。

謝少宗伯翁青陽先生 代

不肖某撲遫支離，無足比數。然耿耿上法一念，自髫歲即然。竊從草間及往來先君子宦次，仰止閣下於華蓋斗極之表，恍然駭龍翔式鳳翥矣。濫竽貢舉之選，不沾沾一第，惟慶伏侍門牆，夙願在茲。昔肜伯之掌秩宗，神人交洽。歐陽之職策試，文運丕還。即以某之椎愚，躍然荷甄淑思奮明時矣。詎意禍福轉睫，榮瘁同萌。奔近隕星之辰，甫及終天之訣。重繭修途，號踊里宅。觸心吊廬，益用黯慼。惟先君子貞操實政，迄老不渝。十年鉅任，以瘁殉國。不敢言左輔長城，固時艱之鐍鍵也。微皇上念勞勣之臣，生死眷顧。台慈採公卿之議，疏請明備。榮哀厚典，褒贈隆儀。煇煒泉源，施及胤息。人子靡窮之思，書生祿養之缺。藉閣下玉成而差慰，則先君子之旅死，不肖某之間關痛苦，俱可無恨。感激結鏤，方與浩蕩皇仁等弗諼。異日黽勉砥礪，以報門牆埏埴之恩。奚俟陳哉！

謝本兵李霖寰先生 代

恭惟某閣下，以捄天浴日之才，作人龍，爲世瑞，固已望殷伊周，志軼管樂。五兵霬重，時釁未謐。方叔專制，坐靖四夷。李晟天生，爰資中葉。猗與巍哉！固先君子承方略於受賑之日，欽威德於疆場之守者也。不幸罹茲變，不獲以藉以免過之身，督幕府參軍磨墨盾鼻，而勒燕然上功，天子期副明公之廟算。即某

至不類，時時從先君子宦邸，咫尺習聞，默儀心師，奉爲後進楷模者，非一日矣。匆倉崩迫，以至此極。父子不造，倏遠高範。追感濟舟，益動哀慕。唯先君子勞臣實勣彰灼邊徼，身親乘障，志忤懸車。古稱以勞定國，以死勤事，庶幾有焉。此明公所稔知者。然籍功紀效，俾無隱稽。旋翬幾時，天眷滋至。朝有膡恩，禮無爽制。和煦白日，光照泉門之寒。浩蕩皇仁，紛被階前之胤。匪倚培植，胡遽至此？不肖某人子也，不敢忘聖天子之賚，其敢忘明公乎哉？

謝葉相公 代

不肖某謹啓，某椎魯無知，竊賞妄驚今古。所稱磊落，以豪傑偉略自命，試之當世之用，未必能效效矣。其能爛然以功名終者蓋寡也。詎其皆檢踰器溢，行乖禍會。原夫任艱責叢，事難獨制，內外互委，和衷風澌。故敷袺列牘，義以隔釁。春華海棗，迄歸無成。遠揆元首共戴之風，近惟陸賈交驩之語。嗚呼！此方鎮節鉞之臣，所以易敗而難安也。洪惟閣下，以雲日之度，提元化之綱。係心在薄海，而殷憂在獨坐。故能百川同滙，庶品各得。躬協五辰，式歌九序。即如數年左輔軍興，時變巇厄，制臣側席。政府蒿目賴社稷靈澤，鈞衡調燮，鎮罟弭警，甌脫無虞。俾先司馬綿愒之晨，無憾於瘁國之忠且也。天朝哀恤之典，綸綍俱下。台臺弔誄之儀，華袞同褒。俛仰人世之遭不綦難遘者與。惟先司馬生不願豐，沒無求贍。今方朝有膡恩，禮無爽制。厚終之典，焜煌邱隴，則生平定國勤事之節，與篤棐匪懈之誠，於焉可償。嗚呼！生留茂勣，沒備美譽。誰是幹翊辰樞，俾存沒永戴高厚者敢忘之哉！敢忘之哉！北望五雲，泫然感泣。

寄李順衡中丞先生

竊惟古有貴介而下白屋者，士林榮之，"孑孑干旄，在浚之郊"是已。然亦有白屋之士，能驚耀於貴介之門者，徒見二千石不如一逢掖是已。此必其人道德誼行足以斂服勢位，遂交相倚重焉耳。如不佞復居淮揚時，固流離鄙賤之子也。以珠彈雀，逐羶喪鼎，中士羞與爲友。而先生以朝廷重臣，作東南喬嶽。世德之烜赫，高名之騰溢。自監司臺使而下，率不敢講敵禮。乃辱造廬接席，令葸焉之跼居。然據客座，邇丰範，錯觥酬，而恣話言。且承提攜曲至獎與失實，陰施潛及，受者自知。嗚呼！不佞復雖譾劣，常奉教於君子，覘其示易者故鑱隅稜，内驕者動露矜泰，未有養深自然氣局不測如我公者。昔平津侯屈已延賢，鍾離大夫不尚威儀。揆之先生，尚有慚德。客歲，垂橐西還，今年敗北病臥。時序超忽，屢經改燧。會適不辰，不能圖尺寸之報效之知已。言念覆露洪仁，魂夢振惕。冬來殘魔稍卻，謹齋沐削牘，倩便遥候起居。侑以土物，少將下忱。伏惟台鑒莞存幸甚，修吾先生近狀。何似以國家如此，社稷臣居淮如此。功德何因，虛摭無影。膏唇拭舌，巧陷正黨。甘自居於桀跖之犬藿食者，聞之大爲切齒。然亦蚍蜉撼大樹耳。尊臺厚善，語次及之，吐此不平云。

答尹恒屈太守公

復命蹇暴，罹奇禍，入門一號，驚怖喪魄。始猶迷悶床蓐，今方煩苦病臥。坐茲情鍾，用貽性累。至夫孤類中郎，無傳書之琰。囚同淳于，乏上書之縈。頓足椎膺，何以自遣？時正斷葷酒，自懺間讀内典數條，求解脫客塵煩惱。而緣想病根不除，形神大非。

故吾辱承瑤翰，垂及中寓開誨，點綴花神，消我魔崇。羸屚之軀，頓生隱快。目前當春祭上蒙，凱風寒泉之思，與西河過情之淚並攬方寸。坐是體惡，不可遠涉。俟暮春勉振精力，趨侍杖屨，爲汗漫游也。

上温總憲先生

不肖兄弟從春朔謝應酬，咄咄圭竇中揣摩應世之業。雖闈思日專，而才情日減。西風蓬戶，夜雨匡床，聊以了目前補綴之計而已。青冥特奮，恐自有一等羽翮。伏惟師臺邁德古人，博收清望。原彼我無競，進退兩恬。毀夷齊爲黷貨，指第五爲徇私。紛紛狂吠政自貽笑於海內有目者耳。於大臣休休之量，何重輕乎？

答熙庵族伯憲副公

曩歲扶先靈過都門，得拜厚賜名誅。時哀戚中，未得啓謝。客冬，以先子鄉賢事謁梅先生。是時梅攝學政，一見極言伯翁，惓篤雅誼，不啻提攜。遂採掇公評，議不再駁。今使先子不能得於天年者，猶得償報於廟食，爲其後者即至不類覥然在人下，猶得儒衣冠而趨承俎豆，人稱爲賢者之嗣也。不敢忘梅先生，顧敢忘伯翁哉！此衷鬱積，又以路遠不能卒致，不意手翰珍儀燦被寒屋。撫今感舊，體悉詳周，更以吾家青雲舊物，屬意謏劣。縱淹蹇之子，以委頓灰心。激領訓言，亦復髮指。

寄劉學博復一

比從青衿後匍匐紅塵，凡凌五鷄鳴以抵夜漏，不得暫憩。接語儔伍，畏禁如銜枚。迨不佞畢事就舍文，駕亦已南轅。縱談酣飲，

先後若有沮之者，乃歇山家文會雅集，自難事耳。拙作成已久，嗣聞門下內轉訊不佞復"清華翰墨"之句，預作知已識祥，至於諸篇猥蕪不足述。一時志義之合，佐辭人清孤之賞，良用厚愧。

答杜將軍日章

不佞復從草澤中習知，直北有燕頷將軍，已從友人齋頭讀凱歌佳製，又知將軍文將也。日章交游，盡天下才賢。不佞何得以麻枲濫廁文繡，然使下里之曲他日因杜將軍以傳。不佞所願欣然操觚者耳。時方促裝北上，俗境填委，不敢草率辱命。容春時少暇，便扃戶焚香，徐抽靜思，河山阻塞，蓬萍飄忽。何時遂與知己商確韜鈐，共究經世之務。然後把杯賡咏，以暢文家清樂，此生一大奇遘也。臨風懷想，蘊結若何。

寄座師李育吾先生

秦君抵里，得拜師臺手翰，拳拳以不肖復濩落為念，捧讀頓覺內熱，駑蹇遭躓，固其常態。如貽累哲人，知人之明，何已自念。不肖束髮讀書，即抱大志，旁搜泛覽二十餘年。丁酉之戰，幾捷而撓。迄今又逾一紀，頹然老夫。乃拖青紆紫之事，復讓於少年諸英义之子。嗟哉！何物功名？或易如折枝，或難如轉石。易則殘膏賸馥，皆視為禁腐。難則嘔心鏤肝，皆味如嚼蠟。君子即不諉命，然亦或有陰使之者乎。家居忽逼，歲暮優游三徑。日復一日，不惟人事疏慵，亦且琴書應廢。常與弟友輩抵掌談曰：昔孔氏謂不志穀，而三年學之士難。乃今求志穀，而三年學之士亦難矣。然靜中據梧，點檢舊業，輒若我師驅策譙讓其前者，不敢竟靡靡不自振也。

答王肖洲司理先生

半載來，數入長安，詢動定神，君清譽直播關輔間矣。承惠以名刻秘之笈笱，但三絕碑少党懷英篆額，如未剝蝕，望補賜之，方稱完璧。

爲先司馬求挽詩小札

先司馬公之棄不肖孤也，諸在相知，亡不痛嗟。終天永訣，罔極難追。又何論不肖矣？不肖俯念即卒毀摧死，恐無益於逝者。惟是先司馬生多隱行，凡事務近裹恥名高，古所稱抱幽人之貞，守無名之樸者也。不徽名公一言闡揚之，使先司馬懿行日就湮滅，不肖孤死且餘愧。伏惟名公先生錄哲人之潛德，慰人子之私衷，賜之挽章，不拘諸體。不肖且將於大篇中求先司馬，又以大篇必傳生先司馬。若乃眷戀松楸之下，屏居哀慕之餘，諷誦長吟，永思攸寄。尤仁人錫類之惠，昭昭在也。烏敢有忘！烏敢有忘！

寄馮仲好侍御先生

書院追隨，酬對長者。躡百常之砌，窺隆棟之基。想像皋比通解弟子著籍，即眼前風柳池荷，纖流片石，皆舒妙。性謭劣，竪儒辱承引接，固已爽然若失，又忻然有得矣。畏壘化俗，通德表鄉。古今雅自一揆，企仰可言。既與翁臺周旋末學，天幸何敢不披露肝膽？不肖復荒廢本業久矣。遠近冠蓋，以醫訪里中者踵至沓來，迹若禮之，其實害之。不獨害本業，亦且害此軀，不瘁死不止。故於九月朔日，塈戶鄉村，匡床繩樞，苟圖靜適，數日間稍稍稀疏。念先生冠紳之領袖也。聞車從亦有過臨池陽意，果

爾，則遠近之人必驚詫，其耳目更虛加之以浮譽。此在鶩術者之所獵，而不肖復之所深諱，從而例之，必有籍口，實俾不可避者。夫尊臺至仁體物，遇事設身。豈願復爲此不已哉！君平之言曰："生我名者殺我身。"惟台慈念之以支離，賤士得納之道義訓誨之中，遺我不貲，無俟以貳加，即兩長兄亦不敢勞圭竇。潛夫勢難抉而出逆，通家相成，至誼在茲，下忱耿耿，匪子墨客卿能罄。

寄南太史子興先生

蓋聞夢者不忘所記，狂者不忘所畏，今身體之而知其然。不肖復因擯落感愴時遇，壄戶郊園半載，不惟絕一切慶弔，即寢食書卷多不料理，殆近於夢且狂矣。然感先生都門格外之寵眖，未嘗忘也。軒駕入里，不知何時。從客冬始知之寸心搖搖，渭上如綴斿。念先生大業赫隆，抗衡千古。遠近抱經講業而來者，咸願捨薪息廬，藉名承聽。企仰顏儀，有踰星嶽，而圭竇賤子咫尺，自卜其爲疏悖，夫復何言？獻歲熙明，劭福孔嘉。謹盥手短裁，啓候興居。倘徼憐而夢狂我也，其亦詫夢且狂者之百廢一舉事哉。不肖復近研究制舉義，益茫無所得。敢乞宗匠秘訣發蒙，是即醒寐之藥，覺迷之鍼也。感佩明德，曷其有極。

寄祁念東老師

復、臨兄弟別我師已將重覿秋矣，忽忽之歲，悠悠之懷，逐逐之俗，務不自知。其茌苒潦倒，憒廢崩迫，以至於此。矯首西涼，每一觸心寓目，未嘗不悚息，繼之愧汗，而竟未一裁候起居也。非門牆棄人乎哉！豈非甘冒無義弟子之罪，而無容辭也。然復自臘時理妻產病，殆百日勞瘁欲自病。而臨兩赴劉頃陽先生，

辟命謬受校讎之託，亦匝月始竣。背春涉夏，乃得尋逸晷，拈筆墨，傳我仰止夢想之悰於罷素雲烟。吟窗咏嘯之内，然抑末也。其所以承領訓言，沾被道化，抵今浹神滿量而不自知者，非筆墨蹊徑所能概傳也。恭惟老師，鼎鉉才猷，公輔器識，榮戟所指，坐使邊地回春，胡塵永寝。於是都護宣威，賢王解辮，幕府傳檄，軍士奮戈。自當犁陰山作外圉，摧驍虜若孤豚。德以撫降，威取讐叛。殴脱無驚，海波不揚。然後賦小戎無衣之風，而揉其徑决。眺燉煌玉門之界，而發其壯思。檛金撞鼓，制爲軍中行樂之詩。羌管胡笳，不下異域思鄉之淚。此重臣騁望之康衢，達人酬願之嗌地也。門牆逢掖如愚兄弟，即最頹落無丈夫氣，每聆嘉譽，載播河隴，未嘗不抵掌爲國家保障，慶非徒激於私恩自愉而已。不肖近狀顛沛，謀非其人，爲一二豺虎盡空母錢，不久當有維揚之行。然亦是逆坂走丸，迎風縱棹，掩目捕雀耳。竟何益哉？别老師幾日，而拙弟子亨屯頓改。昔欲爲長波之巨艇，今不能爲檢歲之梁稷。岌岌百口，即使帶經而鋤，胡能遍給？士不諱窮，窮有立稿邱園已矣。齟齬失意之事，因素厪注念，故漫陳之。

答李介石憲副公

竊惟辟舉典廢，佐議風漸。而幅巾公門，白氅帝座，遂千載不可再見。乃延接無節信之重，造廬罕任棠之賢。故浚郊致詫於干旄草屏，難處乎候吏也。公卿下士，詎獨忘貴爲名高哉，亦其人有足當之者，如不肖復池陽迂疏之堅儒耳。流心跛行，賤品譾材。質則堅瓠，德則支離。耗壯志於歲年之編，甘食貧於衡泌之野。埋首窮帷，堁户滅影。以懶得貧，以貧得病。坐是視當代貴達，真自覺形穢而不敢前，如古人云：非獨世棄我，我亦棄世耳。

側聞台臺勳庸文望，偉然命世之大人。藻鑑一臨，修士無完品。不知何所誤聽？而鄭重筐篚加遺於巖嵁之賤子。非其人，非其獲，即無妨明公駿骨之收哉！將何以副過情浮譽答知己也。捧領汗顔！汗顔！距扶風僅數程，亟欲黽勉摳趨尊者，以廣聞見。因下部有匶疾，又久荒本業。先期九月朔日，閉關茆齋，絶謝慶弔。自惟有妨諄命，罪在難道，恃尊慈垂鑒。

答祁念東老師

不肖復卜築城西矮屋荒園，究心帖括之業者半載矣。然無十日不入城，恨宿習惡業紛紛困我，因憶坡公云：辟之工弈者，分明是業。卻認作伎悟者，抽身回向。迷則累與年盡，殆將奈何？莊誦我師督誨之語，悚然愧汗。重惟門牆劣弟子局促奔迫，雖念未嘗不在西塞，而悠悠歲時殆如醉者健忘。老師乃遠遺裹蹏珍果，使書窗有膏火，蔬案充異味。誰謂城西主人貧哉？不肖復初意以貧故遠游，欲西謁我師，候起居，便一晤龍君御先生。而隴州、鳳翔二守君，亦屢發使相促蘭州道，尊聞以年誼顧見，竟以懶癖戀戀舊林，大嚼屠門撲逐影事，徒取意想快適而已。冬初，攜空拳北之，將致涿鹿之戰。毋論鼓傀登陴，壯氣實難，如此鞍馬髀肉何？今者食貧環堵，所以養鋭焉耳。

寄史蓮勺侍御先生

荒村扃白板，長日自歎天假。來生貧，或者使之讀書故耳。今乃益以腹心之菑，展卷則頭目腰背俱惡。豈天妬我遇？又妬我貧耶？舍貧將置來生何所有？委之溝壑而已。造化喜播弄無命之士，劉子淪亡，二梁繼殞，皆是平生不善病之人，奄忽至此。矧

半載之内，半親藥裹者哉！先生竟何以鍼砭開提，我跂足俟之。

答趙子嵋社兄

弟春仲、夏首兩病，後次較前賜札時更劇。尋床蓐且二旬，呻吟郊野。此呼吸者，幾爲革囊盛去。當其病時，太清爲我慘色，羲車爲我駛奔。上帝命俞跗施箴，以禦二豎陰侮。袛今邊韶便腹，化爲休文弱體，敬容之健噉，只消仲叔之片肝。然困頓晝夜，時取故人計，偕草朗誦數首，覺口液生甜，頭豁然爽也。適從康使接翰，乃責弟佯疾辭命，且以肝膽義相鐫鑿。夫肝膽，語同氣也。同氣，在家則兄弟，在外則友朋。苟苦樂隔閡同一室。胡越不遠仁兄，忍胡越視我哉？嗟嗟！昔有委書憑棺之友，今鮮稱藥量水之交。我思古人，實獲我心，言之惋結已。爲子嵋拂几濡筆，十日山，五日石，曲狀小景，兼錄近作於數箋，專役踐諾，冀知已新益，乃贏夫乍有事耳。其他一切應酬，來生七尺薄有關係，豈肯以死博虛聲，爲陳留父老所笑？諒公孫能愛我，目前含素、馭仲匿迹一舍之遠，君旭善病，三月延綿，弟亦明農西墅，與田叟牧豎爲伍。蓬窗蕭索，流睇生悲。聞子嵋大業，並生事俱豪。即攢眉就制舉言，當不愁思否？

答康公孫社兄

君御先生，吾輩衿領也。向祁老師相招，幾欲便謁，消此企羨之懷，竟不果西。適辱仁兄翰示託我詩繪，不獨技癢，且欲踴躍執筆。自顧賤軀新瘥，尚爾委頓。公孫若見，必驚鬐面癯形，非來生故物，業向子嵋縷陳之矣。含素頗間，當強以繪事。近乃有田，遠距三十里，已拉馭仲同住，彼散髮，狂吟於樊泉清峪之

谷矣。君旭、君晉病，幾不起，歸臥家庭。弟亦鄉居頤養。時日入城，曳杖餐英館，闃寂荒無之景，令人慘然。雄飛高步者，據險而不跌。蓬藟岩嵯者，茹藿而難安。悠悠天命，何相越絕？然深愧負知厚命。子嶼三月前託繪一箋，亦未報勉，就此一役，已自竭力。士安支頤，玄度羸弱，率以病苦，非關文通才盡耳。

答子斗社兄

　　春夏之際，一病寒，一病痰，率因勞瘁，故浮生無續命膏以敵寒暑，何怪焉？然理外而疾生於內，脫養內安知不虎攻其外乎？所謂命也。君其問之李日者，恐日者不諳，試爲占所研之易。又恐善易者不言易，試再倩滕簡倿子之驅疫者而問之，以究四大沈冥之由，必將應曰：子與來伯生兩人所苦，政同人之大患爲吾有身，豈獨病魔一節哉！察惠遠，觀其所重，似不在長年者，意何？在疫鬼教我兩人矣。獨丈以家，難與魑魅對。不倿以宿業與制舉義對，其苦甚於疹毒。訟平疾已，門下灑然在清涼國。而不倿食貧郊野，日夕竭蹶，吾伊致焦齒唇。把書時墮，坑塹虛名。崇孽繁費騷然，每坐是憂。伏櫪有志，精力日疲。管城子已成龍鍾之態，辟之老婦塗抹，徒取少年姍笑。每坐是愧。嗟夫！途遠無正，就自覺虛恢。亡當榆次之辱，屢遭敗蔌之雪。未嘗魯陽不起，章亥難追。功名之士死功名耳，我其如司命何哉？司命其如我何哉？推步占筮，又如來生之司司命何哉？仲弟鼓盆，君旭善病，含素奔蜀，人生得意實難。毋謂扃户課讀爲非福也。薄命子安之還以解，贈初秋入省客商新詩數首。

答總河王太蒙先生

竪儒某微天幸得覯龍光於清淵。私挹偉度，竊聆鉅談，真命世之大人。曩但求之書史，今乃躬承親炙焉。所謂稱不可揣德，莫能名覯山海者，有知其高深而已。高深詎可量耶！代斯已及，方擬專牘。恭候台臺萬福，倏荷鼎貺，瑤翰賁臨。窮谷寒津，頓回豪豔，展玩揮灑。諸種斐亹光華，晋人之法，運以唐人之骨。少陵云："書須瘦硬方通神。"豈虛語乎？衛生歌箋，尤臻妙境，《換鵝》《來禽》諸帖不足珍也。

別撫按牘

潦倒疲役一載，即錙銖皆費心力。不敢怨屏翳陽侯諸靈，直以貌躬自崇爲黜，已於事而竣。不職之罰，伏辠堂斷而已。獨念竪儒孤蹤，叨幸屢通芳訊。即羹牆尚遠，而蓬麻久依。誰謂東齊宦寄爲薄游也？

答大司馬王霽宇先生

住清州一載，如夢中過。且夢中所歷之境，嶮巇煩冤，如巨石壓頭，重負難釋，欲求疾瘳而不可得。今幸瘳矣。欠伸後翻然長歎，便生橫絕四海之志。又自笑泰岱、孔林近隔數程，竟泥於卜筮，牽於簿書，而不果行。竪儒亦終嵁巖圭竇老耳。寧能真有橫絕逸興乎？距尊臺德里尚遥，又取道水，次抵天津。當一謁李夢白堂翁，坐是乖請益夙願，言之悒怫。

答王康宇禮部公

辱荷台慈，諄諄以嗣續爲念，示方示懺，不啻切身。弟入京後，即圖歸家。建方丈奉西方化人，家藏宋人羅漢四幅最神，他如慈靜夫人與張仲陽、方夫人白描大士，皆供養其中。乞靈應誕育於萬一，何非翁臺福庇所攝耶？

來陽伯文集卷十四終

來陽伯文集

卷十四

來陽伯文集卷之十五

明三原　來復陽伯 **著**　　　邑後學　李錫齡 **校刊**

牘

答方伯書寅丈

不佞弟與台丈則不卜而近有德之鄰，尋以奇緣而共司農之署。周旋儔衆，常懷忝竊之羞。談笑片言，各吐扢揚之志。所以然者，芸窗編內披誦雄篇，珂珮聲中甄別奇骨。故歡踰昔人之傾，蓋情洽鶩地之班荊也。再入長安，同心睽遠。聽鶯鳴而思友，逢節物以懷人。夢寐方殷，雲霞忽墮。伸情素鯉，緘誼裹蹪。已添榴蒲之觴，彌起屋梁之思。掞裁鳴謝，瑤報圖將。望天壽之鬱葱，想文心之奔蕩。

答米仲詔先生

清淵陶不足當鉅公任，然視束帶隨例趨走，不猶然夜郎王乎。良朋清讌，對白抽黃。齊魯之間，風雅大振。必有聲氣之士，載

酒問字，願息廬以畢誦習也者。豈但尋常置酒高會而已？復厭厭冷署，攜家至四十口，月索米一石，而應酬之苦與食指之累相若，妻孥不免抱牛衣之泣。聞家園歲熟，閉門啖飱飽，差勝僕僕長安耳。

答姚震宇直指公

復無似以老儒而乍服官，譬之虫子出途，東西易面，所賴朝夕匡提，不致顛頓。孰有先我震宇先生也者？違顏日久，仰止徒勤。再入長安，彌覺茫昧。悵惑疑之莫質，抱肝膽而難傾。曠望南天，蘊結何已。惟臺下真才實政，嶽屹鴻流，惠文之所彈壓。春日秋霜，巍然并用。海內衿紳，同心歸嚮。如復一人，則歸嚮中之尤者耳。大賜隆重，不敢卻尊眷言，懷之何以報玖？

答練君豫年兄

客歲歸里，大半爲憂旱愁潦所苦。老秀才遣卻毛頭書債，而輒抱歲時之憂，已覺興味不佳。一旦攜家四十口至都，住敝宅，攢班皂，索米鬻煤，赴招懷刺。其中日俗，其囊日空。而一切冗煩可已之務，絕不能脫離。加以戎馬告急，禁城戒嚴。薦紳相顧無色，杯酒不歡。而點檢往來酬應之侶，欲求如仁丈同調，託心捐釋形迹者無有矣。嗟嗟！帝鄉不可居，如此門下以諳練宏才，得彈丸地。簿領之餘，當不廢《詩》《書》。且吾輩政須以癖小見志，即繁劇亦不必調台省之基，固於今日知老成且安之耳。華翰遠賜，捐惠太隆，將無爲清吏傷廉。

寄韓景圭年兄

里中都門時時詢循良政迹，月異而歲不同。夫不屑一切非常

可喜之名，獨以"平易"二字與災民休息，古何武、龔遂之流也。今乃見之吾黨快快政暇想，不廢吟咏風流散適之概，願一聞之。長安簿領雖稀，應酬可厭。觸炎趨署，懷刺望門。假爲巧佞之言，矜事木偶之容。回視故吾都已化盡。嗟夫！當面輸心背面笑，自昔已然。悠悠塵溷，負我初心。滿架何讎？徒令囊魚恣飽。汗顏汗顏！此來攜有書畫數十種，間以娛情砭俗，絕不輕出示人，恨無景圭以茗碗米瀋賞之耳。

簡李爲與寅丈

尊體聞大康，然席間亦不敢強飲。朋寮相對，清謔以當七發，更延國手二人，坐隱以消良夜，階前小有卉盆魚盎，呼吳歈使按拍侑觴，或者襟趣可灑然無苦也。敢告僕夫。

寄濟南司理張年兄

年丈以絕塵逸足驤首騰飛，而下澤駑蹇亦得馳驟先後。兼葭玉樹，自愧非倫過洛，并日追游，情踰骨肉。一時星聚雲從，河山改色。緬邈歲時，能無企想。側聞偉政卓犖，槐棘間絕無冤情，台省之厚墉址已固矣。

寄親友

復靜居日久，人事疏慵。家食時尚苦應酬，安能僕僕於長安緇塵中投刺趨衙無了時耶？攜數十口眷屬住隘宅，索陳米，費日鉅而囊日空，令人益想故園之散適。目前遼警愈急，君相泄泄，神氣萎索。衰亂之兆，天人湊合。我生不辰，支傾無謀。奈何？

與王尹愚廷評

與仁丈聲氣相往來且六載，乃神合形睽，以刺代面，以筒代譚。嗣後差池南北，即筒刺難憑矣。真宰似有妬其偶者，嚘喑披讀新詩，爽氣撲眉，弟自醜儈父矣。何日峨舸渡江，與故人指點於雞鳴牛首峰頭也。版曹郎即風雨，亦不能免趨署胸中所有日損，奈何？敝同年楊寨雲諱嘉祚者，見爲留都兵部。其人博雅有高懷，墨竹草書皆臻佳境。海內勝侶，此其選也。

答李元鎮年兄

來生以冷曹而煩苦，至於投刺赴席無了期。年丈擁百里之城，而卻委蛇從容，不廢哦咏。命遇不同若爾，良用歎憤。接手翰，娓娓斐斐，皆肝膽相對語，此誼足方古人。長安中羈棲最能俗人。自愧年來通無長進，卻憶故園槿戶把卷受用。謹少錄近日近體詩數紙請教，然大遜佳什風韻也。弟攜有書畫滿笥，頗稱豪豔。惜不共元鎮賞弄，當是名物。緣慳屈指覯時，儲百斛以待軒從。醫書止存一部奉上，仍有一種容家中寄至。續致此道宜留心，然學成則有躉行，人爭聚之矣。畢竟有其實，泯其名，則上德不德耳。難言難言！序亦是弟所爲，自謂微窺造化人事之理，不知年丈以爲何如？《芍藥詩》，弟以瓦礫引珠玉，屬和者多。望公餘拈毫一寫才人高致，弟且託以傳矣。

答劉環江寅丈

長安把握密坐闊談，差暢聚樂之懷，蹤迹一睽，倏同飛藋。景仰光塵，未嘗不興雲樹之歎耳。南地山川秀麗，甲於寓縣，巨

左側欄：來陽伯文集　卷十五

浸排蕩，峨舸鱗櫛，偉然雄觀。公餘駕扁舟攜良朋，對白抽黃，長歌擊楫，真洞府仙吏之清福。此際肯注念潦倒來生否？榷政彫敝雖久，顧以門下鉅才隆望整飭之想，當頓還舊觀。嗟夫！今天下法替紐弛，止一榷政已乎。心可得知，口不可得言。口可得言，力不可得行。付之扼腕，咨咦而已。

答袁滄孺大參

大都物處極重之時，必須變通。而變通之才，斷不可望之庸衆。人天必開，以豪傑拯救之。而冥冥中似日益其鑒，默翊其成。舉顚沛之生靈出之水火，而置之袵席。此豈偶然事哉？向日台丈之積思深求，洞鹺政之髓，定不刊之典。商民僵而復蘇如死灰再然，國課逋而洊完如遺寶重獲。偉然權宜百世之利於指顧之間，非有天心主持其中，吾世安得見此景象。猗與滄孺公，固真宰之精神所首屬者，與遠邇誦稱藉甚，真所謂諸葛大名垂宇宙者也。不佞復叨侍光塵，夙佩督誨，聞語見人，自幸同隸含香，署有奇緣矣。厚睨遠臨，兼惠琬琰，以兩淮救命書爲迷子照夜燭。豈惟貧家秘笥之珍耶？

簡程用智

昔嵇叔夜懶作書，而神情契合則千里命駕當時。命駕，時豈預爲故人通訊耶？詳仁丈數四相責，似猶有世法。意若以竿牘頻煩爲厚，長安不乏紙耳，茶墨皆精絕，謹嘉何日，共話一笑。

寄朱雲石年兄

弟昔由潁過滕，見隍池芰荷如錦，賞爲花縣。近從衢抵滁，

濬主人邀游，浮邱大坏，嘯飲於名園崇臺之上。回顧風烟盤薄，山路燦然，春花吐蕚，積翠襲裾。雖慚登高作賦之才，亦立成俚言數章以紀壯懷，而寓仰止。是不佞弟於年丈不特叨側同籍，實巾屨之緣，天涯共相接也。但以後先不相值怦怦耳。滕頗疲，循良安輯，知當頓起，東齊政最，行且旌異，臨軒仁俟，躬慶都門也。弟需次冗員，攜家於薪桂炊玉之區，憂生於燧警檄飛之際。仳離淪毗，俱所未究。嗟夫！使來生嬰百雉而守之，或可講背城借一安置。此七尺子子羸馬腐儒，欲何效哉？在昔漢高光之世，雅重守令，陰以社稷之衛寄之矣。兄丈其善圖之。

答阮澹宇寅丈

再入長安，從班聯中追憶翁丈丰神，每恨玄對，雖頻而洪鐘未扣。伊時覯扇頭一斑，灑然形語神接也。頃辱十行，芳訊耽耽。古人把諷軒窗，風習霞綺。天以廣川之役，添腹笥之奇，功在庾廥其小者耳。

公候房師李育吾先生

客歲習老師承天偉績，蓋今世龔黃矣。尋聞顯擢訊，旦夕得旨，益發攄碩抱，副海內瞻屬。不虞罹苫塊之變，即太老師無憾於年於遭。顧大孝無涯之思，其視恒情終天之哀慕，不啻過也。弟子某等一聞愕眙，惟師之悲是悲。徒以萍梗浮蹤，居諸流序，稽靡切之懷於改燧之久，始獲修諛唁，微忱以附瓣香炙絮之誠。即老師不討其後至，竊懼簡曠之罪，固門墻之必戮也。愧悚可言，伏冀抑情。加餐以頤，真性至禱。

答祁念東老師

　　伏謁師門，慚非升堂弟子，猥辱長兄款留，情禮過腆。廿年旅情，茲始慰快長安。屢與長兄周旋，論文談心，情好益邑，覘其才器，真搏霄鼇羽，歷塊霜蹄也。擬必大售，暫艱，乃俟時耳。其本業秘不肯示教，故妄欲效他山之攻無由。然察其精神太緊於遇合，而窗前功夫或反不能因病而療。士子不患三年期遠，所患流光易邁日新實疏耳。常謂青衿讀書之要學，當即繼以悟作文，先須講題，否則縱日吾伊弄柔翰，終無得。雖倖獲科第，亦謂之無得。蓋學者嬉笑游遨，皆足博趣，草木流峙可佐筆靈，奚拘拘几案間討薰修哉！大抵舉業之訣，惟近故難。八股有同唐律，合作不易。試攢眉結腳，刻腎鏤肝，量才之至，極變趨時。上者整全勝之局，其次提偏至之師。先會題神，力洗勦説，蓄久始發一篇是即百篇是矣。敢以老士下乘之法，獻之數年諄諄語弟友者，止此時事決裂。廟議借重秉樞秦疆，恐不能久留。然西邊制府非老師不可，當路自有調度。若夫竪儒如復小草自羞，私歉從前之學，皆塵飯土羹矣。厚貺遥頒，潤其慳素。享嘉德賜，宏侈無量。今歲都城早寒，凜然殺氣。先時霜落，未冬而裘。薪桂之區，孥僕慘栗。人事繁如集蝟，囊金銷如燎毛。部曹灰冷，前路壅積。官不易做，不但試之民社而知也。

答魏道冲太史公

　　蟲聲感節，嚶嚶細鳴。何幸？名太史褒稱至飾拙藝，而引之大道。某雖愧不敢居，顧益見明出徹上下，貫精粗之學，筆端自寫奇蘊矣。即求習晋書者録付梨棗，尋將代且欲求歸持大篇以往，

清淵之役有餘榮耳。清羔當是久靜沈冥，養生家有心欲死而神欲活之說，政恐寂久致滯輔耳。不知大方意然否，姑妄言之。

與南二太世丈

冷吏踟躇，不能專力起居，時時從夢想間仿佛顏色。夏仲偶聞有浩然休瀚意，知當路百計挼留。已而果然，何所介介，遠不能詳。妄意士君子纍若宦途，原期暢此才抱。苟鴻羽不困於泥淖，霜蹄得騁乎廣途。馨殫正所以乘會，其濡沫我福利者，不可謂無人也。矧偉才而鎮綏重地者乎。不佞弟素決思受丈公輔，自信爲子將鑒，故諄諄乃爾。

答潘懷魯寅丈

讀台丈一紙書，知胸中貯有十萬甲兵，不但虜在目中而已。小捷差足爲積弱吐氣，兵力聞漸集勤不待言，顧勤未易輕也。全遼安危在此一舉，愚妄意兵家多以先鋒取勝。先鋒勝則先聲振，謝玄之破符秦用此法也。豈以多少較勝負哉？內庭小捷，即狃神氣萎蕭。目前有急收拾人心一著，而皇上不能割十萬之帑，以犒首功之士。猶然責辦於兵戶二部，三軍安能鼓奮扼腕？拒腕諸惟在事諸公，協謀共濟，慰中外人心之翹望。

與吳青芝年兄

家居歷冬，每消受晴窗竹影，暖室梅香。而長安僦舍湫隘，卻無數椽短榮。曝日炙背，來生之寒苦將徹骨矣。刻下欲暫縛一茆棚從圭竇，映暄而讀，尋窮醋大佔畢之樂。

寄王子燁明府

別久寒暄，語不堪叙。兩精相喻，甘苦同此宦味也。故友顧朗哉。翁生夙稱山林賢達，身殁之後，家計益窘。其冢孫文學長成，頗有祖風。過訪弟於清淵，出其遺稿，愴然手澤。弟雖冷津拙吏，略具助資，俾就梓銀。文學屈指通家契厚，首念年丈欲遠竭括尋祖集之佚漏，託弟先容。嗟夫！鹿門産薄，彥升子貧，所賴存恤，惟海内二三故舊耳。

與張懷一少府

自不佞弟入都，歷三時矣。拜仁丈温然之札，隆疊之睨，不啻數四矣。劣弟子所以報知已爲親之大德，漫未能一致不孝之譴，宜戮於先司馬祠下，以矕鐘代牷。但長安之奔苦，曹郎之局促，即圖一發，使亦難有心不前。時力交阻，不知兄丈能俯鑒素忱乎。恭維仁丈宏抱通才，如珠走盤，如斤減堊。諸臺使勞薦紛飛，譽馳上下，異數之擢，當在旦夕，弟喜若已有矣。

答董撫臺公

疆圉孔艱，惡氛未靖，咎徵怪象，有識共憂。何幸？西陲得仰山嶽，以鎮壓其反覆。俾甌脱無虞夷夏安堵耶！然天生李郭副以社稷，由榆塞安攘之威，以埽定狂孽，力撲其熾焰，朝野悉拱揖以望矣。樞衡鼎位，仁俟升躋，可勝企仰。

寄方伯書寅丈

謁陵之役，諸部陪臣車騎雲馳，而台丈安置供具敦寅僚之誼

過隆，往返授餐，儹館吏加愆焉。以弟無似嘉賜，更侈冠裳歷周道有餘榮矣。台丈鴻才遙抱，又有餘閑可親詩書，隨時進修莫測。如弟以山林枯寂之士，束縛於長安十丈塵中，清夜自思，味同嚼蠟，不得不服陶彭澤千古豪傑矣。

答劉環江寅丈

潯關舊不苦額邇，乃亦煩搜剔想，奸偽百出。時局遞更，寬商約已，權使良規也。接寅臺翰覬之賜，恍如面談。危邊用兵不休，主餉算緡，無藝鼓鑪燎毛。望梅止渴，恐難濟緩急。吾黨俱無謝責之期耳。弟蒙堂翁委清關差，旦夕將受事他人所避。弟以澹泊耐煩心安之，水到渠成，絕不事皇怖。台丈老成，諳練法軌，犁然願惠格言，劣弟將奉爲型模也。

答余集生職方

遼事壞，極樞府宿望，何得？遂休沐之請。關吏雖貧，尚能辦斗酒區飯勞從者。且水陸南下清淵，總孔道班，荊河干，取醉而別，真天涯快事也。台丈忍作孔巢父掉頭耶？日來旱乾河竭，閉戶書空，形神鬱槁。目擊時變，亟欲遣家口西還，隱身爲吳門卒。何物鷄肋能終牽累人乎？使謝傅生今時，亦不敢捉鼻。異日瓢笠相訪，幸指我數步邱壑。

與汪明生社丈

不佞復少事鉛槧，至今鬒鬢且鑷白矣。所就合數十卷，率龐蕪未遑芟除。又廿餘年間，橫事抄輯，名曰強記。功有其半，尚爾庋閣數載。宦途廡佚，視青衿時倍增俗襟。恐一旦委身溝壑，

即從前結想總成半途廢矣。最期與台丈商扢者甚重，念覯宿碩而面迷，欲覓後世相知訂吾文耶！目前趣味惡甚，容專邀塵談清教，或不鄙弟否？詩載近况，求一噴飯，侑以薄漿，供河干精廬微酣耳。

與邱長孺社丈

昨晤仲詔先生，約廿五日方可陪台丈。故訂是日，幸撥冗早命駕，但愧隘署冷厨，既無名花法釀可以供客，又罕法書名繪可以娛目。不過啜茗消談吻之渴，坐隱偷半晌之閑而已。會稽女子詩甫讀"銀紅衫子半蒙塵"一句，便咏出不得所之狀，便是情至語。三首景總真，真則感人。和之者率不能過。帙中唯袁小修不倚韻而作，嘲罵卻討便宜，反覺有趣。而台丈揉其銅將軍鐵拍板之氣爲懇調，尤自可憐，結語壓"垂"字尤佳。倘父定辱死先女子而氣絕矣。大噱大噱！棋路先送舊有者，印完多致拙畫，恐無暇作。

答儲文曙寅丈

弟抱疏慵癖，先是之於李大雅丈寥寥修故事耳。迨仁兄款我客我，別我而始悔，向之代人者禮略情涼也。然亦自台愛過厚，感愧無可喻耳。舟行，無日不苦石尤，二旬抵京尚未朝見堂參。人人頗知其遭，未識司農法能寬之否。關之結局全以水爲盈縮，人力與造化爭幾何？昔管子邦無道衡命，何術而衡耶？唯仁兄且優游俟時，辟如解結緊索，漸就條理，衆心悅來課亦隨之。此一州倅事，奈何煩我輩？弟每對人言，非狂説也。

寄襄陽令易南虹年丈

襄陽控湖湘關洛之會，隆中鹿門勝迹甲寰宇。宦游者非宿種

奇緣，未易領略。年丈以宏才理重地政，如長風巨浪揚舲其間快矣。
弟復從青衿淹塞比得官，而隨例循行，如年來感激時局，猛起浩
然之志，將尋故園青山老矣。

答林澹生年兄

　　潯關亦煩搜剔儇橐，害根遞生迭變，酌盈縮而綜之，知仁丈
有良畫也。危邊用兵不休，主餉算緡無藝鼓爐燎毛，既槁且絕。
臨清一帶更罹奇旱，兩河竟竭。經年殫拮据，招徠之苦不能敷額
之十七。視潯陽九派滾滾東注者，不但天淵隔矣。河伯崇我太甚，
吾將愬之馮夷海若諸靈。仁丈素知弟非無病呻吟者，其憐此遭乎。

答憲長王玄洲先生

　　關課視水消長爲盈縮，若昨歲河竭經年，不得已設法條激賞
獎。從陸改塗者絡繹踵至，額遂不至相遠，河竟可不用矣。顧其
憂勞窘苦之情，頭上鬢邊，知之清白吏。子孫不敢實墜家聲，此
諒台慈所信。近聞長兄考卷佳甚，希發示快讀之爲世講擊節。某
欲秋時圖一小郡迎養，不知老迂能辦薄領事否？兩年連生二女，
如天道何麴生興，至間中少艾作平等觀。住清無幾，有緣晤一聖
僧，一方外高士，點説分明，頗悟生死大事。自幸非曩時肺腸也。
因尊者惓注，聊述近概，非敢夸誕詭應。

答王康宇丈

　　清源真奇緣，獲與台丈一晤。恨遄別未能瀟灑追游，止藉郵
筒剖愫，亦太草草。唯是知已聯合如明月照懷，春風拂袖，樂非
外假而契不在言，是不佞某與尊臺時時對矣。接翰教亹亹過稱，

避不敢任疏，懶老士政求卸擔西歸，何能爲國家有無耶？

答方赤城年兄

清淵距貴治，初不知離不數舍也。迫滿期，始知之。憂冗餘息，酬應都廢。家仲謬稱詩過花封，辱年臺寵禮，更與之揚扢千古。讀所惠佳集，居然老成巨筆，不作邇時佻俍啁啾之音。益恨長安追隨東齊契闊，皆是交臂而失也。弟雖不敢言攻古，然少而習之矣。初意詩文刻必須暮年，始災木通籍，後人索者衆。今已檢諸體詩付剞，人若文未遑也。卷帙即多，其于性命淵微之旨無當，嗣後另尋解悟，盡棄綺語，異日相質，或改換面孔耳。

寄阮澹宇太守公

年來浮沈冷津，值大祲河竭，即常與市儈對，而日日憂悴疚首，煩心俗境中又添苦趣。歲月載貿，慶訊之禮闕然，真自絕於孔邇福星矣。甫入長安，輒詢諸尊臺起居，於武明經用望，悉其治平善狀，大爲擊節。獨念彈丸支郡，不堪揮斥遠馭。公餘襜帷訪不窋遺壃，而標獻吉名迹，頗耽耽快心雅事也。天涯聲氣川途不隔，聞隨手檄文皆逼兩漢諸體，想益富有仁思，諷讀如渴，希不吝教示。

答直指陳中素先生

某以疲關迁吏趨都聽覈，猥荷堂翁憐其清苦，賜以上考，依然就列，竭蹷計務。實惟先生埏埴飾朽樸，而青黃之敢忘一時東齊相遇奇緣哉。重承藻翰裏踶之賜，搞謙彌亮世譜，重新感尊者推愛過隆，深悚卑微戔薄甚矣。敝部夙屬間曹，今成冗局，功令百出，補綴寡籌。不佞某受事許時，代庖與本科叢脞，近更注題

密雲儲差，重鎮告匱，二虜交訌，不知置身何所。自歎既欲罝罦麕餌，安得不爲頭上進賢所役？《詩》咏明哲，《易》稱見幾，味之有怍顏耳。仰辱垂念，輒敢附聞。

寄練君豫韓景圭二年兄

當今海內稱詩者，縉紳中指不多屈有其人。辭客輒願依之，亦聲氣相感之理也。友人方仲舉父子工詩著名，弟所最厚最重。而仲舉爲米徐上客南游，最後故令糠粃先焉。每與仲舉商淮揚東齊一帶，主人無過二丈，故敢貢置左右。昔元美先生之薦沈嘉，則於伯玉公也，曰："向者吳生自感恩此子似急知已矣。"其仲舉今日乎。

答張獻松侍御公

憶壬寅扶先司馬廣柳過玉田，辱翁臺弔唁，情禮都隆，私覘公輔儀範已。聽沈仲玉先生宰敝邑，時津津稱説鉅才，益游想天際不已矣。今明公振足霄漢，而不佞某亦謬得通籍密邇。都市隔若山河，蘊結感私，竟未宣吐。方擬薰沐埽門，俄承訊委霈翰。迂儒黔技，何幸？著之先達胸中也！謹勉畢報命，尚恐點汙綃素，敢云懸平泉衆春四壁乎？汙匪暑下神與筆徂。

答何在吾明府

燕北嶺東，河山緬邈，鱗羽稀絶，夢寐常徂。邇來長安似弈棋，時事同累卵，厭厭京朝官，寄命於片紙塘報，以偸安晷刻。上應愈緩持愈堅，無計可投納牖之術，舉朝即皆以徽欽君臣自認，可患甚矣。固不如返方嬰城，粗具威儀，爲祖宗保此藩脈之爲得也。

安知遲老父母每十年貴達之非失馬喻乎？不佞某拮据清關，河伯仇我，幸完考覈，又當題差密雲儲郎，與西虜隔墻犄角矣。人生各各有命，未來事聽之，不可知而已。

答楊明宇明府

花縣盤礴，河干逍遙。視華峰下追游之樂更爾真切，兼服門下得疲邑不諄諄稱苦。而一段優閑有餘之才即從無言中露出。何難游刃百里哉！弟纔了關役，又將理儲艱大之任。匱乏之時，結局不知。何似憂心如醉矣！

答汪心燭寅丈

取道河關，快挹光霽。方塘夜月，柳岸清歌。都忘彼我，彌愜形神。老寅臺藹藹高誼，與蒸蒸厚遺，迥出尋常交際外。關務久弛，賴鉅才整飭改觀。且冰蘗嘉譽，遝遝稱揚，使人不敢薄我輩。司計之臣，顯擢大位，可拾級而升矣。弟謬膺密雲儲差政。今日難措手之地，憂庚癸而懼震鄰，犧牛尢肉，何以解免？既不能捨此頭上進賢，亦時至則行而已。

答無臺獻我薛公

數年企想一朝覿合，毋論鄉里後進側仰如山嶽。凡都人士一覿翁臺，輒策其必辨賊形耶！神耶！談説耶！皆足感，皆不能言。所以感昆陽之戰，淝水之捷，未陣而先著嫻矣。天下之大，天下人耳目之衆，咸託重於明公。今日秦有人哉！加餐爲社稷保攝。藥方呈上，安心服餌。自效勿聽俗師言疑阻也。

答王筐石寅丈

弟徼天幸，得承役名賢之後，望表而趨，或可不大迷越。顧時局變於呼吸，餉額蹙於爭借。目擊太倉押官情景，令人憤恚。竊恐物已告匱，抹敗無能，衆久觖望潰散，亦易老寅臺，積慮深心。廑置周，毖知且爲封疆，貽踵至以秘略也。即擬接談聆誨，因道路盜梗，家母暨賤眷非躬迎不可。將暫假西歸不過兩月餘，迅旋矣。三年之差，人子之情，室家之念。仁臺止以浹旬少停便得，遂願慰私，感佩明德，當何如？

答薊州道邵泰宇丈

不佞弟既得差而淹，數月不能出都。覿新主賢而病甚，朝中洶洶嘖嘖，不敢盡言。然人皆能料之，真世間可喜可駭可歎之事，并集一時也。國運式微，爲之奈何？承華翰字字實語佳客，更是聖門語錄。居官居鄉，做人率當遵此寡過，敬服。

啓制臺文受寰先生

職迂疏豎儒，無裨當世需次。竊祿陸沈長安，冀幸無過於願畢矣。不期承乏濫授餉邊之司，自膺簡書之日，兢凜徬徨，如肩重負。竊懼密鎮當京陵左臂，更逼處豺虎之窟。值東方告急，舊餉定額概多侵那。近歲太倉遂紲縮無以應，隱憂伏禍，弭葺靡由。所幸備員台臺宇下，仰庇威靈，不致隳弛。復即愚頑，願盥沐趨謁常奉督教。因給假暫歸，去留不定，不敢輕稟。忽罹朝廷鼎革之會，決意之官，謹先專役，代叩台階，用布下悃，職臨稟可，勝悚仄之至。

啓撫臺王岵雲先生

榷役潦草，一年差也。臨清榷夙，稱難處矣。然望河流而稽舟楫，水德所貽，見成收卸，何煩括搜乎？惟值今歲經年，兩河俱竭。漕運尚淤，寧論商船。此時而猶欲完過稅額四萬，皇稅又徵四萬。則難之難矣，均一商也。貿易臨清者，既完正稅，重出皇稅，又應各衙門行户而鄰封數處。宴然開大店鬻私貨，盡截稇載諸物，或停囤交易，或遶道引匿，豺狼狐鼠跳梁橫行，人莫敢問法。未之加正稅、皇稅，行户俱躲避不納秋毫。祖宗設關嚴禁之條，蕩然盡矣。雖諸商四走他方，原因倍征所驅然見任。臨清三行商人，何苦重累難支，日消一日哉？榮枯不均，奸良莫辨。不肖某忝居錢穀之司，坐視廢弛之極，實愧且恨焉。妄攝條陳，業蒙堂允，轉盼已，代思為一方疲商，通融請命。幸遇台臺具瞻坐鎮，經國恤民，遠邇沾溉襲常，更造趨時相機。倘徼下記本省藩司，該道議行速將所徵遺漏之稅，或抵皇稅，或作軍餉，或緩加派，俱無不可。此稅乃諸商應納之額數，但日久因循，未整理耳。至今歲，河舟不通，陸地四撒。故各處邀截在在，成市藩司試思皇稅從何足額耶！竟年寂然無人稽查，獨聽本關百計招徠，零星攢聚，智力俱困。有則皇稅坐分其半，若肯將境內漏稅差委清幹刑廳，照本關事例冊查算收，準抵皇稅，是皇稅不蠲而已蠲耳。一得愚見，聊畢丹慊。臨時設立良法，自有當路諸名公在。

又

頃拜台臺琬琰之賜，種種披讀，如入山林採寶，光耀奪目，始也茫然，已而晰然。總之，鑄古鎔今，挽時覺世，汰浮夸之厄辭，

究性命之秘蘊，真千古通儒之冠，學人皈依之主也。豈但奉置籤架，實已巾箱琅函藏之矣。更讀罷稅大疏，憂深慮遠，所關在宗社安危，寧止捄敗恤商而已。末學即椎魯，實拳拳服膺之矣。

寄王季木丈

相望如銀河咫尺，而實茫茫天涯。歲月間竿牘纔一二通，亦太疏矣。近日台丈大篇，何秘不一示？豈以關吏日視阿堵五色無主耶！然實臣心如水耳。

來陽伯文集卷之十五終

來陽伯文集卷之十六

明三原　來復陽伯　**著**　　　　　邑後學　李錫齡　**校刊**

牘

寄尚寶卿熊思誠先生

憶先子之與尊臺莫逆也，不但同籍中依倚之親，實千古臭味脈脈投合焉。細陽，仁政先生所稔聞也，精神勞瘁畢是矣。歿之日，士民即走當路，請入名宦，請建專祠。爲舊蒙城孫子以微嫌妒，阻停閣者十餘年。於丁巳年之夏，始得祔廟血食。闔邑千百衆爭立祠堂于城北大道。繚垣葺宇，宏敞赫巍。塑像顔堂，崇棟列室。設戶守廬，儲田供祀。相去彌久，追思彌甚。蕞爾遺黎，共輸物力，計三百餘金。此豈可以塗飾要結得耶！念先子清畏人知，善不近名，歿後精英已還造化，而德澤浸人，遍於耆孺。直欲起九京而畏壘，奉之煌煌祀典，藹藹瓣香，俎豆庭燎，格享無斁。此朱仲卿、韓昌黎諸公所不敢望者。嗚呼！始信循良果可爲人子罔極之思，差可少慰已。敢懇如椽巨筆賜一專祠碑記，不肖復仔俟鑴之貞珉，

圖不朽焉。冀台慈慨賜俞命，愚父子生死共戴矣。鴻製成，當延
閎逸之書石，庶幾合璧。

上堂翁張誠宇先生

頃荷台臺賜札，捧讀如侍左右。茲啓清關即苦役，何至聲其苦。
太寬則虧課，顧舍寬斯，關政之大旨悖矣。商以寬集，其集竟杳
然者，畏皇稅非畏關法也。此關從祖宗時設，二十年瑠害之前，
萬貨之情何如哉？惟是今歲從春夏至七月半載，河乾，計水通之
日不滿一月。商船不耐其滯，而陸挽旁趨。此不當責漏商，而責
歲厄矣。往來舟子，萬口可詢也。其散走他途，欲招徠此土，愚
意非力請罷皇稅不可。更有頓還舊觀之法，妄具條陳，尚未見施
行。倘可爲公家助急需，奚必自其身受名乎？澹素原矢自甘瓜期，
免斥爲幸。不揣卑末僭陳之台慈，剖真悃耳。

答宋南樂年兄

大抵雨暘之在歲，南潦則北旱，北稔斯南荒。然北旱多而南
水常，此造化之偏也。弟每覩雷雨滯淫，即彼亦似難主，下界禱
祀雖極其誠，竟茫茫者，何也？天地一物耳。物聽于氣，此氣少乖，
天地亦不免于病。其寒暑之至變，陰晴之失常者，皆病也。聖人
言其爲物不貳，即知兩儀道中物也。宣聖罕言命，軻氏言立命，
與玄門言我命在我，不在天之意，可思而通耳。夏蟲不知冰，蜉
蝣了朝夕。人以爲短，然以大眼觀，何遽非彭籛乎？弟近眈眈在
性命著腳，尚未得下手處，真如李獻吉云"徒空談放浪形骸"耳。
然以豐歉還民間，以運遇還職分，以南北還氣化，庶幾不爲造化
小兒所弄。因年丈言，故妄應之，非知已不敢輕出也。

簡譚王谷丈

昨少飲殊暢，只是丈之手談露出本色，遂有受得九八子之人，始信三百枯棋，變化在莫測之地也。佳作妄評，乃以古人望心交耳。此道所以滿天下皆操筆者，以無主司賞罰耳。我輩是方以內人政，當摹書本上說話。

家書寄兩弟

自段含章使者去，曾有書想到矣。汝才輩三人至，得家信，知弟婦又生一女。兒女總一樣血脈，生育消息漸漸不斬，定有瓦璋時候。任中女娃過歲，然乳母生母俱蠢，以生吞渾咽為助長，遂得搐病，月每一犯，亦聽之而已。恐成漫驚難活也。八月仍有閏兆，不知能了此一片業心腸否？古人以婚嫁為累，我兄弟過四十而尚覓有累，人不可得。清淵水涸不行，雨小不添漲，屈指半載，蕭條日甚。自笑身肩疲役，寢食間替人攢眉無休歇日。若上天作七年之旱，來子作三年之差官，不知當若何面目，定翁然增十歲老矣。即今文臣生北方者動挈之遼地，死生呼吸不能自脫，只因戀戀此官故爾。以性命博功名，言之赧顏。丈夫得意，欲清高則史館，欲顯赫則省臺，欲自專則州縣，欲安閑則戶工之做得差，可以享有生之樂。誰如此榷之齦齦者乎？然無奈天棄命乖，何也？一切抽豐謁薦之人，知與不知相逼而來，令人可厭已。告示禁斥，雖有逐客之名不顧也。不然即和尚緣簿，紛踂乞階下矣。做官之難，人世之苦，弟輩異日嘗之，總不是窗前自由光景耳。

答孫君如金吾

不謂清淵旱熱至此，只恐天地皮袋與人之頭俱欲破裂，賴河衙送冰，少療喝毒。弟之須冰如桂蠹蓼蟲，人多畏其味而已，獨甘之。若值此溽暑，而只藉兩河汙流，豈不煩惱死耶？閉門不敢會客，彼此難禁耳。二卷人物皆是蘇州一等假手，染紙摹古以溷人者，丈可急索其鬻客，眼同付之祖龍烈燼，以快豪士之心。

答張仲房

盆中菡萏將開，紫薇二樹正茂，新栽竹葉不乾，圍籬甫成。床頭濁醪郫筒復熟，忽得雨，暑減。故敢以盤飧邀玄侶，少散鬱襟而暢契闊，實未敢言席也。早承佳篇，馴雅多致，更荷美醞腈鱠佐我餚俎，客中興味豪侈矣。近吳下唱軟調者，歌吹俱媚，邵異尋常嘈唧，門下可約客，早聽一醉。

啓姜仲文老師

弟子某死罪死罪。復自未冠時受知於老師，遲十五年而舉，舉後客淮揚一年。江路幾何，未遑擔簦。師門請覲顏色，據迹當斥。顧是時，汙淖中一羈囚也。跬步離舍，群奸掠橐，嚇繫僕從矣。嗚呼！別老師後，苦道路，苦幽憂，苦家口累，無所不苦。至于孝廉跽官府與賈豎角訟，受辱極矣。歸而鍵關三年，俗不去胸。更三年始刳滌腸腎，粗完制科。荏苒蹁四十矣，形神衰憊，鬚鬢半皤。秩則新進齒序，動居鄉紳司寮之上，不勝踟躕。自笑是曩時趨侍皋比之頑孺子也。長安偪側，里居煩溷。片鴻修途，無敢草襮。茲于役疲關，齋沐發緘，專役馳候起居，先控積譽，

附申積悃。倘荷尊慈鑒其精神，恕其疏薄，謂門墻下有重燃之灰，大教内無可棄之器。賜之一盼，小子將振頹鼓志，矜勵名行，以報師恩尚有日也。

又啓

客歲，欲託王醫勵恒寄尺牘候老師，竟以不虔趦趄。昨越王生至清淵，接老師翰示，私喜大聖賢之待弟子，情不忍忘。弟子雖至愚，有不朝夕思慕寢食以之者乎。邇聞老師家難漸平，長兄大才高發，以德轉福，天道不誣耳。老師休沐日久，名山偉業照映千秋。讀太老師琬琰，談之有遷，彪之有固，洵之有軾、轍，何足詫異哉？佇望惠賜多種作廣傳衣鉢也。弟子復嗜古不倦，紛詣徒勞，百川學海，迷夫採山，恐終不能就。且得李蔡品在下中，朱穆質本專愚。然右軍書聖，達夫詩豪，二公皆需晚成。嗟嗟！烈士暮年，壯心不已。老師具有初平之鞭，不患石不起立也。諸刻雖庸，其敢匿醜。謹呈典記求教，何時挈舟渡江？遂此仰止，言之頻切頻切！

簡米仲詔先生

莊誦名篇，色澤沈古，敘事款曲，不肯作東漢以後語。追念先司馬十八年重泉，今如躍然更生，千古范張之誼再見于茲。不肖輩罔極永思，藉以慰矣！即捐糜何能報耶？

與朱白民

汗漫真人神已先赴臺山，俟杖屨東歸，必圖玄對。彼時肯分受記真言啓我，顒蒙幸矣。大作言言逼古，堪與蓮嶽爭高，即當

續之華山譜中壓于鱗中郎輩耳。"販僧"句頗自謂效唐遺響，丈駁之母以西來戒律繩耶！詩家無所謂義理障拈句者，不知我自用我法，尊意以爲何如？

答大司馬王霽宇先生

琅琊隆閟，歸然入睇，半載倏過，止一修訊。疲關苦吏，中懷怫悒。蓋深愁不辰之日，遂坐送易邁之日也。往歲測天卜其秋淋，今詫秋反添旱，即幺麿吏何足爲地方軒輊？然不能不以乖盭引罪，亦涔必加否，蹇不鐍財厄，與地會數非適然，宜自安處而待斥也。閒居書空謬，歎曰：豈可使老生終歲抱難必之憂，肩難息之擔乎？司命者苛矣。自顧累若何異楚囚？翁臺夙愛亟望其如人，聞此廢隳，定加惋惜，更有大慮。漕船數千膠泊沙瀨，仰食哺口，累恐搖根本。霜降水落，爲期近矣。大力能陸負而前乎！即遼餉議截胡得也。民船盡剝，厥擾不小，文河一帶之商利斷脈矣。

答呂豫石司理公

不佞某伏在公車時，即習明公偉名異才於籲士一斑也。驅車崤函，低回里第，吳札之于鄭僑，何必待見而相知乎？近從仲詔、季木二公，娓娓明公政學巍然，邁代而往矣。古今大事天畀以私，夙儲而注。若豫石先生者，豈不飛兔乘黃娿娾目蹇踦而笑無當哉？數舍局束，更感愴時遇未能塗抹請益。猥承瑤華綺錯之賜，津頭隘署五色炫焉。失喜且疑，詎以禿迂謬收之海內名豪文籍也。神有先合者也。急啓帙讀春游諸作，再過風風然戛戛然烟灑雲垂，香霏玉耀，從齦頰間出矣。別才獨贍，巨力新鉤。自我溯唐，何非唐哉？心折心折！

答撫臺王岾雲先生

竊惟世有非常之變，方顯命世之人。其人則天所預儲，以資幹濟。否極而轉，物變斯通，古今治亂之林可考也。稔聞閣下巖瞻淵納，天人奧秘靡不究殫。朝廷推轂，寰區仰休。固上天所儲，俾以振式微清板蕩者。東齊首試以鎮危，樞筦獨坐而懋績。詎更有他屬哉！讀大疏忠言讜謨，陸敬輿之偉識也。夫登萊防汛，慮奴擾腹。德清修備，慮奴扼吭。總屬緊著，以愚聞見清源之城甲頓矣。借寇齎糧倉反引涎，即繕募若不及，猶恐後也。伏望台臺急檄補葺，嚴令訓練。乘其先霜，計及未雨。百職事之要務盡此頃傳通霸之間，樓櫓雉堞皆事整飭矣。若夫懸重購，蓄勇壯以實金湯，自樽俎之良謀，何俟下吏喋喋乎？感明問下諮，愧無奇說，聊以涓埃助高深云爾。

與諸寮丈書

憶昨曳裾清署，高春歡聚，南北司秩，班相向如仙吏焉。若夫覯晬穆而領玄霏，尋雅集而瀉真悃。德隅日挹，三益是存。貧而無憂，至樂斯在。不圖謬膺關使遺以巨擔，其化離彫弊，猥碎紛雜，與夫陰匿詭射刑狀莫可殫說。總約之一言曰：商民窮而皇稅無停時也。尚有何法可以招徠行旅耶？某自受事迄今，旬日入賦，不能入額之什三。闔扉兀坐愈解去料條，與齊民同。竊恐已散者必難再至，而諸路豪儈方眈眈倚漏商为市，莫可誰何。亦日望澤於河伯雨師之靈祝，大水飛帆，塗泑就舟而已。倘欲期月間使蕭慘居塵化爲富有之藪，非凉薄所敢覬也。清淵風邁一聞粃政，冀台翁切責之，某且奉以扶顛醒迷也。

候撫臺李夢白先生

某讓劣無似，猥以天幸得叨世講子侄之末。客歲，一瞻對伯翁于京邸，粹顏道範，金玉讓溫，更拜寵賜，無能報酬。恭惟節鉞撫東齊已久，公孤獨坐，滿朝推轂，環召旦夕矣。又幸以清淵之役，託庇覆露，矯首蓮幕，如挹斗樞於中天，瞻岱宗於近牖也。戶曹惟此役最苦，人所畏避莅任，目覿景色，莫殫其流離之狀。閉門悉慎，姑與困商休息。駑蹇短馭，鉛刀鈍裁，固自涯分，但愁無以逭司計之切責。仁望尊慈督訓，俾不大至槁仆下吏，矢終身感佩矣。

德州倉林寅丈

弟蒞事彌月，荒寂決裂之狀日甚一日。大挑閉閘，水泉涸絕。日賦數金便了坐堂公案，此不足當一州幕句稽，真愧五斗虛縻矣。日望商艘如市儈仰販，至多少為戚懼令人愧死。堂翁坐九天上剳記督責，安知司屬命墮巔崖受辛苦哉！念寅丈近悉此情，故娓縷陳之。

寄杜韜武大將軍

羈迹清淵，如墜坎埳，得故人一紙書，真空谷足音。不意獲捧仁丈箋翰，何異餐九光之霞于夢中耶！承遠託，不敢以推辭。關役最苦，又值旱浸。泰岱不能布其雲雨，河伯不能保其魚鼈，即弟不能舉職必矣。所恨縣官正須錢穀，乃漕流抵夏成淤，喉嗌梗塞，置都城待哺，億眾于何所？蕭牆之患宜先奴酋籌矣。韜武即欲釋，公家不慮忍釋，故人不慮乎。

寄旮嗚宇大參公

以翁臺品望，當從古人中求之。牴牾不合時局，群起摭虛誣以吠長者中傷之深。某輩言瑱耳不入可歎。然翁臺素冲泊立身，寄興在風塵外知，且以風塵外胸襟消之。道味之腴，文囿之華，正士大夫家居受用，而以其緒餘浮沉玩世，爲龍爲蛇，非隱非見。吾儒變化，固不可測也。

寄楊華毓憲長

不佞某生于西鄙，卻幼懷遠志。目接海內英雄不能多，而耳聞若若賢豪，輒願屬籤從焉。長託四方游遨，以迄仕籍幾三十年，或終日與處而神扞，或千里相阻而思通。若門下者，固夢寐懷思之名賢也。門下宦迹所樹，率從性靈發舒，餐霞拳龍咄嗟，而是所謂真以治身緒餘爲國家者，世人烏足知之。茬茲東土，自擬天幸。庶幾一當以慰積想，扣詮探賾，姑徐徐進不圖簡命。忽膺移節日遠，咫尺台光，如有所妬。言之神越剡船稽駕，彼何人哉？進賢冠鋼人如栝，河濟之間寶氣射空從壽良，冉冉崤函與千載柱下會合。而老迂如來生徒寄躑躅於遐睇，非明公無意，凡愚料天之精神不我屬也。勤牘通誠，侑方物爲慶，異日姓名，辱附延納中之一人厚幸矣。時事奇險，肉食謀窮，投袂端賴鉅力，願作風雲驅馳聲氣，是固將竊明公緒餘自鳴者也。

寄楊荊岫明府

別台光後抵冬，即得權關差，已自憂其局促。不意值亢暘涸流，實身坎窖，至是然無可奈何，斥罰惟堂上命。當此商困勢窮之時，

妄意欲倍事寬征。總之，寧負公家，毋負貧賈耳。聊攝距清淵百里，而遲遲修賀若爾。罪知莫贖，顧神氣往來，則瀰漫於東齊濟博之墟也。暫借鸞棲，奮飛匪遠，日企顯擢，振緌天衢，當先池陽赤子爲召杜慶耳。

答李茂嶼觀察公

仰止風軌十舍，而近不獲縮地，徒依依於華不注七十二泉間，指點雲霄，知寶氣爲真人結耳。私念天既賜我東土，而卻斬我茂嶼。先生蹣跚津吏，幾成虛往矣。方今師旅煩興，重以甾沴。天不悔禍，豐隆列缺，至闃然不敢與霾魃爭權。嗟夫！開不可當，廢不可支。厦傾棟折，轉睫莫測。弔燕瞻烏，愁歎如何？明公抱開濟奇猷，膺連帥鉅任，憲節所指，風雲駛奔，豫圖定算，朝廷倚毗。迂儒將仗策歸蓮幕，不但徒作仲宣悲嘯，淵源書空而已。

答李生共中翰

數月來情興惡劣，俱被魁祟苦惱。新得雨，豈但爲東人暫慶少甦，而關吏望洋覬舟航續至，庶幾寧靖光景然，一季之課半虛減矣。弟所在不能受釐，不過娓娓收拾結局，了一番公案。尚不知能謝責否？畢竟困商身上加意用寬，乃是學好人本心。若剝削以邀上譽博功名，來生不忍爲也。

寄都中諸縉紳書

清關即苦役，何至聲其苦？太寬則虧課，顧舍寬，斯關政之大旨悖矣。商以寬集，其集竟沓然者，畏皇稅，非畏關法也。此關從祖宗時設，二十年瑭害之前，萬貨之情何如哉？惟是今歲春

初抵夏，四月無雨無水，守凍商船不耐其滯，而陸挽旁趨。此不當責漏商，而責歲厄矣。尤可異者，雨三落而南河不漲。聞此河出自山麓，是泰山之雲不崇朝而灑埏垓者，虛語矣。關吏值之，乃真苦矣。往來舟子當爲代控，即市舶終稀。奈何惡其窘澀而瑣科罰哉！其散走他途者，更將何法禁之？拙見謂然，漫無奇策，恬淡矢甘，免斥爲幸。惟台丈憐其愚闇，而振其沈冥，片言奉作良箴耳。

答楊奎聚寅丈

人參止此價不高都中，貨之者非二十餘金不可。私笑哈赤貽害中國，即藥物亦然。然使人以無參，故不敢輕病虛損。豈非害之所以愛之乎？又使中國數十年來不競崇貂參，黠酋未必富強。若此，慮壽豈皆延長？聞其皮革竟用羊牛，南朝爲其所愚耳。君子永終知敝，蓋此類也。深山有虎，藜藿爲之不採。酋跳梁貢絶，市易不通。彼亦將從此貧矣。漫及發笑。

答徐辰叟工部

讀大篇再過，字字鎔汰，削盡蒨華奇險不傾，清孤標勝最驚人者冷調炎威，"到處烟霞，西鄰雲水"之句，真静中獨得摹唐人之神者也。忻願屬和政，恐學步難工耳。清淵巨會名賢，蔚生奇玩，邃藏當饒文匭。茲南上畫友王、朱兩君駢憩於貴地，洵天涯聲氣之合，匪尋常萍梗浪游也。百卉雙璧，三吳無右，區區點染小工，難比短長。齊土廣厦，崇楹幽齋，曲榭之間斷不可少此精藝。語云："遥聞聲而相思，乍進前而不御。"人世大率然，與昔廷振久困於南地，戴生被放於長安。家鷄生賤，娥眉誨讒，

後世追惜之。惟夫專技軼群，甄賞蜚譽，是在台丈片語播傳，則異日茲邦添一種丹青勝迹矣。

候座師孟麟野先生

弟子之榷清關，至也已浹月矣。此役諸寮畏不任，即任未如今歲之實不可任。然即復未至，斯亦不知此役之狼狽也。受事以來，日苦旱乾河淤。由春抵夏，望日殷，旱日甚。雖寢食間，亦搔首書空也。嗣後虧課積多，天高叵測。屏翳困河伯，河伯困關吏。堂上切責蹕臨，百端供應難邸疏迁，如復疢首憒胸，悠悠憒憒以閱流光，竟不知所究。遂致久稽虔候，顧時刻憂勞之苦景苦趣，或老師亦屑聞之也。若夫于不可整頓中而強欲整頓，於招徠無法中而妄事招徠，舟子貫堅，未易驟信耿耿此心。要於古人三字箴外而益之，曰：寬求合先王征關之遺，聊避今人爲暴之誚。事涉猥碎，不敢縷陳于老師前也。

寄王季木丈

客歲，相晤於道傍荒廡下，由午至晡，談緒方抽，轅首遽判。臆中朗諷名集，恢奇綺錯，變幻迭生。三寸柔管，焉能具穿札扛鼎力耶！西京訪友登山，藻思雲涌，聞曾憩小園。兩弟追侍，想卷石叢篁，野藪村醅，亦足薄助清吟。仡示秘藏賁我丘壑也。不佞復才拙命蹇，所至梗抑叨役。清關陽侯，屏翳相倚，爲祟自念，所可盡者人，所難強者天。終日閉門靜對，以待立槁，以聽黜罰而已。

答陳石龍寅丈

津門寄傲，吾丈雖貧而不憂。若疲關責課於逋散之餘，逢渗

於河乾之日，則日夜爲此職憂矣。聞之道路，皆云榷吏太寬。寬之必漏，漏亦官之過也。矯漏不知何法，將璅搜而攫取之乎。弟茫不能適主，此中風聞斷無能越貴治過者，惟賜明誨。

與朱白民

數次得名筆，色色俱妙解。此中有神理，不在蹊徑間論也已。令匠裝潢作關西人寶墨，更挂壁與耦園琅玕角奇耳。不佞年幾五十，爲名利牽纏，累重難脱。少年泛涉百家衆藝之林，近多忘卻。作厭離觀不過知命，便決然抛棄功名，尋即不圖嗣息矣。此是斷阿堵少艾一段心腸也。久在玄門參證，雖不能專，而訪道習聽，得一工夫輒識之。只是不敢服方士丹藥，恐偏燥害事。近悟長生久視，雖異於夭短，到底要毁壞其於自性之微妙茫乎。未認不過如風影空華耳。先生功深定慧，權實闡明，舉心境妄緣盡破除矣。然不知性在吾身，果屬何物？見性法，果何所修習？即形體還之四大似矣，其不還之四大者，能明言安著處所乎？能保無常刹那時不散亂乎？天上罡風幻世魔鬼，何以禁受承指示？云世尊止有去妄法，别無修真法。可謂證無生忍大圓通教矣。然畢竟妄盡而真，現其真者出入有無。何以結成？亦如仙家結胎成變化之形乎，亦止一氣瀰漫耶！辟如今諸阿羅漢住在何處，既千百劫不壞，則時時薰詣已經百千載。領梵王最上之訓，不知其幾如何？尚作羅漢耶！昨領諦止觀，下手處與玄家守中黄意同。總之，工夫初入，俱有應驗，到結果時竟難辨性，物化於乾坤之内者比比也。此不佞某愚蒙之所深歎深懼者耳。天賜白民先生於東齊，似有意于問道之凡夫。即不敢比之具茨空同，不有那律祖師無目而亦聞大乘耶！伏惟先生憫而開示，使有志之士不墮異趣。無量功德，遍戴

髮膚，他日追真師於净土兜率世界，侍几杖衣鉢者有人矣。

贈胡子

　　余少好玄理，合經數師，得訣便試，苦不能入。非知之難，行之難也。中年發西極，譯讀之覺愈精微。又閱德山臨濟諸語，幻如捕影猜謎，悟者自悟。吾不知其悟，亦以夙根鈍滯故也。于役清淵遇吳趨高士朱白民，反覆扣其秘密，承賜諄諄開示，竟不能了其言。止觀法是學人入手工夫，似與玄家守神門户無異。至論辨真性何如明徹，則引諭數百言不能破我疑關也。蜀慧蓮子胡君耽二氏之學，自謂面壁十餘年，來游東土，持所著老釋之旨，期以自利利人，度凡夫之醒。途中言止觀，大率如白民而微有不合。殊塗同歸，不相非而相用，三教之合一固然。然余鈍，竟無能認性爲何物，亦竟不知回首刹那之際，竟能不昏迷如做夢否也。世法束牽清談，時晷尚少安，望静修生死流浪，與波俱浮。此身大事，視爲等閑。由壯而老，老而俟死。古人云：生老疾病，時至即行。晦翁末年造一室，顏曰大死庵。而漢人亦曰大期將至，飭巾待盡而已。此皆于無可奈何中求爲天之順理，守法之民也。每咏阮嗣宗詩云："服食求神仙，每被大藥誤。"而世尊亦云："滅度改頭換面。"惺惺者幾人猛發決裂，心圖真覺悟。仰天庭覘白日，會有時也。

寄雷震潛明府

　　閱抵報，知台駕入都候補。既爲門下憤懣不平，更爲門下祝遇善地，無再逢齮齕者。不佞弟素薄祜，不得天，不意今歲值厄至此。世上有經年二河竭，秋水渴，萬艘淤者乎已。思自不欲受，

誰其受者？以是排遣付功，令黜陟於度外，差不爲造化折磨而已。

寄大京兆王麟郊先生

懶殘子半老，不解治生乍責之權笮事，胡異使不知馬足者談周髀句股哉。清淵差自皇稅時，日趨頹敗，所賴汶衛雙流引舟征貨，往歲秋漲爲晚矣。不虞竟年河竭，秋更甚也。漕艘尚撒沿途，欲望商舶飛渡乎。從極難中招徠三倍寬免，令如其口，數月始信。千里內外，陸挽改塗者，趨關願輸，即漏匿尚多。然亦足徵人心可感矣。瓜期徼免，堂斥食貧。自是儒分，且清白吏後敢賣家聲乎？

部堂禀啓

竊惟世有不苦而言苦者，所爲無病呻吟，僞彰眞喪矣。復自矢志以來，甚不敢處也。春初承台臺委任，臨辭絕不欲預明其差苦，猥謂循軌潔躬，可幸無罪。不意今歲值工部大修河工之期，將春水放之湖矣。又值漕糧全運之年，萬艘銜尾，抵夏輒旱。然沿至五月，猶有雨水暴發，可旬日許也。及至六月以抵今八月盡，滴雨亦無，兩河俱涸。土人方望秋漲必多漕運，過後客船始集，不意欲絕之流。秋深日甚，今且氣斂水落時矣。漕船數千，淤滯淺瀨總河。鉅公并巡漕使者素服蔬食，駐駐臨清已將彌月。道府州縣絡繹攅催，一切商民諸船俱封挐剥糧，又發各處丁夫數萬，濬沙牽縛閉閘，數日一泄無餘。數步之近，難如轉石，尤可異者。當事嚴令，盡將糧船所載商貨，與客船經由臨清之貨，俱擲卸沿途河岸，遂使無數村店堆貨如山，鄰封小民喜爲不求自至之奇。匿而且抗本職，數日內始知單車走附近三四處。一查所留，止木磁粗物，其精貴易售者賤鬻勒買。車載騾馱而散于他方者，可以

澤量矣。然此猶指一程內村店言也。計南北集鎮延袤數百里，所拋擲之貨何啻萬萬？其勢必不可問所轄有司，苟求悅民，視國課無異秦越，即附近行查已自褻辱不堪，不能盡言，有怦惘甘忍之而已。數百里外，商民小舠不惟知水淺漕阻而不來，一聞筝剝棄貨之風，誰敢冒死向前者？以故入秋鈔稅愈斬然。即多方搜求，能濟幾何？伏念糧運國家大事，慮及根本，嗷嗷大臣風憲疚首焦心，跼蹐于高深而控籲無計。急公之義，不得不然。糧船如虎，商船如鼠，閘役如貪饕，關吏如贅庬，固其分也，勢也。豈謂值異常災變，不權其重而顧此復存彼哉？獨念復職業已隳，日夜悶坐，無聊徒增。浩歎彼蒼，降割下方，百司祈禜無驗，復即無地方之責。然河伯為儡，天示顯罰。昔衛國久旱，伐邢致雨。仲舒厭陽，遇禳輒遂職。既慚仲舒之誠，又抱踰邢之惡，豈可靦然負乘尸素終年耶？且聞之孔子云：“吾祭則受福。”言德在能動鬼神也。職德薄祜，殘遇輒迎厄以身，不祥移眚宦宇。臨下則慘然無色，課實則秋毫無補。當此匱竭無望之時，自憤深辜台臺簡任盛意，惶惡欲死。謹據邇來情形陳報，非是為期滿虧數張本也。惟有俯候斥逐，仁聽明威處分而已。職臨稟曷勝悚仄待命之至。

答魏平原

山澤懶殘，束帶作官，來為牙儈長與興中驛丞，豈始願乎？文事不能專理，更乏新致，意興煩蕪，茲呈教高賢真抱示樸之愧矣。大作種種，讀之風生兩腋。中丞有子，太史有弟，語不虛耳。

候聶銘源房師

客歲，兩拜老師手書，并晤兩孝廉。稍聞里居之概，神依依

馳數千里遠矣。遼事危不堪言，京師官民星散，戶工二庫蕩然無有。安知妒害老師者非貽之以安乎？弟子復幾令寮長暗捉爲新餉，司東餵虎口。幸題臨清關差，先數日得旨，自謂疲役，或可整刷。不意河伯儺祟，一年旱乾，全齊中州民飢商絶，其漕船阻塞牽縴之苦不能狀。此中父老咸云兩河入秋愈竭，目所未覩，而薄命關吏丁焉。職不舉矣，受譴必矣。自悔到處逢菑，何如度遼聽命？尊慈視此語，定加憫憐耳。

又

關差止一載，今復已三季矣。住此無日不慮國課，不意奇厄至是。他人遇之，必須苛求橫斂，以悅堂上，以求免斥責，復不忍爲也。諺云：義不掌財。或然乎。顧念老師繕郎六歲，積貯多至二百萬而不免于計典，豈不冷爲公節省者之心乎？果爾，則復之以虧課額褫秩猶幸矣。先是具有兩次條陳，堂翁許行，而竟杳然，誠行鄙議。臨清一關驟添數萬金，濟遼不用鞭朴，絶勝虛名搜括，而滿部無能承當者，可笑也。

啓魏道冲太史公

不佞某不敢輕刻一切書，至於平日謬有作，雖存稿而絶未常謀之棗梨。自通籍後，始爲鄉諸先達助鋟醫籍二種，繼鋟先司馬詩文十餘卷，畢工矣，刻止矣。于役清淵偶有倡和及感興詩，閑録以應索者，書備苦之，故姑刻此一種應人。素乏鷗鵠之譽，遂剖燕石之藏。非仰籍太史錦繡名筆，文其鄙陋，恐小草之誚不免，求爲左太冲詎可得哉？因夙受知道冲先生不淺，不揣冒昧，願乞千金，享茲敝帚。但獲片語，足寶足傳矣。不敢當龍門洪濤也。

寄蕭大將軍季馨

　　昨歲居都門，覩虜變，同岳鑑韋譙言當路曰：方今何時？如蕭大將軍，豈可使在田間？已聞少司馬齟齬，然竟不能奪公道北塞長城，歸柄節鉞。西人所以不并遼衆薑粉者，功難誣也。惟尊丈幟壇名宿，在所建勳，鎮薊數年，烽燧寢息，殄凶滅醜，必有成算。豈容狂酋僣號肆虐，剚難當之刃，挫四方之師，類封豕惡猵睨，中原無人也哉？事到極難處，方見英雄。不佞復即老迂尚思請纓，麾下寧忍聽其陸梁耶！幸剖奇示我小臣，將奉而告諸朝矣。榷關如清，如今年大旱之清，苦中之苦不足道。朝廷大憂，不在區區秋毫征斂而已。先集近作，頗具境況。臨風寄訊，請大方教削。

寄杜大將軍韜武

　　春時承台命謬叙大疏，計今峻工矣。已聞台丈休沐謝事，即明哲高尚，夙志則然，朝廷今日能久舍之耶！韜武負海內重望，亦豈忍聽狂酋久逞小視我中國耶？特簡旦夕，當西奮袂就徵，毋俟再計。昔王翦、趙充國老而定國難，台丈春秋強盛，賈其勁氣，滅奴必矣。弟猥瑣之役更值奇沴，職廢不舉，即虧課不敢苛慝已。置黜罰于度外，然亦不足爲知己陳也。

答汪明生丈

　　書法安頓須莊，運筆須實。手翰出入歐顏，絕無粉黛虛俳氣習，腕膚除卻久矣。弟借重九苞之羽，以文禿鶩之鞿，荷享千金矣。

來陽伯文集卷之十七

明三原　來復陽伯　著　　　　　邑後學　李錫齡　校刊

牘

寄都中相知書

　　密視都城軫塵相接，一覽川原之荒寂，便似披榛莽而居矣。坤塢羈棲，差足藏拙。但年來太倉竭所有，不足供遼各鎮。若棄即密以歲額計之，已缺五七萬矣。逢屯集枯，展措萬，難震鄰之恐猶其後也。深谷杜門支頤，玩千山雲烟，如與天上故人立對而已。餘無足多道。

謝客書

　　謹告，密儲昔易展措，邇年因援遼兵頻過，糧餉那借日窘，仰給太倉不能應，坐是貧窶如洗。至于零星發來之銀，急散軍士耗折無羨，更未有額設公費，即宦途應酬絕不能支。近時邊郎清泊愁苦之景象，非筆端可以盡矣。且託屬制臺切比憲道一動容，

毋敢輕恣。强圉多事，加意兢凜，懼難勝職。又何暇延見賓客作游閑公子乎？前宦此者率嚴跬步，閫以內寂如也。幸俯鑒迴駕，感相成至愛耳。

寄家中親友

三載間由京而關而邊，爲朝廷筦庫吏。值水旱軍興，所在辜較，日虞縮瘠，即臣心如水。然回思耦園泊居時，不免墮俗甄，礙我清虛矣。密鎮逼處賊穴左臂，京陵與危遼呼吸相通，喜峰古北實奴酋假道之徑。今日司計稱職，實嬰城擐甲默責焉。書生磨盾墨願草平，胡檄以當請纓而已。古人云：閉門餐餀飿。不知身之在遠，聊書數行寄訊，見旅況耳。

寄二三四弟

前在京時，屢有書寄家。於八月廿九日辭朝後，九月初六日到密鎮任訖。時事紛更，呼吸變幻。無如今年各鎮之窮苦愁嗟，亦無如今年邊儲。昔人爭豔，今則艱危窘逼，直以一遼故而吞噬各邊糧餉。太倉與堂上只了得一個柬事那搜借凑，猶自皇皇。若將棄絕舊餉不理，蓋緩急之勢然也。到此一月，料理諸務繁瑣，千頭萬緒，不似臨清止收鈔一節而已。且前任革餘腴殆盡，各處所解之銀散給諸路，猶苦不足。而中外應酬極多，邊地一切物俱貴過於京師。衙舍窄隘，房雖足住而甚陋，無隙地可以優游。閉門兀坐，欲親書案，絕無意興，蓋憂時念家之心交橫胸中故耳。至於清淡自守，乃是本等。若保得二年餘即可陞轉少參，去不知國運如何。泰昌聖帝一月殂落，遼薊之間，赤地千里，數萬軍士枵腹待死，天下大事恐難爲也。聞吾鄉秋未收麥卻下種，米價大

來陽伯文集

卷十七

勝。若背及時耀耀，數年間成一家積貯務本門戶，亦不負汝兄數十年結念耳。然以數年來功名遷徙無定，率非人謀能決。觀之飲啄前定，非虛語，君子亦順受聽命而已。近身體頗壯，勞嗽漸止，制臺道尊盡皆凤厚。凡事商量，不墮穿窬。受朝廷作養，一老書生公然與撫臺抗禮。前席藩臬之長，自顧不安。若不勉圖職業，尸素負乘，罪不可贖矣。冗迫稍定，念三年之役，未有不迎家眷者。況出關遼使尚攜家，而東西協之區猶可苟安。謹選材官健校五人，星夜入秦，跽迎太奶奶并汝嫂諸妾二女，盡禄養一點誠心。家眷不過十一月半可起身，途中雖冷，緩緩行可。汝嫂雖多病倦游，然未有三年獨居家之理。太太家居雖樂，然出門以散幽獨之懷，又別是一番景象。賢弟輩爲我勸駕，途中護送須得力量解事之人。臨時弟輩裁奪，旅吏倍起寂愁，不免有骨肉之戀。至屢形夢寐，情緣難割，如此初任苦甚，家中親友不能爲禮。

啓李堂翁

謹具稟。本職於九月初六日莅任受事矣。查得密鎮當京陵帶脅地，先是從無有缺一月糧者，且他鎮尚有民運可濟緩急，惟密則單倚太倉。目前太倉不獨供辦危遼，且竭蹶於數次大禮，勢不能顧各邊，即密獨受其困矣。先任王郎中將滿時告急，守催俟零星解到，以抵賞借支各項之數，如添設新兵援遼，買補馬匹，正額外多用數萬未給見。今借過府縣庫藏不貲，待繼討之餉湊完，又八月，月糧竟未給放。又召買各倉菽豆銀歲嘗四五萬，亦未給放。是通計鎮餉太倉已少發十餘萬矣。昨本職帶銀四萬，止完八月餉，并軍士布花一揮而盡。今九月餉與召買付商之銀合用七八萬，太倉即那處不過一二萬，必以爲頻頻發而厭請矣。不知從前缺欠已

多如流，歲月踵至，補隙填孔，無異塞瓠子之決撲燎原之勢，不待智者知其不能收拾也。後事何敢盡言本職？惟有被濯肺腸，專壹志氣。節費先須清心，省財漸求汰濫，冀不負台臺造就鴻恩而已。

又

謹稟。本職以西陬老生筮仕，計部兩膺錢穀之司，皆艱窘煩猥，不易勝任。微天幸得厠台階，奔走屬吏一切眜錯，咸仗提誨。值疆圉危困，中外匱竭，儲臣所在愁嗟，外催內解，捧檄四馳。至於密鎮絕無民運，是止倚內解矣。而太倉供遼不贍，又益之以公家吉凶大禮。遂兩月餘，不發一錢到此矣。株守深谷，寄命於窮邊飢卒之手。後事狼狽，殆將日甚。若屢扣不應，有拂衣往終華不返而已。伏惟台臺以命世名賢秉當軸鉅位，叱咤風霆，咳唾膏液。潦倒賤子，得長叩䩓幪鞭策中，幸矣。

寄文太清吏部

金陵仙吏翱翔都城，無異向塵封中摸索。故人恨劣弟去住參差追隨，不逮檀城，如蹈深谷。何但河山邈渺，牛女凝望哉！留銓清侶，體貌尊隆，兼聞衙舍水竹亭塢不尋而具。人生宦遇若爾，那得不快。近著作想益富，幸檢示弟，慰茲岑寂也。

寄館友書

轉眼又當科年，館中含素奮拳，君晋邵事，君士邁志，馭仲活機，叔常貼實，慮無不人人建旗奪標者。檀鎮主人沽薊酒，炙肥羜，令數隊健兒雄歌傞舞以迎新。郎君至舍，相與娛樂。此際非復人世享受快活矣。餉儲昔易今難，弟偏遭其難，然卻極靜得

早完月糧。一日則袖手高坐，白晝晏眠矣。囊積少錢，便馳寄佐燈薪百一不宣。

寄梁君參社兄

聞太夫人大變有日，因順羽稀疏弔唁久稽。茲專小役修牲楮之儀上之靈几，少申遠人薦獻之誠於百一。念太母媠節貞守，姆儀可師，相知共祝百歲未艾，何一旦至此。然孝子無窮者心，人生有限者年。老氏曰：死而不亡曰壽。以兄丈醇德好修過王彥方，況異日所就難量母氏之不亡政寄於斯。值茲大故，吾輩不必言哀悼，直患哀悼有毀性之譏耳。先靈泉臺定不願徒作孺子泣也。過月餘，或當入場，整理家計，細爲兄思，年來不發，畢竟是心不純淨。故悟機塞而未開，別幻不出一段日新光景。公郎令親輩有可託無虞者，急抽身幽僻處，尋一名師友，大攄心境，刻意汰淘。每一篇成，必出奇偉之語，則鄉會大物可連掇也。制中好爲本業，故不嫌於致奠時娓娓亦相關之極而然耳。人遠地隔，語不能悉。

答莫符情職方

歲月居諸，相別二載過矣。量移密鎮，故事走山海，謁制臺，謂可拜先司馬祠下。藉是得與老世丈一晤，消契闊。不意不果遂願。然每東矚雄關，遍聆芳譽，即鱗羽似彼此成疏，而風軌則分明如覿。頃侍制臺，益矗矗偉望不置口，始信媠修君子，隨地自樹，可簡可繁，治兵治餉，唯所命之。蓋本體爲才詣之根，即孔墨亦不與造父較驅馳耳。密鎮困極，太倉三月不應一錢。弟處之坦如，不得其職。慈峨山麓有可耕之田，在東事不潰竭，海內不休，爲禍大且長也。

答王筐石丈

弟到此兩月，不聞車軔軔之聲。及至，則東省完逋物也。劉楝住京，許時不見回音。聞堂翁湯參老俱不進，公署事可知已。總之，遼東一日不寧，則各邊一日不静。不惟不静，且無飽煖。時主餉者寄命於飢卒之手，政自可笑。近聞發帑，又以賞犒爲名。而李堂翁又不入署，不知賞之名以悦軍士，卻於餉毫無干涉。朝廷之上，豈無見及遠大者？將賞準作餉，或一半賞一半餉，其益於太倉不既多乎。賞軍爲何，至於軍遼而屢賞，猶可愧恧，此可爲解人道也。幸老寅臺出口辯説，以存萬古。讜論過此，欲再一分内帑，不可得矣。豈不負朝廷特恩乎？昨弟見撫臺言此，卻深以爲然。不知縉紳亦思及此否。

答焦涵一丈

去住相隔無幾日，無幾地，便淼淼如牛女相望。閲抵報聞，知仁丈榮拜臺中柱後惠文殿中執法，朝廷第一流官，人間大快心事。此數載循吏之效也。弟輩生而墮落冷曹者，今世不敢冀矣。密鎮毫無事事，已匝月不至一錢。仰屋鬱悶，對三軍赧顔，念區區作握算吏，至挾制臺之重，擁營衛之勢，無裨於太倉決裂，各鎮之所以日怨一遼也。日後有益窮蹙司計者，舍請告無術，非誑辭也。承台示知尊體違和，宜著意調攝。總之，節勞寡欲，且守此腔中靈物，細尋一念不起之趣，不惟絶惡念，且無善念。此千聖入道直截之法，秘密紬繹，不徒卻疾而已。此法新得之方外，非儒非僧之高士者留神。

寄祁念東老師

　　都中拜老師珍翰隆貺，草勒答謝。嗣是叨邊儲命，值朝廷吉凶大故，淹數月而始之鎮受事。自笑薄祜書生，遲十年做官。以故往關無鈔，督儲無餉，計三月太倉不發一錢。大抵今日司農諸臣拚性命，只爲一遼然，且不保頭上冠。至於各鎮，勢不暇，力不給矣。諸邊再出一奴酋未識更調何兵？更添何餉？所棄不止一遼土而已。新天子又發内帑，乘此不大家議作月糧以濟户部匱乏，以緩海内徵派，乃欲盡數賞軍，賞之至，再無功堪羞。可惜皇賚無裨時絀，當事者尚得謂有遠慮者乎。老師熟諳今古之變，其以愚弟子言爲是否。代期不遠，何日抵京？天下大事定於天下大人之手。余小子謬附風雲咤叱之末，使千載知有馮驥、陸賈輩足矣。塞上鬱悶，閉門書空，無足陳説，方欲發籍理業，神不克奮，言之悒悒。

簡馮少伯丈

　　酒數甕熟，嘗之頗有家園風味。第麴非自踹，尚難入品。拙作一楮，附二瓶，敬致左右。雖知俱不堪雋咀，貴在本色不變耳。若夫村醲伺雕枠之末，劣句混圖史之傍，則抯心慚退矣。

答米仲詔先生

　　日從萬山谷中閲抵報，先生大擢，旦夕間事，何佳訊猶杳然耶？密鎮三月，不見太倉一錢矣。堂翁告歸，銀庫主者不入庫十數日，外解稀絶。不知當事者何故只議皇賞而不慮軍糧？辟如人家窮極，勢已決裂，而猶給驕子弟金錢，使之且去醉飽，不過一

時。日後困乏，何計？熬得此等意見，司計者不爲諸邊安頓，獨不爲本部、爲朝廷安頓乎？可惜新主萬難，再得美意，不善迎承，甘以溝壑處軍士，以濫給負恩賚也。先生素嫻先見超識，以愚言爲然否？此中無事，日夜愁悶。匭絕書，空搔首，暇則閉門吞舒觓求飽而已。二青衣少者通聲音，聊試數闋不能暢。此鬱鬱視臨清聚飲賡酬時，不唯無其人，并無其興。馮少老誠篤博雅，真白頭如新之友。而事體繁簡，蹤迹去住不同。又不能常相商榷，令人益岑寂耳。

候都中諸老書

恭審河清運泰，正人彙征。振鷺班鵷，廟堂改色。以二十年之沈鬱，而朗然爽豁於一。且接袵彈冠，朝野胥慶，令人想見岳牧，喜起盛際也。不佞某羈棲邊隅，日切囂耻，難煖黍谷之寒灰，時墮聽筍之清淚。曾距都城幾何，而耳目堙塞，形影孤子。兀坐搔首，神思沈冥，憶雲霄故人，何能仿佛珮聲于銅龍墀螭間耶！韋杜去天尺五，徒虛語耳。惟冀台慈不恡督教，立振頑愚。雖愧駑蹇，猶可折箠使也。

答莫符情職方

相別二載餘，相距不千里。甫得從郵筒中一修問遺，而尊丈厚惠先及，其懇切真篤之愫溢於毫楮。東望關門，恨無晨風翼飛，止求一晤，消闊別之思也。聞譏察出入清嚴，操更冰蘗，銓曹京卿虛左以待。不佞復初謂邊郎不過給散，以時積貯明糶，可偷間養拙。不意太倉決裂，外解斷絕，三月之內不發半錢。後事日蹙隱憂，不細一官潦倒。何足論乎？仁望尊丈賜誨，立振沈冥，不

虛兩世通家之誼耳。

啓魏道冲太史

謹啓。不肖復新以主事銜受封命，念先父母秩品相并，生前已經受封，例不重給。今纔夾月間，即值覃恩，實授郎中五品封，先父母始得誥贈。小臣籍以報罔極之恩，是一奇遇。更幸絲綸撰次得仰徼大宗匠之手，私念不肖復雖鹿鹿詹詹，材在下中。然素叨當今名公知交之末，更將沿子以知其親。兩世華袞，于焉攸賴，是又一奇遇。不揣唐突，謹削牘上通典記，冀慨俞懇請，闔家祈祝，真如雲霞飛墮天表矣。悉一時乞言者衆，不敢套語煩神，希鑒其惘惘。

啓李堂翁

謹啓。自某莅任兩月，邊餉日蹙，絕不堪言。閉門株守，搔首書空而已。每覘台臺舊游遺迹，想見一時清暇吟咏之趣。今不惟非其人，并非其時矣。辱命介弟世丈見，輒契合古人。目擊道存，語非誣然，亦嗜痂之癖矣。言旋甚迫，或亦楓葉吳江故事耶！世大人大道大無之非是，何敢一曲自鳴？亦言其所知而已。顧焉知知之非，不知也。

答徐雲瞻年丈

四月住邊，頭耳而愁懷煩衷，如積千古浩歎，不能消釋。非老迂薄郎官不屑，蓋慨今日儲政紛紛，修書如雨，倍道四馳，有同乞化。自弟身而密鎮年例歲終，計之缺數萬矣。視前歲王筐老時，大徑庭軍情轉換呼吸。近又以皇賞成驕，昌薊汹汹耽耽，不知三

尺，公然要挾，寒心哉！大丈夫志所不願，雖三公難留兄丈，定
知斯言非假也。緬想都城萊酒之會，如好夢不能再續。新帝改元，
百物彙遂。哲人純嘏，與泰運俱長。矯首潞河，可勝停雲之思。

寄常卿姚益誠先生

長安悠悠往來，隨例造門，竟無了歇。士大夫精神爲疲，胸
次爲俗。乃若翁臺以海內名碩，不佞復叩同朝後進，而不獲執鞭，
其所與游果何人哉？然世固有常近前而不御，曠百祀而相知者，
延陵之於僑，中散之於呂。豈必日狎而始厚善耶？深谷支頤，每
聆馮少伯丈抵掌翁臺德望，便覺聲氣脈脈周旋矣。不佞某年幾半
百，諸事俱息，諸念俱掃，獨於弈尚有志於上法。常三寫全局，
盡閱譜勢，而負進如故。自歎此道有妙，悟性中未具在也。坡公
鄙好弈者爲業，亦云墮於癡障類耳。顧無如偏嗜何？聞林符卿兄
寓尊處，敬專役走迎。此兄曾會晤好友，乞轉致意，枉過檀城也。

簡路然太史宗兄

稔老兄入都踰月，閱邸報，即已神馳左右。緣賤眷多口初到百，
凡荒窘而額餉告匱，終日止辦請餉，文移忽淮上，忽南都，忽徐德。
預占隔歲解課，竟成畫餅。往返徒費腳程。誰知近時邊儲體褻氣
盡，至此修候遲遲，罪在莫贖。然恃兄臺諒原之也。鳳池玉陛，
領袖詞臣啓沃，聖英出入，機近行見，和梅作楫，詎徒南北宗譜
之光而已。如劣弟一墮風塵，仰人鼻息生活。羈身塹谷，耳目蔽塞，
其苦不堪重陳耳。

答薛龍阜年兄

與仁兄別半載，神未嘗不在黃倏黃尉投芳訊進之階，而語更披縷縷牘中談。依稀長松孤鶴，黃主人之形貌相揖讓也。解銀屬密令田年兄平收，即微尊託，亦自無耗加念。兄丈十年淹遲，僻處海澨。又當兵興旁午之時，真試才盤錯矣。銓曹省臺，三要中任處一焉。少酬循吏勤渠，如弟陸沈塞署，鼻息仰人。望崇階如涉析木之津，轉令人笑設科限制耳。古揚雄、潘安者流，曾爲之猶愧。官則是，人則非也。此中羈苦窘迫不可言，紛紛以皮相邊郎者，尚豔稱之無責耳矣。

答林符卿

技而歸理，何小非大？庸才一晤，國弈枯槁。頓回生趣，恨瞬息判別也。然念姚老先生舟行，須侶春鄰花岸，賴此而暢怡。誠如兄所言，微札至，且預知不相舍矣。抵南料理，望速整鞍，訪邊吏，慰其蕭索也。

寄楊文弱丈

羈棲危鎮半載，憂匈奴叵測猶緩，懼人情犲狼彌甚。至於當路整飭武備，士馬日添，而太倉之轉運甚杳。從正月至閏三閱放餉期矣，止到得四萬餘。而閏月之餉例止在三年存省，邊官通融。太倉不給秋毫，半年餉司所餘幾何？米價頓騰，新兵屢過，目前已絕難支，後事不可結局。愛我如文弱丈，肯坐視老迂槁死於潮河之滸乎！計今新歲，餉全未發，望留意達之鹿玄老，再發三四萬以應出防援遼。數千人之延頸，庶幾旦夕間，食下咽，寢安枕矣。

寄少京兆邵上葵先生

伏惟英聖乘乾，改元布閏。廟堂暢喜起之風，山林散結轖之氣。雄據要津，盡屬宿碩。矧先生以偉望隆勷衿領人倫，卓然表率。臣僚典攝機近拾笈，而躋鼎鉉幹，蓋函須臾事矣。鵬運鳳鳴，引斥鷃以集翔。天路風雲，私欣攀附，言之踴躍。

答左蒼嶼學臺公

直指使者之得先生也，陸可稻秔，文起衰敝。從古豪桀，經濟率由窗下講求。曩讀先生制義，宏博佚宕，即一結語必有根據，知非雕蟲縷冰技也。聞語見人，當之一快。不佞某羇棲無補，捄敗徒慚丁。此匭紺之時，塸戶書空而已。尊臺天下自任，諒爲一隅分憂，從墼谷拜翰睨，如夔足應響，霞箋墮飛，撫對自怡，恍有奇獲也。

啓制臺文受寰先生

頃閱邸報，知岫巖賊已勦平，先聲既振，士氣倍鼓，力折逆鋒，尋遏奴衆。台臺制勝之偉伐，行見飛檄奏捷矣。惟是旱虐經年，麥種不下，轉眼秋播，又恐失望，薊遼何時能堪荒儉？至此聞潞河津門一帶漕流淺涸，春水既泪，運期必愆。客歲，貴州司又誤，少派本鎮米一萬五千，逃官挂欠約千餘。堂翁準折價以補，尚未解至。倘米價日騰，倉積不給，何以應軍士六月額數乎？謹控之台臺，見近日苦衷耳。

啓畢孟侯先生

謹啓。今學士家所傳詩，若古文辭文章之一節也。不佞復從幼篤好之，至廢制舉業，以殉苴盟徵會，更調曲摹踰三十年。向所矜爲雕楮刻鴛者，今皆塵飯土羹視之。已然年將半百，精力倦矣。見聞習氣，依附强縛，其言縱瓘瑋連犿，終無所究。古人嗤謂尋響以聲，形與影競走也。期有以進于是者，尚未之逮，惟生斯世而得當。孟侯先生咳唾之間，珠輝玉映，拔幽獎善，藪廣淵深，向偶持鷄肋謬投嗜菖矣。不自量，謹以災木詩文全集共四十餘卷，呈大宗匠郢削，并丐大篇棄簡，瓦缶陋鳴，藉金石而鏗鎗，不敢援以鬻名，期永寶之秘笥也。幸典記無斥絶焉。

寄余集生職方

老士不敢言攻古，然自束髮爲詩文踰三十年矣。邇來慕道養神，厭事筆墨，欲卻聞沿習，而冥悟玄寂，且齒將半百，靈明漸衰。達夫學詩之年，乃來子知非之日。回視鷄肋難割，鼠技詩已災木，文正付錄。昔三都取重士，安近獻吉，亦遠託黃子。矧不佞復于門下馳軌域中，結契塵外，襲芳追躅，振雅課修，知不惜筆端，彩繢衣被我樸野之質矣。

寄顧八翁

從少伯接翁手翰，并諸食品名釀充庭溢厨矣。若夫手書蠅頭，亹亹千言，期頤老人健踰少壯。來伯生即慕道課玄，捫心咋舌退矣。向止以常情度知厚今，乃知時間自有一種不假修習神仙書生淺之乎。料人不爲顧八翁莞爾乎！近聞納一津門姬，真如雨過櫻

桃，何不爲弟覯縷之林符卿相守？旬日止進得一著，南去。將秋時至，不知果否？弟詩文集刻將成，容專寄請教邊郎。至今日所謂持鉢向人而絕不應者，且密鎮官軍隸皀皆豺狼，本道已畏惡之。如弟冷署有閉門書空而已。且制臺令嚴八差，直指諸公耳目無已。欲如臨清蕭散，得乎！惟翁丈脫達，故敢言之。舍弟入都，晤畢公祖當有一再會，便中寄八行訊安，侑以薄將爲燕市沽酒。即日有遵化會新撫臺之行，回日方能完拙書也，書不盡言。

啓制臺文受寰先生

謹啓。風傳遼陽潰陷，數日音訊不通，河西關門危在旦夕。奴酋用兵如神，軍士神氣不振。頻年轉輸委積，誰知盡爲寇資？海內徵募士馬，一旦化爲虀粉，斷送如許。文武英雄于孤城之中，國家氣運可知矣。閱朝議，尚欲台臺提兵出關。此時天下丁壯悉赴遼瀋，一旦調遣，恐未易集。廟堂千百人，口衛不言，只待虜氛臨關，紛紛南奔，亡宋之轍見矣。職雖書生，昏悶無謀。然值此板蕩仳離之時，又有危邊筦庫之責，豈敢避難緘默？尚欲當事破格懸賞物色，樂望諸韓淮陰、岳武穆其人恢疆滅賊，深恨君相精神萎弛。衆臣議論繁多，主持無人，束手待斃，坐致臨門鑄兵，待渴掘井，爲計已晚。然猶萬一挽下坡車，瘳已危病，以延祖宗未墜之緒也。自古成功豪傑，多由轉敗爲功，以少擊衆。秦政項籍，皆用猛敗。陸贄李泌，力挽覆傾。當時乘輿蒙塵，人心瓦解，徒以官爵虛名激勸招徠，涕泣曉諭，恩信不爽。賞不踰時，則衆勸罰嚴，而必則令行，竟能旋復帝京，埽平安史。讀敬輿之疏狀，班班真儒，即是功臣，千古有生氣矣。台臺身任安危，望殷遠通。唐之李郭，宋之韓范，詎異人？任值茲變難出，其素嫻偉略，力

率諸道將，不局恒格。風勵三輔，忠勇智謀，以迄四方之士。先作銳氣，尋教戰法，顛倒鼓舞，奇詭無窮。職當拮据芻粟，極力請發，新舊本折，期于挽輸不匱，以收桑榆之效。此正著也。書生勵清白覈簿，正乃其本等事。領兵對壘，定須抽拔行伍武夫，方不償轅。如東方諸道皆倖冒不自量者，頃會關臺，極留心採納，且真實爲公，加以撫臺開誠博訪。而熟習九邊情形，知人善任，誰諭于台臺乎？遼報馳至，對該道飲淚，逆知有今日，不謂決裂之速。如此念新亭灑淚，徒爾泣，又近于婦人。本道誓拚生，做事秉誠，諸臺牽制遲疑，諒當胥捐請餉檄兵，仰賴專主本職。因關切之甚，敢遣役馳候動定，附陳一得之愚，備晉擇焉。

答大司馬王霽宇先生

密鎮雖邇都門，然覺深宵，耳目堙塞矣。自晚學復蒞任，即值奇變，寢食不寧，家眷甫住三月輒發回。三婦遣嫁，妊妾奔途，兩呱呱之弱息牽衣不忍別，不覺爲此動念。平生不下淚，於此位無窮，急以無生忍法，消之尚介介也。爲台臺陳其苦狀，朝宁以東土失陷，亟起鉅碩纁車候門。有司勸駕，望爲蒼生遄發，以保社稷。復即迂薄，願曳裾佐末議耳。

寄都中諸相知

謹啓。某從幼親鉛槧之習，半以功力耗于舉業。於今視之，皆敝帚無用之物矣。家世清白，不知治生，謬忝邊儲之役，私謂株守笇庫。可幸寡譽，不意世變局翻。太倉百扣不應，多請堂剳發人至南直隸山東，占領額解錢糧。往返六千餘里，徒拋官快使費，每爾赤手空還，終日閉門兀坐，憤懣咨嗟不堪。主客官庫蜂

擁索討，見今庫如懸罄。借過制臺，并節年省存銀四五萬。無物堪抵，而西協因滿明諸酋狂逞，補馬添丁。京營三千，與援遼續過之兵刻期要餉，不堪支吾。加以凶荒日甚，米芻暴貴。昨歲雲南司又誤，少派米一萬五千石，堂議折價八千餘兩。止每石五錢五分算，而此中市價踰八錢矣。已難給散各營，況劄批太倉？半年謂宜八千，無幾之物朝下夕發，乃差役跽請焦脣，尚杳然如西江之水，似此苦趣，言不能罄。台臺試垂察尚可爲乎？不可爲乎？竊思某雖不任文士，然頗窺百氏之糟粕，素抱義烈，稟承庭訓，不敢得罪。名教隱居日，期揚名史館，稟餼官厨，不即簪筆慷慨論列而今已矣，淪而爲朝家鞭算庚廥之臣。時值窮蹙，雀角鼠牙與之爲伍。對鏡慚報，豈吾好哉？府倖已過，不敢覬請，恐冒處膏擇腴之嫌。大抵書生止可佐議，決不可領兵。樂毅、韓信諸人，極當物色草莽，無爲遼中諸道亡命之續，庶朝廷不至羞而重羞。

寄阮集之諸丈書

　伏唯英聖乘乾，名賢彙升，即運值末造，而正氣發舒。散從前之結轖，即知可定目前之虺虺也。憶台丈出入承明，侃侃論列，浴日補天，手轉造化。千載之時，自千載之人當之。歸院退食之餘，其亦念鞭算吏淪落竭蹙之苦，而思一引手之乎！子猷馬曹，陳咸外淹，苟非其好林泉，無恙也。邊遽戒心，坐守懸罄之庫，月應萬軍急索，此際不堪陳説耳。

來陽伯文集卷之十八

明三原　來復陽伯　著　　　　　邑後學　李錫齡　校刊

牘

答關臺華封申公

近日東氛益熾，薊門兵調欲空。接台翰東協單贏之形，人地兩無。所恃借夷修守，全仗尊臺主持。讜言極陳目前利害，爲朝廷保塊土，以保京陵。然恐虎酋觀變難振，或止以嚮利爲有德，則大事愈去矣。天未厭亂，大旱經年，民心皇皇，不必共命。廟堂諸老口含前議，而莫敢發策，有淪于覆亡已耳。惟台臺剖所聞見，力圖之雪恥，除兇尚有日也。讀尊教關內添築營房住軍，極屬長慮。倘遼陽以所積金穀建此，以免閭左之擾，當無九門自開事矣。

寄路然太史宗兄

弟自垂髫學詩學古文辭，迄今三十餘年。近感時憐遇，筆硯

懶親，且覃覃性命之旨，厭棄一切。念雕楮雖工，不過苦技。昔人云：使造化三年而成一葉，則萬物之有葉者寡矣。此語合道，矧自愧無宋人之工乎。檢選詩文付刻，合四十餘卷。他猥瑣百家方技之論著，悉不災木，惟留有強記一種。功方半就，亦有數十卷，五七年後可出。此書出，來伯生焚卻筆硯，斷綺語，業盡矣。伏惟老兄玄修奧詣，冠冕詞林，弟以野史謬參同好。兄弟相賞，爰有謝、陸二家故事。遂不揣蕪陋，呈教宗匠削潤，更墾立賜數言。棄簡不敢詫傳宇內，將使吾族子孫知文章一脈于萬泰之間，聲氣聚于一門若斯爾。若夫太史寶函不朽，附驥餘榮，又忝竊甚矣。

賀通州撫臺王麟郊先生

恭惟伯翁偉品鉅望，簡命特隆，鎮靖潞河，保障宗社，想地方與人心，俄頃改觀易慮矣。近三岔河邊，不知何法可遮當虜騎。廣寧民兵招之鼓之，可得十萬，皆父子兄弟之衛也。至于用夷一著，久密圖之，不知終能解散其合謀而爲我用否？此議行山海一西，尚有募練，隙日可望進步恢復耳。檀鎮征調，躍至城中，并各路欲空。復單騎巡視日夜，恐倉庫草場有患，又不敢立募兵，防守之名到此。時朝廷間尚忌有出位多事之誚，悠悠過日月而已。每獨坐悶懣，只消拂衣歸里，著書課子弟一計。敢質之父執，乞賜開誨。

寄鄒静長年兄

古云：大軍之後，必有凶年。今兵荒齊至，刀刃所留，饑復戮之。嗟哉！下民百六，正逢劫灰甚慘。禪家以此等惡趣，歸咎人間積孽所致。故修短無分，智愚并命，即如遼陽數十年風俗人

情，淫愀澆漓，幾不知禮義防檢爲何物。蓋巾裾而禽獸者，堂堂金湯所圍，人視之爲生靈，上清天眼目爲滿城臭穢腥膿，以羶羯屠，羶羯天厭而淪棄之矣。忠臣義士，猛將悍卒，一墮其内而不能出。所謂覆巢之下無完卵，虀池化物不俟宿也。賦水德者，言濁入而清出，羨其本體净也。不可反觀乎。漫發迂議，質之高明，當無哂我太倉諸鎮司命密。更以陵京咫尺，要之只今急忙征調，主客兵東去一空。弟以老書生守敝城，廩庫匊豆所倚者十餘快手，一旦變生，七尺不保。自笑頭上冠帽極容易卸，而忍不能割直柔荏之徒耳。

答尤參戎

何物病魔纏我疆場虎臣？便當使侲子備桃茢驅之并祝。由于司命以不七之七消解疾苦。然真人云：萬病皆起于心。又陳氏三因，有外因，内因，不内外因。今台丈之恙，自飲食起居生者，所謂内因也。法當徐徐調攝承示，令人黯然。異日抖擻身强，報君父恩之日正長耳。

答王孝廉

盤山絶頂之游，得兄丈賢主，而韻趣超然。歸即東氛日惡，遣家口葺倉場，至今惴惴，進退失據。登山詩賦，堆積于懷，而無暇寫出，其愁緒煩襟概可知矣。辱注念遠貽佳釀，澆我磊塊，如與故人共賞令節耳。

答大司農汪澄源先生

晚學復自通籍後，時時企仰台臺偉名。蓋巍然以聖賢而繫南

北士紳之望，恨未能執鞭左右，備驅使之役，更快聆謦欬，奉爲蓍蔡也。邊鎮危窘，力請堂劄越三千里，乞餉急同包胥秦廷之哭，然實鮒魚西江之水耳。荷老先生慨發那濟，慰其饑渴，胴其道路，足其色數，稇載入城，歡聲滿途，計萬軍一月可不斃矣。自古元老家視其國，不啻抹焚拯溺然。其恩德詎一司餉，下吏感鏤已耶。

候大司馬王霽宇先生

時變至此極遍中國，咸望台臺一出，即賊虜素讋威名，席捲之勢，風鶴之驚，當指顧而定。天生戡亂元老如古方叔、吉甫諸賢，實社稷祖宗之靈式憑之。迂儒下吏，職不能辦算鞭，唯旦夕籲彼蒼佑助引領，看千載偉伐樹立，快京觀築成，狂奴授首而已。不識台臺方略大旨，于秘密中肯一指點見示乎？情誼關切，呼吸通聞，故敢僭扣玄緒。

候許維衡太史

某叨天幸，得與台丈幷出，育吾夫子之門墻。住都日，極仰仙籍隆名，屢圖挹近光芬。值部司煩役，大典疊仍，遂悠悠夢夢，沈埋於塵鞅。念仁丈鳳沼璧門之間，探奧秘而典虎通。一時異才，千古良史，洵無右者。不佞某愧淪落冗途，辜校算鞭，仰人鼻息，已自不堪。又值仳離震撼之會，其苦莫可殫說也。

候制臺文受寰先生

違別光顏不覺半載，每念台臺爲時變焦勞，安攘重事，朝廷首屬。聞援兵漸集，關門可守。但地窄難處馬步，旱極芻糧欲窮，此爲可憂耶！近閱報讀台臺《請餉招兵疏》，暨《王肖乾新撫策

遼疏》，皆石畫碩見，而粆花就盟，憨酋餌賞。率台臺定大計決大疑於傾危，震撼之衝，從此乘隙蓄銳，秣馬厲師，以圖恢復，當有日也。昨覘二兄試卷，識超口慧字，挾風霜大物，可瞬息獲真麟鳳異產也。世講譜中借光多矣。鎮餉月不乏給，赴遼主客軍馬預支糧草隨到，即應目前似少紓台慮。惟秋禾若再空，漕流竭不水，米豆草俱罄絕，奈何？久未啟候，寸衷跼蹐。謹裁緘專役代叩萬福，附獻拙詩一部，是三十年來雞肋之業，不忍捐棄。謹呈大宗匠巨目，備幕府覆瓿。

候易州道蔡元履先生

先司馬同門年伯相晤者多，獨未獲侍伯翁顏色。數年來竊服膺名公文章政事，如想望古人矣。易密距邇，而瞻對竟隔。又值危亂之時，五內煩冤，諸禮隳廢。至於算鞭之窘，如支遄責裁候久稽，冀伯翁曲體其苦而過是挺也。

候祁念東老師

聞老師錦旋纔月餘耳，而策捄時者至，欲以功令為勸駕。夫足迹未遍故園，而眼穿欲遍中國。非關大名累人，亦自孔席墨突，不得自逸也。欲為老師陳說者，多非穎楮能罄。知入朝在旦夕，容齋沐修候起居，更請詎誨也。

啟制臺文受寰先生

頃跽讀台臺示教讜議，自是一時籌遼石畫。不知廟堂紛紛，諸人竟作何擺布？薛獻老來住密鎮，問疾，覩其形狀，深可憐慮。昨年如聽鄙言發汗，安得至此？何物奴酋斷送無數豪傑文臣，率

代武棄就死。而以愚所聞秦中大將，如李懷信、杜文煥輩，諳兵而蓄銳，卒利器樞部置之不調。事急則添補撫道，遣使募兵已爾。即如密鎮招兵幾二千，頗多土著之民。而器械糧餉月餘無能措處，本職不得已，爲請之堂上，漫不加意。再遲半月，俱星散矣。一旦叵測，更行招募。決然誖而不應，是兒戲軍情，開釁地方也。此中軍民望台臺歸鎮震壓，部道府縣諸臣亦有所依倚矣。西虜蠢動，諸路單虛。白馬石塘之間，川平兵弱。調者未補，募者未固。有武不練，雖練無法，燕薊不知所終耳。本職寡母在堂，半百無子，孑然冷舍，宦情已灰。倘不能徼一小省學憲之秩，有拂衣尋終南泉石而已。台臺轄屬，一時逐四道臣，可駭可歎。邊吏難展，不待驅之奴鋒，而後末鍛也。欲言不盡，更希保攝以慰祝祈。

候祁念東老師

邊儲差在太平時優閑官也。人多求爲三年淹以養俸，而遷邊道。自遼變後，太倉一付精神，海內大半物力盡用之於彼，而各鎮舊餉不能照管矣。于是焦唇敝舌，持鉢仰息，隔數省以占課，爭外兌而空還，索餉之途愈難，驕軍之望愈奢，而餉部之體壞神疲矣。其中苦趣，耻形齒頰。自覺頓乖所好，何如別尋安身之著之爲得也。弟子某即譾劣，願步趨老師後塵，不失儒家本來面目。若夫領兵料敵自有武人，復不能代斲傷手也。

又

頃貴邑入防武弁回，曾草次啓候老師。彼時方知軒駕初抵里，曾住幾何時而遽催請蒞任。讀揭語，悉元老趨命，急公之苦，孔席墨突，拱時應爾。所謂大鵬欲暫息六月而不能也。朝野億衆，

夷夏萬里，皆願司馬入相，范老行邊。吾師才略素嫻，咤叱風雲，權奇莫測，恢疆滅虜，定有成算。雖游夏智止知汗，然願以崖略開示慰迂士之惝恍也。密鎮既遠制臺，又糾該道墻路。忽驚，大舉烽火，徹夜十傳。弟子復以老書生支糧守城，與數百疲軍，幾員文職巡囉城上。城上之備茫無有也。若滿明諸部數百騎薄城，倉庫所蓄拱手送之矣。今不惟闔鎮徵調一空，而援兵日十餘起。過到處掠搶，村舍爲墟。餉司已不能應，何況彈丸縣路乎？目覩時事狼狼，心緒煩惋。念寡母在堂，半百無子，幾欲拂衣坐是修，候老師遲遲罪當死，恃尊慈矜宥之也。咫尺不能蒲，伏一覩光儀可勝馳戀。

答天津撫臺畢白陽先生

不肖某無似徼天，幸叨世講之末，頃修薄儀，少申積忱，乃辱老公祖翰眖隆施，雲霞瑤玖，飛墮荒陬，榮矣。惟台臺偉品鉅望，爲宗社保障，籌邊積勛，當勒金石。登壇受命，鎮靖京陵，下吏亦得仰庇鈴閣餘蔭矣。津門整飭艨艟，恢疆滅虜，以紓聖主東顧之憂。伊時灑酒賀燕頷封爵，其快何如？附懇敝鄉王總戎學書，其兄弟皆復契交，爲人沈練清貞，恥事翹競，樞部知而不盡其用。惟老公祖青眼引拔之，復當爲故人踴躍奇遇也。

答憲使蔡元履先生

令弟老世丈畫法在二米高，尚書間已妙得士氣，個中人也。不肖復此技久厭苦，視爲業障而棄之，惟多收古人繪摩拏不厭。攜以卧游，直如夙世已，作頗省心得趣。既辱伯翁鍾嗜此道，當點綴小景扇頭，其金箋墨卻易脱，塗鴉拙書，何如小凉報命？

又

披讀種種名刻，出世入世，爲漢爲唐，綜輯百家，神采四溢。登山餘勇，記外標則，天然偶對，解以慧心，真令觀者神游玄圃，目眩五都，嘆異代無全才，羨七閩擅文統矣。恨尺五無術縮地，仰扣玄詮覆謝，緘情寸衷飛往。

候堂翁李桂亭先生

謹啓。自下吏某通籍數年，趨侍台臺，勉辦職業。覩台臺爲國爲民，籌邊籌餉，殫極心力，盡算無遺。寸心周多事之九邊，一指了賢者之十手。故能轉輸不絕，危疆忠勤，受知三帝。偉然元老之領袖，屹乎士紳之巖瞻。雖知足引年溫旨之眷旌者重，而盛業難繼。後至之克荷者稀，想出都羨祖帳之光，料追洛纘菁英之社矣。某繫匏荒谷，莫遂載馳。仰旂層雲，徒墮清淚。既未能效諸屬攀遮于路，更何日報大化培植之恩耶？

寄焦涵一丈

聞兄臺又添麟兒，全福人自合種種稱意，豈人力所能徼哉？接手翰，爲劣弟量移，殫心力如已事，此生在一日感一日耳。西虜與過兵逃軍饑民俱可慮，而城中即攛城步軍皆調一空。弟親挈住放火奸細于草場，亦不言功，只以先聲防禦之所，謂防他復出入與非常也。而人即以邊才目之，可笑可笑。京城九門招兵試射，餉司庫，倉中何物能以空拳守乎？世道眼孔如此，尚欲何爲？只今亂世，即民間農賈亦當修武，備防盜賊，剡笐鏑之官耶！密雲樹柵茸舖，把門上城，皆弟挺然。做昨牆路大舉，倘數百騎薄郊

攻城。來伯生徒延頸待死，不一創遮爲士民先乎。事忙則草木皆欲化兵，少定則責以出位生事。欲天下之大，不斷送一羯奴，其可得乎。漫發迂議，證之知已。

寄督學文太清丈

三年前款天瑞兄于里廬，彼時清齋斷葷酒，超然孤詣，破除緣染矣。近柄衡校士，想繹訓督束傅以古，則三晉文習戛戛聿新然。士子縛溺師説，八股俳比多，鮮靈響域外，悟入刺眼賞心者，知復幾人。其不堆積腐物，發付爲苦哉。公餘結譔，凌漢軼唐，大業駸富，頓覺無涯。弟愧辜較，算籌義理。若隔側望幟壇，瞠乎不可及矣。時變奇艱，世情汙薄，懶從毛穎吐説、子猷思見，安道不得聊題赤蹻以當剡棹耳？小刻數種，寄政大方，欲借名篇弁簡，使人不敢輕擲鷄肋。天瑞兄其共攜故友，千秋活也，遙干典記。

寄大司馬王霽宇先生

今之武將無實學，故無寸效。不知戰陣法，故不敢當敵鋒。古風雲魚鳥之勢，龍虎豹犬之旨，奇正變幻之法，久失其傳，然未嘗不在人心。設有究研此道者，又須操練隊伍，使三軍耳目閑熟，進退擊刺，化千萬人耳目手足爲一人耳目手足，而後可立於不敗之地。若止以孑然之身、未教之兵促之出關，是徒斷送無辜生靈耳。偶遇宣鎮援遼都司江朝棟，其人是秀才新中武進士者，能諳八陣六花五行七略之概，而運以己意，慨然以破賊爲己任。曾上疏自陳款內有奔馬仆人諸語，當事者不遑諮試。據其言，多則數萬，少則三千人，訓練一月，便膽技俱壯，不怕狂虜。以此

等英傑，徒領疲卒數百，填關外溝壑，真可惜也。急聞之幕府，望即達薊門督撫二臺，給兵三千，簡習一月，觀其作用。其所需一切器料，隨請隨給，當必出衆軼群。若舍之而靳以事權，是縛孟賁之手矣。書生熟腸，薦賢爲國，非知己前不敢嘵嘵也。

寄文制臺先生

伏審臺臺予告暫假休沐，數年鉅任積勞，少遂息樓。新天子愛惜元老，至意與當路同之，獨是閫鎮官民軍士失山嶽之庇，其切更甚于薊遼諸路。而下吏復以愚直閑曹孤迹宦寓。趨承乍判，怙恃懸思。仗箣無從，登樓興慘。何以省營？尤善進退也。言之於邑，今天下茫茫無所止，不知何處先亂。書生不解韜鈐，握兵不握兵，總無益于成敗之數。惟臺臺指示安身要著，矢終身奉持之矣。目前該道該縣俱缺餉，廳公出路將防邊，獨留一部曹，孑然具位。飛蝗蔽天而至，新長數寸，苗不堪嚼囓。欲閉門户坐，心覺不安。間集門下官，快操習武技，又嫌出位。夫蠆圖夾谷，吾儒之教；守雌杜機，道家所先。自慚年迫知命，學問識見憒然。仁望軒駕抵密，俾鎮中大小，瞻仰顏色。本職亦得從父老子弟後攀遮道傍，益請明訓服膺也。

啓制臺王霽宇先生

謹禀。今奴氛惡極，然揆之天理，必非能久狂恣者。其鋒當避，其虐可因，敗以爲功也。然自寵命榮錫，九邊督率竟從臺臺出山，忠義之肺腸，而天下事猶可就掌握轉矣。元老虎臣，聖賢豪傑，謀畫既定，作用自殊。一時全薊危遼，若軍若民，爲文爲武，盡皆翹企。即東西點虜，亦自膽寒於韓、范重來矣。復謬叨

屬吏，他無所長，願殫力挽運，饗士犒師，更鼓虺隤之志。入幕佐議，磨盾墨草，檄咏朱鷺，獻凱拭覬，乾坤重闢，飲至奏功也。鎮城孤單，願節鉞遄臨仁迓赤舄。臨稟可勝怦躍之至。

寄周綿貞兵憲公

密鎮單虛，援兵騷擾，所在被害。聞山陝調募，還有數萬未到。沿邊一帶，絕不能支給糧芻。矧孤村野疃之小民，欲不逋散得乎。昨聆田舊尹云：山海廣寧，士馬露宿，風雨飄搖，餓殍枕籍，存者無力對敵。土著蹂躪不堪，比遼陽紛亂更甚。當事者尚倒身請兵，不知何處安置，何法足餉。數年間不蓋營房，不講積貯。及其敗也，只從百姓厭苦離心，白送土地人民，未戰而城開。文武將吏無一死，士捍衛攔堵，身如孤豚，財爲盜積，皆緣賞罰不力，擺布欠當故耳。即如皇賞三次，更屬無謂而空捐金溝壑。誰知重賚乃博一棄主鼠竄景象耶？方今草茂虜驕，白馬石塘以沿四路，百無拒守可恃，營中衰弛之弊難言。伏冀翁臺暫輟他冗，枉顧鎮城，申飭威令，務防不虞。新陞張芋老恐旦夕難至，尚須匝月。不佞復叨附同舟，休戚關切，分肩重大，夢寐兢兢，覿顏領教，殷如望歲。若舊制，臺公賜乞札，傳邵泰老遇便具送。蓋恐其由寶坻而南，不由通州也。臨楮不覺覼縷，恃鑒赤衷。

答施雲翼寅丈

津儲人避而卻，寅翁獨甘而安之。向者弟處清關之役，用此法也。今日津門設水陸之兵，冠蓋如織，所苦者紛沓耳。若密餉吏則昔緩今急，昔裕今窘。入衛援遼，士馬蝟集，太倉百呼不應，弟且脣焦穎禿矣。竊譬奴酋如一大痏，其孔似止一處而暗泄，通

身氣血且盡，不必刀刀，遍加海內，而後云殺之也。接老寅臺手翰，濟世舟楫具見一班。弟自慚懶殘無志矣。麟陽丈每會，訝其面黧肌削，食又少，果至于此。萬里宦魂，比鄰友誼，悲子敬之琴亡，感山陽之笛慘。令人清淚潸然，並涼月俱墮耳。

寄諸社友

自賤眷夏初回邊塞，旅吏益牢騷不堪，日夜憂虜憂餉，孤懸此身于封豕長蛇之區。欲爲棲枝之鷦，曳尾之龜，而不可得。更笑朝中書生誤事，文官行兵，一壞再壞，以至此極。乃欲強捉來陽伯詩人酒徒爲監軍使者，至薦之啓事，謀之公卿。宇宙之大，不足以藏身養晦。謝安捉鼻，韓休逃聘，迨不虛傳，方之深愧然。朱紫陽云：張良到底不犯手做，而古人亦忌事要做到頭。此學道者不倚功名，不萌倖進之法。不佞復直挈以與人，而不肯暱就。記曩者子斗丈教我以杜機而舍，弟馭仲亦頻頻以名累爲戒。今日眷眷，幾不能免，賴拯之水火中者，有當路良朋，不令儒者盡代武弁殲死。總之，可見天下無人也。循資俸當在冬初量移，過家晤對諸老，悲喜并作。欲與故人言者，毛穎赫蹶難盡書。此一段話頭，見冷衙枯寂中飛揚豪思，如平昔角飲談藝時，來生尚佚宕不衰也。

辭長安求醫札

謹告諸大人先生，不佞復以清吏單族之嗣，值久困少伸之時。凤性嗜恬，微軀多病，追逐酬酢，揣力難支。邇來僕僕長安塵裏，朝出星入，面目自憎。竊念通籍以來，尋當仔肩政事，一切猥瑣不急之務，如醫術類，昔雖游戲，久已厭忘。蓋某即不肖，何至

以冠裳之人而屑與方伎課效，且忍以強仕之歲，而徒然以七尺殉醫乎？業誓之天日，焚卻經方矣。夫生我名者殺我身，舍我小者全我大，幸當世仁人辱鑒原焉。欲剖鄙衷，不避率直。臨楮曷勝恧悚懇切之至。

來陽伯文集卷十八終

來陽伯文集卷之十九

明三原　來復陽伯 **著**　　　　　邑後學　李錫齡 **校刊**

跋

冬月施湯疏跋

　　昔簡文帝以解網放禽，穿泉掩骼，起泣辜之澤，行扇喝之惠。雖好仁慈，尚謂未階出世之極。顧佛氏五戒六度，未始不重視布施。而毗尼藏分三輩四道，其於助衆福田具列。婆羅善行，是金仙權實教義。羹鼎麼鑊，與一瓢一鉢何嘗有分別見也？不然則迦留乞餅，須提請飯彼法中，又胡以斥責之。嗟夫！熱緣熱逼，渴愛渴生。望雪山而知寒，聽迅飇而怖烈。固不待親試而後圖以禦之也。矧炎天凉井道傍，無非甘露霜霰，投荒空腹，兼之懷冰。覩茲脆質，至等難折之膠。雖有衣珠，豈抱避寒之玉？真所謂桂附之温莫療，醍醐之凉難灌者矣。縈縈貧孤，深可憐愍。此吾友君旭捄人於湯濩，俾之屬厭，汲引於净土，慮出不揣者也。嗟夫！火然三昧之火，薪非煩惱之薪。色色鹽菜，是君芍藥之和；沸沸膨鎗，即爾智泉

之溢。曰：業既竪，妙果斯徵，普示大衆，驗無爽理。

跋熊泰徵春感詩

　　七律之難，難在氣暢格蒼。五言上加二字，古人便謂措手不易矣。況篇多至五十六首，而珠聯絡貫，三歎有餘韻。此其才寧可多得耶！泰徵在吾社，尚厄於制舉，而志不少挫。望之淵然，扣之鏗然。與之論事，俠骨挺然。忽而文柔，忽而豪舉。吾意泰徵，固自有立於詩之先者也。毋怪詩日工，學日富耳。吾以泰徵之人知其春感詩，以春感詩，知其他詩。

跋伯聞社兄自題山林詩

　　每對同社言今詞家，豈不人稱盛唐盛唐哉！近體至盛唐精矣。然學盛唐，無寧學初盛。蓋初盛，數公氣渾而思沉，誠李杜王孟諸公所自出也。今關中談詩者，亡不服膺獻吉。獻吉之才之器，昭代後先諸賢之冠，余何間然？然不善學者，恐蕩而爲粗猛，爲疏率。余意近法北地，不如直溯少陵。直溯少陵，不如遠追沈宋。即《獻吉集》中七言律純師杜矣，五律則不盡爾。但未純用初盛辭格耳，不特此也。試覆六朝詩部，多則數語，少則一聯，往往堪作佳律。而二唐諸名公每採其妙句綺辭，置於對仗工嚴之中。余久欲標而布之，會元瑞詩藪所載，多合鄙見。姑已是則古人之所取法，寧上毋下，明矣。學者患不讀古人書，即讀書患不能位置古人耳。少陵北地而在，又奈若人何哉！吾社秦諸王孫皆工詩，詩趨皆不肯卑，伯聞其一雄也。先是共愚兄弟曁含素、君旭無浹旬，不訂什爲屬和，別而各爲帖括。且數載覩伯聞新詩，驚詫之有是哉？何遽深詣若爾？夫伯聞抱更生淹通之才，懷子雲雕蟲之恥，爲詩詩佳，爲制義制義

佳。將欲因制義以展大用，迨目擊明禁弛而未弛，奮其鬱滯，蓄其全力，放情詩酒，專意舊業。故其所就沈不傷氣，藻不駢樸。嫻然雲卿延清之高致，山林之作，其一班也。前伯聞屢報余書，謂綿延苦病。余私念病，且罷吟。觀此詩，令不病之辭人爲之能辦耶！昔人有云詩以貧工，未聞詩以病工。乃今始知病非他苦，苦耽詩耳。少陵病肺，而早休官。獻吉早達，然亦常病脾。其成千古之名，與沈宋諸人并傳有由。故安知絶意制舉，與掩關病臥，非天予伯聞以不朽之藉乎！余年幾四十而困公車，足病疲，唔咿應世。書胸中病，俗疲與俗天所棄也。嗟嗟！安所用夫已氏而俾之前茅哉！偶過伯聞大業堂，出是詩，索跋，援筆應之。

跋眼科神方

此方原大司馬王霽宇先生得之保定人者。保定人甚寶秘，先生懇求，始得。友人張賓王客新城，是先生西席，偶患目失明，賴此方立愈。據賓王言，翳愈後，持療人翳，無不神驗。癸丑下第，淹留都門，與賓王約，爲文酒會，悲歌酌飲，傍若無人。臨別解贈此方，諄諄珍惜，如前所云。其慨然傳之不佞也，似以余爲足任此方也者。抵里試之，誠驗。邑侯沈澤腴先生亦謬交余燕市，聞其沿起。因索余所刊《瘡瘍神方》，翻梓濟人，而欲以此方附。嗟夫！瘡眼二門，方書頗簡而易通。然細檢，亦無審方。按之獲效者寡矣。其他腹心傳變之疾，若要領未明，書彌多誤人彌甚。學者從余前後二門方，思之醫訣，可悟而知也。然不博不約，不究古是，不辨今非。學者由軒岐長沙所著，以尋嫡派，斷自趙宋而止，亦無多書也，如不讀何？澤腴先生居鄉，國士服官，循良仕學，所就行見與古人抗衡。乃耽耽寄意於刀圭之末，毋亦利物，實心直欲立出人顛危而始

快。以此心捄敗，全活一世者大矣。若不佞素抱士安之支離山林，服食不過量，腹而進芝朮度，形而衣薜荔耳。他何能哉？

跋奇效良方辨惑

不肖嗜醫十年於斯，少時無遠近，購方書貯篋。本業之暇，取而檢閱。或詢知善本，便從人借讀。久之，嗜彌甚。從一方，所謂良醫。聞病名，忻然發篋中書，驗合離漸，揣摩人脈，形摽其疑似，即心較書，即書較病。辟之射覆不工，十漏八九，心憒憒然耳。辛丑，不肖兄弟就試里中。先子宦細陽，感濕，爲庸工大發汗，犯虛虛之戒，血氣耗敗，浸致不起。不肖自恚憤悲，曰：有是哉，孤之不得自存於天地也！以不肖少失慈，依依父子相爲命。其所以數年岐黃間者，爲此故也。今即欲復攻醫，何爲哉？已念家人喘息，託命未亡，且再實之木，强欲培根，遂頗斟酌湯液，豁我幽憂，間以應人，視昔倍驗。顧病，其真贗錯陳，去取迷霧。我所不諳，人猶昧焉。甲辰春，首獲晤春沂徐先生敝邑寓舍，聽先生之議理，不靈素，不齒術，不長沙，不宗洞，隱極深剖，疑黜偽試，一扣之千條百縷，熟記不忘。至於聊攝奉議、河間、戴人諸公，不過供先生咳唾中之驅役而已。先是不肖止讀《長沙傷寒方論》，患其奧秘不能盡通，其於俗所名明之部中，獨愛《湯液》《溯洄》二種。亦嘗閱彥修《心法》《鈎玄》，暨近代醫人類書，迨被服先生指誨。移月更覩先生所攜《長沙》《金匱》、成公《明理》《南陽活人》等書，且十餘種已。先生又出所自著書《奇效良方辨惑》二卷，反覆數千萬言，援古準今，正訛斄非，不厭再三，不避忌諱。中所引用，博洽而切事情。何論醫流不能卒解？即素號名儒慎許可覽之。益服先生所學深渺，不易測識矣。先生果止

斤斤取辨於刀圭，合和之伎而已耶！不肖既晤先生，又閱先生所
著書，始懊悔從前徒敝精淺偽而無統，憤悱遽啓，恍然若將有得。
僭筆數言簡末，以俟後之君子鑑賞云爾。先生著書約數十卷，其
總括仲景祖法祖方，不肖別有言。餘以未付剞劂，簡牒浩繁，不
能悉覿。來子曰："余讀《長沙書》，不直以醫以文。"其於素
問的然，謂漢以上人所爲。先生言與余悉符，乃其錯出古今論說。
來子不能，難也。昔季主析機於群彥，郭玉精施於六微。先生其
庶幾乎。

梅貞卿先生課士録跋 代

　　先生鄴郡望姓，簪黻聯翩，代不乏人。先生同氣昆弟三，皆
掇上第。蓋巍然取大物如寄，海內豔慕，已軼古二龍而誇三鳳矣。
乃人謂先生談今而今，談古而古，恢深廓落，夐乎淵匠。又比之
應之奉劭，馬之季常。頃先生督學秦中，身任風教，謂秦固古西
京地。由國家制科以來以迄今日，亦既浸浸隆盛然。卒不敢與海
內諸名家抗衡，以決上下者，襲其皮相而蔑本質。所謂讀讀之學，
各習其師也。善乎，《左氏》之言也。夫教者，因體能質而利之
者也。若川然，有原以邛浦而後大利之，云何？習熟即是。於是
闡先正之軌以示法，出著作之富以公衆，廣蒐羅之選以拔異，戒
督課之期以提訓，頒切近之書以勸學，下彰癉之令以勵俗。秦中
諸士喁然爭自奮激，人獻所長，以求一當冰鑑。即素稱呰窳之子，
爲先生直且繩曲，明且規闇也。亦各呈業數篇，篇多至累千百。
先生退食之暇，縱意披閱。閱畢，進諸士教之，指迷訂謬，摘瑕
辨瑜，無不人人滿意。謂當世之獲覯大宗師也。諸士才詣不一，
甫經刪潤，便屬佳篇。帙成，付之殺青，以廣傳誦。將欲由諸士

今日之文，以變諸士向日之文。由先生已教之諸士，以及先生未教之諸士。且令此濟濟秦士，醜《駟驖》《小戎》之聲氣，以偕大國琳瑯之度。既以建旗幟於海内，復以振鼓吹於後進。其垂教在西上，洪且遠已。不佞某叨居下吏，目擊成事，何能揄揚萬一？第其服膺先生諄篤之訓，以訓原邑諸士。庶幾《詩》稱"遂視既發"《書》言"祇事不怠"者乎。

庚辛草跋

夫博士言拔耳有度數存，士不務力誠致遠。率高者崎崛，字句言工。其卑者勚，聞見自安。夫謭陋不鬼魅，則剽虜矣。一遇文衡，逆揣意旨，抑揚厥手。窺瞵施之文衡，人易而我文亦易。夫反覆詭遇，已先自處於離烏能合也。廣和王君來治渭，出其制義。自言以無餌之餌，為不遇之遇。讀之質而核，雅而程，聲希味淡，直會人意於冲虛太和之表。嗟乎！彼以有心而離，此以無心而合。又何怪乎？

跋朱元价太史贈徐季恒書卷

余癸丑晤季恒翁，時翁已踰古稀，居然耆耇矣。而矍鑠健噉，更有一種奇骨於形貌外得之。叩其近詣，已回向净土凛凛戒律中修士矣。及與商榷古今名迹，兩眸光爛，如咸陽之鏡，不可惑以妍媸。故元价太史與諸名家，咸躋季恒於古賞鑒家之列。夫季恒既皈依浮屠，宜空諸一切。然遇法書名畫，尚百計訪購。饑渴好之，何耶？昔香山不能斷詩，輞川不能斷詩與畫。豈宿習緣染，難遽盡脱耶！輞川有言曰："宿世謬詞客前身，應畫師雅自善狀。"然余為季恒翁解机之猶不爾，曰："佛氏以山河大地皆屬空虛，

故心無挂礙。然山河大地實未嘗一時離其目也。"倘季恒以視山河大地者視法書名畫，即日寢食於斯中，焉何不可？

朱奉議《活人書》跋

奉議《活人書》二十卷，舊從王汝誠處得關中本。已延鎔之，徐公住敝里，發其笥，見彼校證古本，中間補葺，訓解甚詳。而以《長沙傷寒論》中義例究明奉議之差，纖悉不爽。至其正方分兩，必錄《長沙》。書中分兩於其額，使人一展，而二家精意豁然目前。數爲余言《活人書》，即不無遺議，然實《長沙》訓注之始也。後之明醫雖多，非此將奚資焉。余授而秘之，遂得從古本改正關中本之訛謬，間亦附以己意，與徐公互相發揮，總期不戾《長沙》之旨。案頭把玩，楮敝墨渝，殆與《金匱》《明理》、河間、戴人諸書等珍焉。迄今五年，而余師邑侯李翀玄先生，出新安吳氏所刊本示復，仍命校讎魯魚之誤。因細爲更訂一過，大約此本與關中本互有差失。悉以古本釐正，庶幾完書矣。翀玄先生循良嘉譽，孚於上下。然一切政事藹然，皆從仁心中發越。故邑中彫瘵罷癃，率有起色。計所全活，寧止區區刀圭合和之小耶！首檢縹緗，獨揭是編。顧名思義，亦仁心所推。昔丙公牛喘，是問鍾離。大疫蒙痊，千古心源於今同致。異日先生事功，究竟詎可量耶？

鐫輞川圖跋

右丞之於輞川，蓋神情大半寄之者也。輞川之締構盛於一時，繪而傳之者至流布千古。而鹿苑滋峪之舊迹，率淪没於狐兔莽荻之間而莫可尋覓。關中所鐫圖，又拙陋不堪摩挲。往來憑弔者有對夕陽而咨嗟爾。沈澤腴明府以博雅通儒來宰藍田，政暇，訪其

遺，概清尊高咏，若與右丞揖讓已。則索不佞家藏郭忠恕所繪圖，邀晉人郭漱六氏摹臨勒石，精巧生動，幾奪忠恕，傳輞川之神，令人想像右丞不可磨滅之風流也。余惟繪此圖者，不知幾十百種。而余家所藏似善菭茲土者，不知人代幾更，而至沈明府之身始成此一段雅事。名迹名繪，名賢名手，賞集一時，豈偶然乎？

畫冊跋

友人戚不磷書畫俱有致，而摹蘇米帖更自爽暢可玩。余素懶，遇知交工書畫者數過，從未一求。而僕董僭以主人意懇索之，卻承憐而應之。或輒以爲主人所請，余甚愧然。亦足見一時交游之盛也。年來從者求合數本，此其一，云北人僕多不知字，即主人能書，亦不知收。唯近時米仲詔先生，海内徵書者多群從，遂有收其主人書迹而貨之者。余不能書，顧爲人書者不少，賤時諸僕不收余書，今漸知收。豈字亦以貴貴耶？諺云："名重好題詩。"又傳魯人賤、東家邱，合之得世情好尚矣。掀髯一笑。

坐隱快譚冊跋

余刻局刷寫弈勢，如此凡四矣，成則爲相知索去。今歲寓都，遇楚人王禮齋，覿其遺官賜谷給諫譜，皆手自選擇以存者。遂求而錄之，並錄向者弈勢。蓋方子振親授本也。自笑半生耽此小技，年幾五十，不能頡頏國手。濫竽邊儲，深山闃寂。退食多暇，聊自怡悦。既省布算之苦，兼暢鬱悶之懷。勝負付之枰上，友朋接於無言。爲業爲技，何至來子瞻之嘲。可賦可歌，一視作名理之派。傳之嗣世，知余用心焉耳。

跋朱有道解語

篇中皆説性，畢竟性何尋？白民若不夢，夢中不迷真。方可經萬劫，方許不壞身。清凉山上寐所語，果何人姓名？君既昧空記，如獅音、文殊罷受記，是辜摩頂心。三聖去已，遠大道。嗟！沈沈扣道，凡夫閲後作偈。

司馬先生詩文集跋

嗚呼！先生見棄諸孤已十八年。長者髮白，幼者舉婚。始克以遺稿付梨，使不幸而有燔蝕漫滅之患。尚得謂人子哉！即就刻乎！顧十八年霜露，詎一瞬過耶？忍久忘也。追念先生篤行寡營，雅不欲近名。每静拈篇翰，或迫而應人，止命兒子輩録之。間不肖編削少懈，以目眴之，曰："此女輩事也。"遇詩文成，呼兒使聽，曰："聊以自愉焉耳。"蓋先生口無擇言，文以聲實，最厭世儒馨悦之習。文好西京，詩法王、孟、高、岑。昭代則喜弘正時李、何、鄭、薛諸公詩，多能背誦已。發王元美書，盡其浩博。於余邑温少保先生處得李本寧先生文數篇，覽之，擊節歎曰："晤師深詣若此，可稱前無古人矣！"久困公車，一試百里。甫遷清郎，年齒功名，如日方午，中道萎謝，百慮廢捐。豈獨文事然耶？不肖兄弟忽一念及，如乾坤崩坼之餘，留其怖魄，尚忍言哉！嗚呼！先生今古第一清白吏也。而食口滿百。自先生殁，運祚日趨式微。不肖復補罅振頹，稍稍復三世之舊族，始啓緘笥，輯卷以傳。嗚呼！才慚遷固，祇免中郎遺籍之嗟！顯非韋平，徒抱杜篤衰殘之歎。先是多發書海内名公，徵其鉅筆，如《志》《表》，如《傳》如《序》，用闡先生未竟之緒，少贖人子怠愒之譽，實未敢旦夕

去懷也。先生即不欲近名，然味平日"此女輩事"與"聊以自愉"數語，其敢没操觚時，不可一世之志與。

自繪石卷跋

漢涵胡兄極愛繪事，每向余索畫。一日出此卷，謂余曰："只消片石可耳。"余住長安，戒此道宿習，强半忘矣。攜之密雲者年餘，又將解任，遂走。筆貌石形數種，古人門法寓焉。從茲吮筆，決眥妍究入微。林壑幽遠之致，宛在目前。而來子不暇，亦不屑也。今生將此一段佳事苦事，讓與我朝啟南、伯虎諸公，享名去便休。嗟嗟！五十將到，鬢髮半皤。業障纏身，觸處皆妄。聲聞沿習，已自説鈴。粉墨丹堊，更屬幻影，不可興闌永輟之乎！世若陋我，吾將問之至人。世再逼我，吾全還之造化。

唐伯虎桃花庵圖跋

伯虎繪事，其俊秀變化處不在啟南、徵仲之下。此幅其學李唐，而傅以己意者。壽承、元美二公，尤以老硬書法標識之。想見當時愛賞，如余今日也。薛孝廉常攜之客笥，索玩於密雲。選雲居中，邊風凄緊，時神爲一甦。

戴文進萬松圖跋

蒼幹排林，與怒濤喧競。遠近上下，掩映於峭壁斷澗之間，有萬里難盡之勢，非戴静庵腕力不能作。玩其筆法，與石田先生絕有類處。而石田跋語深加嘆服。兩人相契，觸目而存。後之妄分派頭者，褒彼貶此，令錢唐無置腳地。覩沈先生評，可慚退矣。

跋黃中宜詩

來陽伯曰：中宜詩凡數變，變而漸就目前景色。人或以爲近，不知中宜固自遠也。聞中宜以耽詩病，病而爲詩益力，精研之餘，出以平淡。其人年正茂而已，用少陵夔州以後法，所就顧可測耶！

凌幻寄鐫章跋

余一晤幻寄於移署矮亭中，飲不數爵而散，自恨不暢已。出其所製鐫章，并爲余鐫章，龍螭光怪，滿楮奮飛。毋論法必秦漢，其精鏐澤璧之類，大小方圓摩挲手中者，不知有幾矣。世間凡事凡習，不關於性命無形者，總之皆技。技不深詣，必廢之理賈，笑之端耳。技也，而易名之乎。技中自寓道，技熟則道足。解牛滅堊，承蜩弄丸，技與道與，此可以喻學幻寄之技，方可言技。

仲詔先生自書游靈巖詩跋

余生平偏於山緣慳甚，遇有勝情，即風雨俗牽，妬之亦山靈憐其肉鴨疥駝。故緘封奇域，使不得前耳。仲詔先生最嗜游，而游必遂所至名山川，杖屨疾訪，淹流吟歇，有踏昆侖弄雙丸之想。其觸景成篇，意調皆出獨創。試讀《齊雲咏》，巍然怪石巉峰，互見筆底，殆與此山爭巉嶭矣。先生與劃靈巖片段，期置之園中。顧余安得分先生片語，置之峽中耶！逸之丈寶愛茲卷，索跋，漫書數語。

邢子愿遺刱草字跋

子愿先生字流傳者多允昭代名家，一時無過之者。其牋簡剩

墨，好事者猶寶惜之。當時先生擲棄之餘，愛者欲於無意中尋其
遺法。則生前臨摹合作，珍之人間笥篋，殆與琛球同襲矣。下者
尚視爲木難火齊。始歎學士大夫不可不習書，習書不可不工，工
不可不得名也。如此羅君善醫耽書，其然余評否。

敕建報國大慈仁寺住持潤公雲州和尚洹泥三塔跋

潤公積功累行，晚悟大道。遂厭色身，妙證覺路。建塔表靈，
徵文依慧。倪允昌太史闡發藻瞻，聿著名篇，篇可允稱，舌吐青
蓮矣。勒珉傳後，永寶玄珠，即此嚮誠洵爲不滅。

南州園圖跋

鴛湖茫茫虛湛，一被玄杖先生點綴林亭，即天地重開眉宇。
園中無盡光景，一被顧世卿光祿安排筆底，即名勝到處傳神。總之，
有此水，合有此園。有此園，合有此圖。兩相輝映，以成人間快事。
覽園，不但主人攜以臥游，余亦恍然置身邱壑矣。自昔鉅公碩卿，
概多爲園。園之條設實肖其品，英雄回首隱意率斯寄焉，非但資
宴賞而已。即玄杖先生塵外卓品[一]，於園見矣。圖筆筆摹古，
在勝國大家間，董太史、陳眉公兩具眼皆極稱許。不佞復與世卿
聯席數次，止知鼎族跨節，工辭翰，解聲律，不意丹青之技至此。
當時睥睨尊前，其荆卿之於蓋聶魯句踐輩乎。

【校記】

[一] 杖，原爲“仗”，據前文“一被玄杖先生點綴林亭”改。

跋名公書後

古隱有市卒狂丐，其人工文，而不屑以文著。若韓休耻人知

名，顏闔鑿坏逃聘，則通顯亦不用。其矧上求下，隨務光鮑焦以溯巢許者哉！今之人求諸人不可得，姑求市肆中有解文墨者。縱不解文墨，能收文墨者，不唯儕輩誚識字者，亦誚其能珍此卷者。令誚自誚，而汝自珍，異日有驥尾之託耳。

閔逸之墨竹跋

閔逸之廿年前曾見畫竹，然山水是其專家。昨歲晤之清源，益嗜畫竹。師文與可、吳仲珪派，談之津津，坐間手指分披，有古人胸前被底想。茲貽余竹冊，取勢運筆，皆不落蹊徑。而詩并書俱合作，非渭川千畝在胸中，胡能妙解超詣若爾！余園成把竹，數萬箇竹裏結亭營室，頗有幽致。歸持此冊，玩賞其中。畫為竹寫照，竹為畫傳響。主人與逸之神合，不亦大快事乎！

來陽伯文集卷之十九終

來陽伯文集

卷十九

來陽伯文集卷之二十

明三原　來復陽伯 **著**　　　　邑後學　李錫齡 **校刊**

雜　著

約好

　　凡人心有所制者窮，有所佚者濫。故虛而實享之，貧而奢行之，非其有而久膺之，立敗之道也。是故由余之約秦穆，田差之規晉平，楊王孫之裸葬其身，彼皆趨於澹泊，未離其樸。知人情之易淫，器制之難極。故不欲恣臆逞胸，敗檢掊籬，而以其身爲禍府也。夫心縈於欲，因而成之，始以求成，終以成浚。浚而憂之，亦靡及矣。故曰：天子以四海爲藏，諸侯以境內爲藏。大夫藏於家，士庶人藏於篋櫝。篋櫝，約之也，不盈筐而足也。夫富貴而珍好是守，猶曰饑食寒衣之不足倚也。矧貧賤而冒爲之，且亦鄙人之所屑也，爲亦戕德。今而後其知有以處吾思矣夫。

十反

德薄而好譽，才譾而耽詩，無財而好美室器玩，無文而好辨説。疏懶而好種植，善醉而强飲，晦世而讀應世書，不知兵而好武，慕清静而不能割累，金匱而施不休。夫德薄而好譽，是鴞其身而欲鳳其聲也。才譾而耽詩，是敝轅下駟而欲日致千里也。無財而好美室器玩，是市中丐兒評品富家筵席也。無文而好辨説，是驅喑子使唱誦也。疏懶而好種植，是使痿女就巧工也。善醉而强飲，是鼴鼠蚯蚓欲吞河吸江也。晦世而讀應世書，是以糞穢爲汙而足踐之也。不知兵而好武，是縛手繫足而自以爲孟賁也。慕清静而不能割累，是使侏儒俳優之人安坐閉目而談禪也。金匱而施不休，是病已痼而猶欲營宫室婦人也。

自警

魯成公三年甲子，新宫災。是時宣公初死。董仲舒以爲成居喪無哀戚心，數興兵戰伐，故天災其父廟，示失子道，不能奉宗廟也。復德薄，天奪余司馬，嘅淚成血，羸病濱死，勉襄葬事。未及期年，作事不臧，不能追思先子音容誼行，時切愴慕。癸卯二月朔日，廩屋火發，焚毁十餘椽，漏下四鼓，爲一小婢子所覺。家衆沃水塗梁，始得免燎原之禍。屋中藏麥禾二百石，祖宗之祭祀於是乎出，百口之饗殣於是乎辦。天若曰：其以是示孺子，汝其不足以供祭祀於汝先人，以爲家人先乎。余小子不敢言，當天罰，其亦祝融鬱攸諸侯之餘烈，不忘小子也乎！《書》之曰：“爲兢惕。”《傳》曰：“亂國無象，天不譴告。”即欲脩省，安從知乎？

看花説

　　余性既疏傭，又頗嗜酒嗜睡。客至，又嗜弈。於花固好之，然無暇也。秦地花無多種，所有者，牡丹、芍藥、桃、杏、玫瑰、薔薇、海棠、石榴、芙蓉、紅白梅花之類，小圃俱無有，即有，亦不甚嗜，而獨嗜菊。余猶記兒時侍家，司馬公培菊，菊約有七十種，培又最得法。當司馬公宰太和，復寄菊數十種，封護重密，多置根土於蒲筐，冒雪衝寒，經數千里而緑蘖不萎。今邑中栽花人家甚珍太和種，然亦以遠至不甚茂，或止以一本茂，而爲人移植，死多有之。園中見存太和種凡十三種耳，合邑中舊有不滿五十種，蓋視司馬公所培已缺其二十也。花爲塍，各二十本，合之有二百本。塍傍留叢花數十，又散植諸庭院數十。其叢花暨諸庭院所植，皆無專督。獨十塍，每塍課一童僕澆灌。諸曾侍司馬公僕漸長，不肯理花。余所課童拙甚，且疏傭不減主人，大約人人嗜睡。睡之外，不酒即弈。余常扑之栽，始栽即又扑之澆。始澆，顧余醒，不三日以事不窺園。常數日與客醉，又竟日每就枕，多逾子夜。童僕於其中，則有道路壺觴之役。迨余醉，而彼醉先余，余睡而彼睡先余。於是花塍有三伏經日不水，雨後經日不糞。附枝滿干，不去蓓蕾，逾時不剔。值今歲雨多，諸僕不知此花不甚宜水多，引溝瀆水灌之盈塍，陰利其可省井汲力也。發時高者亦五尺餘，其弱者纔尺許。然而遠近菴藹，下上參差，四面周環，馳目難盡。隱石出牆，則背立偷睛。藏烟罩月，則競容幻態。其視寂寂數莖夾生，尺砌礙徑，填窗迎塵，近竉即開，大如拳，葉舒如掌。總之，未離花因也。辟諸過笄閨秀，禁步宮娥，縱多予膏沐，頻膳大官，恐難暢其性情，祇益增夫慨惋耳。余見邑中栽花之人，有罄竭精力，

此外不一事事者。有開成閉門，不令人一玩者；有間爲人折去一枝，不勝恚憤盡鏟其莖者；亦有甫開輒盡贈與下妓俗優者；有主人原不知字，對花多招屠兒酒傭飽餐臭穢，醉即互相詬詈而散者，此類甚衆。名爲愛花，其實辱花。夫以栽花，故而罄精力，何異痴子弟貪一婦人，破家蕩産，卒自困憊也？若人者，花神笑其愚，辱花一也。花開，閉門不令人玩，何異滅燭以張七綵之錦，悶坐以聽麗人之歌舞也？若人者，花神笑其陋，辱花二也。折花一枝，怒而鏟其莖，何異季倫斬行酒之姬，王陽去無罪之妻也？若人者，花神惡其惡，辱花三也。甫開而盡與下妓俗優，何異市兒誇有於群乞，醜婦縷衫以自炫也？若人者，花神厭其俗，辱花四也。對花招市傭食穢互醉罵，何異置錦繡於溷厠，混胡調於名謳也。若人者，花神避其污，辱花五也。有花如此，不如無花之爲愈也。故陶公之盈把，以菊侑觴。侏儒康風子陶隱居輩之服餌，以菊脩真。酈民之谷汲，以菊已疾。靈均之餐英，以菊比芳。鍾潘之作賦，以菊觸興。惠休之倡和，以菊悟空。悟空，達也。觸興、侑觴，適也。比芳，德也。脩真、已疾，仁也。故有得於菊，則或潦倒醉臥，或攀折贈人，或彌月相守，或竟日不觀，皆有深致。無得於菊，即玩賞如狂，惜花如玉，善別名品，多曉藝植，何益之有？余不佞，荒廢之人也，不能擬古人脩真適性，第日兢兢自檢，不敢辱花，使花神嗤笑而厭惡之。開而與友人賞，賞之而繼日夜醉。人來看花，許看一種數本。人欲移即移，有人欲從旁少折，得折最，余之與花如是而已。若曰一意於花，而令余不睡不酒，不事事，客當局而不弈，而培可精焉，余不能也。屬余坐花軒，賓客過者，有言花好，但恨各花頭不能齊。有言此花多，尤不及某家少而精。余怪其言無味，謂花不易看也。作看花説。

心箴

問使而始弗識，問使而終弗知。以余有知，詎凝始乎？反終迷乎。既云凝若膺矣，膺我凝也。搖搖先之若攝駟馬，不可乘也。自卒溺淵乎，誰其志者？前乎將奈何也！愧厥反觀，溺者多也。

定箴

豈余好之，乃其仇之，匪仇而以好赴也。余視於是，寐於是，赴則持牾其趣。謂余隔千里，余必作也。

書素障

吾將恒運，吾機期善。動而弗露，卷舒晏如。是惟女故詎以能力砥緇塵，直將無患風雨且也。衆人塗飾，女惟行素，人皆陋之。吾安知夫丹碧綺麗之，不以久而凋落。而常素者之焉，往而不得其素也耶！

吳用卿贊

古今之奇物有數，奇物之聚合有神。羅有數之神奇於俎豆，日與周漢唐宋之名公相晤對，此其人詎可測量之人。夫他人分公之什一已足稱豪，而公所甄鑒，自元而降，藐不足珍。精力何大，識趣何真。故未返芰荷之服，而高士遠賦《招隱》。不覷纓冕之餌，而薦紳爭延上賓。意公別有不可及之德器在形迹外，令人可重可親者耶！徒以賞鑒家目之，擬尚非倫。

梁君星繼室員碩人贊

夫子猶未貴，無敢以賤視，知其抱才而淹也。前子未覿面爲委屈，聘婦謂婦名閥而賢也。既産望姓，亦妻饒族。胡能荆布易此綺縠，胡年甫二十而居然恭順靜睦，方稱閨秀。倏悲瘞玉，宜家幾時，悼亡永屬。蓋夫子泣遺像而語人曰："此余之女鮑叔。"

袁玉華像贊

文於少，俠於壯，修於老。馳騁江淮，赴義東海，退耕巖岫以自保。厥嗣繁且賢，必殫未究之抱。章甫方來，豈容邱壑槁乎？

潤上人小像贊

刹通都而遠囂，籍匪官而督族。净土是依，經唄解讀。足迹不離堂坳，聊寄情於花木。諸衲仰其高風，冠蓋引爲老宿。清凉人天，消受清福。欲瞻幻形，視此穆穆。

賀景明小像贊

貌樸中辨，節俠德醇。坐隱以游方外，嗜酒而怡天真。側注韋素，有道是親。庶幾清時之逸民與！

孫君如金吾小像贊

赫赫先烈，丕緒難武。代顯巨卿，爲冠紱圃。家富遺書，恣君弋罟。醉精菁華，厭彼訓詁。發爲慨譚，離筜之弩。隨例胄賢，雄長麴部。貌闇中辨，余策其豎。

顧郎哉像贊

余見先生非此貌也，鬚眉翁矣。興不滅壯時俠於氣，豪於酒，富於詩，臨池六書，唐漢焉追。愚父子三人操觚定交，兩弟幼冲，皆習見之。翁嗣冠軍，先司馬是依。慨翁卻視，先司馬含。無何，亦避仇流離，老於留都，匪安栖也。悲悲！去之十八年，賢孫袗而頎訪我，東齊烈士之後不衰也。今昔生死，展圖涕洟。

蔡鴻洲小像贊

貌樸率以蒼外闇中，章老猶耽。夫邱壑以寄我相羊，坐隱一局，游於無方。側注冠芰，荷裳排雲。翼餐霞沆，高矚遐舉。其逃犧繡，而噉餌芳者與！

沈相如像贊

忠孝裔耶！簪組傳耶！是值之在天，若夫不賈家聲，振藻翩翩，允列於作者之賢。晤其貌，莫測其裏。因厥形內，游於神先君乎。可稱立人之道全，為畸人，為異人，為詩人。鼎族寒畯，何人何天？公之才，無不可焉。超流輩而友千古，小文翰而訪偓佺。奚以知之？曰：觀詩如像，覯像若仙。

師聞伯小像贊

可南可北，為俠為儒。法必上交，不渝抗蹤。江表策名，仕途舊族，其式憑諸。

白衣大士贊

清净圓通，萬法悉融。從耳根入，悟六塵空。慧智彌際，願力無窮。攝受大千，提醒群蒙。男女老幼，南北西東。桴響谷應，開瞀振聾。

松柏齋詩紀贊

直指陳中素先生爲其王母并兩尊人徵諸名家言，闡述節孝懿美，斐亹盈帙。夫其貞烈淑媛，姑婦埒德。撫孤色養，母子相成。名儒授訓，命世聿興。一門粹善，三世褒顯。直指先生之篤生也，詎尋常發祥受釐已耶？其以松柏命集，志王母苦節所留蔭及嗣世也。諸名家言詳矣。不佞復叨厠先生世稱子弟之末，卒業篇翰，神思躍然。遂勉綴贊辭，用抒景企。贊曰：

維蒼干封，路寢翁翁。有如此枝，孤胤是恫。母兮至艱，嗣也純孝。淡於趨榮，莊於敷教。淡榮云何，不離膝前。莊教云何，期暢理傳。風華滿楮，皋比一氈。創祠顏像，塾學義田。樂寬俯仰，軌擬名賢。爰有閫匹，禰結巍閟。無慚冢婦，用誕偉哲。煒煒組纓，亭亭丰烈。甲第聲鴻，西臺品別。取日補天，精凝忠徹。詎徒亢宗，虞後邊揭。至行所貽，章光永晰。表閭賁壤，殊恩靡截。松柏不凋，因雨露苗。

汪明生小像贊

身隱當由神隱，思沈盛名，不沈交其人。履中蹈和之君子。讀其詩，鏗金戛玉之高吟。督其貌，淵塞沖飭，慦慦惛惛。如君者，何不可朝市？何不可山林也？

連環古硯銘

頹而澤，栗以穆。膩肌韞脂，古璧圬樸。潘墨弗凝，澄池不漉。靜几精研堪備，工繪幽人之蓄。

酒杯銘

爾祿則仍，爾秩斯加。捐餘歲俸珍哉！鐫巨觴鎮厥家。

蓮葉杯銘

迅茲一葉，飄楫不施。槎使仙游，何適弗宜？

酒杯銘

秩筮伊六，飲厥天祿。以仍公族，宜爾器稽。

史論

陽伯曰：余讀《漢元紀》，而知君天下者在斷欲，治天下果不可純任儒也。以宣帝之綜覈，楊惲、廣漢、寬饒之輩以辭語之罪被誅。乃嘉穀神，雀瑞草，黃龍迭見史冊，異鳥群翔於三輔，神光婁燭於祠壇，陰陽和暢，民物安阜。匈奴閼氏呼韓右伊秩訾，且渠當戶以下數十萬眾解辮稱臣，元康、五鳳之治遂足侔德殷宗、周宣矣。元帝方厭刑名，而尚儒術。迹其治，蠲租省縣，減費汰員，用心於民，至篤且殷。而貢薛韋匡之輩，又迭相以敷德化。顧乃災異頻臻，饑饉日甚。三光晻昧，陰陽錯謬。帝之修省節儉祈福小民之意，通無感通挽回之驗。究其故，只以牽制文義，優游不斷，致令孝宣之業衰而不振。爲君之道，與用儒之政，概可識矣。史

稱帝多材藝，善史書，鼓琴吹簫，能自度曲，分刌節度，窮極幻渺。豈移精於音律、書史，或不無少奪政事耶！抑泄天地之精，則天地忌之耶！古今人士，有以詩窮者，以藝窮者，觀漢元何足怪乎？

史論

余讀《漢紀》，竊笑秦始、漢武之愚，而神仙果不可以人致，且不可以齋戒祠祀之事致也。昔始皇東游海上，行禮祠名山川及八神、仙人羨門之屬。而宋毋忌、正伯僑、元尚、羨門高最後，皆燕人，爲方仙道，形解銷化，依於鬼神之事。燕齊海上士傳其術不能通。自威宣燕昭使人入海，求三神山諸仙人及不死之藥。其物禽獸盡白，而黃金銀爲宮闕。未至，望之如雲。始皇至海上，方士爭言之。始皇使人齎童男女入海求之，船交海中，皆以風爲解，曰："未能至，望見之焉。"其實未嘗見也。始皇凡數四游海上，冀遇三神山之奇藥，不得，還至沙邱，崩。漢興，高祖祠枌榆社。入沛，則祀蚩尤，釁鼓旗。入關，祠五帝。有司進祠，上不親往。後四歲，天下已定，令祝立蚩尤之祠於長安。長安置祠祀官、女巫。其梁巫祠天、地、天社、天水、房中、堂上之屬，晉巫祠五帝、東君、雲中君、巫社、巫祠、族人炊之屬，秦巫祠社主、巫保、族纍之屬，荊巫祠堂下、巫先、司命、施糜之屬，九天巫祠九天，皆以歲時祠宮中。其河巫祠河於臨晉，而南山巫祠南山、秦中。典即少黷，然祝官遵行之不聞，有所祈求也。至文帝時，垣平以望氣見上，於是以天瑞立祠，作渭陽五帝廟。同宇，殿面五門，色各如其帝祠所用，及儀如雍五時。至於權火舉而光耀，帝親見若五人於道，皆垣平僞獻玉杯之詐類也。事非真，帝由是怠於鬼神之事。武帝即位，尤敬祀事。雄才遠略，狹小漢制，以

爲黃帝鼎湖烏號之事可以身見，安期、羨門之徒可以自來。是時以怪異顯者曰神君。神君，長陵女子，以乳死，見神於先後宛若。先後宛若，女子之姊姒也。上厚禮置祠之上林中蹏氏館，能聞其聲。以方術顯者曰李少君。少君自謂能以祠竈使物卻老。常從武安侯晏，坐中有年九十餘老人，少君乃言與其大父游射處，老人爲兒從大父識其處，一坐盡驚。少君見上，上有故銅器，問少君。少君曰："此器齊桓公十年陳於柏寢。"已按其器，果桓公器。上大駭異，爲少君數百歲神人矣。由今思之，所謂神君者，豈即今猿狖狐狸之妖？假是女子以惑世間無知人耶！亦即是女子如伯有杜伯之類，精靈未腐，久亦自泯没耶。《史》言神君居帷中時，晝言然常以夜，又因巫然後言。安知非人僞爲者乎！今人多有之，余所親見少君言游射，言銅器，亦奇中可信。安知非射覆卜算之精，且區區驅鬼物偶中什一於千百耶！然兩者術，武帝不能破。《史》稱少君病死，則其非仙可知。其後帝好仙愈殷，祠祀日增，而謬忌、文成、五利、公孫卿之徒各以其方媚上。雍郊牲帛，除道築闕，尊寵方士，待以不臣。至妻之衛長公主，賜之列侯甲第，以冀神仙一遇，而杳不可得。厥後郊雍獲麟似麃，巫錦得鼎汾陰，亦偶然事，而帝已視爲上帝享祀之應。今日建祠，明日置祭，積誠感昭，無非爲神仙計耳。至於聽五利不根之言，爲黃金可成，河決可塞。制詔御史曰："昔禹疏九河，決四瀆。間者，河溢皋陸，堤繇不息。朕臨天下二十有八年，天若遺朕士而大通焉。乾稱飛龍鴻漸于般，朕意庶幾與焉。"其憫然蠱惑貪愚之態，殊可笑也。夫少翁之動帝者，能於仿佛間致李夫人耳。欒大之動帝者，能使棋子自相觸擊耳，無他殊術。其後泰一火光黃氣，晝見雉鳴。緱氏與夫丈人大迹，黃大老人多出自群臣象上指意，阿諛飾説以取容者也。神

仙安在哉！望氣者乃言有填星出，如瓜食。頃復入，有司即據以
爲休祥之報，是耶？非耶？求仙至秦皇、漢武，可謂專矣。不聞
有一人至者，豈仙可學不可求耶！仙能自仙則知仙不可以求得矣。
余將以方寸代桂館壽宮，以刀圭代脯棗牢具，黜聽潛視於一室，
以當海上盡反秦皇、漢武之爲。冀神仙終遇我，不知仙人能一遇
之乎？嗚呼！是又欲能秦皇、漢武之所不能者矣。

陽伯曰：余讀史至光武兄伯升爲更始所害。光武自交城馳詣
宛謝。司徒官屬迎弔光武，光武難交私語，深引過而已，未嘗自
伐昆陽之功，又不敢爲伯升發喪，飮食言笑如平常。更始慚，遂
拜爲破虜大將軍，封武信侯。始知帝王保身以成大事，其氣度固
自不同也。

陽伯曰：世傳光武滹沱事，以爲神異。據史，光武渡滹沱乃
是正月，史爲晨夜兼行，蒙犯霜雪。又爲天時寒，面皆破裂。至
滹沱河，無船，適遇冰合，得過，未畢，數軍而陷。亦何神異之
有？光武所以可危者，卻在詐稱邯鄲使者，入傳舍。傳吏椎鼓，
傳中人幾閉門不得出耳。至於白衣老父信都之指，太守出迎，即
得四千人，擊降堂陽一路。而始知真天子無死地也。

陽伯曰：余讀《章帝紀》，建初七年幸偃師，東涉卷律，至河内。
詔曰：車駕行秋稼，觀收獲，因涉郡界，皆精騎輕行，無他輜重。
不得輒修橋道，遠離城郭。遣吏逢迎，刺探起居，出入前後，以
爲煩擾。勤務省約，但患不能脫粟瓢飮耳。所過欲令貧弱有利。
喟然歎曰：恬哉！聖衷發爲綸綍。建初之治不讓永平，信哉！

陽伯曰：靈帝亦嘗詔減大官珍羞，御食一肉，厩馬非郊祭之
用，悉出給軍。乃史書前言傳中向栩、張鈞坐言宦官，下獄死。
此又言司徒陳耽、諫議劉陶坐直言，下獄死。即食一肉，出厩馬，

又何爲乎？

陽伯曰：龐萌歸降光武，光武以爲侍中，甚信愛。帝常稱爲社稷臣，後拜平蜀將軍，遂反。甚哉！知人之難也。

陽伯曰：使王允少寬催、汜罪，何以有後禍？一歲不再赦之言，此允所以族也。

陽伯曰：戴平仲送師東海申君喪，道經其家，父母豫爲取妻，不宿而去。李大遜以私語，輒棄其婦。豈人情哉？大遜何不觀繆豫公掩户自撾？即能化諸婦及弟乎。

陽伯曰：甚哉！言行不可不慎，幾事不密而害成也。漢遼東高廟、長陵高園殿災，仲舒居家推說其意。草稿未上，主父偃候仲舒，私見，疾之。竊其書以奏。於是下仲舒吏，幾死。仲舒後遂不敢復言災異。

陽伯曰：有父子稱説人議論各殊，而不嫌其爲證父。劉向、劉歆之論仲舒是也。向稱仲舒有王佐之材，雖伊吕亡以加。而歆以爲伊吕乃聖人之耦，王者不得則不興。唯顏淵一人爲能當之。仲舒淵源所自，猶未及游夏。史以爲然。

陽伯曰：吾觀《文帝紀》而知災異不足爲禍也。文帝即位初，齊楚地震，二十九山同日崩，大水潰出，日食者數四，長星東出，大旱，河決，災異可謂甚矣。帝乃不輟修省，下詔問政事，更舉直言敢諫之士，期匡所不逮。勤耕復租，日不遑處。二十餘年，海内殷富，興於禮義，斷獄數百，幾致刑措。然則災異正天所以仁愛人君也。

陽伯曰：孝宣告祠武廟日，有白鶴集後庭。築武廟，祖光興於殿旁，有鳥如白鶴，前赤後青。神光又興於房中，如燭。廣川國武廟殿上有鐘音，門户大開，夜有光，殿中盡明。蓋帝在世，

如甘泉、汾陰、泰畤、后土及諸方士，所專主神祀於事鬼之道。至爲蠲備好仙一念，結而不散，屢顯怪異。事不盡誣，後世附會者遂以武帝爲仙去，乃歲歲游海上。考入海求神仙之方士，無驗，生前不得以望見，身後乃能爲仙耶！班史郊祀所載，屢娓娓言瑞應，將毋亦惑於衰歟。

陽伯曰：漢哀寢疾，博徵方士，盡復前世所常興諸神祠宮，凡七百餘。一歲三萬七千祠，率不獲祐。世之諂瀆鬼神者視此，亦可以少緩矣。

陽伯曰：張湯、杜周、減宣即酷烈刻深，然每論獄，善候司，主意指，所謂酷而諛者也。色厲而內荏，其斯人與。乃張生子孺杜有幼公，天道謂何？

陽伯曰：史稱曼倩滑稽之雄者耳。觀其諫羽獵，與數董偃罪，竟罷宣室席。切直力諫，即汲黯諸人不能過也。

世有其人非而其言是者，朱浮諷議苛察之弊是也。

省會堅忠諫棹楔玉坡張公獨逸通學請補名呈文

切見已故原任户科右給事中加贈太常寺少卿玉坡張公，性酣孝友，天鍛忠貞，學蒐百家，韋布已隆乎。清譽心矢，實用經綸，輒效於筮官，數月諫垣，六年竄地。身爲瘴厲烟嵐之苦，而暇逸恬澹不聞興遷客之嗟。手刈蓬蒿，榛莽而居。而摩挲諷咏，若將有終身之意。篇什寄興，深懷拾遺之忠君。開誨作人，無異文翁之化俗夜郎。春至召下金鷄，瑣闥恩深，人瞻鳴鳳。丰稜峭直之氣，歷百折而愈堅。慷慨感激之衷，誓一身之可許。偶值朝興大禮之議，援古衡制，共揚修撰等。力持讜言，竟以天威霆折之嚴，株及鈎連，與裴給事等立斃闕下。含歉不給，有覆茅之貧；廣柳言旋，動行

道之惻。此真抱忠愍之懿而遇嗇於身存，守司寇之窮而秩謝於宦達者也。日臨景霽，天愁遺忠，朝庭有褒封恤蔭之榮，有司專歲時伏臘之祀。鬝封崒崒，幸沾紫誥之恩。靈駕颺颺，常享白蘋之薦。茲固鄉曲耳目之共紀，亦史乘掌故之可查者也。乃忠諫之坊，昭乎五父六術之見聞，方等榮於華袞，而殊絕之品揚乎。百世千年之馨餕，反近絀於邦英。歷捃同事諸人，此獨何劣？倘錄殉躬大節，伊誰或先？雖國家寵錫之微權，非宜聞於卑賤。而盛世彰癉之巨典，實下印於僉同。嗟遠逝之忠魂，竄逸足憫；慶闈幽之棹楔，補繼堪圖。倘蒙某閣下博訪輿情，參稽故實，貞木重輝，以廁群賢之末。一代竪褒忠勸善之標，徽題顯揭，以隆景仰之風，他時即思義欽名之譜。

公賻王學博先生約

王學博先生以送考公務，卒仆暑風長安客舍。吾儕王振之具美棺斂爲賻，得免酷暑之患。方今旅櫬蕭蕭，遺孤孑孑，甌多塵土，突無黔烟。慘修阻之川途，覩衰殘之形狀。官以廣文而抱貧客死，子以賤士而扶轊遄征。不肖即在幽憂，每一念及，未嘗不歎息哀傷，介介於寢食間也。思惟邑黨諸公，或身處富厚，既多游間可已之爲。即産不中人，亦日有酬應相通之費。當此難已之事，必發樂施之心。昔脫驂高義，尚不忘乎館人；捐麥殊恩，且垂及乎行道。友毋未斂，巨先側席以罷歡；遠弔當行，徐孺單車而徑造。矧先生分則師長，謙踰朋交，與人獨剖赤心。造士何嘗屬色？衆皆佩德，久無間言。豈有生作相得之師弟，死乃漠然不一關情耶？達人君子自度力量，上之二三金爲助，只消節數日之游閑。次之二三錢可捐，辟如給暫時之酬應。予者無累重難圖之苦，而受者感死生相保之恩。夫

成裘積於聯狐，爲山基乎累壤。敬斯作始以當募緣，敢云倡義能行義，實恃他心同我心云爾。

三原闇學請添科舉人數呈文

三原闇學生員某呈，爲比例乞添科舉人數，以勵士氣事切。照三原僻在荒隅，愧多士未嫻乎韹黻。邇年顯承弘鑄，喜一時得被乎。青莪作養於黌序，既四百有餘，奮迹於青雲，亦屢科不乏。雖干流之偶值，顧瞻名實者，方爲有似乎濫竽。乃振起之日新，獎進人才者，共謂差強於鄰邑。所稱岐立，獨有涇陽，閱黌序之數，當萬曆之初相較則同籍。青雲之途，自戊子以後浸衰不并。或文章本時有興替，而傳習者亦漸知型模也。以此方多福，數蒙大宗師啓瞶醒盲之誨，親承王端毅、馬谿田諸先生篤志好學之遺，兼以邑令督課提撕之善。諸士雖愚，辟之聽經之石，肯首真人。聆琴之魚，解音波上矣。乃比歲入闈人數，顧反遠遜於涇庠。以兩地未劑程量，不無少詘乎士氣。伏惟大宗師明同日月，必照纖微，大比洪鈞。每公培覆，倘獲文星之一燭，旋占景運之方來。幾其俯賜汲拔，少垂仁人作新與進之恩。敢不人爲濯磨，求當異日奮臂先登之用。

公舉專祠溫太保先生呈文

呈爲懇恩，題請專祠，以報台臣功德，以裨聖明治化事切。惟朝有優隆之典，惟厚德始堪承邦有尤異之賢，符輿情乃無忝。矧懿行載新於論定，而永思彌甚於身前。既飲水以知源，胡食恩而忘報。儀刑匪遠，激勸在茲。原任都察院左都御史太子太保今贈少保亦齋溫公，醇慤自天，莊凝成性。學以默而自識，量不擴

而自宏。生當嶽降感明神異夢之祥，長即淵澄抱賢聖絕人之概。談經弱冠，固已無流。視無流心考禮通儒，自能爲法言爲法服。理搜性命，謂不離日用動靜之間，而繡虎雕蟲鄙爲小技。行有持循，謂只在子臣弟友之內，而邅蹊袤徑目爲不經。蓋用世志願已定於縫掖之時，故游刃經綸得裕於服官之日。未三十而爲多財宰起卓犖之高名，未四十而領參省銜邁句宣之偉烈。中間梧坤顯諫，禁闈疏忠，德輝攬於鳳鳴，佞迹斂乎羊觸。非徒博斤斤之譽，實夙著蹇蹇之誠。迨外剡於歷揚，始荐登夫卿貳。方念忠謨期盡，寧徒職事克修。浙海騰波，鯨鯢肆侮。連營失御，樊杙潰圍。是時領專閫以靖妖氛，乃爾策單車以散賊衆。扶羸起瘵，教化中消。無限甲兵，汰餉輕徭。節費內寓，一番綏戢。陟台階而躋總憲，勵冰蘗而帥百僚。寵愈眷於資深，心益忘於品貴。廿年外內之績，皎似日星，五察南北之公，凜如衡鑑。此自有國史家乘之實據，亦覩王言名誄之褒稱者也。大抵清與鍾離意、楊伯起相頡頏，而不偪下爲儉。直與魏文貞、陸宣公相上下，而不絕俗爲貞。理學名家深厭宋時僞學標榜之弊，詩文垂世，一洗近日縉紳驕靡之風。不事矜莊，而鄉閭之人咸感太邱之化。豈曰延納？而遠近之士盡歸扶風之門。他如抹荒則力起胔骸，修城則身先坂築。界城高峻，淫浪爲殃。公乃肇造石梁，力倡鉅費，殫心力且十餘載，破家貲約數千金。洵便四方行旅之塗，不徒一邑千年之利。至於奄啓大漸，猶徵守正不移，類真長綿惙之言，作君實忠君之語，其他細節未易枚陳。以公之生，人始知後樂先憂，原有此等氣度。以公之没，人始驗踐形盡性，原有此等功夫。考古證今，聞風感德，謂同鄉賢祔之廟祭，猶未能伸士民報答之心。必徵聖恩賜之專祠，始足彰昭代勸揚之典。粵紀祀法於經傳，有以勞定國數條，如夏敦微、

周高圉大王諸人載垂古訓。近查職掌於禮曹，有惠愛及民數款，如夏忠靖、周文襄、薛文清諸人咸享明禋。且邑先賢既建有端毅王公之祠，公至德允可並端毅王公之列。伏乞仁明台臺大宗師，闡哲人之休範，鑒公論之無私，俯採群情，仰達宸聽。倘獲架榱棟於廟墻，著額儀於俎豆，則英魂冉冉將格裸獻而降蚪車，後彥詵詵定覿宮垣而思豹變矣！緣關風教，僉議上聞。

本業日修語數款

余性好多學而易生離厭，近益以駢枝視之，獨是制科之文。少習之，四十而不能脫。屢蹶屢變，幾不自主。然少常易視此道，又偏嗜他書，專攻缺焉。歲月不待，筆底老禿，甘遜後進，長棄林莽。然而伏櫪之志未嘗衰止。卜居郊園，孤同謝譴，沈思漸悟。冀必開省隨得，輒筆不拘詮次，潛味力求，以比中人一大創云爾。甲寅夏復識。

學子靜中爲文，偶自爲得意，便看人文章俱劣，此是好勝心。見人閱己文點竄稍過，便不喜，此是退止心。然則人說好，批評好，即可自足乎？朋友雖具眼所見，或不與我合。縱與我合，或不與主司合，亦不可認真若然。又恐茫然失據，莫知適從，奈何？亦曰：念念鑽研，時時虛受。將人意己意參而究之，世間無好盡的文章，窗下無多用的功夫。篇篇與名作比，方看他鑄語造意，用事打勢，布景抽思。作一題即取時藝玩之，務要借彼長益我短，更當舍我長求彼長。若我長橫於胸中，并時藝佳者，亦不能揮此猶然，是好勝心好秀才之大病也。採時藝之要有四：一要拏定章旨者，一要運筆輕快者，一要脫去窠臼者，一要辭句典實者。至於沿習套語、時禁字面及晦澀沾滯、冗長捏造、堆疊隱怪種種諸病，時藝中往

往有之，切不可謂已售之技而踵其失一遇知者，必定害事。依此力行，或有實得吾黨勖之。

燈下閱社中諸兄弟作，伏而思曰：此時去科尚有一載餘，初約爲文，似不宜過求。但吾輩年歲已邁，腹中腐物難滌，而時尚之精采日新。余每搦管，輒愧赧不已。若不刻意摹做，恐終身不得。若止隨題隨人將就，恐場中主司不肯。且明知害事，一味模稜。豈是忠告？即評品失當，塗抹太嚴，實欲竭誠畢愚而已。敢乞同心指摘拙技。他日拈題，倘各獲佳篇，亦是一快，功名姑俟命耳。

人只想甲科，甲科乃大榮大辱之物。且莫論學問，若使第後無幾篇傳得文字刻入同門稿，豈不貽笑海內？亦令房師赧顏。

爲文須極力闡發，方議通融；觀書必靜悟旨歸，毋騖捷速。戒越思以尋索位之趣，省閑步以養冲寂之神。

余三上春官不第，當時亦不敢埋怨主司。由今思其敗北之故，歷歷可憶。丁未之役寓報國寺，遇十年相別厚友梁君宿、君肇兄弟。時廣陵閻元之同寓，於梁則籌燈話舊，於閻則新知相投。故日事杯酌，酣飲極懽。彼時無意功名，場中精神散亂。又常聽先司馬云："會試誤我數次。"人云："文禁要平，殊不爾越高越好。"此意橫胸。是年出君子之仕題，既不知向亂世一邊説，而末二股過晦反自爲得意。及出場，爲同年魏啓元、薛允執、常修之諸公誦之，皆謂不甚解。余已知其必不收矣。是科文禁甚嚴，搜及字句文體一變。庚戌則余學荒廢二年矣。蓋以事羈淮揚，意氣挫衄，神色萎索，尚不能消俗障，何能爲文？文録出，卻有稱之者。然自愧迷夢中必無了語也。癸丑先浹月，抵燕静攝西山碧雲寺，攜選文數千篇，揣摩下筆亦不苦。彼時忻若有得，場中少萌易心滾滾而出，丰骨靈機尚缺。是日雖筆底不窘，然卻神若秘，思若緘，自謂瞀

刻有餘，比出已黎明矣。異哉！其有命耶！功未至耶！房閱首義視前二次倍優，亦可信學不學之難欺人矣。嗟夫！射必如后羿、養由基，而後無愈；勇必如州綽、賁育，而後無敵；捷必如夸父、忌慶而後難追；巧必如工倕、墨翟而後難習，美必如西施、南威，而後莫並；文必如陶石簣、吳因之之奇肆，而後臻妙。陶從遷史來，吳從禪悟來。學子果平時神氣凝結，場中必有異賞。辟如攝受淨土，此但修行，彼自結胎。辟如賈胡辨寶，即埋沒塵沙，自別彩色，至理關通，莫可思議。唯慧心人可共論耳！嗟乎！射不穿札，力艱任重，走止數堞，巧愧雕楮，美非奪目，而妄欲與由基諸人比肩，難哉！難哉！悲夫！老嫗塗澤，強效新婦，棄女膏首，妄冀回憐，不自知其不可矣。窮鄉乏名公宿儒，曰來講說假，曰記諸家文議，與面所訓質最切余病者，錄數款以當箴砭。雖覺駑鈍不能行，聊志依歸焉。

與張芋田憲使公約語

某每讀昔人致譏郇廚，尤嗤崔宴，莫不惜水陸之族，取溢圓方口腹之羞，橫充刀俎。矧飽飲所入幾何？而耗費動至無算。杜工部云"華筵直一金"，又云"寄語少年人，黃金莫輕擲"[一]。蓋不獨節嗇物力，實欲省存福量，故洛社諸公會唯真率。子瞻每設三簋，毋添誠不忍堆簇含生，窮極供辦，而徒恣隸圉之饕餮也。矧邊事當嘗膽之時，密鎮又荒瘠之域，市物日貴。舊套尚沿一席徒列多盤，諸綵尤屬贅物。尋常過從，既乖冲澹之風。循習濫觴，彌長浮華之漸。詳貴道四款之議，軫先民破觚之憂。酌豐儉以定規，準情文而曲至。作法由上，偃草忻從，自茲以還，砥流攸賴矣。

【校記】

〔一〕少年人，《杜甫集校注》作"惡少年"。莫輕，《杜甫集校注》作"且休"。

彥白上人小像

上人癯形谺口，丰神穎穎。談鋒露阿闍中，亦在嚚而能静。非得好手寫生趣，則尋常袈裟一領矣。醳梵持禪文途詩境，不離筆端。而會精俄頃，方能於常住法界，傳之永永。此不足存，亦猶客塵中客塵，幻影中幻影。若游於未始有，夫未始有之先原無四大可假，更無俟空相與滅景也。

晋唐小楷古塌贊

散隸而降，惟真體全。畫小且法，墨蹟芬堅。中郎虎賁，僅覯茲鐫。弇州玩後，元郎賞先。用卿夙秘，在咸購焉。老腕疏忘，心摹以還。

題諸清之小像贊

悠然逸度，盎然道容。辭翰迄老不輟，丹青簡淡是宗。感臨邑有知己之言，攜手迹以相從；住雄邊抱烈士之膽，談兵可備夫折衝。余晤之檀城中，覩其眉龐而神卻全，語不煩而理暢通。似貌君者猶未圖出君貌之龢雍。斯人也，可許採芝商嶺，可俾佐議上公。古有抱義潛名如田光王先生其人者，屈千乘禮彌恭，君固有二子之遺風耶！

來陽伯文集卷二十終